売買・請負における履行・追完義務

原田 剛 著
Harada Tsuyoshi

Die Leistungspflicht und Die Nacherfüllungspflicht beim Kauf und Werkvertrag

成文堂

はしがき――本書の成立ち

一　本書は、著者が、『請負における瑕疵担保責任』（成文堂、二〇〇六年（補訂版（二〇〇九年））（以下、前著という。）を上梓した後、二〇〇七年から二〇一六年までに発表した論文を原型とし、二〇一七年に若干の書下ろしを加え、三部構成としたものである。**第一部「ドイツ民法における売主の追完義務の射程」**、**第二部「瑕疵ある建物に対する不法行為責任」**、**第三部「請負における履行上の問題」**、がそれらである。

二　**第一部「ドイツ民法における売主の追完義務の射程」**は、三つの章で成っている。

序章「問題の所在」は、まず平成一〇年代に出された、瑕疵ある建物に関する四つの最高裁判決の意義を確認しつつ新たな課題を示し、ついで、ドイツにおける、瑕疵ある物における代物給付の場合の取外しおよび取付け義務を巡って展開される、ＥＣ消費用動産売買指令およびドイツ民法に関する、欧州司法裁判所（ＥｕＧＨ）、ドイツ連邦通常裁判所（ＢＧＨ）および学説の攻防における論点を示し、最後に、日本法への示唆を得る場合における、債権法改正（当時）を見据えて主張された追完請求権についての二つの立場、すなわち追完請求権を、補完的履行請求権と解する立場と本来的履行請求権の貫徹（具体化）と解する立場について整理し、比較法研究の実定法学的意義を確認している。

第一章「追完における買主の使用利益返還問題」は、瑕疵ある物を給付した売主に対して買主は代物（代替物）給付請求権（追完請求権）を有する一方、売主に対しその間の瑕疵ある物の使用利益を返還すべきか、という問題を扱っている。筆者は、建築請負契約において瑕疵ある仕事（建築物）に対する注文者の瑕疵修補請求権（二〇一七年改正民法前の第六三四条）に新規製作請求権が含まれうることを前著において主張した（前著第一部第一章「注文者の新規製作請求権」）。ほどなく、修補に代わる損害賠償請求問題に取り組んだ最判平成一四年九月二四日判時一八〇一号七七頁は、「履行責任に応じた損害賠償」を法的根拠の一つとして建替え（新規製作）費用相当額賠償を認めた（前著第二部第一章「建替え費用相当額の損害賠償と民法六三五条但書」）。しかし、他方で、この判決の事案においては、原審において、既に、瑕疵ある建築物についての注文者の居住利益（使用利益）が控除されていた。このことが果たして許されるのかという問題が内包されていた（前著一六九頁（第二部第一章六２「建替え費用相当額から居住利益を控除することの法的根拠」）。

筆者は、前著上梓後、ドイツにおいて消費用動産売買に関し類似の問題が生じていることを認識した。そこでは、ＥＣ消費用動産売買指令（以下、単に指令という。）第三条（消費者の権利）を国内法化したドイツ民法（ＢＧＢ）第四三九条（追完）の解釈問題として、ＥｕＧＨ、ＢＧＨにおける有権的解釈のみならず、学説においても活発な議論がなされていた。第一章は、その一端を纏めたものである。ＢＧＢ第四三九条第四項において立法者意思に従い肯定されている売主の使用利益の返還請求は、ＥｕＧＨの指令第三条の解釈を承けて否定されることとなり、即時に法改正がなされるに至る。筆者がこの比較法的検討から示唆を受けて整理した要点は、当事者間の対価的正義の観点に加え、この問題を、瑕疵ある物の給付を受けた買主／注文者の救済体系の有機的機能という、より一般的な観点を考慮し、さらにわが国の法体系の現状に接続する点にあった。一次的救済としての、本来的履行請求権の貫徹（具体化）としての追完請求権と、二次的救済としての解除、減額、損害賠償請求権という救済体系（指令第三条、ＢＧＢ第四三九条）を可及的に貫徹する、という考慮である（公益的要請）。この観点からして、追完の場合に買主に使用利益の返還義務を課すことは、彼に追完のみならず二次的救済をも断念させるという帰結となりえ、その結果、救済体系が有効に機能しないことに至ること、さらに、わが国において請負の場合にはこの二段階の救済体系が規定上採用されていないこと（「修補または損害賠償」（二〇一七年改正前民法第六三四条第二項））を考慮するものである。この使用利益返還問題は、その後、はからずも最判平成二二年六月一七日民集六四巻四号一一九七頁において取り組まれ、居住利益および耐用年数伸長利益も損益相殺の対象として控除できないとする判断がなされたことは周知のところである。この問題は、日独において共通の問題であり、普遍的性格を有することも確認される。

第二章「瑕疵ある物を給付した売主の追完義務の射程――取外しおよび取付け義務」は、「追完義務の射程」の主要な問題が、瑕疵ある物を給付した売主の、瑕疵ある物の「取外し義務」および瑕疵なき物の「取付け義務」を含むか、という問題であることを示している。この問題は、第一部および本書の中心的テーマでもある。

日本においては、序章で触れた如く、債権法改正の議論（私法学会シンポジウム（一九九八年）および「債権法改正に関する検討事項」（二〇一一年））のなかで、瑕疵修補請求権を現実賠償として位置づけることによりその範囲すなわち売主の追完義務を限定する観点から、追完請求権を補完的請求権として本来的履行請求権とは区別する立場が示される一方、追完請求権たる修補ないし代物給付は本来的履行請求権の貫徹（具体化）の問題であるとする立場も示されていた（一九九八年。筆者は後者の立場に賛同するものである。）。こうしたなか、筆者は、二〇〇二年ドイツ改正債権法（債務法現代化法）発効直後の二〇〇四年カールスルーエ上級地方裁判所判決に対するローレンツ教授の判例評釈（二〇〇四年）に接し、追完請求権の射程（範囲）問題の発端に接した。この出来事を契機として、ドイツでは、この問題をめぐり、ＢＧＨ、ＥｕＧＨおよび学説において、指令第三条およびＢＧＢ第四三九条（追完）の解釈を巡り激しい攻防が繰り広げられた。この攻防は、二〇一六年三月の「売買法・請負契約法改正法案」

において追完規定の改正が提案されることで一応の決着をみた。債権法改正以降一五年弱の出来事である。本章はこの内容を整理したものであり、六つの節から成っている。

第一節「欧州司法裁判所（ＥｕＧＨ）の立場」は、指令第三条の解釈を示すものである。そこでは、高い水準での消費者保護を前提とし、消費者に対する無償の補償を予定することから、消費者に不便をかけてはならない、という基本的立場を示す。なお、かかる立場から、ＥｕＧＨは、第一章で取り組んだ指令第三条第四項の「無償」の解釈から、消費者（買主）の使用利益返還義務を否定したことは、先述のとおりである。

第二節「ドイツ民法第四三九条（追完）の立法者意思」は、指令第三条を国内法化したＢＧＢ第四三九条の立法者意思を概観する。本章との関係での同条の立法者意思は、取付け義務および取外し義務を予定してないことを示す。なお、このことの実定法学的意義は、売主の取付け義務および取外し義務に関する解釈論の限界が明示されていることを意味する。より端的に言えば、立法者意思を超える解釈論は原則として認められず（例えば、目的論的制限解釈を除く。）、その場合は、立法改正問題（立法論）となる。（なお、ＢＧＢ第四三九条第四項は、前章で取り組んだ買主の使用利益返還義務を認めていることから、対応する、前述のＥｕＧＨの指令第三条第四項の解釈に反することとなる。ＢＧＨは、この点を認めるとともに（解釈論の限界）、即時に法改正が行なわれたことも、（立法論）先述のとおりである。）

第三節「消費用動産売買指令第三条に関する欧州司法裁判所の解釈」では、第一節に示したＥｕＧＨの基本的立場を前提とし、ＥｕＧＨは、指令第三条の解釈として、売主に対し、無償の取外し義務および取付け義務を肯定する先決裁定（判決）をしたことを示す。その結果、指令第三条を国内法化したＢＧＢ四三九条の立法者意思（取外し義務、取付け義務を否定すること）は、指令第三条の内容と明らかに矛盾することになる。ＢＧＨは、この判断を承けて、いかなる解釈を展開するのか。

第四節「取外しおよび取付け義務に関する連邦通常裁判所（BGH）の解釈」においては、BGHは、当初、追完請求権と本来的履行請求権とを同等なものであることを前提としつつ、取外し義務に関しては、二〇〇二年の債権法改正以前の判例法理（屋根瓦判決）により、除去義務から取外し義務を肯定するのに対し、取付け義務は否定をしていた。勿論この点は立法者意思とも整合している。ところが、今や、指令第三条に関するEuGHの上記判断を無視してBGB第四三九条の内容を適用することはできない。そこで、BGHは、隠れた法の欠缺（Lücke）を理由としたBGB第四三九条の目的論的制限解釈により、同条により売主の取外し義務、取付け義務を肯定するに至る。しかし、その後の事業者間売買（B2B）事案では、これらの義務を否定する。これらの判断により、BGHのBGB第四三九条の目的論的制限解釈の妥当範囲は、事業者消費者間売買（B2C）に限定するものであることが判明する（いわゆる、BGB第四三九条の分裂した解釈）。これが、BGB第四三九条についての、二〇一二年までにおけるBGHが到達した判例法理である。それでは、以上の流れのなかで学説はいかなる主張をしたのか。つぎの第五節がその一端を示している。

第五節「ドイツの学説」は、ローレンツ教授、スカメル教授、ファウスト教授の見解を取り上げている。ローレンツ教授の見解は、本来的履行請求権と追完請求権の同一性を前提とし、かつ売買と請負とを区別し、さらに、有責性を必要としない追完と有責性を必要とする損害賠償の前提から、売主の取外し義務（費用）および取付け義務（義務）を肯定することに一貫して消極的立場を示す。EuGHの指令第三条の消費者保護を強調する解釈にも一貫して反対の立場に立つ。もっとも、取外し義務については、最終的にはスカメル教授の指摘を取り入れ、当初の屋根瓦判決の判例法理の根拠から、BGB第四三九条第二項（追完費用）を根拠として肯定する。判例に影響を与えた見解といえる。スカメル教授は、一方で、瑕疵結果損害概念を、有責性を有する損害賠償（ＢＧＢ第二八〇条）と有責性を必要としない追完（同第四三九条）とを関連づけかつ区別する法解釈を提示し、他方で、指令第三条の規定に重要な意義を見出さない結果、最終的に、売主の追完義務を請負人の追完義務と並行的に解釈する立場を示し、契約解釈により取付け義務を否定する。ファウスト教授は、ローレンツ教授と対極的に指令第三条の解釈を重視し、売買と請負とを同期し、かつその場合に請負契約を基準として解釈すること、および、追完の場合の給付連鎖に伴う求償問題の考慮等により、売主の取外し義務および取付け義務を、消費用動産売買に限定せず一般的に肯定する。

第六節「二〇一六年売買法・請負契約法改正法案——追完規定を中心として」では、以上の経過と解釈内容を踏まえ、追完規定に関するＢＧＢ第四三九条の改正法案が提出され、そこにおいて、給付連鎖に関連し、請負人が注文者から追完請求がなされた場合の、請負人の求償問題をも考慮し、消費用動産売買契約（Ｂ２Ｃ）に限定せず、全ての売買契約において売主の取外し義務および取付け義務を肯定する改正法案の立法者意思とその内容を示すものである（なお、本書では紹介できず他日を期すが、この法案は二〇一七年三月九日に連邦議会で可決され二〇一八年一月一日から発効することとなった（BGBl. 2017 I, 969.））。

「結びに代えて」では、以上に示した整理を行なったのち、追完の射程問題（売主の取外し義務および取付け義務）が、これまで日本法においては議論されてこなかったものの、本年（二〇一七年）五月二六日に成立し、六月二日に公布された民法（債権関係）改正法（法律第四四号）において新たに「追完」規定（第五六二条、第六三六条）が導入されたことにより、解釈論として議論される土俵が整ったことの有意性を確認している。

三　第二部「瑕疵ある建物に対する不法行為責任」は、二つの章から成っている。**第一章「瑕疵ある建物の「権利侵害」性」**は、前著の第二部「瑕疵修補と損害賠償」において、瑕疵ある建築物に対する建替え費用相当額の損害賠償を肯定した前掲最判平成一四年九月二四日の理論的基礎およびそこにおける契約責任と不法行為責任との関係についての考察の成果を踏まえ、瑕疵ある建築物に対する不法行為責任を肯定した最判平成一九年七月六日民集六一巻五号一七六九頁（平成一九年判決）の法理を批判的に検討している。この点については、前著〔補訂版〕における「補訂版はしがき」において、簡単ではあるが言及しておいた。

第二章「設計・監理を請け負った一級建築士の責任」は、判例評釈を行なうなかで、第一章で検討した平成一九年判決の判例法理を前提とした場合の更なる解釈論上の問題点として、「建築士の過失の具体化」の必要性を「工事監理」との関係をも考慮しつつ指摘したものである。

四　第三部「請負における履行上の問題」は、二つの章から成る。**第一章「仕事完成前の注文者の解除――信頼関係破壊法理と任意解除権の流用」**は、建築請負を念頭におき、一方で、売買とは異なり独自の意義を有する請負人の先履行義務としての仕事完成義務が注文者の任意解除権（第六四一条）によって終了する場合の法律関係について、副題にあるように、履行過程における、信頼関係破壊法理と注文者の任意解除権の流用との関係に着目しつつ、当事者の具体的公平を図るために模索されている、下級審の裁判例の傾向（過失相殺に関する四一八条の類推適用）を整理し、そこから示唆を得ようとするものである。

第二章「履行の遅延・費用の増加」は、請負人があくまで先履行義務を貫徹しなければならない場合における注文者との費用負担の分配はいかにあるべきかにつき、先学の研究成果を踏まえつつ議論の整理を行なったものである。請負人の先履行義務はなお存続し給付危険は原則として請負人が負担することを基調としている。なお、本章は、東日本大震災を受けて企画された「特集・災害時における民事法の機能とあり方」（ジュリスト一四三四号（二〇一一年））において執筆の機会を与えられたものである。当時、債権法改正において「事情変更の原則」問題が議論されており、あるいはこの議論への接続が期待されていたのではないかと推測された。しかし、この問題と取り組むなかで接した、本章冒頭に引用した設例は、筆者に大震災の状況を再現させ、改めて先学のこれまでの諸成果を流れから掬い上げこの時に記述しておく必要があると思料せしめた。筆者の力量不足により、先の推測の手前で終わっていることをお詫びしつつ、執筆と研究の機会を与えられ、かつこのような内容での掲載を許されたジュリスト編集部に対しここに深い感謝の意を表する次第である。

本書は、多くの方の学恩なしには成り立ち得なかった。とりわけ、前田達明京都大学名誉教授は、前著の上梓以降も多くの御示唆と身に余る励ましをいただいた。ここに衷心より無量の謝意を表する次第である。

本書は、第一部第二章第五節から結びに代えてまでを除き、全て筆者が関西学院大学法学部（岡野祐子現法学部長）八年間の在職中に執筆した論文を原型としている。自由な批判精神と信頼感、そして情愛のなかで研究を進めることができた。田中通裕関西学院大学名誉教授をはじめ当時の同僚の皆様に心より感謝申し上げる。中央大学法学部に着任してからは、本書第一部第二章第五節の一部を比較法雑誌に掲載する機会を与えられ、結びに代えてまでを書き下ろす時間を与えられた。刺激に満ちた法学部同僚の皆様および比較法研究所所員の皆様に心より感謝申し上げる。

このたびも前田達明先生のお力添えと、阿部成一成文堂社長の御決断により本書を学界に問う機会を与えてくださった。ここに衷心より感謝申し上げる。さらに、成文堂編集部飯村晃弘氏は先を見据えつつ粘り強くわたくしを支えてくださった。ここに深甚なる感謝の意を表する次第である。

平成二九年九月二九日
妻の祥月命日に

原田　剛

目　次

第三部　請負における履行上の問題

第一部　ドイツ民法における売主の追完義務の射程

序章　問題の所在

第一節　最高裁判所の判例法理からの課題

一　最高裁判所の四判決

周知のように、平成一〇年代半ば以降、瑕疵ある建物に関し重要な最高裁判決が出されてきた。それらは、①建築請負において建物に重大な瑕疵があるために建て替えざるをえない場合、注文者は請負人に対し建替え費用相当額の賠償を請求でき、そのことは民法第六三五条但書に抵触しないとした判決[1]、②建築請負において約定に反する太さの鉄骨が使用された建物の瑕疵を肯定した判決[2]、③「名義貸し」をした建築士に対する建物購入者の不法行為責任を肯定した判決[3]、④瑕疵のある建物を注文者から買い受けた買主が、設計者・施工者および工事監理者（以下、施工者等という）に対してした不法行為責任追及の場合において、瑕疵ある建物を建築した施工者等に対する不法行為責任が認められるための成立要件を明確にした判決[4]である。

四つの最高裁判決は、全てこれらの分野における初めての判決であり、しかも内容が指向するところは、瑕疵ある建物を建築した施工者等に対する注文者ないし買主の救済の範囲を拡大し、あるいは不法行為責任が認められる可能性があること、および、その成立要件を一般的に明確化した点に特色がある。その具体的に意味するところは、①判決においては、注文者が瑕疵修補に代えてする損害賠償の範囲を拡大した点に、②判決においては、瑕疵の存否の判断基準に当事者の合意内容を取り込むことにより、要件論における瑕疵の内容を、当事者の主観を考慮することにより拡大した点に、③判決においては、「名義貸し」の建築士への責任追及を肯定することにより責任主体を拡大した点に、④判決においては、瑕疵ある建物の買主が、売主の担保責任を追及することなしにした、施工者等の不法行為責任の追及について、建物の基本的安全性を損なう瑕疵がある場合に、施工者等に対する不法行為が成立しうることを明確にした点、に存するであろう。

二　平成一四年判決および平成一九年判決

その意味で、これらの最高裁判決は、「消費者保護」の潮流に沿うものとなっており、最低限この観点からは積極的な評価がなされることになる。[5] もっとも、筆者が本稿において明らかにしたい点は、これらの最高裁判決の解釈論的意義である。ここで確認しておかなければならないことは、最高裁判決の法的構成の現在的意義を明らかにし、それによって新たな理論的、実務的課題を明確にする点にある。

最高裁判所が、ある意味において明快な態度で取り組んだ上記諸判決の諸問題にも、当然のことではあるが、これまでの学説および下級審裁判所における模索のプロセスがある。そこには、上記諸判決の結論を支持する見解が存在する一方で、それに反対する重要な「桎梏」が存在していた。ところが、最高裁判所の上記諸判決は、これまでの日本の現状を踏まえつつも、一定の分野においてこの桎梏を克服した。この点に最高裁判決の重要な意義が存在するといえる。もっとも、その結果、瑕疵ある建物に関する法律関係に、日本法における学理上いまだ充分には意識されているとはいえない、重要かつ新たな理論的・実務的課題が登場することになる。

もっとも、本稿において、以上の点を、冒頭に挙げた四判決すべてにおいて行なうことは、筆者の現在の能力・関心の点で限界がある。しかし、幸い、筆者は、これまで、以上の点を、上記四判決のうちの①判決（平成一四年判決）および④判決（平成一九年判決）の事案に関連して、若干の分析を行なった経緯がある。というのは、これら両判決に含まれる問題は、後にみるように、理論的・実務的に密接な関連性をもっていると考えていたからである。そのような認識のもとに、①の平成一四年判決については、すでに若干の分析を行ない、そこにおいて本稿で指摘する課題（追完の場合の使用利益返還問題）についても、現時点からみれば不充分ではあるが、既に一定の指摘を行なっておいた。[6] また、④の平成一九年判決が問題となる事案についても、同判決が出る以前に、不法行為構成の可能性に向けて若干の検討を試みた。[7] もっとも、平成一九年判決の内容を契機として改めて筆者の当時の検討を振り返ってみると、そこには、課題への対処に性急なあまり、既に先学が探り当てられていた鉱脈を失念し、重要な点において検討の欠落が存在していることが判明する。

それゆえ、以上の点をより明確にするために、この二判決を中心とし、それぞれの判決の独自の意義を明らかにしたうえで、両判決の関連性にも留意しつつ、より精確な課題を設定することに意義があると考えた次第である。

（1）　最判平成一四年九月二四日判時一八〇一号七七頁（以下、平成一四年判決）。本判決についての評釈等については、原田剛『請負における瑕疵担保責任〔補訂版〕』（二〇〇九年（初版二〇〇六年））（以下、「原田・前掲書」で引用する）一三五頁、同「建築請負目的物の瑕疵と損害賠償」安永正昭・鎌田薫・山野目章夫編『不動産取引判例百選〔第3版〕』（二〇〇八年）一五八頁（本書二二頁）を参照されたい。

（2）　最判平成一五年一〇月一〇日判時一八四〇号一八頁。本判決についての評釈には以下のものがある。原田剛・法学教室二八三号一〇〇頁、平野裕之・法学教室二九四号別冊付録（判例セレクト二〇〇四）一九頁、塩崎勤・判例タイムズ臨時増刊一一八四号（平成一六年度主要民事判例解説）五〇頁、花立文子・私法判例リマークス三〇号四二頁、山田到史子・民商法雑誌一三〇巻三号五八二頁。

（3）　最判平成一五年一一月一四日民集五七巻一〇号一五六一頁。本判決については、以下のような評釈ないし解説がある。宮坂昌利・ジュリスト一二六四号一二二頁、同・法曹時報五七巻一一号二七一頁、角田美穂子・法学セミナー五九五号一一〇頁、加藤新太郎・NBL七九〇号一一一頁、大西邦弘・広島法学二八巻二号一一七頁、良永和隆・月刊ハイ・ローヤー二二七号六八頁、野口昌宏・判例時報一八七三号一八六頁、下村信江・私法判例リマークス三〇号五四頁、鎌田薫・ジュリスト臨時増刊一二六九号（平成一五年度重要判例解説）八七頁、陳桐花・法学（東北大学）六九巻一号一四五頁、小島彩・法学協会雑誌一二二巻一二号一四四頁、朝倉亮子・判例タイムズ臨時増刊一二一五号（平成一七年度主要民事判例解説）八八頁、谷村武則・判例タイムズ一二四四号四二頁。

（4）　最判平成一九年七月六日民集六一巻五号一七六九頁、判例時報一九八四号三四頁、判例タイムズ一二五二号一二〇頁、金融・商事判例一二八〇号二〇頁。本判決については、以下のような評釈ないし解説がある。松本克美・立命館法学三一三号一〇〇（七七四）頁、鎌野邦樹・NBL八七五号四頁、塩崎勤・民事法情報二五八号七八頁、秋山靖浩・法学セミナー六三七号四二頁、平野裕之・民商法雑誌一三七巻四・五号四三八頁、円谷峻・ジュリスト臨時増刊一三五四号（平成一九年度重要判例解説）八九頁、花立文子・私法判例リマークス三七号四八頁。また、本判決の上告代理人「弁護士が語る」ものとして、幸田雅弘「欠陥住宅訴訟――施工業者の責任を認める」法学セミナー六三八号一八頁がある。

（5）　これらの諸判決のうち、近時の「小特集＝現代消費者法の潮流を考える――日本消費者法学会（仮称）の設立に向けて」（法律時報八〇巻五号七二頁以下（二〇〇八年）の中で、後藤巻則「わが国の消費者立法・判例動向評価・分析」が、（4）判決を「消費者の安全の確保」の観点からとりあげ、「住宅の安全性に関し、設計者など建築の専門家について建物の安全性を確保すべき義務があることを明確にした意義は大きい」と評価し、坂勇一郎「資料（立法と判例）」において作成されている「消費者関連の主な最高裁判決（平成一五年～平成一九年）」に、（2）判決と（4）判決が「欠陥住宅」「分野」として挙げられているのは、このことの証左である。

（6）　原田・前掲書一三一頁～一七一頁。

（7）　原田・前掲書三二六頁～三三六頁（とりわけ三三九頁）。

第二節　ＥＣ消費用動産売買指令とドイツ民法の攻防

一　瑕疵ある物における代物給付の場合の取外しおよび取付け義務

1　売主の財産権移転義務

種類物（不特定物）の売主が瑕疵ある物を給付した場合、買主は売主に対して不完全履行による追完請求権を取得するとするのが、これまでの通説的見解であり[1]、この場合の追完請求権の内容は、一般に、瑕疵修補もしくは代物給付であると解釈されている[2]。これらのうちの代物給付の場合において、目的物がすでに買主により適切に（契約目的ないし物の性質に従い）買主の別の動産ないし不動産に取り付けられていたとき、瑕疵なき物が取り付けられた状態となるためには、通常、瑕疵ある物が取り外されて売主に引き渡され、その後、売主により瑕疵なき物が給付され、これが新たに取り付けられる、という経過を辿る。例えば、買主が、自宅の屋根を瓦で葺き直すために瓦を購入しこれを葺いたところ、この屋根瓦に瑕疵があり、買主が代物請求をする場合[3]、まず瑕疵ある瓦で葺いた屋根から瑕疵ある瓦を取り外し、これを屋根から降ろして撤去し、その後、瑕疵なき瓦により改めて屋根が葺かれることとなる（以下、前記設例という。）。

かかる場合、売主の追完義務としての代物給付においては、売主の義務の内容は、〝瑕疵なき物（代物）を給付する〟ことのみが念頭におかれている[4]。そうすると、前記具体例の場合、通常、買主は、⑴まず瑕疵ある瓦を自宅の屋根から自身で取り外し、⑵これを売主に引き渡さねばならず[5]、加えて、⑶追完として売主により新規に給付された瑕疵なき瓦を、(4)自身で再び屋根に葺き直さねばならないこととなる。すなわち、これら(1)~(4)の各過程において、瑕疵ある瓦を自宅の屋根から取り外す行為（または第三者との請負契約により行なった場合はそれに要した費用）、また、これを売主に引き渡す行為（または第三者との運送契約等により行なった場合はそれに要した費用）、さらに、新たに瓦を葺き直す行為（または第三者との請負契約により行なった場合はそれに要した費用）は、全て買主自身で行なう（またはそれに要した費用を負担する）必要がある、ということになる。(6) すなわち、売主は、財産権〝移転義務〟を負うに過ぎない（民法第五五五条、同第五六〇条参照(7)）ので、瑕疵なき物を〝給付する〟ことを以て足る、ということである。

したがって、（瑕疵ある物を）取り外したり、（瑕疵なき物を）取り付けたりする義務を仮定することは、売主の財産権移転義務を超えて、売主に追完の場面において、代物（瑕疵なき物）を取り付ける行為（労働）を要求することとなり、このことは、〝労働〟による仕事完成義務を内容とする請負人の義務（同第六三二条）と同様の義務を課すこととなる。その結果、売買と請負との契約類型が不明確になるとの疑念が生じうる。

また、取外し、取付けの各行為により生じた費用負担を売主に肯定することは、これらの費用の内実が（不履行にもとづく）損害賠償（民法第四一五条）としての性格を有すると考えるなら、実質的には売主の有責性なしに〝損害賠償〟としての費用償還請求を認めることとなり、(8) 売主に対して過度の負担を強いるに至り、学理的には債務不履行法（給付障害法）における体系上の疑念が生じうる。

2　瑕疵修補との比較

もっとも、追完が瑕疵修補の方法で行なわれる場合には、部分的にではあれ、売主により、瑕疵ある物の取外しおよび取付けがなされることが類型的に想定されうる。[9] この点について、わが国の実務における瑕疵修補の実態は、修補費用の項目に表現されている。この点が独自の裁判上の争点となることは殆どないが、近時の下級審の裁判例には興味深いものがある。住宅用床材の化粧シートに瑕疵があり、これを修補（張替え）し、修補費用を請求等した事案において、ここでは当事者の合意があった場合（合意が法的根拠）ではあるものの、売主自身が修補を行なったことを前提に、修補費用として承認されている具体的内容として、フローリング材の価格に加え、「施工工事費」として、フローリング材の費用のフロアー張替え費用、清掃・養生・片付け費用、家具移動費用、美装費用、残材処理費用のほかに、「台所流し台脱着費用」、「洗面台脱着費用」、「食器棚内段ボール詰め費用」、「下駄箱脱着費用」、「ピアノ移動費用」等が含まれている。[10] これらの費目には、少なくとも、売主自身による取外しおよび取付けが前提とされていることは明らかである。

しかし、同じ追完方法である代物給付においては、売主の「代物給付」義務のなかに、瑕疵ある物の取外しおよび瑕疵なき物の取付け義務まで含まれているとは観念されていない。

3　追完場所との関係

(1)　以上の点は、追完場所（弁済（履行）の場所）との関係で、更なる微視的な法的分析の必要性を迫る。まず、前記設例において、買主が瑕疵ある瓦を取り外し売主に引き渡す場所（「弁済の場所」）は一体何処なのか。[11] また、瑕疵〝なき〟瓦の引渡場所は何処なのか。[12] これらは、取立債務（義務）なのか持参債務（義務）か。確かに、取立債務・持参債務の区別の実益は、主として、履行過程（運送中）における目的物の滅失の危険を債権者・債務者のいずれが負担するかにある、とされてきた。[13] しかし、ここでは、取立債務・持参債務のいずれであるかにより、とりわけ義務履行に要する費用をいずれの当事者が負担すべきことになるのかという、より現実的な問題として両債務の区別を考える必要がある。この観点からすれば、さらに、同じ取立債務であっても、屋根の上と宅地とでは、その負担内容に少なからぬ相違がある。これら二つの問題は、買主が瑕疵ある物を売主に引き渡す場所、売主が買主に瑕疵なき物を引き渡す場所、の問題である。とりわけ買主と売主の所在に距離がある場合に、問題が顕在化し、かつ先鋭化する。

この問題についての最初の手掛かりは、当事者間の事前の明示・黙示の合意である。しかし、これにより確定できない場合には、補充的契約解釈、あるいは民法上用意されている補充規定（第四八四条）による基準、である。もっとも、そこにおいても上記事例のような場合において、一義的に明確な基準が存在するものではなく、一般的には、債務（給付）および債務関係の性質や慣習が重要な標準となる。[14] ただ、ここでも、その具体化のための解釈が問題となる。

例えば、補充的契約解釈として、当事者が前記設例において瓦の引渡し場所が売主の店舗であった場合、代物給付たる瑕疵なき瓦の引渡しも売主の店舗であると考えるべきなのか。仮にそうであるとしても、買主はその場合に瑕疵ある瓦を売主に返還しなければならないが、それも、同じく売主の店舗においてなすべきなのか。このように解した場合は、買主が、瑕疵ある瓦を取り外し、これを売主の店舗に持参し、かつ、そこで瑕疵なき瓦の引渡しを受けてこれを持ち帰り、改めてこれを自身の屋根に葺くことになる。

また、民法の補充規定の解釈により、代物給付としての瑕疵なき瓦の給付場所は、これが不特定物（種類物）であるとすると、買主「（債権者の）の現在の住所」ということになる（持参債務）[15]。そして、瑕疵ある瓦の返還につき、確かに、不特定物の引渡しの場合、一般に、瑕疵ある物の給付によっては、「特定」は生じないものの、この

〝瑕疵ある物の引渡し自体〟に着目し、それゆえに、この物を敢えて「特定物」であると解するならば、買主の瑕疵ある瓦の引渡し場所は、「債権発生の時にその物が存在した場所」、すなわち当該瓦が葺かれた屋根、ということになる。

(2)　さらに、仮に、瑕疵ある物の引渡場所を買主が目的物を取り付けた場所であると解した場合、このことは、売主が瑕疵ある物を取り除き（除去し）持ち帰る、すなわち撤去（回収）することまでを意味するのか、また、瑕疵なき物の交付場所が、瑕疵ある物が存在する場所である、買主の取付け場所であると仮定すれば、売主が瑕疵なき物を取り付けることになるのか。ここでは、瑕疵ある物の引渡場所および瑕疵なき物の給付場所、とりわけ、後者の場所が、〝規範的意味〟において、売主の、瑕疵なき物の給付義務という追完義務の具体的内容（範囲）に何らかの影響を与えるのか、という問題として問いを立てうる。このことは、物の引渡しを主たる債務の内容とするにもかかわらず、物の運送、物の取外し・取付けという〝なす債務〟の要素が付加（ないし負荷）されうるとすれば、この場合の売主の追完義務および買主の瑕疵ある物の返還義務の場所も、これらの点を考慮して決定されるべきではないのか、という問いが浮上する。このことは、弁済（追完）の場所が、売主の追完義務の射程に与える影響の問題でもある。

(3)　以上の問題は、これまで殆ど議論がなされてこなかったが、瑕疵ある物の給付において最終的に契約が解除された場合の当事者の原状回復義務において、瑕疵ある物の（買主の）返還義務の場所の問題とも関連する。[16]

二　ドイツ民法における展開

1　ところで、かかる問題は、ドイツ民法の立法史（二〇〇二年の債務法現代化法）および判例・学説における解釈学上の展開に目を転ずれば、異なった視座が提供される。後述のように、ドイツ民法は、二〇〇二年発効の債務法現代化法において、追完（Nacherfüllung）規定（第四三九条）[17]を設けた。もっとも、この規定を巡っては、債務法現代化法発効直後に、一で示唆した問題が下級審裁判所で判断され[18]、これに対し学説においても批判的検討がなされ[19]、また、複数の事案において連邦通常裁判所（以下、ＢＧＨという。）が判断するに至り、さらに、この点を巡って多数の学説において議論がなされるに至っている。議論の主たる内容は、⑴瑕疵ある物の追完場所（Nacherfüllungsort）は何処か、⑵これに関して売主は瑕疵ある物の取外し義務および持去り（撤去）義務を負うのか、⑶履行場所との問題を離れ、売主は、そもそも瑕疵ある物を、これを買主が正当に取り付けた物から取り外す義務（Ausbaupflicht）を負うのか、⑷売主は、給付した瑕疵なき物を取り付ける義務（Einbaupflicht）を負うのか、⑸⑶⑷の問題について、これらに代えて取外し費用および取付け費用を負担すべきか、⑹売主の追完義務として取外し義務、取付け義務を負う場合、不相当（過分）の費用を根拠として追完を拒絶しうるのか、⑺拒絶しうるとして、それはいかなる場合か、である。これらの問題が、ドイツ民法第四三九条の追完規定の直接の解釈問題として議論されているところである。しかも、これらの問題の根底には、売主の追完義務の射程（範囲）・限界の問題が横たわっている。とりわけ前者においては、追完請求権が本来的履行請求権の範囲を超えうるのかという、新たな問題が示唆されている。

2　ドイツ民法第四三九条は、周知のように、消費用動産売買指令[20]（以下、単に「指令」という。）第三条[21]の国内法化の要請によって新たに設けられたものである[22]。したがって、前述の、ドイツ民法第四三九条における解釈論上の問題は、最終的には指令（第三条）に一致した（richtlinienkonform）解釈を要請することとなる。もっとも、そのためには、まず、これらの問題について指令がいかなる内容を有しているのかという、指令自体の解釈問題が前提となり、この前提問題は、最終的に、その議論の場が欧州司法裁判所（以下、ＥｕＧＨという。）に移されることになる。このことは、ここでのドイツ民法における解釈問題を例にとれば、ＢＧＨが、国内法の法律問題を解決する前提として、ドイツ民法の規定を指令の内容と一致するよう解釈するために、問題となっている当該指令条項の解釈問題を先決裁定問題として、ＥｕＧＨへ付託することにより現実化し、これを受けて、ＥｕＧＨにより、指令第三条の解釈がなされることとなる。

そして、ＢＧＨは、ＥｕＧＨの先決裁定（解釈）を承け、この解釈に拘束されつつ、改めて、追完規定たる民法第四三九条の解釈を行なうこととなる。ここでは、より一般的に、ＢＧＨにより新たになされる、同条の解釈による法の継続形成の限界は何により判断されるのか、解釈論の限界はどこにあるのか（すなわち立法論との線引き問題）、といった点が、重要な解釈論上・立法論上の争点となる。[23] ドイツ民法学においても、以上の点がＥｕＧＨの先決裁定の前後を通じて活発に議論されている。

三　日本民法学への示唆

1　先述した追完の解釈問題およびその場合における本来的履行請求権との関係の問題については、これまで自覚的な議論はなされてこなかった。もっとも、瑕疵ある物（特に特定物）の売主の追完問題については、瑕疵担保責任の法的性質論[24]との関係で、その効果論として瑕疵修補請求権の基礎づけがなされてきたことは、周知のところである。[25] そこでの学界が前提とする有力な見解においては、[26] むしろ、「最も効率的な解決」のもとに、瑕疵修補請求権を「現実賠償」と位置づけることにより、「この請求権に歯止めをかけようとしている」。[27] そこでは、本来的履行請求権から導かれる追完請求権の一態様である瑕疵修補請求権の範囲を、より限定的に解釈するための理論的基礎が提示されている。すなわち、売主の追完義務の範囲を限定すべきであるとする価値判断にもとづく解釈論が、展開されているのである。

また、このような傾向と合致するものとして、履行請求権を、その〝限界〟の側面に光を当て、追完請求権についても制限を加える仕方で、債権法改正の課題と方向が示されている。(28) そこでは、本稿が問題とする追完請求権としての代物請求権を、同じく追完請求権としての修補請求権と合わせて、「補完的履行請求権」として、〝本来的履行請求権〟と区別し、これまで、請負における修補請求の制限とされてきた「過分の費用」（第六三四条第一項ただし書）による制限を、「修補請求権の制限として一般化」すると同時に、種類物売買における代物請求については、代物給付も修補も可能である場合には修補を優先させるという仕方で、代物給付に制限を加えている。ここでは、「過分の費用」による制限は修補請求が念頭におかれている。このことは、代物給付の場合には、そもそもこのような問題は生じないことが想定されていることが、逆推されうるであろう。

もっとも、かかる提言に対しては、本来的履行請求権と「補完的履行請求権」との関係について、実体法的に考えた場合、本来的履行請求権とは何かという観点から、種類物（不特定物）給付の場合に不完全なものを任意履行で給付された場合に問題となる修補ないし代物給付は、補完的ではなく、「本来的履行請求権の貫徹の問題」（傍点は引用者）であること、また、「瑕疵なき物を給付する義務」の場合において、給付された物に瑕疵があった場合に出てくる修補、代物請求は、最初の引渡しも含め、全て「本来的履行請求権の内容の具体化」（傍点は引用者）にすぎない、との批判的な指摘がなされていることも、(29) とりわけ本稿との関係では、銘記されるべきである。すなわち、ここでの指摘は、追完（修補ないし代物給付）の「補完的」性格を否定し、本来的請求権の「貫徹」といい「内容の具体化」、と述べられている。そこには追完請求権（修補請求権）の制限がア・プリオリに前提されているとはいえないことが注意されるべきである。

ところで、「債権法改正に関する検討事項」（以下『検討事項』という。）のうち、「追完請求権の限界事由」についての［B案］として、「瑕疵修補請求権について修補に過分の費用を要することを限界事由として規定するなど、追完請求権独自の限界事由を限定する考え方」を示し、「この立場は、追完請求権の法的性質について履行請求権の具体化としつつ、不完全な給付をしたという点を考慮した特別の制約を許容する考え方や、瑕疵修補請求権の法的性質を『現実賠償』として損害賠償請求権と位置付けることで、瑕疵修補請求権の内容を賠償額によって制限するという考え方に適合的である」と基礎づけている[30]。

しかし、この基礎づけは、既に示唆したように、「履行請求権の具体化」という立場と、「瑕疵修補請求権の内容を」「制限する」（ないしは「補完」する）立場とを同一視するものであろう。厳密には両者は異なるものである。本文で述べたように、「履行請求権の具体化」には、必ずしも、他方の立場において理解される意味における「制限」という内容が当然に内包ないし含意されているとはいえない、というのが筆者の読みである。このことは、この両者の議論の経緯からしても、明らかである。このような立場（読み）からすれば、『検討事項』のこの記述は、正確性を欠いているようにも思われる。

2　本稿は、追完におけるかかる法状態を念頭におきつつ、これに関するドイツにおける最近の議論の一部を整理し参照することにより、これらの法状態についての一定の相対化を図るとともに、これまで日本法においては必ずしも充分には検討されてこなかった若干の問題について、試論を提示することを目的とするものである。すなわち、これまでの追完論は、とりわけ特定物売買の法的性質論およびそこでの売主の瑕疵修補義務の基礎づけを主たる課題とし、これに関連して議論されてきた。そこでの課題は、これまで認められていなかった義務を認めることが主眼とされていたといってよいであろう。このことは正当に評価されるべきである。しかし、追完の範囲を制限する方向での解釈論のみが、果たして適切なものであるのか。かかる視覚から、追完論が、ドイツにおいて現在抱えている問題状況につき、とりわけ、種類物売買における売主の瑕疵ある物の給付の場合における代物給付義務につき、瑕疵ある物の取外し、この物の搬出、瑕疵なき物の取付けといった具体的問題との関連で、その一般概念（本来的履行請求権、完全履行請求権（ないし補完的請求権）、追完請求権）がどこまで有効に機能しているのか、その揺らぎはあるのか、さらに、具体的な諸問題を考察するなかで、そこでの契約当事者（売主・買主）の利益状態をいかに評価すべきか、かかるドイツの理論および実務の状況は消費用動産売買指令の具体化を前提とするものであるから、ＥｕＧＨの判断が解釈論、立法論においてどのような影響を与えているのか、といった点を分析、検討する。

3　この点、筆者は、嘗て、瑕疵ある種類物を給付した売主の追完義務のうち、代物給付の場合に、買主の使用利益の返還義務が否定されることとなったＥｕＧＨの指令解釈およびドイツでの議論（判例、学説）の一端を紹介した。[31]確かに、使用利益の返還義務は、追完義務としての代物給付自体に直接関係するものではない。しかし、この問題の背景には、ドイツの学説が説くように、買主に瑕疵ある物の使用利益の返還義務を認めるなら、買主（消費者）の追完請求権自体が妨げられる可能性があり、追完の優位性を体系化している場合には、買主は二次的権利（解除、減額、給付に代わる損害賠償）をも主張できない可能性が生じうるとの、債務不履行（給付障害）の体系的観点からの洞察がある。[32]この意味において、追完との制度上の関連性が意識されているのである。

筆者は、また、最近、本稿に直接関連する準備作業として、本稿が直接の検討の対象とする〝瑕疵ある消費用動産を給付した売主の追完義務〟として「取外し（Ausban）義務」および「取付け（Einbau）義務」が問題となったＥｕＧＨの先決裁定を紹介し、この先決裁定を承けたＢＧＨの判決をも付加して紹介した。[33]

4　以下では、これらの成果をも適宜参照しつつ、瑕疵ある種類物の取外し義務および取付け義務に関するドイツ法の議論（判例、学説、民法改正案）の一端およびEuGHの判決について概観することとする。

（1）　周知のように、現行民法典には〝不完全履行〟についての明文の規定は存在しない。しかし、不完全履行（積極的債権侵害）は、ドイツ法における〝積極的債権侵害論〟における成果を日本民法に導入した学説（代表的には、奥田昌道『債権総論〔増補版〕』（一九九二年（初版一九八二年）、悠々社）一五二頁〜一六八頁。以下、奥田・前掲書という）、および判例法理（例えば、最判昭和三六年一二月一五日民集一五巻一一号二八五二頁（不特定物売買）、最判昭和四七年一月二五日判時六六二号八五頁（商人間の不特定物売買（完全履行請求を否定））、最判平成七年六月九日民集四九巻六号一四九九頁（未熟児網膜症姫路日赤事件。診療契約上の不完全履行（肯定））、最判平成九年一〇月一四日判時一六二一号八六頁（ゴルフコースのレイアウト債務の不完全履行（否定））等）として、これまで、明文上存在する「履行遅滞」、「履行不能」に加え、第三の債務不履行形態として妥当してきた。その条文上の根拠は、民法第四一五条の「債務の本旨に従った履行をしないとき」に求められる。もっとも、こうした債務不履行の諸形態についての類型化の妥当性については、疑問が提示されていることも事実である（能見善久「履行障害」山本敬三ほか『債権法改正の課題と方向――民法一〇〇周年を契機として〔別冊NBL五一号〕』（商事法務研究会、一九九八年）（以下、能見・前掲論文という。）一〇三頁（一〇四頁）。

　この点につき、民法（債権法）改正検討委員会編『債務法改正の基本方針〔別冊NBL一二六号〕』（商事法務、二〇〇九年）（以下、『基本方針』という。）一三二頁は、「第三編　債権」「第一部　契約及び債権一般」「第四節　契約の効力」「第一款　債権の基本的効力」に「【三・一・一・五七】（追完請求権）」を設け、「〈1〉債務者が不完全な履行をしたときは、債権者は履行の追完を請求することができる」とし、「提案要旨」において、「不完全な履行」は、（本書が対象とするような）物の給付を目的とする場合においては、「その物が備えるべき性能、品質、数量を備えていない場合」を指示している。

（2）　不特定物の場合には、代物給付が中心的に言及されるが、修補によって本旨に従った履行が可能である場合には、この方法によることも可能であることは、前提とされている。この点につき、前掲・『基本方針』（一三三頁）は、追完請求権は、「不完全な履行」の態様に即して、「修補請求権、代物請求権、数量不足に際しての追履行請求権、再施工請求権などのさまざまな形態を取って現れる」とし、「その個別具体的な内容は契約の解釈によって決まる」とする。

（3）　これに類似する事例として、BGH一九八三年三月九日判決（BGHZ 87, 104）がある。この判例について、筆者は嘗て、原田・前掲書一八七頁において、〝屋根瓦事例〟として簡単な紹介をし、「瑕疵ある仕事の除去義務の問題」のなかで若干の言及をしたことがある（同二一五頁〜二二〇頁）。本書では、後に改めて取り上げる。

（4）　例えば、奥田・前掲書一六〇頁は、不特定物売買において、引き渡された目的物に瑕疵があった（不完全履行）場合の、帰責事由を必要としない法律効果として、本来の履行請求権による本来の給付（瑕疵のない目的物の給付）を請求しうる、と記述される。

（5）　例えば、奥田・前掲書一六〇頁は、既に受領した給付（瑕疵ある目的物）は債務者に返還すべきである（本来給付（瑕疵なき物の給付）とは同時履行の関係に立つ）、と記述される。

（6）　もっとも、瑕疵ある瓦の取外し費用ないし／および瑕疵なき瓦の取付け費用については、売主に瑕疵の存在について有責性がある場合は、これを損害賠償として請求しうるであろう（民法第四一六条第一項）。

（7）　『基本方針』における「【三・二・一・〇二】売買の定義」」も同様である（二六七頁）。すなわち、「売買契約の対象を『財産権』とする現民法の規定を維持し」、「本提案は、売買契約の定義規定であるとともに、売主の財産権移転義務および買主の代金支払義務の根拠規定でもある」と規定する。

（8）　現行法においては、なお債務不履行による損害賠償が認められるためには、債務者の有責性を必要とする、とするのが、通説判例の立場である。なお、以上は、ここでの問題を、帰責性を不要とする追完と帰責性を必要とする損害賠償という一般的問題との区別として認識するものであるが、周知のように、追完のもう一つの態様である瑕疵修補を「損害賠償の一方法」として理解する見解（森田宏樹説。この点については、後に言及する）によれば、この問題は「損害賠償の範囲」の問題として位置づけられる。

（9）　この点につき、S. Lorenz, Nacherfüllungskosten und Schadensersatz nach “neuen” Schuldrecht-was bleibt vom “Dachziegel”-Fall?, ZGS 2004, 408.

（10）　東京地判平成二一年一二月一七日判タ一三二七号一六六頁（控訴）。

（11）　具体的には、屋根の上か、屋根から下ろした宅地か、売主の住所地か。

（12）　売主の住所地か、買主の住所地か、（瓦を葺いた家屋が買主の住所地と異なる場合）当該家屋の現在地か、より厳密には当該家屋の屋根の上か。

（13）　奥田・前掲書五一五頁。しかし、ここでは、取立債務・持参債務のいずれであるかにより、とりわけ義務履行に要する費用をいずれの当事者が負担すべきことになるのかという、より実際的な問題として考えている。この観点からすれば、さらに、同じ取立債務であっても、屋根の上と宅地とでは、その負担内容に少なからぬ相違がある。

（14）　奥田・前掲書五一七頁。この点については、なお原田・前掲書六五頁注（3）も参照。

（15）　大判大正八年一二月二五日民録二五輯二四〇〇頁。

（16）　もっとも、日本法においては、これまで、この問題が自覚的に論じられたことはないように思われる。この点につき、筆者は、前掲〝屋根瓦事例〟判決の紹介に際して、「解除の場合の原状回復の場所（履行場所）」の問題の重要性について指摘しておいた（原田・前掲書二二〇頁注（10））。本書は、この点についても、その後の、ドイツ法の展開を少しくフォローし、深める予定である。

（17）　条文の内容は、以下のとおりである。

第四三九条　追完

（1）　買主は、追完として、彼の選択に従い、瑕疵の除去又は代物給付を請求できる。

（2）　売主は、追完の目的のために必要な費用、とりわけ運送費、交通費、労働費および材料費を負担しなければならない。

（3）　売主は、買主が選択した追完方法が不相当な費用によってのみ可能である場合にも、それを拒絶できる。その場合、とりわけ瑕疵なき状態における物の価値、瑕疵の意義及び追完の他の方法が買主にとって著しい不利益なしに援用されうるかという問題が顧慮されるべきである。買主の請求権は、この場合、もう一方の追完方法に制限される。第一文の要件のもとでの売主の拒絶権はそのままである。

（4）　売主が追完の目的のために瑕疵なき物を給付した場合、売主は第三四六条から第三四八条にもとづき買主に対し瑕疵ある物の返還を請求できる。

（18）　OLG Karlsruhe v. 2. 9. 2004 BauR 2004, 109; BeckRS 2004, 08838.

（19）　S. Lorenz, Nacherfüllungskosten und Schadensersatz nach 〝neuen〟 Schuldrecht-was bleibt vom 〝Dachziegel〟-Fall?, ZGS 2004, 408.

（20）　正確には、「消費用動産の売買および消費用動産に対する保証という一定の観点に関する、一九九五年五月二五日付けの欧州会議および理事会指令：Directive 1999/44/EC」をいう。

（21）　指令第三条（「消費者の権利」）の内容は、以下の通りである。

（1）　売主は、消費者に対し、消費用動産の交付の時点において存在する全ての契約違反に対して責任を負う。

（2）　契約違反の場合、消費者は、第三項の基準に従い、修補または代物給付により消費用動産の契約に適合した状態の無償の回復に向けられた請求権か、そうでなければ、第五項および第六項の基準に従い、当該消費用動産に関し売買代金の相当な減額かまたは契約の解除請求権を有する。

（3）　まず、消費者は、消費用動産の無償の修補または無償の代物給付が不能でなくかつ不相当でない限り、これらの請求をなしうる。一方の救済が、売主に対し、消費用動産が、契約違反がなければ有した価値を勘案し、契約違反の意義の顧慮のもとで、他方の救済可能性が消費者にとって著しい不便（Unannehmlichkeit, inconvenience）なしに援用されないかの問題を考慮し、他方の救済可能性と比較して期待不可能な費用を惹起する場合、その救済は不相当であるとみなす。修補または代物給付は、相当期間内でかつ消費者に著しい不便なしに行なわれなければならず、その場合、消費用動産の種類および消費者にとって消費用動産を必要とする目的が顧慮されなければならない。
（4）第二項および第三項における「無償」概念は、消費用動産の契約に適合した状態の確立のために必要な費用、とりわけ運送費、労働費および材料費を含む。
（5）消費者は、以下の場合に、売買代金の相当な減額を請求できる。
消費者が修補請求権も代物交付請求権も有しない場合、
売主が相当な期間内に消費者のために対策を講じない場合、
売主が消費者に著しい不便を与えないで対策を講じない場合、
（6）消費者は、些細な契約違反の場合には、契約の解除請求権を有しない。
(22) この点についての立法者意思として、BT-Drucks 14/6040（債務法現代化法草案）, S. 230ff.
(23) とりわけ日本民法学には、これまでこの点についての自覚が乏しく、〝融通無碍法学〟などとも言われてきた（米倉明ほか「これからの民法学」ジュリスト六五五号（一九七八年）九九頁（一一三頁）〔淡路剛久発言〕）ことから、この辺りのドイツ法学の議論状況は、我が国の解釈論、方法論にも重要な示唆を与えるであろう。
(24) これに関する近時の文献として、野澤正充編『瑕疵担保責任と債務不履行責任』（日本評論社、二〇〇九年）がある。
(25) 森田宏樹『契約責任の帰責構造』（有斐閣、二〇〇二年）一九七頁（「第三編　売買契約における瑕疵修補請求権——履行請求権、損害賠償請求権又は解除との関係」）（二四七頁）。これ以外の学説（文献）については、原田・前掲書七頁の注（2）を参照されたい。もっとも、そこでの議論は、主として、瑕疵修補請求権自体をいかに基礎づけるかという問いに対するものであった。
(26) 森田宏樹・前掲書二四六頁は、瑕疵修補請求権の法的性格を、損害賠償の一方法としての「現実賠償」と捉えるべきことを提唱し、その主たる意義として、売主の損害賠償と修補費用を比較して、賠償義務として不相当である場合に売主の修補義務を否定するという解釈を導くことになる、とする（以下、森田（宏）説という。）。
(27) 大村敦志『典型契約と性質決定』（有斐閣、一九九七年）七二頁は、本文の内容に続けて、「ここで注意すべきは双方の見解（「法定責任説」と「不履行責任説」のこと—引用者注。以下、同じ。）の当否ではなく、」「前者（法定責任説のこと）は、意思解釈によるのであるが、その意思解釈は多分に擬制的・構成的なものであ」り、「後者（不履行責任説のこと）は、現実履行でもなく損害賠償でもない第三の道を拓くことによって、最も効率的な解決を導こうとして」おり、「いずれの見解も」「当事者の意思を超えた説明をしている」と評価する。また、潮見佳男「瑕疵担保責任の法的性質（2）——契約責任説の立場から」野澤編・前掲書三一頁（四六頁）は、森田（宏）説を「展開し」「一般化」すれば、「瑕疵修補請求権、ひいては追完請求権一般に対しては、履行請求権に対するものとは異質な法理——むしろ、金銭賠償請求権と共通する法理——が妥当するものとなる」と評価する。

(28) 能見・前掲論文一一二頁。

(29) 奥田昌道発言・私法六一号（一九九九年）八九頁、一二〇頁。

(30) この点につき、民事法研究会編集部編『民法（債権関係）の改正に関する検討事項』（民事法研究会、二〇一一年）一〇頁。

(31) 原田剛「ＥＣ企業法判例研究」ＥＣ消費用動産売買指令とドイツ民法第四三九条第四項（上）（下）」国際商事法務三六巻八号（二〇〇八年）一〇七六頁・同九号（二〇〇八年）一二二三頁（本書第一部第一章第二節）、同「建物の瑕疵に関する最近の最高裁判決が提起する新たな課題——追完の場合の利用利益返還問題および瑕疵ある建物の「権利侵害」性——」法と政治五九巻三号（二〇〇八年）一頁（本書第一部第一章第三節）。

(32) BGH Vorlagebeschl. v. 16. 8. 2006, JNW 2006, 3200 (mit Anmerkung Stephan Lorenz), BauR 2006, 2047 (mit Amerkung Rolf Kniffka)（学説の引用部分）、原田・前掲（法と政治）論文一六頁。

(33) 原田剛「（ＥＣ企業法判例研究）瑕疵ある消費用動産を給付した売主の追完（取外し及び取付け）義務（上）（下）」国際商事法務四〇巻三号（二〇一二年）四六〇頁、同四号（二〇一二年）六二六頁（本書第一部第二章第一節）。

（法と政治 六三巻四号（二〇一三年）より抜粋）

第一章　追完における買主の使用利益返還問題

第一節　建築請負目的物の瑕疵と損害賠償

最高裁平成一四年九月二四日第三小法廷判決
（平成一四年（受）第六〇五号：損害賠償請求事件）
（判時一八〇一号七七頁、判タ一一〇六号八五頁、裁時一三二四号六頁）

一　事実の概要

X（原告・被控訴人＝控訴人・被上告人＝注文者）は、居住用建物（本件建物という）の建築のため、Y_5（設計有限会社―被告）と、設計・監理費用総額三六一万一二一一円で、建築設計・監理契約を締結し、Y_1（建設株式会社―被告・控訴人＝被控訴人・上告人＝請負人）と、報酬総額四三五二万二〇〇〇円で、Y_5作成の設計図書にもとづく、本件建物の建築請負契約を締結した。本件建物は、平成八年四月に着工され、Xは同年九月二八日に本件建物に入居した。

ところが、Xは、すでに入居以前から多数の不具合を発見し、Y_1およびY_5に対し、書面ないし口頭で、五月から七月にかけて合計五回にわたり苦情を申し入れていた。しかし、これらの不具合は入居時点でも改善されていない、として、Y_1およびY_5に対し善処を求めていた。

これに対し、Y_5は、本件建物は、ほとんどの箇所に施工不良があり、補修するよりも取り壊して再築すべきである、とY_1に要求した。しかし、Y_1は、必要な修補は行なうが、構造的には問題はないので建て替えはできない、と回答した。

そこで、Xは、Y_1（民第六三四条二項・第四一五条・第七〇九条にもとづき）、Y_1の取締役であるY_2（被告）、Y_3（被告）およびY_4（被告・控訴人＝被控訴人・上告人。民第七〇九条、旧商第二六六条ノ三〔会社第四二九条〕にもとづき）、および、Y_5（民第四一五条・第七〇九条にもとづき）に対し、建替え費用相当額四七四九万七九四四円の賠償を求めて本訴に及んだ。

第一審（横浜地小田原支判平成一三・八・九判例集未登載）は、本件建物の瑕疵は個々の修補では除去されず建て直す必要がある、と認定し、Y_1（民第六三四条第二項にもとづき）、Y_4（民第七〇九条にもとづき）およびY_5（民第四一五条に基づき）に対し、連帯して、建替え費用相当額三四四四万円、慰謝料一〇〇万円、弁護士費用二三〇万円等総額四二三〇万二五六〇円から、未払工事残代金および設計・監理費用を控除した二三二八万一九二四円の賠償を命じた（Y_2、Y_3の責任は否定）。そこで、Y_1、Y_4は、敗訴部分の取消しおよび請求の棄却を求めて、Xは、賠償額の変更を求めて、各々控訴した。これに対し、原審（東京高判平成一四・一・二三判例集未登載）は、民法第六三五条ただし書の趣旨から、建替え費用賠償は認められない、とする、Y_1、Y_4の主張を退け、Y_1（民第六三四条二項）、Y_4（民第七〇九条）に対し、建替え費用相当額として三八三〇万二五六〇円を認める一方、Xの居住利益六〇〇万円を控除して、損害賠償を命じた。そこで、Y_1、Y_4は、「原判決は、民法六三四条但書及び同法六三五条但書の解釈及び適用を誤っている」として、上告した。

二　判旨

上告棄却。

判旨は、「原審が適法に確定した事実関係の概要」のなかで、本件建物につき、「その全体にわたって極めて多数の欠陥箇所がある上、主要な構造部分について本件建物の安全性及び耐久性に重大な影響を及ぼす欠陥が存する」から「結局、技術的、経済的にみても、本件建物を建て替えるほかはない」とし、建替え費用相当額の損害賠償請求が、民法六三五条ただし書の規定の趣旨に反して許されないか、という本件事案の争点につき、次のように判断した。

「請負契約の目的物が建物その他土地の工作物である場合に、目的物の瑕疵により契約の目的を達成することができないからといって契約の解除を認めるときは、何らかの利用価値があっても請負人は土地からその工作物を除去しなければならず、請負人にとって過酷で、かつ、社会経済的な損失も大きいことから、民法六三五条は、そのただし書において、建物その他土地の工作物を目的とする請負契約については目的物の瑕疵によって契約を解除することができないとした。しかし、請負人が建築した建物に重大な瑕疵があって建て替えるほかはない場合に、当該建物を収去することは社会経済的に大きな損失をもたらすものではなく、また、そのような建物を建て替えてこれに要する費用を請負人に負担させることは、契約の履行責任に応じた損害賠償責任を負担させるものであって、請負人にとって過酷であるともいえないのであるから、建て替えに要する費用相当額の損害賠償請求をすることを認めても、同条ただし書の規定の趣旨に反するものとはいえない。したがって、建築請負の仕事の目的物である建物に重大な瑕疵があるためにこれを建て替えざるを得ない場合には、注文者は、請負人に対し、建物の建て替えに要する費用相当額を損害としてその賠償を請求することができるというべきである。」

三　解説

1　建築請負は土木工事とともに「建設」に包括され、建設が、民法第六三二条の「仕事」に含まれることから、建築請負契約もまた民法の規定する典型契約としての請負契約に含まれると解されてきた(1)。したがって、建築請負目的物に瑕疵がある場合、民法の規定する請負人の瑕疵担保責任が問題となる。それゆえ、この場合、注文者は請負人に対して、瑕疵修補または瑕疵修補に代えてもしくは瑕疵修補とともに損害賠償の請求ができる（同第六三四条）。もっとも、建築請負目的物の瑕疵の場合は、たとえ、瑕疵のために契約目的を達成できないとしても、契約の解除はなしえない（同第六三五条ただし書）。

また、注文者は、請負人に対し、瑕疵修補が可能な場合であっても、修補を請求することなく直ちに修補に代わる損害賠償の請求をすることができると解されている(2)。

2　(1)そこでまず、民法第六三四条第二項にいう修補に代わる損害賠償の範囲が問題となる。この点につき、請負においては、瑕疵のない完全な仕事をすることが請負人の債務内容であることを理由として、瑕疵の存在によって生ずる全損害＝履行利益に及ぶとするのが通説である(3)。そこで、建替え費用相当額もまた履行利益に含まれるのではないかが問題となる。ところが、これまで、以下のような諸理由により(4)、履行利益に建替え費用相当額を含めることが躊躇されていた。

(a)瑕疵を除去するために建て替えを必要とするような場合は、「修補不能」である。修補不能（履行不能）の場合、民法第六三四条第二項にいう損害賠償の範囲の確定に関する差額説によれば、建替え費用相当額は損害賠償の範囲に含まれない。(b)確かに、同第六三四条第二項にいう損害賠償には「修補費用」が含まれる。しかし、そこにいう「修補」概念には、「建て替え」は含まれない。それゆえ、建替え費用を修補費用として賠償請求することはできない。(c)建替え費用を認めると、実質的には請負契約の解除を認めることと等しくなり、それは、同第六三五条ただし書の規定に反する。(d)建替え費用を認めると、瑕疵ある建物への過去の無償の居住により賃料相当額の利得を得、また建替え費用での建物の新築により耐用年数の延びた建物を取得し利得をうる（注文者の「二重取り」）。

(2)　かかる法状態を前にして、学説ないし法実務（下級審の裁判例）は、建替え費用相当額の賠償請求の法的構成を模索した。(a)この問題を、主として民法第六三四条第二項にいう損害賠償の範囲の拡大として志向するもの[5]、(b)同第六三五条ただし書の適用を回避あるいは限定する解釈論を提示するもの[6]、(c)本来的履行請求権である、同第六三四条の「修補」概念の体系的意義および規範的内容の再検討により、同条の「修補」にはやり直し（新規製作）が含まれうるとすることにより、「修補に代わる損害賠償」に「建て替えに代わる損害賠償」を含めるもの[7]、(d)同第六三四条二項による基礎づけを断念し、同第七〇九条の不法行為責任の追及に向かうもの[8]などである。

3　本判決は、以上の問題について、建替え費用相当額の損害賠償が肯定されるか否かにつき、上告申立て理由に対応して、民法第六三五条ただし書との抵触問題として取り組んでいる。この点を押さえたうえで、判例の論理を辿っておくことにしよう。

(1)　本判決はまず、本件建物の欠陥を除去するには、「本件建物を建て替えるほかはない」とする。これは、瑕疵の除去として、いわゆる「修補」以外の方法を指示しているとの理解が可能である。

(2)　そのうえで、法律上の争点として、建替え費用相当額の賠償を認めることが民法第六三五条ただし書の趣旨に反しないかを問題とする。この場合、建替え費用相当額の賠償は、同第六三四条第二項の「修補に代えて」の損害賠償請求と理解してよいかが問題となる。

ここでは、「修補費用」が修補に代わる損害賠償に含まれることが前提となる。この点につき、最高裁判所レベルでは直接には明言されていないものの、修補費用は修補に代わる損害賠償に含まれることが当然の前提とされている。(9)

それでは、「建替え費用相当額」についてはどのように理解されるか。この場合に手掛かりとなるのは、本判決が、本件事案を「請負人の瑕疵担保責任等に基づき、損害賠償を請求する事案である」と規定している点である。ここで、請負人の瑕疵担保責任「等」といっているのは、Y_4の責任が民法第七〇九条を根拠としているものである点を考慮してのことであろう。主たる責任者がY_1であることからすれば、少なくとも、「修補」に代えての損害賠償請求は、「建て替え」に代えての損害賠償請求ということにならざるをえない。事実、判旨は、次に検討する、同第六三五条ただし書に抵触しないとする理由づけのなかで、建替え費用相当額を請負人に負担させることは、「契約の履行責任に応じた」損害賠償を負担させるものであるとしている。そうすると、同第六三四条にいう「修補」概念には、「建て替え」のような場合も含まれうることを述べていると理解することも不可能ではない。(10)

そこで次に問題となるのが、そのようにして同第六三四条第二項で建替え費用相当額の損害賠償を認めるならば、実質的には解除を認めたことと同じになり、同第六三五条ただし書の趣旨に反することにならないかということである。

判旨は、この点につき、民法第六三五条ただし書の趣旨の正当性を、請負契約の目的物である土地工作物が「何らかの利用価値」が存在する場合における土地工作物除去に対する、(a)請負人の「過酷」性と(b)「社会経済的な損失」の大きさに求め、重大な瑕疵があるために建て替えるほかない場合に、当該建物を除去することは(b)には該当せず、その場合における建替え費用相当額を請負人に負担させることは、「契約の履行責任に応じた損害賠償責任」を負担させるものであり、(a)にも該当しないとして、この問題を否定したのである。

4　民法第六三五条ただし書は、これまで強行規定（法規）であると解されてきた。判旨は、一方で、このことを前提としつつも、他方で、同条ただし書の適用範囲を、学説の展開（前記2(2)(b)）を踏まえてのことか、瑕疵ある土地工作物を「何らかの利用価値があっても」という仕方で規定することにより限定した、と評価できる。このことは、瑕疵ある土地工作物が、何らの利用価値のない場合は、同条ただし書の対象外であることを含意している。そして、重大な瑕疵があるために建て替えを必要とする建築請負目的物について、建替え費用相当額を請負人に負担させることは、同第六三五条ただし書に抵触しないことを明言した。以上の論理により、これまで模索されてきた、建築請負目的物に重大な瑕疵が存在する場合における、瑕疵担保責任（契約責任）としての建替え費用相当額の賠償責任に途を開いたのである。本判決の重要な意義は、まさにこの点にある。加えて、本判決からは、(1)建替え請求自体の可能性、(2)無価値な建物の場合の解除の可能性（同第六三五条ただし書に抵触しない）という重要な法律効果が論理的に帰結される。

5　最後に、更なる課題を提起しておこう。本件では、形の上では「建替え費用相当額」が問題となっている。しかし、原審判決では、すでに、三八三〇万余円の建替え費用相当額から、「当事者の衡平」を根拠に、「居住利益」名目で六〇〇万円を控除して損害賠償が命じられている。これは、建替え費用賠償を否定する論拠2(1)(d)の「注文者の二重取り」を考慮したと推測される。しかし、これは果たして正当であるのか。というのは、この点に関して直ちに想起される最低限の疑念として、注文者の「居住利益」には、請負人が受領した請負代金の「使用利益」が対応するからである。「瑕疵修補」を追完と考えた場合に生じる、新たな、しかも実務上、法政策上、法理論上、更には比較法的観点から極めて重要な課題である。

〈参考文献〉

本文中に掲げたもののほか、本判決の解説・評釈として、古積健三郎・法セ五八〇号（二〇〇三年）一一二頁、花立文子・法教二七二号（二〇〇三年）一〇六頁、半田吉信・判評五三三号（判時一八一八号）（二〇〇三年）一一頁、笠井修・ＮＢＬ七六四号（二〇〇三年）六八頁、杉本好央・東京都立大学法学会雑誌四四巻一号（二〇〇三年）四五一頁、松本克美・法時七五巻一〇号（二〇〇三年）一〇一頁、同「建築請負契約の目的物の主観的瑕疵と請負人の瑕疵担保責任」立命館法學二九八号（二〇〇五年）一六七五頁、岡孝・リマークス二〇〇四〈上〉五四頁、銭偉栄「建物に重大な瑕疵がある場合における注文者の権利」小林一俊博士古稀記念『財産法諸問題の考察』（二〇〇四年）三九一頁、加藤新太郎・平成一五年度主要民事判例解説（判タ一一五四号）（二〇〇四年）六六頁、鹿野菜穂子・民商一三一巻二号（二〇〇四年）三一五頁、三林宏・銀法六三二号（二〇〇四年）八四頁。

（1）我妻栄『民法講義V_3債権各論中巻2』（岩波書店、一九六二年）五九九頁・六〇〇頁、来栖三郎『契約法』（有斐閣、一九七四年）四四七頁。
（2）最判昭和五四年三月二〇日判時九二七号一八四頁。
（3）我妻・前掲書六三二頁・六三七頁。
（4）後藤勇『請負に関する実務上の諸問題』（判例タイムズ社、一九九四年）八五〜九一頁。
（5）青野博之・法時六一巻九号（一九九七年）一〇六頁、潮見佳男『契約規範の構造と展開』（有斐閣、一九九一年）二三五頁等。
（6）高橋弘「瑕疵担保」法時四二巻九号（一九七〇年）三八頁、岡孝・判タ六九八号（一九八九年）二一頁、池田恒男・判タ七九四号（一九九四年）三五頁、山口康夫「住宅建設における消費者法の課題」私法五五号（一九九三年）一九七頁、花立文子「建築請負契約における瑕疵担保責任」森泉章編集代表『続現代民法学の基本問題』（一九九三年）二七三頁。
（7）原田・前掲書三頁。
（8）神戸地姫路支判平成七年一月三〇日判時一五三一号九二頁等。
（9）最判昭和三六年七月七日民集一五巻七号一八〇〇頁、最判昭和五一年三月四日民集三〇巻二号四八頁、前掲最判昭和五四

年三月二〇日、最判平成九年二月一四日民集五一巻二号三三七頁は、すべて修補費用が損害賠償額の基礎となっている事案である。

(10)「修補」を追完と考えれば、理論的には、建て替えも追完の一方法となりうることを示唆している。

（不動産取引判例百選（第三版）（二〇〇八年））

第二節　ＥＣ消費用動産売買指令[1]とドイツ民法第四三九条（追完）

（欧州司法裁判所二〇〇八年四月一七日判決[2]：Celex No. 606J0404）

（Quelle AG v. Bundesverband der Verbraucherzentralen und Verbraucherverbände, Case C-404/06）

一【事実の概要】

二〇〇二年の夏、消費者Ａは、被告である大手通信販売店Ｙ（Quelle AG）に、取付けサービス付きの「レンジセット」を約五二五ユーロで注文した。商品は同年八月に配達された。ところが、二〇〇四年一月に、Ａはパン焼き部分のホウロウが剥がれていることを発見した。修補が可能ではなかったことから、ＡとＹは、パン焼き部分の交換を合意した。他方でＹは、パン焼き部分の交換の後、まず約一二〇ユーロの収益補償を請求し、その後五〇ユーロの減額がなされた。Ａは、最終的に、減額された約七〇ユーロを支払った。そこで、Ａは、有資格組織である消費者センター総連盟[3]Ｘに[4]、Ｙに対する約六八ユーロ（実際の約七〇ユーロとの差については詳述されていない。）の返還の請求を授権し[5]、Ｘは支払った約六八ユーロの返還をＹに訴求した。

これに対し、第一審も、[6]控訴審も、[7]ドイツ民法第四三九条第四項（以下、「ＢＧＢ第四三九条第四項」のように表記する。）からは、売主の、瑕疵あるレンジの使用に対する価値補償（返還）請求権は発生せず、したがって、Ａの支払いは法律上の根拠のない支払いであるから、ＢＧＢ第八一二条第一項（不当利得）にもとづいて返還請求をなしうると判断した。

Ｙの上告に対し、ドイツ連邦通常裁判所（以下、「ＢＧＨ」という。）は、以下のように判断した。[8]

まず、ＢＧＢ第四三九条第四項は、売主が瑕疵ある物に対する代物給付（交換）をした場合、新規の物との交換までに買主が瑕疵ある物から引き出した収益に対する価値返還請求権を有することを認めている、として、原審の判断とは異なった解釈をする。

しかし、他方で、ＢＧＢ第四三九条第四項は、契約違反の消費用動産の場合において「無償の」代物給付を認めているＥＣの消費用動産売買指令（第三条第三項第一文および第四項）と矛盾するのではないか、という疑問を提起する。

そこで、ＢＧＨは、訴訟手続きを中断し、新規の物の交付により契約に適合した状態をもたらした場合、消費者（買主）に最初に交付された瑕疵のある消費用動産に対する収益の返還を認めるとする国内法は、消費用動産売買指令（第三条第三項第一文および第四項に結びついた同条第二項の規定または第三条第三項第三文）と矛盾しているか、という点につき、先決裁定を求めて欧州司法裁判所（ＥｕＧＨ）に付託した。[9]

二　〔裁定要旨〕

売主が契約違反の消費用動産を交付した場合、新規の消費用動産による交換までの間に契約違反の消費用動産から得た利益を、売主が消費者に請求することを許容する国内法（ＢＧＢ第四三九条第四項）は、ＥＣの消費用動産売買指令第三条と矛盾する、と解釈されるべきである。

三〔研究〕

1　本先決裁定（Quelle 先決裁定）の意義

本先決裁定に関する問題は、2で詳しく紹介するように、ドイツ国内においては、債務法改正（債務法現代化法）後、ＢＧＢ第四三九条第四項についての立法者意思およびそれを支持する通説に対して、有力な反対説が存在し、かつ、ＢＧＨも反対説の立場を共有していたという事情がある。その点で、反対説の論者をして、「実務上最も重要な意義を有するのみならず、消費用動産売買指令と一致する解釈およびその限界づけという原則的な方法的問題をも投げかけている『新』売買法の最も疑わしい問題の一つ」と言わしめ、それゆえに、「欧州司法裁判所（ＥｕＧＨ）が、追完の場合に使用利益返還義務を消費用動産売買指令違反であると判断するならば、（ＢＧＨの）民事部は、共同体法に一致した解釈の限界づけ問題について言及する新たな機会を有するであろう。そのことが、固唾を呑んで（mit Spannung）待たれ」ていた[10]先決裁定であった。本先決裁定を承けて、今となっては、ＢＧＨがいかなる判断をするのかがまさに手に汗握って待たれることとなった[11]。

本稿に直接関係する点でいえば、①消費用動産売買指令を国内法化したＢＧＢ第四三九条第四項が同指令に違反するとした点、②①の点を明らかにするために、同指令第三条における「無償の」概念の具体的内容を示した点に、本判決の重要な意義があるといえよう。

2　BGHの付託決定の論理――ドイツにおけるこれまでの議論

(1)　BGB第四三九条第四項による使用利益返還の肯否の問題

(a)　肯定説

この点につき、まず肯定説をとる通説の立場を整理しておこう。ドイツ民法の文言および立法者意思に基礎をおく立場である。

①　代物給付の場合、売主は、BGB第四三九条第四項が指示する同第三四六条第一項、第二項第一号にもとづき、買主が瑕疵ある物の使用から交換までの間に引き出した利益（使用利益）に対する返還請求権を有する。このことは、買主が、消費者（同第一三条）である場合にも妥当する。(12)

②　BGB第四三九条第四項によるこの指示は、その文言および立法資料により表現されている立法者の一義的な意思にもとづき、同第三四六条第一項に規律されている、引き出した収益の返還請求権、もしくは、得たものの本質に従い返還が排除されているかぎり、同第三四六条第二項第一号に従い返還請求権をも含む。(13)

(b)　立法者意思

それでは、債務法改正における立法者意思はいかなるものか。立法者は、買主の使用利益返還義務を不当利得により基礎づける。

BGB旧第四六七条に結びついている同旧第四八〇条第一項第二文と同じように、売主には解除に関する規定に従い、返還請求権が帰属する。それゆえ、売主が新しい者を交付しなければならず、かつ、最初に交付された瑕疵ある物を返還しなければならない買主は、政府草案第四三九条第四項、第三四六条にもとづき、BGB第一〇〇条にもとづく収益も返還しなければならない。このことは次のことから正当化される。買主は、追完により新しい物を保持し、しかも、返還すべき物をその間無償で利用でき、利益を瑕疵から引き出すことができるとすべきであるということは理解しえない。いずれにしても、収益の返還に意義があるのは、瑕疵があるにもかかわらず買主がその物を使用できる場合のみである[14]。

(c)　反対説

反対説の要点は、売買目的物からの収益は引き渡しにより買主に帰属する一方、売主は売買代金と収益を保持している点での対価関係の不均衡を実質的根拠としたＢＧＢ第四三九条第四項の限定解釈にある。以下その内容を見てみよう[15]。

買主は代物給付の場合に、以下の理由により瑕疵ある目的物の収益に対する価値返還の義務を負わない[16]。①ＢＧＢ第四三九条第四項において同第三四六条から第三四八条までが指示されていることは、目的論的に縮減されるべきである[17]。②同第四四六条第二文によれば、売買目的物の収益は、最初から、売買代金を支払った買主に帰属する[18]。③代物給付の場合は、解除の場合と異なり、売買代金が、そこから生じた収益を含めて売主の手もとに残っている[19]。④買主にのみ一方的に使用利益の返還義務を負わせるならば、それは、不完全な給付をし、正当化されない売主がよりよい地位を得るという結果に終わるであろう[20]。

(d)　ＢＧＨの立場

以上のような状況にあって、ＢＧＨは、反対説の立場を共有しつつも、そのような解釈は、文言および立法者意思と矛盾するとして[21]、次のように詳述する。

この、立法理由に従った立法者の一義的な意思は、ＢＧＢ第四三九条第四項の定式化および同第三四六条から第三四八条までの無限定な関係づけの定式化において表現されている。立法者が、自身の立法行為において表現した、同第四三九条第四項の意図に反し、瑕疵ある物自体の返還のみを規律する意図であったならば、少なくとも収益（および使用利益）の問題を規律している同第三四七条の指示は不必要であったであろう。同第四三九条第四項の規定の定式化は、代物給付の場合について買主が引き出した収益の返還請求権を売主に認めるという、立法理由から生じる立法者の意図と相応しないということの根拠は、明らかではない[22]。

結局、立法者による条文の準用の（表現）態度からは、反対説のようなBGB第四三九条第四項の限定解釈は許されないことを、ドイツ連邦共和国憲法第二〇条第三項[23]を援用して基礎づけ、そのような解釈の可能性は、それが文言および明確で認識可能な立法者意思と矛盾するところで、ついる[24]、という。

(2)　消費用動産売買指令第三条との矛盾問題

それでは、立法者意思および通説の立場に立ったBGB第四三九条第四項の解釈は、消費用動産売買指令第三条の内容と調和しているのだろうか。以下、この点に関する通説と反対説の立場を見ておこう。

(a)　通説[25]

ここでの要点は、消費用動産売買指令は使用利益返還問題を規律していないとする点にある。

同指令第三条第二項から第四項は、売主の使用利益返還請求権と矛盾しない[26]。このことは、同指令第三条第二項から第四項が、新規の物の交付により、契約に適合した状態をもたらすことのみを規律しているという考慮によって基礎づけられる。それに対して、使用利益の返還は、代物給付に対する反対給付とみなされるべきではなく、個々の場合に瑕疵ある物の返還の態様（Modalität）にのみ関係している。かかる巻き戻しの問題は同指令には含まれていない。消費者の使用利益返還義務は、同指令の意義と目的とも矛盾しない。このことは、同指令前文第一五項の考慮事由のもとで、消費者を、すべての不利益および追完の不愉快（Unannehmlichkeit）からではなく費用から解放することのみを要求している。

(b)　反対説[27]

反対説の要点は二つある。①使用利益返還の実体を代物である新規の物が有する属性に求めている点、②使用利益返還の肯定が買主の一次的権利（追完）のみならず二次的権利（解除、減額、損害賠償）を実質的に奪う可能性があるとする点である。

売主の使用利益返還請求権は、消費用動産売買指令第三条第二項から第四項と一致しない。[28] 反対説は、物の使用利益返還は、買主が新規の物の代物給付により受ける価値の高まりと使用期間の長期化に対する代償であると考えている。さらに、消費者は、事情によっては、自身の追完請求権の主張が妨げられる。というのも、消費者は、使用利益返還の要件と額を重くのみ査定するか、または、売買代金に近づく使用利益返還を調達できず、その結果、場合によっては代物給付にもとづく正当な請求が放棄される可能性があるからである。このような場合、瑕疵がもっぱら代物給付によってのみ除去でき、売主がそれについて使用利益返還との引換えでのみ義務を負うとする限り、消費者は追完の優位性にもとづき買主の二次的権利を主張できないという理由から、買主は何ら利益を得られずに終わる可能性がある。

(c)　ＢＧＨの立場

以上のような学説の中、ＢＧＨは、反対説の「疑念は、民事部の見解に従っても拒絶されるべきではない」[29]として、反対説の立場に立つ。ここでは、四つの論点について考察がなされる。仮に標題をつけるならば、①消費用動産売買指令第三条第二項、第三項の目的との矛盾、②売買代金と収益を売主が保持していることとの不均衡、③「無償の」（消費用動産売買指令第三条第二項、第三項）概念との矛盾、④著しい「不便」（同指令第三条第三項第三文）

の存在可能性、ということになる。②は既に⑴ⓒにおいて紹介したようにBGB第四三九条第四項の解釈問題において少数説（反対説）が展開していた論拠である。以下、その詳述内容を見ることにしよう。

（ⅰ）　消費用動産売買指令第三条第二項、第三項の目的との矛盾

消費用動産売買指令第三条第二項によれば、消費者は、消費用動産の契約違反の場合、消費用動産の契約に合致した状態を無償でもたらすことに向けられた請求権を有する。それに応じて、同指令第三条第三項は、無償の修補もしくは無償の代物給付を予定している。この規律の目的は、売主は、修補もしくは代物給付により消費用動産を当初から契約に適合した状態で交付したであろう地位に消費者を置くことにある。この場合、消費者は、契約に適合した状態での消費用動産の反対給付としてのみ売買代金を調達したであろう。思うに、既にこの手掛かりから、売主は、消費用動産を契約に適合した状態で給付せず、消費用動産の契約に適合した状態をその履行に従属させてよいという理由から、専ら消費者に負担させるべきことになり、売買代金にまで達する可能性のある更なる支払義務を伴う消費者の負担は、同指令第三条第二項、第三項と矛盾するであろう。(30)

（ⅱ）　売買代金と収益を売主が保持していることとの不均衡

BGH民事部は、使用利益返還の問題を、契約に適合した代物（Ersatzsache）から切り離すことにより指令の規律の対象外であるとみなすことは正しくない、と考える。というのも、代物給付の場合に、消費者が売主に対して契約に適合していない消費用動産の収益に対して価値返還を負担するかという問題は、契約に適合しない消費用動産の返還にのみ関係するものではないからである。単なる返還の態様としての買主の使用利益返還義務は、国内法にもとづいては基礎づけることができない。売却された物の収益は、BGB第四四六条第二文にもとづき、引渡しの時から買主に帰属する。このことは、瑕疵ある（契約に適合してない）売買目的物の場合と、瑕疵なき売買目的

物の場合とでは異ならない。瑕疵ある物を売主に返還することを独立的に考察する場合、何ゆえに買主はＢＧＢ第四四六条第二文に反して彼に当然与えられるべき収益について、売主に返還をしなければならないのかということについては、根拠を見出すことができない。買主が、代物給付により、新しくいまだ使用していない物を保持することは、彼が、それに対して反対給付として——売主に収益と一緒に残っている——代金を支払った、最初に交付された瑕疵ある物を、売主の費用により無料で使用したという帰結を伴うものではない(31)。最初に交付された瑕疵ある物から買主が収益を得ることは、反対給付としての代金が最初に交付された物に対してではなく、代償として交付された新規の物に対してであるとみなされうるという前提のもとでのみ、あとから振り返ってみれば無償であったということになろう。しかしながら、ドイツの立法者が明らかに支配されたこの見地は、契約当事者の意思と観念に相応せず、それ以上に、民事部には、消費用動産売買指令第三条第二項、第三項にかんがみ、問題を孕んでいるように思われる(32)。

(iii)「無償の」（消費用動産売買指令第三条第二項、第三項）概念との矛盾

ＢＧＨ民事部の見解によれば、代物給付の場合に、契約に適合しない消費用動産の使用利益の返還を売主に負担する買主の義務は、消費用動産売買指令三条四項によっても、前文第一五項の考慮事由によっても基礎づけられない(33)。同指令第三条第四項は、同条第二項、第三項の「無償の」概念は、消費用動産の契約に適合した状態をもたらすために必要な費用を「含む」ことのみを明らかにしている。そこからは、消費者に対し契約に適合した状態をもたらすために、別の性質を有する支払いを要求してもよいということは導かれえない。同指令前文第一五項の考慮事由によれば、加盟国が予定しうることは、消費者による商品の利用を計算に入れるために、「消費者に給付されるべき補償は軽減されうる」ということである。この定式化が明らかにしていることは、考慮事由は、契約の解除

には関係しているが、解除と比較できない代物給付には関係していないということである。代物給付の場合には、消費者に給付されるべき補償は存在せず、代金はむしろそこから引き出された収益とともに売主の元に残っているのである。(34)

（iv）　著しい「不便」（消費用動産売買指令第三条第三項第三文）の存在可能性

消費用動産売買の場合における代物給付の無償性の原則が、売主の使用利益返還請求権と矛盾しないとするのであれば、消費者の相応な支払義務は消費用動産売買指令第三条第三項第三文における著しい不便とみなされえないか、という更なる問いが立てられる。これについては、長期の使用期間の場合には、代金との関係で些細ではない使用利益を売主に支払わねばならないことを懸念する消費者は、そのために、場合によっては、消費用動産の（無償の）修補で満足するか、もしくは、同指令第三条第二項によって許されている権利を全面的に放棄するという考慮が、有利な証拠となりうるであろう。(35)

(3)　小括

以上のように、ＢＧＨは、ＢＧＢ第四三九条第四項の解釈問題につき、詳細な理由づけによって、一方で、少数説の立場を共有しつつ、通説に反する解釈をすることの有する基本法（憲法）違反を指摘し、他方で、消費用動産売買指令第三条違反の可能性を指摘したのである。しかし、後者の可能性については、同指令第三条に関する解釈が明確でないことから、その内容が確定される必要性がある。こうして、ＢＧＨは、訴訟手続きを中断し、欧州司法裁判所（ＥｕＧＨ）に先決裁定を求めて付託したのである。

3　本先決裁定の論理[36]

本先決裁定の論理を理解するために、あらかじめドイツ政府が立てた問いを整理しておくのが便宜であろう。筆者なりに整理すると、その中心論点は、消費用動産売買指令は使用利益返還問題を規律していない、というものである。この点の主たる理由づけは、①同指令第三条の「無償の」概念は、限定解釈されるべきである、②同指令前文第一五項の考慮事由は、解除の場合のみならず代物給付の場合も含む、③経済的補償なしに新規の消費用動産を自由に使うことは不当利得である、ということになる。

それでは、ドイツ政府の問いと論拠に対して、欧州司法裁判所は、どのように答えているのか。以下、この点を具体的に見ていくことにするが、その前に、これらの個別問題に対する解答を与える前提として、消費用動産売買指令第三条で規定されている消費者の法的救済の枠組みについて、欧州司法裁判所の判決内容に沿って確認しておこう。

(1)　消費用動産売買指令第三条の法的救済の構造

「消費用動産売買指令第三条によれば、売主は消費者に対し、消費用動産の交付時点までに存在するあらゆる契約違反に対して責任を負う」（傍点は引用者）。[37]すなわち、「同指令第三条第二項は、消費者は交付された消費用動産の契約違反の場合、売主に対して有する請求権を挙げている。まず、消費者は、消費用動産の契約に適合した状態をもたらすことを請求することができる。消費者が契約に適合した状態をもたらすことを請求できない場合、彼は、第二段階として、代金の減額もしくは契約の解消を請求することができる。」[38]そして、「消費用動産の契約に適合した状態をもたらすために、同指令第三条第三項は、その請求の履行が不能でないかまたはその請求が不相当でない限り、消費者は売主に対し消費用動産の無償の修補もしくは代物給付を請求できる、と規定している。」[39]

そこで、この場合、「無償の」とは、いったい何を意味するのかが問題となる。

(2) 消費用動産売買指令第三条の「無償の」概念の内容

消費用動産売買指令第三条第四項によれば、この「無償の」概念には、消費用動産を契約に適合した状態にするために必要な費用、とりわけ、運送費、労働費、材料費が含まれる。ここでは、この規定の体裁から、これらの費用項目が限定列挙なのか例示列挙なのかが問題とされる。

この点につき、立法者意思は、例示列挙であるとする[40]。このことの実質的理由として、①立法者が、この無償性を消費者保護の本質的要素としようとしたこと[41]、②その具体的に意味するところは、このような保護が欠けている場合に、前述の請求権の主張を思い留まろうとする「差し迫った経済的負担」から消費者を保護すること、③そのために、このような場合、買主に対する「売主のあらゆる経済的要求を排除する」ことが立法者の意図である、ことが指摘される[42]。

そして、このような解釈は、同指令が、有効な消費者保護を保証するために、修補または代物給付が、相当期間内のみならず著しい不便なしに行なわれなければならないとする（第三条第三項第三文）点から[43]、また、高い消費者保護水準を達成することに貢献されるべきであるという指令の目的から、立法者により予定されている保証を加盟国は侵害してはならないとする点からも承認される[44]、という。

(3) 消費用動産売買指令前文第一五項の考慮事由の意義

これに関しては、消費用動産売買指令第三条第五項において予定されている場合、すなわち、売主が買主に対し、取得した利益の相互の返還の原則にもとづき消費用動産の代金を償還しなければならない売買契約解除の場合のみが該当する、とする。[45]

(4) 代物給付された物の補償なしの使用の不当利得性

この点につき、前述のように、売主は、自身の契約違反に対して責任を負わなければならないとする消費用動産売買指令の立場（第三条第一項）を前提とし、次のように反論する。

売主は、契約違反の消費用動産を交付した場合、売買契約において引き受けた義務を約定通り履行しなかったのであり、したがって、この不完全履行の効果を負担しなければならない。代金を支払い、それによって契約上の義務を約定通り履行した消費者は、契約違反の消費用動産に対する補償としての新規の消費用動産の取得により、不当利得はなされない。消費者は、それをすでに最初に保持しなければならなかったと同じように、単に契約の規定に相応した消費用動産を遅れて保持しただけである。[46]

(5) 売主の保護

以上のようにして、消費用動産売買指令は、代物給付の場合の売主の使用利益返還請求権を否定するのであるが、それでは、売主の保護（経済的利益保護）は、充分なのだろうか。

これにつき、本判決は、一方で、二年の時効期間（消費用動産売買指令第五条第一項）、他方で、代物給付は、それが期待不可能な費用により不相当であると判断される場合は拒絶できるとしていることで（同指令第三条第三項第二文）保護されている、とする。[47]

4 付託決定と先決裁定の整理

以上、ＢＧＨの付託決定および欧州司法裁判所（ＥｕＧＨ）の先決裁定の内容を紹介してきた。ここで、これらに、論点を提起したドイツ政府（立法者意思、通説の立場でもある）の立場を加えて、三者の見解を比較する形式で、簡単な整理をしておくことにしよう。

(1)　まず、現行ドイツ民法は、売主の使用利益返還請求権を認めているか、という点に関し、三者とも、これを肯定している。これが今回の問題の共通の前提である。

(2)　次に、消費用動産売買指令は、売主の使用利益返還請求権を規定（肯定）しているか、という点に関しては、ドイツ政府は、これを肯定し、ＢＧＨと欧州司法裁判所は、これを否定する。

(3)　(2)の問題に関連し、消費用動産売買指令第三条第二項の「無償の」の範囲に関し、そこに挙げられている事項の性質につき、ドイツ政府は、限定列挙であると考え、ＢＧＨと欧州司法裁判所は、例示列挙であると解する。この点の根拠として、欧州司法裁判所は、代金を支払った買主（消費者）を差し迫った経済的負担から保護し、そのために、買主に対する売主のあらゆる経済的要求を排除することが必要である点を強調する。

(4)　最後に、以上(2)(3)の問題の実質論として、買主が瑕疵ある物から引き出した収益（使用利益）は不当利得か、という問題に関し、当然の帰結となるが、ドイツ政府は、これを肯定し、ＢＧＨと欧州司法裁判所は、これを否定する。

この点に関し、ドイツ政府は、①売主に対する経済的補償なしに、使用期間の長期化した代物（新規の物）を使用できることになった点、②指令前文第一五項の考慮事由は、解除の場合の巻き戻し関係のみならず、代物給付の場合も含む点を挙げる。

これに対し、ＢＧＨは、①売買目的物の収益（使用利益）は、引渡しの時から買主に移転する点（ＢＧＢ第四四六条）、②売主は、代金とその収益を保持している点、③消費用動産売買指令前文第一五項の考慮事由は、解除の場合のみを規律している点、④買主に収益の返還を要求することは、同指令（第三条第三項第三文）にいう「著しい不便」が存在する可能性がある点、を指摘する。また、欧州司法裁判所は、①ＢＧＨの挙げる③に加え、②売主は買主に対するあらゆる契約違反に対して責任を負うとする同指令（第三条第一項）の立場からすれば、約定通り代金を支払った買主は、不完全履行の効果として新規の物の交付を受けたとしても不当利得ではない点、を挙げる。

5　ドイツの対応

(1)　ＢＧＨの対応

さて、それでは、ＢＧＨは、本先決裁定を承けて、どのような判決をすることになるのだろうか。

そもそも、消費用動産売買指令と一致した解釈が、国内法の解釈上の優先ルールからして（基本法第二〇条第三項参照）許容されない場合には、ＢＧＨは、国内法に違反して解釈する（contra legem）義務はないと考えられている。しかし、その場合、欧州司法裁判所の判断が、国内法の問題としても、法律的争いの解決にとって決定的に重大であると判断されるか否かが核心となっている。もっとも、本先決裁定の場合、この要件は、欠けているとも考えられる。というのも、本件において、ＢＧＨが、ＢＧＢ第四三九条第四項を同指令に違反した内容で解釈した場合、買主（消費者）は、国に対して損害賠償請求をなしうることになるからである。(48)

いずれにしても、この点が、冒頭に述べた、消費用動産売買指令に一致した解釈の限界づけ問題に言及することへの期待、ということになる。判決の待たれるところである。

(2)　改正問題

しかし、このような制定法の解釈問題を超えて、ドイツ民法の改正という立法問題が喫緊の課題として浮上することになることは間違いないであろう。[49] この点の動向が今後最も注目されるところである。

(3) 請負契約の場合も同様に妥当

本判決は、売買契約の場合であるが、請負契約の場合における追完に関するBGB第六三五条第四項も第四三九条第四項と全く同一内容となっている。それゆえ、以上の点は、請負契約の場合にも全く同様に妥当することになる。[50]

6 結びにかえて——日本法への示唆

この問題は、これまでわが国において独自に論じられることはなかった。それには、種々の要因が指摘できよう。

(1) 契約解除の場合

周知のように、起草者は、契約の解除の場合には、原状回復の内容（範囲）として、受領した金銭には通常は利息が付くのが当然だからこれを明記し（民法第五四五条第二項）、価値中立的に扱われ（債務不履行、解除権がいずれの当事者にあるかを問わない）、他方、物を受領してこれを返還する買主も、その間の物からの果実を原状回復として返還しなければならないと考え、[51] 通説、[52] 判例[53]もこれを肯定している。

(2) 追完の場合

これに対し、追完の場合の使用利益返還問題については、ドイツ民法のように明文の規定がないことは措くとして、そこでの議論の中心は、不特定物売買においては、不完全履行を理由とした追完（完全履行請求権）を肯定したうえで、長年月使用後の完全履行請求権の行使の、信義則を根拠とした制限論が、[54] 特定物売買の場合には修補請求権の許否問題が、中心テーマとなり、履行請求権の性質論や内容については議論がなされることはあっても、追完を認めた場合における収益（使用利益）問題を視野に入れた議論は自覚的にされてこなかったように思われる。(55)

3　建替え費用賠償問題を契機として

それでは、このような問題は、これまで日本においては意識されてこなかったのか。答えは否である。それは、実務上のある問題を検討すると、その法律問題の処理の一環として、本稿で扱った収益補償（使用利益返還）問題が、実は重要な役割を演じていたことが納得されるであろう。わが国においても重要な課題であったことの含意も込めて、最後にこの点に言及しておこう。

周知のように、近時、建築された建物に重大な瑕疵があって建て替えるしかない場合において、注文者が請負人の瑕疵担保責任を追及し、民法第六三四条により、建替え費用相当額の損害賠償請求することは、同第六三五条但書の趣旨に反しないとして、建替え費用相当額賠償を認める重要な最高裁判所判決が出された（最高裁判所平成一四年九月二四日判決（以下、「平成一四年判決」という。））。(56)ところが、この判決が出されるまでの間、建替え費用相当額賠償を肯定するためには多くの理論的桎梏が存在していたが、(57)その中の一つが、正に本判決が提起した問題だったのである。

すなわち、建替え費用を認めると、一方では、瑕疵ある建物への過去の無償の居住により賃料相当額の利得を得ることになり、他方において、建替え費用での建物の新築により耐用年数の延びた建物を取得し利得を得ることになり、このようにして注文者は「二重取り」（不当利得）することになる、というものである。(58)正に、ドイツの学説と同様の立場である。しかも、この見解は、追完を認めたうえで、収益（使用利益）を不当利得として返還を肯定すべきか、という問題としてではなく、追完の性質を有しうる建替えそのものを否定すべきものとして援用している点で、日本におけるこれまでの解釈論においては、より深刻に作用しているといってよい。

事実、平成一四年判決が認めた事案においても原審は、三八三〇余万円の「建替え費用相当額」の賠償を認めつつ、「居住利益」を六〇〇万円と評価して控除していたのである。居住利益を控除する手法は、平成一四年判決の原審以外でも、すでに若干の下級審判決において採用されていた[59]。このような実務の対応には、上記の「二重取り」論が前提にされているものと推測されるのである。

(4)　課題

以上のような追完論一般での不当利得論および「二重取り」論は、本稿で検討した比較法の見地からすれば、高く評価されなければならない。しかし、今や、その同じ比較法的見地（本判決およびBGHの見地）からして、このような不当利得論・二重取り論ははたして正当であるのか、ということが、正に問われなければならない。しかも、この問題は、前述のように、建替え費用額から収益（使用利益）を控除する手法が、実務上なかば当然視されている現在、実務的にもきわめて喫緊で重要な課題であるといえる[60]。

ドイツから提起されEU諸国に一般的に妥当することになる本判決の内容は、今や、日本へも、追完論や瑕疵担保責任論における解釈論、立法論の分野での「大きな」議論においても決して看過しえない問題を提起しているように思われる。本判決は、この点で重要な示唆を日本法に与えている。この点を確認して本稿を閉じる。

（1）　正確には、「消費用動産の売買及び消費用動産に対する保証という一定の観点に関する、一九九五年五月二五付けの欧州議会および理事会指令：Directive1999/44/EC」をいう。本稿では、以下、本文においては「消費用動産売買指令」と略称することにする。

（2）　ドイツ語での判例紹介については、NJW 2008, 1433.

（3）　差止訴訟法（不作為訴訟法 Gesetz über Unterlassungsklagen bei Verbraucherrechts- und anderen Verstößen. 通常、

Unterlassungsklagengesetzとされている。）第四条にもとづくものである。

（4） LG Nürnberg-Fürth, Urt. v. 22. 4. 2005, NJW 2005, 2558. によれば、Der bundesweit tätige Dachverband aller 16 Verbraucherzentralen der Bundesländer und weiterer 23 verbraucher- und sotialorientierer Organisationen in Deutschland である。本文訳語は、宗田貴行『団体訴訟の新展開』（二〇〇六年）二七頁注4）にもとづく。

（5） 法律相談法（Rechtsberatungsgesetz）によるものと考えられる。同法第一条第三項（二〇〇一年一一月二六日の債務法現代化法に伴う改正）は、「以下のことは、本法に抵触しない」とし、同条項第八号は、「公の資金により支援された消費者センター及びその他の消費者団体による、消費者の法律問題の裁判外の処理、及び、これが消費者保護の利益において要求される場合に、回収目的で消費者から譲渡された他人の債権の裁判上の回収」と規定する。以上につき、宗田・注（4）前掲二七頁以下。

（6） LG Nürnberg Fürth, Urt. v. 22. 4. 2005, NJW 2005, 2558.

（7） OLG Nürnberg, Urt. v. 23. 8. 2005, NJW 2005, 3000.

（8） BGH Vorlagebeschl. v. 16. 8. 2006, JNW 2006, 3200 (mit Anmerkung Stephan Lorenz), BauR 2006, 2047 (mit Anmerkung Rolf Kniffka). 以下、引用節を示す場合はＢＧＨＺで略称することとする。

（9） ここで、あらかじめ、本稿に関係するドイツ民法と消費用動産売買指令の関連条文を挙げておこう。

ＢＧＢ第四三九条第四項（追完）：

売主が追完のために瑕疵のない物を交付した場合、売主は第三四六条から第三四八条の基準に従い、買主に対し瑕疵ある物の返還を請求することができる。

ＢＧＢ第三四六条（解除の効果）：

（1） 契約当事者が契約において解除権を留保するかまたは彼らに法定解除権が帰属する場合において解除したときは、受領した給付を返還し関連する収益を引き渡されなければならない。

（2） 以下の場合には、返還または引渡しに代えて、債務者は価値賠償をしなければならない。

1. 獲得されたものの性質に従い、返還または引渡しが排除される場合、

2. 債務者が受領したものを使用し、譲渡し、担保を設定し、加工もしくは改造した場合、

3. 受領したものが悪化したか滅失した場合。ただし、規則通りの使用による悪化は顧慮されない。

契約において、反対給付が規定されている場合、価値賠償の計算においては、それが基礎とされなければならない。価値賠償が消費貸借の使用利益に対してなされねばならない場合、使用利益の価値は低かったと証明されうる。

（3） 以下の場合、価値賠償義務は脱落する。

1．目的物が加工もしくは改造した後にはじめて解除をなしうる瑕疵が判明した場合、
2．債権者が悪化もしくは滅失につき責めに帰すべきであるか損害がその場合に同様に発生したであろう場合、
3．法定解除権の場合、解除権者が、自己の事柄で適用される配慮を尽くしていたにもかかわらず、悪化もしくは滅失が解除権者によって生じた場合。

残存する利得は引き渡されなければならない。

ＢＧＢ第一〇〇条（収益）：

収益とは、物もしくは権利の果実及び物もしくは権利の使用が与える利益である。

消費用動産売買指令前文第一五項：

加盟国は、消費者に対してはたすべき償還は、消費者によりその交付以降になされる商品の使用を考慮して、軽減されうることを規定しうる。契約解除の貫徹の態様の規律は、国内法において規定されうる。

消費用動産売買指令第三条（消費者の権利）：

（1）売主は消費者に対し消費用動産の交付までに存在したあらゆる契約違反に対する責任を負担する。

（2）契約違反においては、消費者は、第三項の基準に従い、修補もしくは代物給付による、消費用動産の契約に適合した状態を無償でもたらすことに向けられた請求権か、または、第五項及び第六項の基準に従い、当該消費用動産に関し、代金の相当な減額もしくは契約の解除に向けられた請求権を有する。

（3）消費者は、まず、このことが不能でなくまたは不相当でない限り、売主に対し、無償の修補または無償の代物給付を請求しうる。

救済が売主にとって他の救済可能性と比較して不相当な費用を惹起する場合には、救済は不相当とみなされる。

修補または代物給付は、相当な期間内で、かつ、消費者にとって著しい不便なしに行なわれねばならず、その際、消費用動産の種類および消費者が消費用動産を必要とする目的が顧慮されねばならない。

（4）第二項および第三項における「無償の」概念には、消費用動産を契約に適合した状態を確立するために必要な費用、とりわけ、運送費、労働費および材料費が含まれる。

（5）消費者は以下の場合に、代金の相当な減額または契約の解除を請求しうる。

消費者が修補請求権も代物請求権も有しない場合、

売主が相当な期間内に救済をしなかった場合、

売主が、消費者に対し著しい不便なしには救済をなしえなかった場合。

消費用動産売買指令第五条（期間）：

（1）　売主は、第三条に従い、契約違反が消費用動産の交付後二年以内に明らかになった場合に責任を負担する。

（以下、略）

消費用動産売買指令第八条（国内法および最低限の保護）：

（2）　加盟国は、この指令に含まれる分野において、消費者に対し、より高い保護水準を確保するために、契約に適合した厳格な規定を公布もしくは保持することができる。

（10）　Lorenz (N. 8), 3200.

（11）　もっとも、念のために付言しておくと、引用文から推測されるとおり、ここでとくに注目しているのは、本稿で取り上げた解釈問題の重要性を前提としたうえで、この場合生じうる共同体法と一致した解釈の限界づけという問題である。

（12）　ＢＧＨＺ第九節。

（13）　ＢＧＨＺ第一〇節。（原注）Westermann, in:MünchKomm, 4. Aufl., § 439 Rdnr.17; Staudinger/Matusche- Beckmann, BGB, Neubearb. 2004, § 439 Rndr. 56; Faust, in:Bamberger/Roth, BGB, § 439 Rdnr. 32; Erman/Grunewald, BGB, 11. Aufl., § 439 Rdnr. 11; Jauernig/Berger, BGB, 11. Aufl., § 439 Rdnr. 18; Graf v. Westphalen, in:Henssler/Graf v. Westphalen, Praxis der Schuldrechtsreform, 2. Aufl., § 439 Rdnr. 36; Tonner/Echtermeyer, in:Kohte/Michlitz/Rott/Tonner/Willingmann, Das neue SchuldR, 2003, § 439 Rdnr. 20; P. Huber, in:Huber/Faust, Schuldrechtsmodernisierung, 2002, Kap. 13, Rdnr. 55; Reinking/Eggert, Der Autokauf, 9. Aufl., Rdnr. 326; Buck, in:Westermann, Das SchuldR 2002, 2002, 138f.; Jacobs, in:Dauner-Lieb/Konzen/Schmidt, Das neue SchuldR in der Praxis, 2003, 392f.; Eckert, SchuldR BT, 2. Aufl. Rdnr. 176; Reinicke/Tiedtke, KaufR, 7. Aufl., Rdnr. 432ff.; Kandler, Kauf und Nacherfüllung, 2004, 552ff.; Brox/Walker, Besonderes SchuldR, 30. Aufl., § 4 Rdnr. 42; Westermann, JZ 2001, 530 [537]; ders., NJW 2002, 241 [249]; Reischl, JuS 2003, 667; Fest, NJW 2005, 2959; Tietdke/Schmitt, DStR 2004, 2060; Schürholz, Die Nacherfüllung im neuen KaufR, 2005, 79ff., 83; Oetker/Maultzsch, Vertragliche Schuldverhältnisse, 2. Aufl., 103f.; Feuersänger, MDR 2004, 922; Brüggemeier, WM 2002, 1376 [1379].

（14）　ＢＧＨＺ第一三節。（原注）BT-Dr 14/6040, 232f.

（15）　ＢＧＨＺ第一一節。

（16）（原注）Palandt/Putzo, BGB, 65. Aufl., § 439 Rdnr. 25; Oechsler, SchuldR BT, VertragsR, 2003, 147; Büdenbender, in:AnwKomm-BGB, 2005, § 439 Rdnr. 43; Schulz, Der Ersatzlieferungs-und Nachbesserungsanspruch des Käufers im internen deutschen Recht, im UCC und im CISG, 2002, 507; Winkelmann, in:Schimmel/Buhlmann, Frankfurter Hdb. zum neuen SchuldR, 2002, 538ff.; Lorenz, in:MünchKomm, Vor § 474 Rndn. 19; Gsell, NJW 2003, 1969; dies., JuS 2006, 203; JZ 2001, 475 [489]; Schwab, JuS 2002, 630 [636]; Ball, NZV 2004, 217 [221f.]; Schulze/Ebers, JuS 2004, 366 [369f.]; Rott, BB 2004, 2478;

Hoffmann, ZRP 2001, 347［349］; Saenger/Zurlinden, EWiR 2005, 819; Woikewitsch, VuR 2005, 1; Wagner/Michal, ZGS 2005, 368; dies., VuR 2006, 46; Muthorst, ZGS 2006, 90; Brömmelmeyer, JZ 2006, 493［498f.］; Beck, JR 2006, 177.

（17）（原注）Wagner/Michal, ZGS 2005, 368; dies., VuR 2006, 46; Schwab, JuS 2002, 630［636］; Muthorst, ZGS 2006, 90; Saenger/Zurlinden, EWiR 2005, 819; Winkelmann, S. 538ff.

（18）（原注）Gsell, NJW 2003, 1969.; dies., JuS 2006, 203［204］; Schwab, JuS 2002, 630［636］; Hoffmann, ZRP 2001, 347［349］; Woitkewitsch, VuR 2005, 1.

（19）（原注）Gsell, NJW 2003, 1969; dies., JuS 2006, 203［204］.

（20）（原注）Wagner/Michal, VuR 2006, 46［48］; dies., ZGS 2005, 368［372］; Brömmelmeyer, JZ 2006, 495.

（21）ＢＧＨＺ第一二節。

（22）ＢＧＨＺ第一四節。

（23）ドイツ連邦共和国基本法（ボン基本法）第二〇条第三項：立法は、合憲的秩序に、執行権及び裁判は法律及び法に拘束される（高橋和之編『［新版］世界憲法集』（二〇〇七年）一八一頁［石川健治］参照）。

（24）ＢＧＨＺ第一五節。

（25）ＢＧＨＺ第一九節。

（26）（原注）Staudinger/Matusche-Beckmann, §439 Rdnr. 56; Palandt/Putzo, §439 Rdnr. 25; Faust, in:Bamberger/Roth, §439 Rdnr. 32; Jauernig/Berger, §439 Rdnr. 18; P. Huber, in:Huber/Faust, Kap. 13 Rdnr. 56; Reinking/Eggert, Rdnr. 326; Buck, in; Westermann, 138f; Jacobs, in:Dauner-Lieb/Konzen/Schmidt, 392f.; Kandler, S. 557ff.; Schürholz, 79ff., 83; Oechsler, 147; Fest, NJW 2005, 2959［2961］; Wagner/Michal, VuR 2006, 46［48］; Tiedtke/Schmitt, DStR 2004, 2060.

（27）ＢＧＨＺ第二〇節。

（28）（原注）Lorenz, in:MünchKomm, Vor §474 Rdnr. 19; Winkelmann, in:Schimmel/Buhlmahn, 538ff.; Roth, JZ 2001, 475［489］; Hoffmann, ZRP 2001, 347［349］; Gsell, NJW 2003, 1969［1973f.］; Rott, BB 2004, 2478; Ball, NZV 2004, 217［221f.］; Schulze/Ebers, JuS 2004, 366［369f.］; Woitkewitsch, VuR 2005, 4; Brömmelmeyer, JZ 2006, 498; おそらく Schulz, S. 507も; Saenger/Zurlinden, EWiR 2005, 820.

（29）ＢＧＨＺ第二一節。

（30）ＢＧＨＺ第二二節。

（31）（原注）例えば、債務法現代化法についての連立政府草案の基礎づけ、BT-Drucks. 14/6040, S. 233.

（32）ＢＧＨＺ第二三節。

(33)（原注）例えば、債務法現代化法についての連立政府草案の基礎づけ、BT-Drucks. 14/6040, S. 233.

(34) ＢＧＨＺ第二四節。

(35) ＢＧＨＺ第二五節。

(36) 本判決の内容の法律的側面は、大きく二つに分かれる。第一は、ＢＧＨが提出した問題の許容性であり、第二は、ＢＧＨが提出した問題に対する解答である。ここでは、本稿の問題関心から、第一の許容性問題をクリアしたことのみを確認し、第二の問題の解答部分について見ていくことにする。

(37) 本判決理由第二六節。

(38) 本判決理由第二七節。

(39) 本判決理由第二八節。

(40) 本判決理由第三一節。

(41) 本判決理由第三三節。

(42) 本判決理由第三四節。

(43) 本判決理由第三五節。

(44) 本判決理由第三六節。

(45) 本判決理由第三九節。

(46) 本判決理由第四一節。

(47) 本判決理由第四二節。

(48) Lorenz（前掲注（8））, 3200〔3203〕.

(49) NJW-Editorial, 2008, Heft 20.

(50) Kniffka, a. a. O.

(51) 法典調査会民法議事速記録〔法務図書館版〕九（一九八一年）二七六頁（穂積陳重）。

(52) 我妻栄『債権各論上巻（民法講義V_1）』（岩波書店、一九五四年）一九五頁。

(53) 判例は、物の使用利益の返還を不当利得の性質を有するものとして肯定する。大審院昭和一一年五月一一日判決（民集一五巻八〇八頁）（家屋の買主が買い受け後返還までの間に使用した使用料）、最高裁判所昭和三四年九月二二日判決（民集一三巻一一号一四五一頁）（家屋の売買の場合で買主の債務不履行による解除の事案）、最高裁判所昭和五一年二月一三日判決（民集三〇巻一号一頁）（民法第五六一条による解除の場合にも使用利益の返還が妥当するとした事案）。

(54) 我妻栄『新訂債権総論（民法講義Ⅳ）』（岩波書店、一九六四年）一五五頁、於保不二雄『債権総論（新版）』（有斐閣、一九七二年）一一五頁、奥田昌道『債権総論〔増補版〕』（悠々社、一九九二年）一六一頁。
(55)　管見のかぎり、ほぼ唯一の例外と考えられるのは、瑕疵あるものの長年月の利用後の追完の場合の完全履行請求権を否定する論理において、買主の使用利益返還義務を不当利得として基礎づけて言及する奥田・前掲書一六二頁注54であろう。
(56)　最高裁判所平成一四年九月二四日判決（判例時報一八〇一号（二〇〇三年）七七頁）。
(57)　後藤勇『請負に関する実務上の諸問題』（判例タイムズ社、一九九四年）八五頁〜九一頁。なお、原田・前掲書一三一頁〜一七一頁、同「建築請負目的物の瑕疵と損害賠償」安永正昭・鎌田薫・山野目章夫編『不動産取引判例百選〔第三版〕』（有斐閣、二〇〇八年）一五八頁（本章第一節）における判例批評において整理している。
(58)　後藤・注(57)前掲書八六頁〜八九頁。
(59)　神戸地方裁判所姫路支部平成七年一月三〇日判決（判例時報一五三一号（一九九五年）九二頁））（一二年経過の事例）、大阪地方裁判所平成一〇年一二月一八日判決（欠陥住宅被害全国連絡会議編『消費者のための欠陥住宅判例〔第一集〕』八四頁（二〇〇〇年））（九年経過の事例）。
(60)　この点の問題性は、すでに、注(57)の拙著、拙稿（本章第一節）において指摘している。

（国際商事法務三六巻八号・同九号（二〇〇八年））

第三節　追完の場合の使用利益返還問題

はじめに

平成一四年判決については、冒頭で挙げたように、既に多くの判例批評がなされており、筆者も前述のように一定の理論的分析を行なっている。したがって、そこで検討した理論問題について論じることはしない。ここでは、そのときに充分にはなしえなかった点、すなわち、平成一四年判決によって克服された論理とそうでない論理を整理し、克服されなかった論理が孕んでいた問題に対する新たな理論的課題と展望を示すことに照準が当てられる。

これが本節の目標である。

一　平成一四年判決の意義

平成一四年判決は、建築された建物に重大な瑕疵があって建て替えるしかない場合において、注文者が請負人の瑕疵担保責任を追及し、民法第六三四条により、建替え費用相当額の損害賠償請求することは、同第六三五条但書の趣旨に反しないとし、その論拠として、当該建物を収去することは社会経済的に大きな損失をもたらすものではないこと、建替え費用を請負人に負担させることは、「契約の履行責任に応じた損害賠償責任」を負担させるものであり、請負人には過酷ではないこと、を挙げた。筆者は、平成一四年判決の結論を支えた二つの論拠のなかに、それぞれ、同第六三五条の限定解釈、および、追完の性質を有する瑕疵修補請求権のなかに新規製作も含まれうるとする論理をみていた。

それゆえ、このような判例の論理からは、さらに、理論的には、①建替え請求自体の可能性、②無価値な建物の場合の解除の可能性（民法第六三五条但書に抵触しない）という重要な法律効果が論理的に帰結されるという、更なる可能性が生じる事を指摘しうるということになる。[1]

二　平成一四年判決における新たな課題――「二重取り」不当利得論

さて、平成一四年判決の論理は、⑴民法六三四条二項にいう「損害賠償」は、修補（履行）不能を前提とした差額説によって損害計算が行なわれるべきこと、⑵同第六三四条第二項の「修補」概念には、「建替え」は含まれないこと、⑶仮に同第六三四条第二項の「損害賠償」に建替え費用賠償を含めるのであれば、同第六三五条但書の規定に反すること、とする、理論的桎梏を否定したことを意味するであろう。ところが、上記の理論的桎梏には、実はもう一つ当事者間の実質的な利益衡量を基礎においたと思われる、次のような指摘がなされていた。[2]

すなわち、⑷建替え費用を認めると、一方では、瑕疵のある建物への過去の無償の居住により賃料相当額の利得を得ることになり、他方において、建替え費用での建物の新築により耐用年数の延びた建物を取得し利得を得ることになり、このようにして注文者は「二重取り」をすることになる、という不当利得を根拠とするものである[3]（もっとも、この論拠は、後述のように、理論的に考えると、本来、追完の性質を有する建替えを否定すべきものとしてよりも、追完を認めたうえで、不当利得としての返還を肯定すべきか、という独自の問題として追求されるべき問題であるといえる）。

事実、平成一四年判決が認めた事案においても、原審は、三八三〇余万円の「建替え費用相当額」の賠償を認めつつ、「居住利益」を六〇〇万円と評価して控除していた。居住利益を控除する手法は、平成一四年判決の原審以外でも、既に若干の下級審判決において採用されていた[4]。このような実務の対応には、上記の「二重取り」論が前提にされているものと推測される。

三　不当利得論の問題性

1　問題の一般的性格

しかし、このような不当利得論＝二重取り論ははたして正当であるのか、ということが正に問われなければならない。平成一四年判決が出された後に解明されるべき新たな理論的・解釈論的課題は、実にこの問題である。しかも、この問題は、前述のように、建替え費用額から使用利益を控除する手法がなかば当然視されている現在、実務的にも解決を迫られている喫緊の課題であると考えられる。

さて、この問題は、平成一四年判決の法分野である請負契約を超えて、次のように一般化しうるであろう。売買／請負の目的物／仕事に重大な瑕疵があり、買主／注文者に、追完として代物給付／新規製作が認められた場合、売主／請負人は、瑕疵のある物の返還に加えて、それまで瑕疵のある物を使用したことの利益（使用利益）の返還を請求することができるか、と。

2　不代替的特定物との関係での瑕疵担保責任論との関連

もっとも、この問題を、これまでの日本法の解釈論および判例実務上の到達点を念頭におくならば、はたしてそもそもこのような一般化は説得力を持ちうるのだろうか、という疑念が生じないわけではない。というのも、これまで、売買の分野における担保責任の内容としての追完問題は、主として、不代替的特定物である新築建物を念頭におき、彼の担保責任の法的性質論と関連し、修補請求権が認められうるか、という点が争点とされてきたからである。

3　不完全履行論（種類物売買）における追完論との関連

しかし、追完問題の典型は、後に紹介する、ドイツ法における議論からも明らかなように、むしろ種類物売買における不完全履行（質的瑕疵）の場合である。これは、例えば、大手電機メーカーからデジタルカメラを買い、使用後に瑕疵が発見され、追完を請求した場合、代物を給付する代わりに瑕疵あるデジタルカメラをその間利用したことによる使用利益を請求されたような場合、として想定されうる。このような場合を念頭に置くならば、前述の一般化は許されるであろう。

もっとも、現行民法には、そもそも追完規定はなく、したがってまた、追完の場合を前提とした使用利益返還に関する規定は存在しない。しかし、不完全履行論から追完を論じてきた学説は、これに関連する問題を、次のように論じていた(5)。

「完全履行請求権は、……不完全給付につき債務者に帰責事由があると否とを問わず、およそ履行が可能である限りは、債権が時効消滅するまでは存続するのが原則であるが、債務者はすでに履行を完了したものと信じているのに、長年月を経た後に債権者が目的物の瑕疵を理由として完全履行の請求をなしうるとすれば、不当な結果を生じる」。そして、「債権者が受領した瑕疵給付は、債務者に返還すべきだが、すでに費消してしまっているときは価格による返還となる。また、利用して利益を収めたときは不当利得として利用利益を返還すべきだが、その範囲をいかにして決すべきかの問題がある（利益収取が債権者の労力・手腕に依存する度合いが大きいとき）。さらに問題なのは、長年月後の再履行が債務者にとって価格、仕入れの困難さなどの点で非常に不利な場合である」（傍点は引用者が付す。）、と補足したのち、次のように結論づける。「そこで有力説は、信義則によって処理すべきとし、債権者は瑕疵を発見したときは、信義則上至当と認められる期間内にこれを債務者に通知するなど適当な措置を講じなければ、完全給付を請求しえなくなり、また瑕疵ある目的物を使用した後に瑕疵のない新しいものを請求することが信義則に反すると認められる場合には、ただ瑕疵の修補または損害賠償（帰責事由は必要）を請求しうるにとどまると解している（我妻・一五五頁、於保・一一五頁、松坂・八六頁など）。この説が妥当である」と。

本稿の問題関心からすれば、完全履行請求権の制限という主たるテーマもさることながら、直接には、債権者（売買の場合は買主）の使用利益の返還が債権者の不当利得として基礎づけられていること、そして、このことが、瑕疵ある物の長年月利用後の完全履行請求権行使の制限を正当化する論拠として援用されている点が、重要である。というのも、とりわけ、完全履行請求権を行使した場合に生じる、瑕疵ある物のそれまでの使用利益の不当利得返還義務の問題は、債務者側からのみ把握するならば、確かに、引用の叙述のようになるであろう。しかし、ここでの問題を、双務契約（殊に売買契約）を念頭において考えるなら、この使用利益返還問題は、すでに売買代金を受領している（長年月の利用を念頭におけば尚更）売主（債務者）もまた、金銭による利息相当分の使用利益を収取していることから、瑕疵ある物の使用利益のみを受領代金の使用利益から切り離し独立に抽出して、これについてのみ無条件に不当利得の返還を問題とするかは、なお一考に値するように思われるからである。

4　契約の解除における原状回復の援用

このような問題に関連する法分野としては、周知のように、（双務）契約の解除の場合の原状回復の内容（範囲）の問題が容易に想起される。この点につき、起草者は、受領した金銭には通常は利息がつくのが当然だからこれを明記し（第五四五条第二項）、他方、物を受領してこれを返還する買主も、その間の物からの果実を原状回復として返還しなければならないと考え[6]、通説[7]、判例[8]もこれを肯定している。後述のように、ドイツ民法（以下ＢＧＢという）は、解除の場合の原状回復の内容（範囲）を追完の場合にも準用し（ＢＧＢ第四三九条第四項）、上記学説と同じ結論を導いている。

5　課題——追完前の瑕疵のある物の使用は、はたして不当利得か

以上から確認しておくべきことは、日本の学説においても、種類物売買を前提とした、給付目的物に瑕疵があっ

たという意味での不完全履行を理由とした追完（代物給付）の場合において、それまで瑕疵ある物を利用した使用利益の返還が不当利得により基礎づけられるべきことが、ほとんど唯一であるが、債権総論において指摘されており、また、各論においても、判例実務という現場の延長線上から出てきた、建替え費用相当額賠償を否定するために援用した前述の「二重取り」論は、不当利得問題をより具体的に、すなわち、追完（代物給付）における過去の使用と未来の使用の伸長の双方を考慮して基礎づけていた。

これらの学説および判例実務からの立場の存在は、後に述べるような比較法的な観点からすれば、高く評価されなければならない。しかし、本稿は正に、このような到達点自体が、今日においても依然として維持されるべきなのか、ということを問おうとするものである。すなわち、瑕疵ある物の追完（代物給付）の場合、果たして不当利得を根拠とした使用利益返還を認めることは妥当なのか、という問いである。

もっとも、この問いの批判的検討については、その前提自体についての議論が日本法においては上記のようにほとんど存在していなかったのであるから、いわんや、その先を問題にしようとする本稿において、その手掛かりを日本法に求めることはできない。ところが、ドイツにおいては、正にこの問題が、債務法改正後、主として売買における追完（代物給付）の場合に、判例、学説において、債務法改正の立場を揺るがす議論が展開され、ついには、その議論の結末がEC司法裁判所の判断にゆだねられ、その判断が最近下されたという経緯がある。(9)

そこで、以下では、これらの議論の簡単な要約により、問題の所在を明らかにすることとする。

四　ドイツおよび欧州司法裁判所（EuGH）における議論

はじめに

この問題に関するドイツにおける議論は、国内法レベルの解釈論における議論と、消費用動産売買指令[10]を国内法化したドイツ民法第四三九条第四項が消費用動産売買指令に違反しているか否かというレベルでの議論に大別される。以下では、まず、前者を1で、後者を2で整理しておくことにする。その後、ドイツ連邦通常裁判所（以下、BGHと略称する。）の事案とその要点を紹介したのち（3）、欧州司法裁判所の立場を紹介し（4）、小括において課題の整理を行なう（5）。

1　国内法レベルの解釈論における議論

（1）売買・請負における追完の場合の使用利益返還規定　BGB第四三九条第四項によれば、売主が追完のために瑕疵のない物を引き渡すときは、売主は、同第三四六条から第三四八条までに従い、瑕疵のある物の返還を買主に請求することができる。また、同第六三五条四項によれば、請負人が新規に仕事を製作する場合は、請負人は、同第三四六条から第三四八条までに従い、瑕疵ある仕事の返還を請求することができる。これらの規定が準用する同第三四六条から第三四八条は、解除の効果に関する規定であり、そのうち、同第三四六条第一項は、契約当事者の一方が解除したときは、「受領した給付を返還し、取得した利益を引き渡さなければならない」とし、さらに同条第二項は、「取得したものの性質上その返還又は引き渡しをすることができない場合」（第一号）には、「返還に代えて価額を償還しなければならない」（本文）と規定している。

以上から明らかなように、債務法現代化法においては、売主／請負人が追完に応じて新規の物／仕事を交付／製作する場合、売主／請負人には、買主／注文者が瑕疵ある物／仕事の使用から返還までの間に引き出した利益に対する価値の償還請求権が、ＢＧＢ第三四第六条第一項、第二項第一文第一号に結びついた同第四三九条第四項にもとづいて認められている、ということになっている。

(2)　債務法改正における立法者意思　以上のような規定内容につき、瑕疵ある物であってもそれが使用できるものである限り、それを使用した間の使用利益を無償で取得できる根拠がない以上、これを売主に償還すべきである、というのが立法者意思である。[11]

(3)　通説　通説もまた、規定の文言および立法者意思を根拠として、同様な立場に立っている。[12]

(4)　反対説　しかし、これに対しては、債務法改正後、有力な反対説（少数説）が存在していた。その論拠を整理すると以下のようになる。

①解除の効果に関するＢＧＢ第三四六条から第三四八条の準用を指示する同第四三九条第四項は、目的論的に限定解釈されるべきである。[13]②同第四四六条第二文によれば、売買目的物の使用利益は、最初から、売買代金を支払った買主に帰属する。[14]③代物給付の場合は、解除の場合と異なり、売買代金が、そこから生じた使用利益を含めて売主の手もとに残っている。[15]④買主にのみ一方的に使用利益の返還義務を負わせるならば、不完全な給付をし、正当化されない売主がより良い地位を得る結果となる。[16]

以上から明らかなように、反対説の要点は、売買目的物からの使用利益は引渡しにより買主に帰属し、そのうえ、売主は売買代金の受領により収益を保持している点で、対価関係に不均衡が生じていることを実質的根拠としたＢＧＢ第四三九条第四項の限定解釈にある、といえるだろう。

2　消費用動産売買指令違反レベルでの議論

ここでは、使用利益の返還を認めるBGB第四三九条第四項が消費用動産売買指令第三条[17]に違反しているのではないか、という問題として議論される。ここでも、通説は、BGB第四三九条第四項は消費用動産売買指令第三条に違反していないとし、反対説（少数説）は、違反しているとする。以下、それぞれの論拠を整理しておこう。

(1)　通説の論拠の要点は、以下の如くである。

(a)消費用動産売買指令第三条第二項から第四項は、新規の物を交付することによって契約に適合した状態を作り出すことのみを規律しているにすぎない。(b)それに対し、使用利益の支払いは、新規の物の交付に対する反対給付とみなされるべきではなく、個々の場合における瑕疵のある物の返還の態様（方法）に関係しているにすぎない。(c)このような巻き戻しの問題は、指令には含まれない。それゆえ、消費者の使用利益の返還義務は、消費用動産売買指令の意義と目的とも矛盾しない。

要するに、ここでは、消費用動産売買指令が規定しているのは、瑕疵ある物を給付した場合の契約違反の救済方法である追完自体であり、そこには使用利益返還問題は入らず、したがって、これに関しては、加盟国が独自に規定しうるという立場である。

(2)　これに対し、反対説の論拠は以下の如くである。

(a)反対説は、物の使用利益返還は、買主が新規の物の代物給付により受ける価値の高まりと使用期間の長期化に対する代償であると考えている。(b)もし、使用利益返還義務を認めるならば、消費者の追完請求権の主張が妨げられる可能性が生じる。というのも、消費者は、使用利益返還の要件と額を重くのみ査定するか、もしくは売買代金に近づく使用利益返還を調達できず、その結果、場合によっては代物給付という正当な請求が放棄される可能性があるからである。この場合、瑕疵がもっぱら代物給付によってのみ除去でき、売主がそれについて使用利益返還との引換えでのみ義務を負うとする限り、消費者は追完の優位性にもとづき買主の二次的権利[18]も主張できない結果、買主は何ら利益を得られずに終わる可能性がある。

3　BGHの二〇〇六年付託決定（Quelle 事件付託決定）

以上のような法状態のなか、正にこの点が問題となる事案がBGHに持ち込まれた。以下、この点を簡潔に概観しておくことにしよう[19]。

(1)　事案の概要　A（買主）は大手通信販売店Y（売主）から「レンジセット」を約五二五ユーロで買い、引渡しを受けた。その後、約一年半後にパン焼き部分のホウロウが修理不能状態で剥がれた。そこで、Yはこの部分を交換したが、他方で、瑕疵あるレンジの使用利益の返還を請求し、Aは支払った。そこで、Aは、原告である有資格組織である消費者センター総連盟Xに返還請求を授権し、Xは支払った約六八ユーロの返還を訴求した。

これに対し、第一審のニュルンベルク―フュルト地方裁判所[20]も控訴審のニュルンベルク上級地方裁判所[21]も、BGB第四三九条第四項からは、売主の、瑕疵あるレンジの使用利益返還請求権は発生せず、したがってAの支払いは法律上の根拠のない支払いであるとし、同第八一二条第一項（不当利得）にもとづいて返還請求をなしうると判断した。Y上告。

(2)　BGHの付託決定[22]　(a)　はじめに概要を示しておこう。BGHは、まず、BGB第四三九条第四項は、売主は、瑕疵ある物に対する補償交付（交換）をした場合、新規の物との交換までに買主が瑕疵ある物から引き出した収益に対する返還請求権を有することを認めている、として、原審の判断とは異なった解釈をする。しかし他方で、同第四三九条第四項は、契約違反の消費用動産の場合において「無償の」代物給付を認めている消費用動産売買指令（第三条第三項第一文および第四項）と矛盾するのではないか、という疑問を提起する。

そこで、ＢＧＨは、手続きを中断し、新規の物の交付により契約に適合した状態をもたらした場合、消費者（買主）に最初に交付された瑕疵ある消費用動産に対する収益の補償（返還）を認めるとする国内法は、消費用動産売買指令（第三条第三項第一文および第四項に結びついた同条第二項の規定または第三条第三項第三文）と矛盾しているか、という点につき、先決裁定を求めて欧州司法裁判所（ＥｕＧＨ）に付託した。

（b）ＢＧＨは、既に紹介した、通説と反対説（少数説）を詳細に紹介しつつ、国内法の解釈レベルでは、文言と立法者意思（通説の立場でもある）を超える解釈の限界（ドイツ連邦共和国憲法第二〇条第三項参照）を指摘しつつも、一貫して反対説（少数説）の立場を共有する。以下では、特に、ＢＧＢ第四三九条第四項の指示が、消費用動産売買指令第三条に違反する点につき、先に挙げた少数説において言及しなかった論拠の要点を挙げておくこととする。

①消費用動産売買指令第三条第二項、第三項の目的との矛盾の指摘　消費用動産売買指令第三条第二項によれば、消費者は、消費用動産の契約違反の場合、消費用動産の契約に適合した状態を無償でもたらすことに向けられた請求権を有する。それに応じて、同第三条第三項は、無償の修補もしくは無償の代物給付を予定している。この規律の目的は、売主は、修補もしくは代物給付により消費用動産を当初から契約に適合した状態で交付したであろう地位に消費者を置くことにある。この場合、消費者は、契約に適合した状態での消費用動産の反対給付として売買代金のみを調達したであろう。にもかかわらず、消費者（買主）にのみ、売買代金にまで達する可能性のある更なる支払義務を負担させることは、同第三条第二項、第三項と矛盾する。

②消費用動産売買指令三条二項、三項の「無償の」概念との矛盾　消費用動産売買指令第三条第四項が明らかにしているのは、同条第二項、第三項の「無償の」概念は、消費用動産について契約に適合した状態をもたらすために必要な費用を「含む」ことのみであり、そこから、消費者に対し契約に適合した状態をもたらすために別の性質を有する支払いを要求してもよいということは導かれない。消費用動産売買指令前文第一五項の考慮事由によれば、加盟国が予定しうることは、消費者による商品の利用を計算に入れるために、「消費者に給付されるべき補償は軽減されうる」ということである。考慮事由は、契約の解除に関係しているが、代物給付には関係していない。代物給付の場合には、消費者に給付されるべき補償は存在せず、代金はむしろそこから引き出された収益とともに売主の手元に残っている。

③著しい「不便」（消費用動産売買指令第三条第三項第三号）の存在可能性　消費用動産売買の場合における代物給付の無償性の原則が、仮に売主の使用利益返還請求権と矛盾しないとしても、消費者の相応な支払義務は消費用動産売買指令第三条第三項第三号における著しい不便とみなされえないか、という更なる問いが立てられる。これについては、長期の使用期間の場合には、代金との関係で少なくない使用利益を売主に支払わねばならないことを懸念する消費者は、そのために、場合によっては、消費用動産の（無償の）修補で満足するか、もしくは、同第三条第二項によって許されている権利を全面的に放棄する可能性がある点を、指摘する。

4　欧州司法裁判所の先決裁定[23]（Quelle 事件先決裁定）

（1）　本先決裁定の論理を理解するために、あらかじめドイツ政府が立てた問いに従って整理しておこう。すでに、3で整理したドイツ国内における議論と重複しているが、その場合の中心論点は、消費用動産売買指令は使用利益返還問題を規律していないというものである。この点の主たる理由づけは、(a)消費用動産売買指令第三条の「無償の」概念は限定解釈されるべきである、(b)同前文第一五項の考慮事由は、解除の場合のみならず代物給付の場合も含む、(c)経済的補償なしに新規の消費用動産を自由に使うことは不当利得である、ということである。

以下、消費用動産売買指令三条における法的救済の構造を前提として、この問いに対する欧州司法裁判所の解答を見ていこう。

(2)　消費用動産売買指令第三条の法的救済の構造　消費用動産売買指令第三条によれば、(a)まず、売主は消費者に対し、消費用動産の交付時点までに存在するあらゆる契約違反に対して責任を負う。(b)消費者は、交付された消費用動産の契約違反の場合、同第三条第二項により、売主に対して次のような請求権を有する。まず、消費者は、消費用動産の契約に適合した状態をもたらすことを請求することができる（追完請求権）。消費者が契約に適合した状態をもたらすことを請求できない場合、消費者は、第二段階として、代金の減額もしくは同契約の解除を請求することができる。(c)そして、消費用動産の契約に適合した状態をもたらすために、第三条第三項により、その請求の履行が不能でないかまたはその請求が不相当でない限り、消費者は売主に対し消費用動産の無償の修補もしくは代物給付を請求できる。

(3)　消費用動産売買指令第三条の「無償の」意味　さて、それでは、この場合、「無償の」とは、いったい何を意味するのか。消費用動産売買指令第三条第四項によれば、この「無償の」概念には、消費用動産を契約に適合した状態にするために必要な費用、とりわけ、運送費、労働費、材料費が含まれる。ここでは、この規定の体裁から、これらの費用項目が限定列挙か例示列挙なのかが問題とされる。

例示列挙であるとするのが立法者意思である。[24] (a)立法者は、この無償性を消費者保護の本質的要素としようとし

諸見解の整理

	ドイツ政府（立法者意思、通説）	BGH（少数説）	欧州司法裁判所（EuGH）
BGBは買主の使用利益返還義務を認めていると考えられるか	○	○*1	○
消費用動産売買指令は買主の使用利益返還義務を認めているか	○*2	×	×
消費用動産売買指令第３条第２項の「無償の」範囲	限定列挙	限定列挙	例示列挙
瑕疵ある物の使用による収益は不当利得か	○ ①売主に対する経済的補償なしに、使用期間の長期化した新規の物を使用できる。 ②消費用動産売買指令前文第15項の考慮事由は、代物給付の場合も含む。	× ①売買目的物の収益は、引渡時から買主に移転（BGB第446条）する。 ②売主は、代金とその収益を保持している。 ③消費用動産売買指令前文第15項の考慮事由は解除の場合のみを規律している。 ④買主に収益の返還を要求することは消費用動産売買指令（第３条第３項第３号）にいう「著しい不便」に該当する。	× ①BGHの挙げる③に加え、 ②売主は買主に対するあらゆる契約違反に対して責任を負うとする消費用動産売買指令（第３条第１項）の立場からすれば、約定どおり代金を支払った買主は、不完全履行の効果として新規の物の交付を受けたとしても不当利得ではない。

*1　少数説は否定する

*2　指令は使用利益返還義務については規定しておらず、加盟国の判断に委ねている

た。[25] (b)その具体的な意味は、このような保護が欠ければ前述の請求権の主張を思い留まろうとする「差し迫った経済的負担」から消費者を保護すること、(c)そのために、このような場合、買主に対する「売主のあらゆる経済的要求を排除する」ことが立法者の意図である、ということである。[26]

(4)　消費用動産売買指令前文第一五項の考慮事由の意義

ここでは、消費用動産売買指令第三条第五項において予定されている場合、すなわち、売主が買主に対し、取得した利益の相互の返還の原則にもとづき消費用動産の代金を償還しなければならない売買契約解除の場合のみが該当するとする。(27)

(5)　代物給付された物の補償なしの使用の不当利得性　この点につき、前述のように、売主は、自身のあらゆる契約違反に対して責任を負わなければならないとする消費用動産売買指令の立場（第三条第一項）を前提とし、次のように述べる。

売主は、契約違反の消費用動産を交付した場合、売買契約において引き受けた義務を約定通り履行しなかったのであり、したがって、この不完全履行の効果を負担しなければならない。代金を支払い、それによって契約上の義務を約定通り履行した消費者は、契約違反の消費用動産に対する補償としての新規の消費用動産の取得により不当利得していない。消費者は、それをすでに最初に保持しなければならなかったのと同じように、単に契約の規定に相応した消費用動産を遅れて保持しただけである。(28)

(6)　売主の（経済的利益）保護　この点については、二年の時効期間（消費用動産売買指令第五条第一項）と、代物給付は、それが期待不可能な費用により不相当であると判断される場合は拒絶できるとしていることで（同第三条第三項第二文）保護されている。(29)

五　小括

1　以上、ドイツにおいて債務法改正後、実務上最も重要な意義を有するとされた問題は、(30)最終的には欧州司法裁判所により、ドイツ民法第四三九条第四項が消費用動産売買指令第三条に違反するという、ドイツ国内の少数説

（BGHの立場）と同じ判断をしたことにより、決着がついた。ドイツ国内においては、手続きを中断していたBGHがいかなる判断をするのか、という問題以上に、BGB第四三九条第四項の改正問題が、より重要な課題となることは間違いないであろう。[31]そして、このような問題は、既に指摘したように、売買契約と同じ規律内容を有する請負契約についても、まったく同じことが妥当する、ということである。[32]

以上の点から日本法が受ける示唆も小さくない。このような議論から筆者が受ける問題意識について、以下要約的に述べておくことにする。

2　第一は、不完全履行や瑕疵担保が問題となる場合における、双務契約の有償性・対価性という問題をどのように考えるのか、という点に関わる。不完全履行ないし瑕疵担保が問題となる場面では、契約解除の場合の原状回復の内容（範囲）として問題とされたのと同じように、有償性の意味を、単に給付と反対給付それ自体のみに着目するのではなく、給付後の目的物の使用をも含めてより実質的に観察する必要がある。端的にいえば、反対給付、対価としての金銭の使用利益を看過すべきではない、ということになる。この点、日本法においては、契約の解除の場合の原状回復の場合に考慮されている、利息と使用利益の関係は、追完までの瑕疵ある物の使用関係についても同様に妥当することを明確にすべきであろう。すなわち、買主／注文者が追完までの間に瑕疵ある物を利用している間に、売主／請負人もまた既に受領した代金／報酬を利用しているのである。この点が考慮されなければ、実質的な給付の均衡は保てないであろう。いずれにしろ、ここでは、最低限、追完までの瑕疵ある物の使用は、売買代金の利息に対応するものとして返還の必要はないとされなければならない。

3　第二は、それでは、第一に問題とした不完全履行における対価性の問題は、あくまでも民法レベルの問題として処理される問題なのか、それとも、消費者保護のための政策的な観点からのものなのか、という点である。これは、今回の問題が最終的には消費用動産売買指令にドイツ民法が違反しているという構図からすれば、対等平等な当事者を想定した民法レベルの問題を超えて、いわゆる消費者利益保護のレベルでの判断であるようにもみうる。しかも、買主／注文者は、一般に耐用年数の延びた新規の物の給付を受けるのであるから、この点からは、延びた耐用年数こそ、相互の収益（売主／請負人は代金／報酬からの収益、買主／注文者は、瑕疵ある物／仕事からの収益）を超えて、不当利得となる収益になるのではないか、という疑念が生じうる。日本法においてすでに紹介した二重の不当利得論は正にこの点を衝くものであった。

この点を民法レベルの問題として考える場合、ドイツおよび消費用動産売買指令における議論において重要な役割を果たしている論拠は、瑕疵ある物が給付された場合における買主／注文者の救済準則（体系）（追完を一次的救済とし、解除、減額、損害賠償を二次的救済とする体系を念頭においた議論）からのものであった（追完を断念することによりすべての救済を断念することになる可能性）。この点、日本法においては、請負の場合ではあるが、瑕疵修補を請求することなく直ちに修補に代わる損害賠償を請求してよいとするのが判例および支配的見解である(33)。そうすると、日本法の場合には、より内在的な基礎づけが探究されねばならないことになる。この点を指摘して、ここではひとまず検討を終えておく（この点は、結びに代えて、で若干言及する）。

六　結びに代えて

以上、平成一四年判決につき、若干の理論的検討を行なってきた。最後にこの最高裁判決における新たな課題について要約をし、検討の方向性を示しておくこととする。

一　追完の場合における不当利得論

1　まず、追完までに瑕疵ある物を使用した場合の使用利益の返還については、契約解除の場合の原状回復（この場合は双方が返還）と異なり、使用利益の返還の必要はないと解される。

2　それでは、追完として瑕疵ある物に代えて新規の物が交付され、あるいは新規の製作がなされた場合はどうか。買主／注文者は、これらの追完により新たに耐用年数の延びた物を獲得することとなり、その結果、不当利得しているのではないか、という問題である。このことは、代物給付に対してのみならず、物の耐用年数が長期化するような修補の場合にも、通常は妥当しうる。

この背後に潜む問題は、ドイツ法では、損害賠償法においていわゆる「旧の代償としての新」の場合、「新」により高められた価値についての利益調整の問題として議論されているものであり、そこでは、高められた価値についての控除を肯定するのが一般である。債権者は給付障害から正当化されない利益を引き出すべきではない、という不当利得の一般原則に対応するものである[34]。

しかし、契約にもとづく債務の履行（追完）の場合における、損害賠償法での不当利得論（利益調整論）の援用に対しては、次のような反論がなされている。

もともと、このような高められた利益（価値）は、売主／請負人の義務違反によって生じたものであり、その価値はいわば押し付けられたものである[35]。すなわち、価値の高まった仕事の利益は、もともと瑕疵除去の遅滞に起因するものであり、注文者が数年間にわたり瑕疵ある仕事で満足しなければならなかった場合には、このような利益調整は、排除されねばならない。そうでなければ、請負人は、修補の遅滞により、自身の瑕疵担保義務から全部もしくは部分的に解放されることについて意のままにできる、ということである[36]。

それゆえ、ここにおいて決定的に重要なことは、新規の物（代物）の客観的価値もしくは使用価値が決定的なのではなく、まさに被害者にとっての価値である。なぜなら、ここでは押し付けられた利得が問題であるからである。その結果、新規の物もしくは修理された物の高められた耐用年数は、主観的に決定されるべきである。すなわち、買主／注文者が、予想して高められた耐用年数により利益を得た場合にのみ、「新旧」の利益調整（不当利得）が顧慮されることになる、と。(37)

この観点からの更なる検討が必要とされる。

3　なお、本稿では直接関係ないが、以上のような使用利益返還や利益調整問題における論理の展開は、追完自身を信義則によって制限する、とするこれまでの日本の通説の考え方に対しても、一定の類型において、再考を迫ることになるように思われる。

（1）　この論理は、かつて一部の学説により主張されていたような、重大な瑕疵がある建物を「未完成」と考え、不完全履行と評価して債務不履行の一般理論を適用することにより、解除の可能性を導くという構成におけるものではなく、正に、民法第六三五条の解釈論として、「瑕疵担保責任」の枠内でも解除が可能であることを意味している。

（2）　後藤勇『請負に関する実務上の諸問題』（判例タイムズ社、一九九四年）八五頁～九一頁。なお、原田剛「建築請負目的物の瑕疵と損害賠償」安永正昭・鎌田薫・山野目章夫編『不動産取引判例百選［第3版］』一五八頁（二〇〇八年）一五八頁（一五九頁）（本章第一節）。

（3）　後藤・前掲八六頁～八九頁。

（4）　神戸地裁姫路支部判平成七年一月三〇日判時一五三一号九二頁（一二年経過の事例）、大阪地判平成一〇年一二月一八日欠陥住宅被害全国連絡会議編『消費者のための欠陥住宅判例［第1集］』八四頁（九年経過の事例）。

（5）　奥田昌道『債権総論［増補版］』（悠々社、一九九二年）一六一頁および一六二頁注（2）。本稿の問題関心からすれば、重点は、もとより注の部分にある。債権総論レベルにおいて、当事者の対価性の実体に及んでいる叙述は、管見の限り、本書のみである。この記述の内容こそ、後に紹介するように、ドイツ民法第三四六条（解除の効果）に見出されるものである。

（6）　法典調査会民法議事速記録［法務図書館版］九（一九八一年）二七六頁（穂積陳重）。

（7）　我妻栄『債権各論上巻（民法講義Ｖ１）』（岩波書店、一九五四年）一九五頁、山本敬三『民法講義Ⅳ—１（契約）』（有斐閣、二〇〇五年）一九五頁以下。

（8）　判例は、物の使用利益の返還を不当利得の性質を有するものとして肯定する。大判昭和一一年五月一一日民集一五巻八〇八頁（家屋の買主が買い受け後返還までの間に使用した使用料）、最判昭和三四年九月二二日民集一三巻一一号一四五一頁（家屋の売買の場合で買主の債務不履行による解除の事案）、最判昭和五一年二月一三日民集三〇巻一号一頁（民法五六一条による解除の場合にも使用利益の返還が妥当するとした事案）。

（9）　ドイツ法の議論と欧州司法裁判所の先決裁定の概要については、原田剛「(ＥＣ企業法判例研究) ＥＣ消費用動産売買指令とドイツ民法第四三九条第四項（上）（下）」国際商事法務三六巻八号一〇七六頁・同九号一二二二頁（二〇〇八年）（本章第二節）も参照されたい。

（10）　正確には、「消費用動産の売買および消費用動産に対する保証という一定の観点に関する、一九九五年五月二五日付けの欧州議会および理事会指令：Directive1999/44/ＥＣ」をいう。本稿では、断わりのない限り、以下「消費用動産売買指令」と略称する。

（11）　BT-Dr 14/6040, S. 232f.

（12）　MünchKomm-Westermann, BGB, 4. Aufl. § 439 Rdnr. 17; Staudinger/Matushe-Beckmann, BGB（2004）, § 439 Rndr. 56.

（13）　Wagner/Michal, ZGS 2005, 368; dies., VuR 2006, 46; Schwab, JuS 2002, 630 [636]; Muthorst, ZGS 2006, 90; Saenger/Zurlinden, EWiR 2005, 819; Winkelmann, S. 538ff.

（14）　Gsell, NJW 2003, 1969ff.; dies., JuS 2006, 203 [204]; Schwab, JuS 2002, 630 [636]; Hoffmann, ZRP 2001, 347 [349]; Woitkewitsch, VuR 2005, 1.

（15）　Gsell, NJW 2003, 1969; dies., JuS 2006, 203 [204].

（16）　Wagner/Michal, VuR 2006, 46 [48]; dies., ZGS 2005, 368 [372]; Brömmelmeyer, JZ 2006, 495.

（17）　消費用動産売買指令三条（消費者の権利）（1）売主は消費者に対し消費用動産の交付までに存在したあらゆる契約違反に対する責任を負う。

（2）契約違反においては、消費者は、第三項の基準に従い、修補もしくは代物給付による、消費用動産の契約に適合した状態を無償でもたらすことに向けられた請求権か、または、第五項および第六項の基準に従い、当該消費用動産に関し、代金の相当な減額もしくは契約の解除に向けられた請求権を有する。

（3）消費者は、まず、このことが不能でなくまたは不相当でない限り、売主に対し、無償の修補または無償の代物給付を請求しうる。

救済が売主にとって他の救済可能性と比較して不当な費用を惹起する場合には、救済は不相当とみなされる。

修補または代物給付は、相当な期間内で、かつ、消費者にとって著しい不便なしに行なわれねばならず、その際、消費用動産の種類および消費者が消費用動産を必要とする目的が顧慮されなければならない。

（4）第二項および第三項における「無償の」概念には、消費用動産を契約に適合した状態を確立するために必要な費用、とりわけ、運送費、労働費および材料費が含まれる。

（5）消費者は以下の場合に、代金の相当な減額または契約の解除を請求しうる。

消費者が修補請求権も代物請求権も有しない場合、

売主が相当な期間内に救済をしなかった場合、

売主が、消費者に対し著しい不便なしには救済をなしえなかった場合。

（18）契約の解除、減額、給付に代わる損害賠償のことである。

（19）原田剛「（EC企業法判例研究）EC消費用動産売買指令とドイツ民法第四三九条第四項（上）（下）」国際商事法務三六巻八号一〇七六頁・同九号一二二二頁（二〇〇八年）（本章第二節）。

（20）LG Nürnberg-Fürth, Urt. v. 22. 4. 2005, NJW 2005, 2558.

（21）OLG Nürgberg, Urt. v. 23. 8. 2005, NJW 2005, 3000.

（22）BGH Vorlagebeschl. v. 16. 8. 2006, JNW 2006, 3200（mit Anmerkung Stephan Lorenz), BauR 2006, 2047（mit Anmerkung Rolf Kniffka).

（23）Urt. v. 17. 04. 2008-Case-404/06, NJW 2008, 1433. なお、本判決の内容は、以下、「本判決判決理由」として引用することとする。

（24）本判決判決理由第三一節。

（25）本判決判決理由第三三節。

（26）本判決判決理由第三四節。

（27）本判決判決理由第三九節。

（28）本判決判決理由第四一節。

（29）本判決判決理由第四二節。

（30）Lorenz, JNW 2006, 3200（3203).

（31）Rheinländer NJW-Editorial, 2008, Heft 20・Lorenz, DAR（Deutsches Autorecht）2008, 330（331).

（32）Kniffka, BauR 2006, 2047（2051).

（33）最判昭和五四年三月二〇日判時九二七号一八六頁。我妻栄『債権各論中巻二』（岩波書店、一九六二年）六三八頁（もっとも、修補が容易に可能なものであり、これによって注文者に全く損害が残らなくなるような場合には、信義則により、まず修補を請求すべきである、とする）。

（34）Lange, Schadensersatz, 2. neubearbeitete Aufl.（1990）, S. 259f; Larenz, Schuldrechb AT, 14. Aufl.（1987）, S. S. 530 Fußn. 19.

（35）Gsell, JuS 2006, 203（204）.

（36）Gsell, NJW 2003, 1971（1972）.

（37）Gsell, a. a. O., Fußn. 68.

（法と政治　五九巻三号（二〇〇八年）より抜粋）

第二章　瑕疵ある物を給付した売主の追完義務の射程
——取外しおよび取付け義務——

第一節　欧州司法裁判所（ＥｕＧＨ）の立場

（欧州司法裁判所二〇一一年六月一六日判決[1]：Celex No. 609CJ0065）
（①Gebr. Weber GmbH v. Jürgen Wittmer（C-65/09），②Ingrid Putz v. Medianess Electronics GmbH（C-87/09），Joined cases C-65/09 und C-87/09））

一　事実の概要

1　事案（床タイル付託決定）[2]

二〇〇五年一月二四日に、ヴィットマー（Wittmer）（顧客）は、ヴェーバー社（Weber）（建築資材を扱う事業者たる有限会社）から、イタリア製の研磨済み床タイル四五・三六㎡を一三八二・二七ユーロで購入し、三三㎡を自宅に張った。その後、床タイルの表面に肉眼でも認識できる陰影（機能的障害ではなく視覚的瑕疵）が生じた。この瑕疵の除去はタイルの完全な交換によってのみ可能であり、そのための費用は五八三〇・五七ユーロであった。そこで、ヴィットマーはヴェーバー社に対し、期間を定めて給付を請求し、その徒過後に瑕疵なき床タイルの給付および五八三〇・五七ユーロ（および利息）の支払いを求めてカッセル（Kassel）地方裁判所に訴求した。同裁判所は、売買代金の減額のみを認め、ヴェーバー社に二七三・一〇ユーロ（および利息）の支払いを命じた。ヴィットマーの控訴に対し、フランクフルト（Frankfurt）上級地方裁判所は、原審判決を一部変更し、ヴェーバー社に対し、瑕疵なき床タイル四五・三六㎡の給付および瑕疵ある床タイルの取外し（Ausbau）のために二一二二・三七ユーロ（および利息）の支払いを命じた。これに対しヴェーバー社が上告した。

ドイツ連邦通常裁判所（以下、「ＢＧＨ」という。）は、以下のように判断した。(1)ドイツ法に従えば、原審とは反対に、ヴィットマーはヴェーバー社に対し瑕疵ある床タイルの交換費用の補償請求権を有しない。すなわち、ヴェーバー社は、民法第四三九条第三項[3]にもとづき、瑕疵なき床タイルの交付および瑕疵ある床タイルの相応な取外し方法による追完を拒絶しうる。(2)ところが、同条項は、その文言に従えば、ＥＣの消費用動産売買指令[4]第三条第三項[5]と矛盾する可能性がある。そこで、本件の場合、同指令第三条第三項によれば、代物給付（Ersatzlieferung）の観点のもとで、それが取り付けられた他の物から瑕疵ある物を除去すること、およびそのために要する相当な費用を賠償することを売主に請求しうるのかが問題となる。もっとも、ドイツ民法の規定はかかる売主の義務を原則として予定していない。(3)そこで、訴訟手続を中断し、欧州司法裁判所に先決裁定を求めて付託することとする、と。

２　事案（自動食器洗い機付託決定[6]）

プッツ（Putz）はメディアネス・エレクトロニクス（Medianess Electronics）社（以下、「Ｍ社」という。）から代金三六七ユーロで自動食器洗い機（以下、単に「食器洗い機」という。）を購入し、食器洗い機の引渡しと代金の支払いがなされた。プッツが食器洗い機を自宅に取り付けた後、食器洗い機に、取付けによっては生じえない除去不能な瑕疵があることが判明した。当事者は食器洗い機の交換を合意した。合意の範囲でプッツはM社に新たな食器洗い機の交付のみならず、瑕疵ある食器洗い機の取外しと新たな食器洗い機の取付け、または、M社が拒絶した場合は当該食器洗い機の取外し費用および新たな食器洗い機の取付け費用を請求した。M社はこの請求に応じなかった。そこで、プッツは、契約を解除した後、瑕疵ある食器洗い機と引換えに売買代金の返還を求めてショルンドルフ（Schorndorf）区裁判所に訴求した。

同裁判所は以下のように判断した。ドイツ法によれば、売買契約の解除の有効性は、プッツが、追完としてM社の負担している債務のみを請求して有効な期間を設定し、その期間が徒過したかにかかっている、したがって、法的争いの判断にとって問題となるのは、プッツは、M社が瑕疵ある食器洗い機を取り外し、新たな食器洗い機を取り付けるか、または、これらの費用償還を請求できるかである。この点につき、ドイツ法では、売主は消費者が瑕疵ある物を瑕疵の発生以前に適切に取り付けていた場合にも有責性に関係なく瑕疵ある物の取外し、もしくは新たな物の取付けまたはそれに対応する費用を負担する義務はないが、かかる義務は、消費用動産売買指令からは生じうる。そこで、同裁判所は訴訟手続を中断し、この点について先決裁定を求めて、欧州司法裁判所（ＥｕＧＨ）に付託した。

欧州司法裁判所は、これら1および2の両事件が相互に関連していることから、訴訟規則第一〇三条に結びついた同規則第四三条に従い、両事件を併合して審理した。

二　裁定要旨

1　消費用動産売買指令第三条第二項および第三項は、以下のように解釈されるべきである。瑕疵の発生以前に消費者により消費用動産の種類およびその使用目的に従って善意で取り付けられた、契約違反の消費用動産の契約に適合した状態が代物給付により確立される場合、売主は自身でこの消費用動産を、取り付けられた物から取り外すことおよび代物として給付された消費用動産をこの物に取り付けるか、さもなければ、瑕疵ある消費用動産の取外しに要する費用および代物として給付された消費用動産を取り付けるために要する費用を負担する義務を負う。売主のこの義務は、売主が売買契約において最初に売られた消費用動産を取り付ける義務を負担していたか否かにかかわらず存在する。

2　消費用動産売買指令第三条第三項は、以下のように解釈されるべきである。同指令第三条第三項は、国内法の規律が、消費用動産をそれが取り付けられた物から取り外す義務および代物として給付された消費用動産をその物に取り付ける義務に関し、消費用動産が契約に適合していたならば有していた価値と比較して契約違反の意味が不相当に（unverhältnismäßig）費用を惹起することを理由として、契約違反の消費用動産のための、救済の唯一可能な方法としての代物給付を売主が拒絶する権利を担保していること、を排除している。しかしながら、かかる場合に、同指令第三条第三項は、瑕疵ある消費用動産の取外し費用および代物として給付された消費用動産の取付け費用に向けられた消費者の支払請求権が売主により相当な額の引受けに制限されることは、排除していない。

三　研究

1　研究の目的と叙述内容

本先決裁定は、瑕疵ある消費用動産を給付した売主の〝追完義務〟について、極めて重要な判断をしている。すなわち、売主の追完義務における〝補償給付〟には、〝瑕疵なき物の給付〟（代物給付）のみならず、瑕疵ある物の取外しおよび取付け義務（もしくはそれに相当する費用償還義務）を含みうるとして、売主の追完義務を、いわば〝拡大〟している。

もっとも、この点について、充分な検討を行なうためには、本先決裁定の論理をできるだけ正確に把握しておく必要がある。また、本先決裁定後、これを承けたＢＧＨが、つい最近、判断を下している（後述５）。それゆえ、本稿では、売主の追完義務の射程問題の探究の予備的作業として、本先決裁定の論理を、その経緯に沿って少しく詳細に紹介し、問題の整理をすることとする。その意味で、本節は、〝売主の追完義務の射程〟問題の序説に位置づけられる。

以下では、事実の概要で簡略化した、ドイツの国内裁判所における付託の論理を補足し（２）、これに対する、法務官の意見の要点を整理した後（３）、その後、本判決の論理を整理する（４）。その後、本先決裁定を承けたＢＧＨの判断を紹介する（５）。以上の議論のまとめと今後の課題を整理して結びとする（６）。

2　国内（ドイツ）裁判所の付託の論理

まず、本件で問題となっている二つの事件につき、ドイツの裁判所におけるＥｕＧＨへの付託の論理を補足しておこう。

(1)　床タイル付託決定

ＢＧＨは、まず、事実の概要でみたごとく、原審が、消費者たる買主が売主に取外し費用を請求しうることを正当に認めたのか、を問題とし、これについて、ドイツ法に従えば、ヴィットマー（消費者）はヴェーバー社（売主）に対し瑕疵ある床タイルの交換費用の補償請求権を有しない、と結論づける。その理由は、ヴェーバー社は、〝相対的不相当〟の場合のみならず〝絶対的不相当[7]〟の場合にも妥当すると解される民法第四三九条第三項にもとづき、瑕疵なき床タイルの給付および瑕疵ある床タイルの相応な取外しの方法における追完を拒絶しうるからである。ところが、このようなドイツ民法第四三九条第三項は、その文言に従えば、〝相対的不相当性〟のみを予定しているようにみえる消費用動産売買指令第三条第三項と矛盾する可能性がある。そこで、売主は〝絶対的不相当〟を理由として追完の方法を拒絶しえない限り、本件の場合、消費用動産売買指令第三条第三項によれば、補償給付の観点のもとで、それが取り付けられた他の物から瑕疵ある物を取り外すこと、およびそのために要する相当な費用を賠償することを売主に請求しうるのか、が問題となる。もっとも、ドイツ法の規定は、かかる売主の義務を原則として予定していない、と。そこで、ＢＧＨは、欧州司法裁判所に判断を求めたのである。

(2)　自動食器洗い機付託決定

ショルンドルフ区裁判所は、まず、前述のように、ドイツ法によれば、売買契約の解除の有効性は、プッツ（消費者）が、Ｍ社（売主）が負担している債務の追完を求めて有効な期間を設定し、この期間が徒過したのかを問題とし、法的争いの判断にとって重要なのは、プッツは、Ｍ社が瑕疵ある食器洗い機を除去し新たな食器洗い機を取り付けるかもしくはこれらに相当する費用負担を要求しうるかである、とし、この問いに対して次のように述べる。ドイツ法によれば、売主にはこのような義務はない。しかし、かかる義務は消費用動産売買指令からは生じる可能性がある。なぜなら、同指令は、高い消費者保護水準の達成に努め、同指令第三条第三項第三文において消費者に対する著しい不便（Unannehmlichkeit）なしに補償給付をなされなければならないことを予定しており、同指令第三条において使用されている〝補償（代物）給付〟概念は、売主の義務は単に瑕疵なき補償物（代物）の給付に制限されず、瑕疵なき物による瑕疵ある物との交換に拡張（拡大）されるようにみえるからである、と。そこで、同裁判所は、欧州司法裁判所にこの点の判断を求めたのである。

(3)　論点

以上から明らかなように、ドイツの国内裁判所が提起した本件の論点は二つある。

第一は、両事件に共通なものであり、それは、消費用動産売買指令第三条の規定は、瑕疵ある消費用動産の売主の追完義務の内容として、瑕疵ある物の取外しおよび瑕疵なき物の給付（補償（代物）給付）を前提としてさらにこれを新たに取り付けること（およびそれに対応する費用償還）を含むのか、である（以下、〔論点1〕という。）。

第二は、床タイル張り事件のみが提起しているものであり、それは、第一の問いが肯定された場合であっても、消費用動産売買指令第三条第三項は、売主は、追完義務として補償（代物）給付をする場合でも、それが不相当な費用を要するときは、追完義務を拒絶しうることを規定しているのか、である（以下、〔論点2〕という。）。

3　法務官 Mazák の意見

(1)　法務官 Mazák は、両事件に関して意見を述べている。(8) 結論を先取りしておけば、法務官は、消費用動産売買指令の解釈として、〔論点1〕については、追完義務としての取外しおよび取付け義務を否定し、〔論点2〕については、〝絶対的不相当〟の場合を理由としても追完を拒絶できる、とする。[9]

(2)　〔論点1〕についての意見の要点は、以下のごとくである（文末の数字は節番号を示す）。

(a)　文言解釈・体系的解釈

消費用動産売買指令第三条第二項および第三項の文言解釈では、契約違反の消費用動産の「補償（代物）給付」に向けられた消費者の請求権は、瑕疵ある物の取外しまたはそれに相当する費用負担を売主に請求する請求権を含まない（43）。消費用動産売買指令第三条の文脈的もしくは体系的解釈は、むしろ、売主の責任は、契約違反の消費用動産の取外し費用は含まれないという理解を拠り所としている（45）。いずれにしろ、消費者の権利は、原則として売買契約において合意された義務に限定される（49）。

(b)　有責性の必要

消費用動産自体の瑕疵に対する、さらになされるべき労働またはそれに対応する費用についての売主の責任は、契約違反の物に関し、消費用動産売買指令第三条第一項により援用される交付時点後と、消費者がその物を供給されて使用した後とを区別すべきである（55）。後者（使用後）の広範な責任形式は、売主に、消費者に商品が瑕疵なく給付された場合に給付後の一定の時点で消費者が置かれたであろう状態に彼を置く義務を課すものである。このことは、消費者への危険移転後に生じた、したがって、彼の意思により、とりわけ問題の商品を買主が使用することに左右される事情と事実に（売主の責任を）拡大するものである（56）。売主が、瑕疵ある給付の関係で、より間接的な結果から生じた損害に対しても責任を負いうることは、例えば、国連動産売買法第四五条にもとづくように、国内の法秩序にもとづき異なった要件のもとでは当然であり、明らかである（57）。瑕疵ある商品の取外しのために消費者に生じた費用は、ドイツの損害賠償法によれば賠償可能であるが、そのためには有責性を必要とする

（58）。労働もしくは費用は、契約違反の結果であるのみならず、消費者の責任領域にある行為から生じるものである。したがって、かかる費用に対する売主の責任は、通常は、因果関係、帰責可能性、場合によっては有責性の構想にかかり、それにより基礎づけられるものである（60）。

(c)　「無償」要件との関係

消費用動産売買指令第三条第三項および第四項にもとづき売主の義務に結びつけられた「無償」の要件は、売主が消費者に対して課せられている契約適合性の確立を無償で提供し給付しなければならないことを規定するものであるが、当該の救済自体は実質的に拡大されえない。類似の方法において、消費用動産売買指令第三条第二項第三文の「著しい不愉快なしに」という要件は、いかにして契約適合性の確立がなされなければならないかを規定するが、それが実質的に何を含むかということについては規定していない（65）。

この点で、本件は Quelle 事件と区別されなければならない。欧州司法裁判所は、Quelle 事件において、無償の要件を、消費用動産を契約に合致した状態に回復する義務の履行の領域において売主のあらゆる経済的要求は排除される、と理解した。それゆえに、欧州司法裁判所は、さらなる論拠にもとづいて、瑕疵ある商品の売主はその取外しまでの瑕疵ある動産の使用利益に対する価値賠償を消費者に請求しうるとする規定は消費用動産売買指令と矛盾する、という結論に到達したのである[10]。これに対し、本件の場合に問題となっているのは、補償（代物）給付に関して、売主の消費者に対する経済的な請求権が問題なのではなく、消費者が、瑕疵ある商品の契約に合致した状態の回復の一部として、瑕疵なき新たな商品の無償給付を超えて、売主に瑕疵ある商品の取り去り（Entfernung）／取外しまたはそれに相応する費用の賠償を請求しうるか、である（66）。

(d)

以上から、消費用動産売買指令第三条第二項および第三項で予定されている消費者の請求権は、補償（代物）給付による消費用動産の契約に適合した状態の確立の場合に、売主に対し、消費者が当該商品をその種類と使用目的に相応して取り付けた物から契約違反の商品を取り外すことにより生じる費用負担に向けられた請求権を含まない（67）。

(3)〔論点2〕についての意見の要点は、以下のごとくである。

(a) 二段階の救済体系

消費用動産売買指令は、消費者が契約上合意した給付を獲得する救済である修補と補償（代物）給付を、代金減額または契約解除よりも優先するというヒエラルキーによる救済体系を予定している（78）。したがって、同指令第三条第三項第一文によれば、消費者は〝まず〟売主に対し修補または補償（代物）給付を請求しうる。つぎに、同指令第三条第五項から生じるように、消費者が「修補請求権も補償（代物）請求権も有しない」場合か、または、売主が相当な期間内もしくは消費者に著しい不便なしにかかる救済を遂行できない場合に、消費者に代金減額または解除の救済が与えられる（79）。その限りで、消費者は、消費用動産売買指令第三条第三項第一号から一義的に生じるように、「このことが不能でないか不相当でない限り」で修補または補償（代物）給付という履行請求権を有する（80）。この規定から一義的に導かれることは、この要件は「一次的な水準」での二つの救済に妥当し、その結果、救済は両方の場合に可能でありかつ不相当でないことでなければならない。そうでなければ、売主は一次的な救済を拒絶でき、消費者の選択は減額か解除に制限される（81）。

(b) 〝絶対的不相当〟の場合を含むこと

確かに、消費用動産売買指令第三条第三項第二号の文言は、不相当の要件は一次的な二つの救済の間の選択のみに該当し、これらの選択可能性と減額もしくは解除との間の選択には該当しないことを指示しているようにもみえる（82）。しかし、この解釈は必然ではなく、同指令第三条第三項第一号の規定に照らしてのみ否定されないものである（83）。消費用動産売買指令が実際に、同指令第三条第三項における二つの一次的な救済可能性が不能である場合、それらが不相当であるか否かに関係なく他の救済可能性を選択できると理解されるとする解釈と一致するのであれば、同指令第三条第五項にもとづく代金減額および契約解除の適用領域は、修補も補償（代物）給付も不能な場合のみという非常に限定されたものとなる（84）。かかる解釈は売主の利益を考慮しない不当なものであり、したがって、消費者の利益と売主の利益の相当な調整は図れない。この解釈は、売主にとって受け入れ難い不可抗力的な災害（損害：Härtefall）という不利益なしには生じえない（85）。

4　本先決裁定の意義と論理

(1)　以上のような法務官の意見にもかかわらず、本先決裁定は、裁定要旨に挙げた結論にあるように、まったく反対の結論を導いている。以下、裁定理由の要点を抽出しておこう[11]（文末の数字は、節番号を示す）。

(2)　〔論点1〕について

(a)　消費者保護の本質的要素としての無償の回復

消費用動産売買指令第三条の文言および消費用動産売買指令に関連する立法過程（Vorarbeit）から生じることは、ヨーロッパ共同体の立法者は、売主による消費用動産の契約に合致した状態の無償の確立を、消費用動産売買指令によって担保される消費者保護の本質的な構成要素にしようとしたことである。それが修補によるのであれ契約違反の消費用動産の交換によるのであれ、消費用動産の、契約に適合した状態の確立を、無償で実現する売主のこの義務は、かかる保護がないがために上記の請求権の主張を控えるかもしれない脅迫的な経済的負担から消費者を保護するものである(46)。消費者が、契約違反の消費用動産についての補償(代物)給付の場合において、売主に対し、消費用動産の種類とその使用目的に従って取り付けた物から消費用動産を取り外すこと、および、この物に補償(代物)として給付された消費用動産を取り付けることもしくはそれに相当する費用を請求しえないならば、この補償(代物)給付は、消費者にとっては、売主が売買契約を本旨に従って履行していたならば負担する必要のなかった追加的な経済的負担となるであろう(47)。

(b)　著しい不便を与えないこと

また、指摘されるべきことは、消費用動産売買指令第三条第三項によれば、契約違反の消費用動産の修補と補償(代物)給付は、無償であるのみならず相当期間内でかつ消費者に著しい不便を与えないで行なわれねばならない(52)。売主が契約違反の消費用動産を取り外さず、補償(代物)として給付された消費用動産を取り付けない事情は、疑いなく消費者にとっては著しい不便を意味する(53)。

(c)　〝補償(代物)給付〟概念

さらに、「補償(代物)給付」概念について確認されるべきことは、その正確な意味は、個々の言語形式において異なっているということである。[12]……しかし、この概念は、ドイツの言語形式においてさえも、補償(代物)の単なる給付に制限されるものではなく、反対に、契約違反の消費用動産が補償(代物)として給付された消費用動産により交換される義務が存在することを指示しうる(54)。

(d)　高い消費者保護水準の確保

そのうえ、消費用動産売買指令第三条第二項、第三項の解釈は、高い消費者保護水準が担保されるべきであるという消費用動産売買指令の目的に相応している(55)。そして、かかる解釈は不公平な(ungerechte)結果にも至らない。（なぜなら、）たとえ消費用動産の契約違反が売主の有責性に起因しないとしても、売主は、契約違反の消費用動産を給付したことにより、彼が売買契約において引き受けた義務を本旨に従って履行しなかったのであり、したがって、不完全履行の効果を負担しなければならない（からである）。これに対し、消費者は売買代金を支払いそれによって契約上の義務を本旨に従って履行している。さらに、消費者が、給付された消費用動産が契約に合致していることを信頼して瑕疵ある消費用動産を瑕疵の発生前に善意で当該動産の種類と使用目的に従い取り付けたという事情は、当該消費者に責任を負わせうる有責性を意味しない(56)。この解釈は、売主が売買契約にもとづき給付された消費用動産の取付けについて義務を負担していたことに左右されない。すなわち、確かに消費用動産売買指令第二条によれば、売買契約により消費用動産の契約に合致した状態が確定され、それによってとりわけ何が契約違反を意味するのかということが決定される。しかし、かかる契約違反の場合に契約の不完全履行から導かれる売主の義務は、不完全履行からのみならず、とりわけ消費者保護に関する規定から、および、とくに、その範囲が上記契約の諸規定に依存せず、場合によってはそこで予定されている義務を超えうる義務を課している消費用動産売買指令第三条からも、生じる(59)。

(e)　売主の保護

売主の経済的利益は、消費用動産売買指令第五条第一項にもとづく二年の時効期間により、および、同指令第三条第三項第二号で開かれている可能性、すなわちこの瑕疵の救済が、それに期待不可能な費用を惹起するという理由から不相当である場合に補償（代物）給付を拒絶する可能性により、保護されている(58)。

(f)　売主の拒絶権──相対的不相当

（この点について）確定されるべきことは、確かに消費用動産売買指令第三条第三項第一号は、それ自体極めて開かれているので、〝絶対的不相当〟の場合も含むが、同条項第二文は、「不相当に」という概念をもっぱら他の救済可能性との関係において定義し、それにより〝相対的不相当〟の場合に限定している、ということである(68)。この確定は、消費用動産売買指令の第一一の考慮事由により裏付けられ、それによれば、救済が不相当であるというのは、他の救済との比較において期待不可能な費用を惹起するということであり、期待不可能な費用が問題である問いの解答において決定的なのは、救済の費用が他の救済費用より一義的に高額であるか(否か)ということである(69)。立法者により消費用動産売買指令第三条第三項第二文においてなされたこの決定は、同指令が、契約の両当事者の契約履行の利益においてまず予定されている二つの救済を手段とし、契約解除または代金減額よりも優先させた事情にもとづいている。加えて、この決定は、後者の二つの補助手段によっては、契約に適合した状態の確立によるのと同様の消費者保護水準を担保しえないということによって根拠づけられる(72)。したがって、立法者は、不能または相対的不相当の場合にのみ売主に瑕疵ある消費用動産の修補または補償(代物)給付の拒絶権を担保しようとしたということである。それゆえ、この二つの救済のみが可能であることが証明される場合、売主は、消費用動産の契約に適合した状態を確立しうる唯一の救済を拒絶しえない(71)。

(g)　消費者の請求権の縮減

この関連で、指摘されるべきことは、消費用動産売買指令第三条第三項は、契約違反の消費用動産の取外し費用および補償(代物)として給付された消費用動産の取付け費用の支払いを求める消費者の請求権は、必要な場合には、消費用動産が契約に適合していたならば有しているであろう価値および契約違反の意義に相当する額に制限されることを排除していない、ということである。すなわち、かかる制限は、契約違反の消費用動産に対する消費者の補償(代物)給付請求権には触れないものである(74)。この枠組みにおいて区別されるべきことは、消費用動産売買指令第三条は、より弱い当事者としての消費者に、売主の契約上の義務の不完全履行に対して広範でかつ有効な保護を担保すると同時に、売主によりあげられる経済的熟慮を顧慮するという仕方で、消費者の利益と売主の利益との正しい調整を確立しようとしているということである(75)。

それゆえ、契約違反の消費用動産の取外し費用および補償（代物）として給付された消費用動産の取付け費用の支払いに向けられた消費者の請求権が縮減されるべきかどうかを検討する場合、一方では、契約に適合していたなら消費用動産が有していた価値および契約違反の意義、他方では、高い消費者保護水準の担保という、消費用動産売買指令の目的が顧慮されなければならない。したがって、かかる縮減を行なう可能性は、これらの費用の支払いに向けられた消費者の権利が、彼が契約違反の消費用動産を瑕疵の発生前に当該消費用動産の種類と目的に従い善意で取り付けた場合、実務において空洞化される結果となってはならない(76)。

(h) 消費者の権利の縮減の内在的限界

上記費用の支払い請求権の縮減の場合、消費者には減額または契約解除の可能性が担保されねばならない。というのも、売買代金の一部を負担するという仕方でのみ消費者が瑕疵ある消費用動産の契約に適合した状態を確立しうるという事情は、彼にとって著しい不便を意味するからである(77)。

5　ＢＧＨ二〇一一年一二月二一日判決⑬（床タイル判決）

以上の欧州司法裁判所の先決裁定を承け、連邦通常裁判所は、以下のように判断した。

(1) 判決要旨

(a) 民法第四三九条第一項第二文は、消費用動産売買指令に一致して、そこに挙げられている〝瑕疵なき物の給付〟という追完形式は、瑕疵ある物の取外し（Ausbau）および搬出（Abtransport）をも包括する（欧州司法裁判所二〇一一年六月一六日判決（以下、前掲先決裁定という。）に接続して）。

(b)　民法第四三九条第三項第三文で売主に認められている、唯一可能な救済方法を（抽象的に）不相当な費用を理由として拒絶する権利は、消費用動産売買指令第三条と一致しない（前掲先決裁定）。これによって生ずる法の欠缺は、新しい規律が制定されるまで、民法第四三九条第三項の目的論的制限解釈（teleologische Reduktion）[14]により消費用動産売買について（民法第四七四条第一項第一文）推論されるべきである。同規定は、消費用動産売買の場合には制限的に適用され、売主の拒絶権は、追完の一つの方法のみが可能であるかもしくは売主が追完の他の方法を正当に拒絶した場合には存在しない。

(c)　これらの場合において、補償（代物）給付の方法による追完を不相当の費用を理由として拒絶する売主の権利は、瑕疵ある売買目的物の取外しおよび補償（代物）として給付された売買目的物に関し、買主に対して相当な額の支払いを指示する権利に制限される。この額の算定においては、瑕疵なき状態における物の価値および瑕疵の意義が、同時に、取外し費用および取付け費用の支払いに向けられた買主の権利は、売主による費用分配への制限により空洞化されないことが、顧慮されるべきである。

(2)　判決理由

(a)　判決要旨(a)について——文言解釈と立法者意思

「この解釈は、民法第四三九条第一項第二文の文言からも裏付けられる。一般の言語使用によれば、〝給付する liefern〟は、確かに（注文された）物を〝届ける（bringen）〟もしくは〝引渡す（übergeban）〟と理解されている。国内の売買法においても、〝給付（Lieferung）〟は、原則として、売主が、民法第四三三条第一項にもとづいて自身の引渡し義務Übergabepflichtおよび譲渡義務Übereignungspflichtを履行することと理解されうる。しかしながら、このことは、民法第四三九条第一項第二文で使用されている、瑕疵なき物の給付という概念を広義にとることを排除しない。というのも、この概念は、充填（補充）可能であり、一定の評価の余地（Wertungsspielraum）が残されているからである。立法者は、消費用動産売買指令第三条第二項第一文の国内法化のために民法第四三九条第一項第一文を設けた。その際、立法者は、立法理由において、繰り返し、瑕疵なき物の給付概念を、ドイツ語の表現において消費用動産売買指令に使用されている言語選択である〃補償（代物）給付〃と同一に扱っただけでなく、契約違反の消費用動産が補償（代物）として給付された物により交換されるべきであるという解釈を認めている。むしろ、立法者は、民法第四三九条第四項で保持されている、売主は瑕疵ある物の返還を請求しうるとする同第三四六条第一項第一文への指示により、同第四三九条第一項の〃瑕疵なき物の給付〃概念に一定の（相互的な）交換要素が内在することを表現したのである」(26)。

(b)　判決要旨(b)(c)について

（ｉ）　判決要旨の前提

「これに対し、民法第四三九条第三項の領域においては、消費用動産売買指令に一致した解釈の要請は狭義における単純な法律解釈の方法では国内法化はなされえない。というのも、法律の一義的な文言と矛盾するからである(28)。民法第四三九条第三項第一文は、売主に、買主により選択された追完方法が不相当な費用によってのみ可能である場合にはそれを拒絶できることを認めている。この規定は、」相対的不相当の場合に「制限していることに対する根拠とはならない。むしろ民法第四三九条第三項第三文後段および同第四四〇条第一文の規定から一義的に生ずることは、法律の構成に従えば追完の二つの方法は不相当を理由として拒絶されえ、したがって不相当概念は絶対的に理解されうる（29）。」「目的論的制限解釈による法の継続形成は、法律の計画違反的不完全性（planwidrige Unvollständigkeit）の意味における隠れた規律の欠缺を要件とする。この要件はここでは充たされている（31）。」

（ⅱ）「ここでなされる民法第四三九条第三項の制限は、消費用動産売買指令に一致した法の継続形成の要請に従い、必要である。なぜなら、唯一可能な救済方法を（抽象的に）不相当な費用を理由として拒絶する売主の権利は、消費用動産売買指令第三条と一致しないからである。他方、この制限は、異議の方法で、費用賠償を」「その算定にとって決定的な事情という名の相当な額という、消費用動産売買指令によっても許されている制限を、売主に委ねている。さもなければ、立法者の目標の間――一方では売主の利益における相当性の顧慮、他方では消費用動産売買指令との一致性――の矛盾は、裁判官による法の継続形成の方法では解決されえない（36）」。

（c）　床タイル事件へのあてはめ[15]

（ⅰ）「被告は、瑕疵ある床タイルの売主として、もっぱら瑕疵ある目的物の取外しに関し、原告に相当な額の費用の支払いを指示しなければならない。被告は、結果として、この給付拒絶権を主張した。」「しかしながら、かかる広範な給付拒絶権は被告には帰属しない。なぜなら、欧州司法裁判所の要請により、売主の利益の顧慮によって、消費者の有する権利が実務において空洞化されることとなってはならないことと一致しえないからである（前掲Ⅳ2（7）の（76）参照）（53）。」

（ⅱ）「この額の算定は、当民事部自身が行ないうる。」原告（消費者）の費用支払い「請求権は、合計六〇〇ユーロに制限されるべきである。この額は、当民事部には、契約違反の意義（タイルの瑕疵が機能的障害ではなく外見的瑕疵であること）および瑕疵なき物の価値（約一二〇〇ユーロ）の顧慮のもとでは、相当であるように思われる。当民事部は、補償（代物）給付の場合における取外し費用および取付け費用についての売主の関与の相当額の決定についての価値限界ないしは価値水準を展開することを見合わせる。ＥＣ司法裁判所の判決により暴かれた法律の欠缺を一般の規律により推論することは、立法者に留保されている（54）。」

（iii）「原告にはすでに二七三・一〇ユーロの額の帰属が」「確定していることから、原告はさらに三二六・九〇ユーロの支払い請求権を有する（56）。原告は、取外し費用および取付け費用の賠償の減額を理由として彼に帰属する、売買契約の解除権および減額権を主張しなかった（57）。したがって、原審判決は、原審が、第一審が承認した二七三・一〇ユーロを超え、さらに三二六・九〇ユーロを超える額（いずれも利息付で）の支払い訴訟を許容する限りで破棄されるべきであり、また第一審判決に対する原告の控訴は、この限りで却下されるべきである（58）。」

6　結びに代えて――整理と課題

(1)　本件における問題を提起したドイツ国内においても、ドイツ民法第四三九条第三項の解釈論については、争いがあった[16]。もっとも、同条項の立法者意思を含め、優勢な解釈論については、本稿で紹介した法務官意見にその典型を見ることができる。しかし、本判決を承けたＢＧＨは、〔論点1〕については、追完義務の範囲を拡大しうることを示唆し、〔論点2〕については、〝法の欠缺〟が生じたことを認め、法改正がなされるまでの間における、裁判官による法の継続形成として、ドイツ民法第四三九条第三項の目的論的制限解釈により、〝絶対的不相当〟の場合でも追完義務の拒絶を認めないものの、その追完費用を相当額に制限することを認める解釈を提示することで、売主と消費者の利益調整をはかった。そして、具体的当てはめにおいて、第一審および控訴審のいずれの結論も否定し、六〇〇ユーロを相当額として認めたのである。

(2)　翻って、本件が提起した問題は、売主と買主（消費者）の権利関係の根本に関係している。(a)これらの問題は、単に〝消費者契約〟のみに妥当するものなのか、より一般的（売主・買主間）に妥当するものなのか、の前提がある。この問いが後者において肯定されうる場合、ここでの問題は、さらに次のような、より重大な理論的・体系的な根本問題を提起する。すなわち、(b)売主の取外し・取付け義務は、契約類型としての売買契約における売主の財産権移転義務との関係でどのように考えられるべきか、(c)別の視座からすれば、買主の本来的履行請求権と追完請求権とはどのような関係にあるのか（追完請求権は本来的履行請求権を超えうるのか）、(d)上記(b)と(c)が肯定される場合、売主の義務と請負人の義務とはいかなる関係にあるのか、[15]がそれらである。

(3)　しかも、これらの根本問題は、既に明らかなように、ドイツ国内においては、今後は、単なる解釈論にとどまらず、具体的な民法改正を念頭においた立法論および立法提案としての議論になることに注意しなければならない。この点、現在、日本民法においても、債権法改正作業が行なわれていることから、その改正内容の具体的な当否を検討するうえでも、本判決は、極めて有益な情報を提供していると考えられる。しかし、筆者の問題関心からすれば、それ以上に、本研究において紹介した欧州司法裁判所の判例を前提とした加盟国（ここではとくにドイツ）の今後の対応のうち、消費用動産売買指令の国内法化としてなされた二〇〇二年の民法（債務法）改正（立法化）のうち、どこまでが解釈論として許され、どこからが〝法の欠缺〟として新たな立法化により対処されるべきであるのか、すなわち、解釈論と立法論との限界づけはいかなる基準によりなされるべきなのか、という問題についての議論もまた、とりわけ解釈論の恣意性（主観性）とも関連し、重要な示唆を与えるものである（既に紹介したBGH二〇一一年一二月二一日判決においても、このような前提で解釈論が展開されていると考えられる）。

(4) 以上に指摘した諸問題は、これまで日本においても探究されてこなかった問題である。さしあたりドイツ、オーストリアの議論(16)を参考にしつつ探究することを、筆者の課題とし、本稿を閉じることとする。

（1） NJW 2011, 2269; BauR 2011, 1490. 床タイル・自動食器洗い機先決裁定。
（2） ＢＧＨ二〇〇九年一月一四日付託決定（NJW 2009, 1660.）。
（3）（ドイツ）民法第四三九条第三項「売主は、買主により選択された追完の方法が不相当な費用によってのみ可能である場合には、第二七五条第二項および同第三項にかかわらず追完を拒絶できる。その場合、とりわけ、瑕疵なき状態における物の価値、瑕疵の意義および買主にとって著しい不利益なしに追完の他の方法を援用することができるかという問題が、顧慮されるべきである。この場合、買主の請求権は他の追完方法に制限される。本項第一文の要件のもとでこの追完を拒絶する売主の権利は、そのままである。」
（4） 正確には、「消費用動産の売買および消費用動産に対する保証という一定の観点に関する、一九九五年五月二五日付けの欧州会議および理事会指令：Directive 1999/44/EC」をいう。
（5） 便宜上、ここで、消費用動産売買指令第三条（「消費者の権利」）を示しておこう。
（1） 売主は、消費者に対し、消費用動産の給付の時点において存在するすべての契約違反に対して責任を負う。
（2） 契約違反の場合、消費者は、第三項の基準に従い、修補または代物給付により消費用動産の契約に適合した状態の無償の回復に向けられた請求権か、さもなければ、第五項および第六項の基準に従い、当該消費用動産に関し売買代金の相当な減額かまたは契約の解消に向けられた請求権を有する。
（3） まず、消費者は、消費用動産の無償の修補または無償の代物交付が不能でなく不相当でない限り、これらの請求をなしうる。一の救済が、売主に対し、消費用動産が、契約違反がなければ有した価値を勘案し、契約違反の意義の顧慮のもとで、択一的な救済可能性が消費者にとって著しい不便なしに援用されないかの問題を考慮し、択一的な救済可能性と比較して期待不可能な費用を惹起する場合、その救済は不相当であると判断する。修補または代物給付は、相当期間内で、かつ消費者に著しい不便なしに行なわれなければならず、その場合、消費用動産の種類および消費者にとって消費用動産を必要とする目的が顧慮されなければならない。
（4） 第二項および第三項における『無償』概念は、消費用動産の契約に適合した状態の確立のために必要な費用、とりわけ、運送費、労働費および材料費を含む。
（5） 消費者は、以下の場合に、売買代金の相当な減額を請求しうる。

消費者が修補請求権も代物給付請求権ももたない場合
売主が相当な期間内に消費者のために対策を講じない場合
売主が消費者に著しい不便を与えないで対策を講じない場合。
（6）消費者は、些細な契約違反の場合には、契約の解除に向けられた請求権を有しない。」
（6）二〇〇九年二月二五日付託決定（BeckRS 2009, 88603.）。
（7）〝相対的不相当性〟は、買主により選択（請求）された追完方法の場合の費用と他の追完方法の場合の費用とを比較して〝不相当性〟を判断する場合をいうのに対し、〝絶対的不相当性〟は、買主により請求された追完方法の費用と、この追完の意義とを比較して不相当性を判断する場合をいう。
（8）共通な〔論点1〕については同じ意見である。
（9）すなわち、（1）「消費用動産売買指令第三条第二項および第三項で予定されている消費者の請求権は、補償（代物）給付による消費用動産の契約に適合した状態の確立の場合において、消費者が消費用動産の種類と使用目的に相応して取り付けた物から契約違反の商品を取り外すことにより生ずる費用の負担に向けられた売主に対する請求権を含まない」、（2）「消費用動産売買指令第三条第三項第一号、第二号は、契約違反の消費用動産を売った売主は、瑕疵ある商品の修補が不能な場合において、消費者により選択された・商品の補償（代物）給付という択一的な救済可能性が、売主に対し―瑕疵なき商品の価値および契約違反の意味と比較して―期待不可能な費用を惹起することを理由として不相当であるときに、その救済を拒絶できるとする国内法の規律と矛盾しないと解釈されるべきである」という（八九節）。
（10）この点については、拙稿「EC消費用動産売買指令とドイツ民法第四三九条第四項（上）」国際商事法務三六巻八号（二〇〇八年）一〇七六頁（一〇八〇頁）（本書第一部第一章第二節）を参照されたい。
（11）以下の判決内容の要点は、本判決を受けてなされた後述のBGH二〇一一年一二月二一日判決が抽出している内容にほぼ沿って紹介している。
（12）この概念は、一連の言語形式において、例えばスペイン（〝sustitución〟）、イギリス（〝replacement〟）、イタリア（〝sustituzione〟）、オランダ（〝vervaniging〟）、ポルトガル（〝substituição〟）の言語形式においては、全般的に、その取決めにより、契約違反の消費用動産が実際に「補償され」なければならず、しかもそれにつき売主にこの結果を達成するために必要な全てのことを引き受けることを義務づけていることに関連（関係）しており、その他の言語形式、とりわけ、ドイツ（〝Ersatzlieferung〟）のような言語形式は、狭い解釈に有利である。
（13）本判決（BGH VIII ZR 70/08 vom 21. 12. 2011）は、二〇一一年一二月二一日（日本時間）よりドイツ連邦通常裁判所のホームページ（http://www.bundesgerichtshof.de/DE/Home/home_node.html）にて公開されている（執筆当時）。NJW 2012,

1073.

(14) “teleologische Reduktion”の訳を“目的論的制限解釈”とすることについては、前田達明「法解釈について」法曹時報六四巻一号（二〇一二年）一頁（一七頁）・同『民法学の展開』（成文堂、二〇一二年）六一頁。

(15) 原判決を破棄し自判している。(52)。

(16) 例えば、Lorenz, ZGS 2004, 408; ders, NJW 2009, 1633; ders, NJW 2011, 2241; Faust, BauR 2010, 1818; dies, JuS 2011, 744; Skamel, NJW 2008, 2820; Förster, ZIP 2011, 1493. なお、動産売買における追完の内容としての修補および補償（代物）給付、および、これらと損害賠償との限界づけ問題全般についての最近の文献として、Skamel, Nacherfüllung beim Sachkauf, 2008がある。

(17) 例えば、Faust, BauR 2010, 818・Popescu, BauR 2011, 1734.

(18) 例えば、Bydlinski (Peter), ÖJZ 2011, 893.

（国際商事法務　四〇巻三号、四号（二〇一二年））

第二節　ドイツ民法第四三九条（追完）の立法者意思(1)

はじめに

第一節で見た欧州司法裁判所の判例とＢＧＨの判例の解釈の出発点は、債務法現代化法において新たに規定された民法第四三九条であり、かつ、追完請求権の内容および射程についての解釈論の限界を画するのは、本条における立法者意思である。本条の立法者意思は、後にみるように、本条が消費用動産売買指令（以下、単に指令という。）の国内法化によるものであることから、本条制定後における、指令についての欧州司法裁判所の解釈は、その都度、本条の内容に直接影響を与える。その場合における本条の解釈の限界、法の欠缺（Lücke）の発見の手掛かりも本条の立法者意思の理解が決定的に重要となる。このような意義の確認のもとで、本節では、まずドイツ民法第四三九条の立法者意思を整理しておくこととする。ここにおける立法者意思の立法資（史）料は、債務法現代化法草案（以下、単に草案という。）第四三九条についてのドイツ連邦政府の基礎づけである（なお、「草案」と現行法の内容は同一である。また、以下における整理の際の表題は、筆者によることを予めお断りしておく）。

一　第一項について――追完の内容、選択権者

第一項は、「買主は、追完として、自己の選択に従い、瑕疵の除去又は代物給付を請求できる。」と規定する。この規定に関する立法者意思は、以下の如くである。

1　規定の目的と意義

「第一項は、前述した、現行法の欠陥を除去し、かつ指令第三条第二項第一文を国内法化したものである。同時に、第一項は、物の瑕疵についての売主の責任体系を一般給付障害法で括り、権利の瑕疵責任および物の瑕疵責任を互いに同化させ、特定物売買と不特定物売買とを区別をしないことを可能にしている。第一項は、特に、現行法を再び法的現実へと導く、なぜなら、買主は、瑕疵の発生の場合、通常、契約の解除または売買代金の減額ではなく、修補または取替えを望むからである。(2)」

2　追完と二次的権利との関係

「第一項は、買主の本来の瑕疵担保請求権より追完が優先することについて明示的には言及していない。本条項にもとづく追完請求権の存在・内容と解除、減額、場合による損害賠償請求権とは、確かに互いに結び付いてはい

るが、全く同じではない。例えば、追完請求権は、買主の本来の瑕疵担保請求権とは異なり期間設定を要件としていない。逆に、解除、減額または損害賠償の請求についての必要な期間設定は、草案第四三七条について既に詳述したように、まさにこの追完請求権に関連している。(3)」

3　追完請求権――二つの方法、要件

「第一項は、物に瑕疵がある場合、買主は追完請求ができることを規定する。本項は、権利の瑕疵と物の瑕疵に妥当する。追完義務は、瑕疵につき売主の責めに帰すべき事由に関係なく生ずる。さらに、追完は、瑕疵除去か瑕疵なき物の代物給付のいずれかの方法で請求できることが民法で明確にされている。(4)」

4　追完の選択権者――買主

「追完の二つの方法の選択は買主に帰属する。債務法委員会は、買主の追完請求の場合、これに代えて追完の二つの方法の選択権を売主に予定している。それゆえ、草案は委員会提案とは異なる。これについて基準となるのは、まず、指令第三条第三項第一文が、代物給付と修補の間の選択権を明示に消費者（買主）に付与していることと、である。したがって、消費用動産売買については、いずれにしても委員会提案とは異なることとなる。

この場合、保護すべき性格の典型的な消費者を、全ての者に妥当する売買法に取り込むことを禁止すべき規定は問題とならない。むしろ、一般規定に対応する内容であることの適切な根拠が存在する。すなわち、瑕疵ある物の給付によって売買契約の義務に違反したのは売主である（草案第四三三条第一項第二文）。確かにこの局面においては、その目的が売主により達成されるか否かにかかわらず、まず瑕疵なき物を獲得することが買主の利益に適合し

ている。更に顧慮されるべきは、買主は売主の義務違反がなければ瑕疵なき物を保持していたはずである、ということである。契約が予定通りに展開されえないことに至ったのは、売主の義務違反である。その場合、瑕疵なき物の給付という契約目的がいかなる方法で達成されうるかということを、先ず買主に決定させることが正統で(legitim)ある。例えば、場合によってはその間に信用できないと判断した売主の修補の試みにどの程度関わり合えるかは、買主の判断に委ねるべきである。買主の濫用、例えば明らかに簡単な方法で実現できる修補にもかかわらず害意のある(schikanöse)修補請求に対しては、売主は、第三項にもとづく追完の拒絶可能性により充分に保護される。(5)」

5　些細な瑕疵の場合も追完は排除されない

「現行法第四五九条第一項第二文(6)によれば、買主は、瑕疵が些細である場合、解除も減額も請求できない。草案は、追完請求の場合、これに対応する排除を予定していない。そうでなければ、指令と一致しないであろう。指令第三条第六項によれば、些細な契約違反の場合は単に買主の契約解除権が排除されるのみである。このことは現行法第四五九条第一項第二文とは異なった結論に至る。ドイツ法は些細な契約違反の瑕疵性を否定しているのに対し、他国の法、とりわけイギリス法、スカンジナビア法においては、そうではない。ここでは些細な瑕疵も法的に重大な瑕疵である。この瑕疵は単に契約の解除に至らないだけである。この構想は、指令草案の審議において貫徹された。ヨーロッパ委員会の最初の草案においては、こんにちの明確性はなお保持していなかった。もっとも、そこでは、加盟国は些細な契約違反の場合には特定の権利のみ請求されうることが話題になっていた（一九九六年八月二三日提案参照—ABl. EGNr. C 307 S. 8, そこでの第三条第四項第二文）。現時点で決定されている定式化は、些細な瑕疵の場合、契約解除権のみを排除し、買主のその他の権利は排除していない。このことは、確かに、買主はあらゆる場合に修補請求権をもたねばならないことを意味しない。しかし、一般にこのことを排除しようとする場合には、買主には選択的に同価値の権利救済が保証されねばならない。この準則を売買法〝一般に〟に移すことは、正当である。すなわち、何故に買主は、売主がそれを除去できる場合に、些細な瑕疵のみを甘受すべきなのかの根拠を見出しえない。現行法における些細な瑕疵の場合の瑕疵担保請求権の排除は、買主の即時の解除権または減額権を背景として判断されるべきである。買主の瑕疵除去請求か代物請求が、権利の濫用か、除去が売主にとって不相当な費用をもたらす場合、それらは第三項により拒絶されうる。買主には代金減額権が残っている。これに対し、解除は通常は草案第四三七条第二号に従い[7]、草案第三二三条第四項第二文に結びついて排除される。[8]」[9]

6　小括（要点）

第一項についての基礎づけは、以上の通りである。ここでの内容と基礎づけのうち、本稿に関係する部分の要点は、以下の如くである。

第一項は、第一に、指令第三条第一項第一文の国内法化によるものである（1）。第二に、本項は、追完請求権と二次的権利（解除、減額または損害賠償）との間の優先関係を明示してない（もっとも、追完請求については期間設定を要件とせず、二次的権利の主張のためには期間設定を要件としている。後者の期間設定は追完請求権に関連している）（2）。第三に、追完請求は、売主の帰責事由を必要としないこと、追完には瑕疵除去と代物給付があることを明示する（3）。第四に、追完の選択権は買主にあることを明示する。ここでは、瑕疵ある物を給付した売主に義務違反があり、これにより買主は契約目的が達成されなかったので、その達成方法をまずは買主に決定させることが正当である、との価値判断のもとに、買主の濫用については、第三項による売主の追完拒絶で対応しうることで、調整する（4）。最後に、些細な瑕疵の場合も、これまでのように解除と減額を排除することは指令と一致しないことを考慮し、追完請求を排除しないこととする（5）。

二　第二項について――追完費用

第二項は、「売主は、追完の目的のために必要な費用、とりわけ運送費、交通費、労働費及び材料費を負担しなければならない。」と規定する。この規定に関する立法者意思は、以下の如くである。

1　趣旨―現行法および指令との関係

「本項は、現行の第四七六a条第一文[10]を受け継ぎ、かつ指令第三条第四項と対応している。第一文が、修補請求権の契約上の合意を要件としていることから、『特定の』すなわち契約上合意した使用に言及する現行第四七六a条第二文[11]は受け継がれない[12]。」

2　増加費用の規律は不要―売主の追完拒絶権を予定

「現行法第四七六a条第二文の例外は、売主を、負担が彼にとって期待不可能である修補費用から正当に解放する。現行法本条第一文によれば、売主はそこに挙げられている費用の負担義務から、それらが不相当に高い場合であっても解放されない。草案は、本条第三項において、追完が不相当な費用によってのみ可能である場合、売主に追完を拒絶する権利を予定している。したがって、現行の第四七六a条第二文に対応する例外規律は必要ない[13]。」

3　指令第三条第三項（無償の追完）との関係

「その他の点では、現行の第四七六ａ条第二文は、消費用動産売買については指令第三条第四項に違反するであろう。すなわち、第二文は、修補の場合に物の調達による増加費用は、買主が売主から支払わされえ、場合によっては売主により買主の勘定にされてもよい。指令は、このことを予定せず、同第三条第三項にもとづき、売主の拒絶権の外で、無償の追完の導入を要求している。(14)」

三　第三項について――売主の拒絶権

第三項は、「売主は、買主が選択した追完方法が不相当な費用によってのみ可能である場合にも、それを拒絶できる。その場合、とりわけ瑕疵なき状態における物の価値、瑕疵の意義及び追完の他の方法が買主にとって著しい不利益なしに援用されうるかという問題が顧慮されるべきである。買主の請求権は、この場合、もう一方の追完方法に制限される。第一文の要件のもとでの売主の拒絶権はそのままである。」と規定する。この規定に関する立法者意思は、以下の如くである。

1　第一文について

(1)　趣旨

追完に結び付けられた、第二項の費用も含め、「追完は、個々の場合、売主に不相当な負担となりうる。このことは、とりわけ、非職業的売主または修理工場を備えていない商人に妥当する。追完は売主にとって客観的不能(Unmöglichkeit)（以下、単に不能と訳す。）の可能性もある。それゆえ、指令第三条第三項第一文は、消費者（買主）

は、これらが不能でないかまたは不相当でない限り、修補または代物給付のみを請求しうることを予定している。[15]」「第一文は、請負契約法のこれまでの第六三三条第二項第三文[16]に依拠している。もっとも、指令第三条第三項第二文の定式化を注視すれば、〝Aufwand〟という文言を〝Kosten〟に置き換えている。[17]」

(2)　追完の不能

「追完の不能は、本項では特に言及されていない。その効果は、むしろ一般規定から生ずる。草案第二七五条第一項によれば、不能の場合、買主の追完請求権は排除される。不能が追完のうちの代物給付か修補に制限される場合、その限りでのみ追完請求権の排除が認められうる（草案第二七五条第一項における『その限り』参照）。売主が、例えば、本条項第一文または第二七五条第二項にもとづき給付拒絶権を用いない場合、買主の請求権は、なお追完可能な方法に制限される。このことは、通常、例えば中古品の買主において妥当し、その結果、ここでは追完はたいてい最初から排除される。指令考慮事由（一六）も参照。[18]」

(3)　追完が不能でないが著しい費用を伴う場合

「草案第二七五条第一項にもとづく不能でない場合でも、追完はなお著しい費用を伴う可能性がある。その場合、一般規定に従い、草案第二七五条第二項にもとづく給付拒絶権が問題となる。本条項第一文は、この一般の法思想が売買法に特別に表現されており、しかも、売主の異議の根拠に対する、草案第二七五条第二項よりも低い閾値（Schwelle）を意味する。これについては、本条項第一文における『も（auch）』という文言の採用によって想起される。要件は、買主が選択した追完方法が売主にとって不相当な費用を要する、ということである。その場合、消費用動産売買を超えた意義を有する観点が問題である。というのも、買主の利益状態は、追完が売主により不相当な努力を必要とする場合にも買主に追完請求権を与えることを命じないからである。買主は、この場合、解除権、減額請求権（および場合により損害賠償請求権）が指示される。[19]」

(4) 売主の拒絶権

「売主は『買主が選択した追完』を拒絶できる。このことは次のことを意味する。売主の拒絶権は、当然に、買主が所望した追完方法（修補もしくは代物給付）と関係している。例えば、買主が修補を請求したが売主が自分の修理工場をもっていないため、売主の費用が不相当であると判断されるべき場合、買主はそれに代えて代物給付を請求できるか、または、その限りで本条項第一文を援用した売主の異議が存在するか、という問いについては決定されない。このことは、さらに本条項第三文により明確にされる。[20]」

2 第二文について

(1) 趣旨

「第二文は、指令第三条第三項第二文に由来し、かつそれを手掛かりとして、二つの追完方法の一つの不相当性を評価すべき基準を設定している。例えば、考慮すべき事情としては、まず挙げられているのは瑕疵なき状態における物の価値である。日常の価値の低い物の場合、修補はしばしば不相当な費用に結び付けられ、その結果、通常は代物給付のみが問題とされる（例えば欠陥のあるネジでつけられたスクリュー）。[21]」

(2) 瑕疵の意味と他の追完方法の考慮

「第二文および指令第三条第三項第二文は、契約違反すなわち瑕疵の意味を決定基準として予定しており、他の追完方法を不相当性についての評価考慮に加えている。それゆえ、例えば、洗濯機の瑕疵がスクリューの簡単な交換によって除去されうる場合、買主の請求した新規の洗濯機の給付は、売主により、それに結び付けられた不相当な費用を理由として拒絶されうるであろう。[22]」

3　第三文について

(1)　二つの追完方法の関係

「第三文は、既に述べた、二つの追完方法相互の関係を明確にしている。本条項第一文で予定されている不相当性の吟味は、もっぱら買主によって選択された修補方法との関係である。それが売主により正当に拒絶された場合、このことは、買主の追完請求権の全てを共に排除することにはならない。むしろ、追完請求権は、売主がもう一方の追完を拒絶できない場合には、その追完方法に制限される。そのときに初めて買主は、給付に代えて、解除、減額、場合によっては損害賠償を請求しうる。[23]」

(2)　ここでは、不相当性の判断は、あくまで選択された修補方法との関係で判断されることを前提に、それが拒絶されたときに他の可能な追完方法に制限され、そのときに買主の二次的権利の可能性があるとする。

四　第四項について――瑕疵ある物の返還

本項は、「売主が追完の目的のために瑕疵なき物を給付した場合、売主は第三四六条から第三四八条にもとづき買主に対し瑕疵ある物の返還を請求できる。」と規定する。この規定に関する立法者意思は、以下の如くである。

1　買主は瑕疵ある物の使用利益返還義務がある

「売主が追完目的のために瑕疵なき物を給付した場合、民法上の特別規定がなければ、売主はいかなる規定にもとづいて買主に対し瑕疵ある物の返還を請求できるかについては疑いがある。現行の第四六七条第一文[24]に結びついた、第四八〇条第一項第二文[25]と同様に、解除に関する規定に従い売主に返還請求権が帰属する。それゆえ、売主は代物を給付し、買主は最初に給付された瑕疵ある物を返還しなければならず、使用利益も草案第四三九条第四項、第三四六条第一項[26]にもとづき、それゆえ使用利益も第一〇〇条[27]にもとづき返還しなければならない。このことは次のことから正当化される。すなわち、買主は、追完によって代物を保持し、しかも返還すべき物をその時点まで無償で利用でき、しかも瑕疵の存在から利益が引き出されうべきことまで保証されるべきではない、ということである。いずれにしろ使用利益の返還は、瑕疵があるにもかかわらず買主がなおその物を使用しうる場合にのみ意義がある。[28]」

2　買主の使用利益返還義務は指令と一致する

「消費者（買主）の（使用利益返還）義務は、指令と一致している。確かに、指令第三条第二項は、契約に適合した状態への消費者の『無償の』確立に向けた請求権を明示的に規定している。このことは、指令第三条第四項に従い、売主は『消費用動産の契約に適合した状態の確立に必要な費用』を負担しなければならないことを意味する。契約に適合した状態は、その間に、代物給付により確立される。買主がこれについて費用負担の必要がないことは、本条第二項から生じる。[29]」

3　使用利益は費用に算入されない

「しかし、消費者により使用された瑕疵ある物の使用利益の返還はこの費用には算入されえない。まず、契約に適合した状態は既に追完により確立され、その結果、瑕疵ある物の返還は、指令第三条第四項には含まれていない。さらに、消費者には、費用も、使用した瑕疵ある物の返還も課せられていない。むしろ、消費者（買主）が物の使用から引き出した利益の返還が問題であり、まさに何が契約に適合した状態の確立に奉仕するのかが問題である。すなわち買主は瑕疵がなかったならば買った物を無償では使用しなかったであろう。用法に従った使用による使い古しは、むしろ買主の負担となるであろう。その他の点では、物の瑕疵は使用利益の評価の場合に考慮されえないわけではない。

　最後に、この評価は、指令の考慮事由（一五）により確認される。それによれば、加盟国は、『消費者により給付の時からなされた商品の使用を考慮して、消費者が給付すべき償還は減額されうる』ことを予定しうる。このことの実施が『消費者が給付すべき償還』の減額に関連することにより、直接に契約の解除後の巻戻しに関連する場合であっても、なお指令は消費者のかかる義務を明示に承認していることを示している。利益状態は、売主による追完に関する瑕疵ある物の返還の場合と異ならない。指令はかかる巻戻し問題を同じようには規律していない（考慮事由（一）第二文も参照）[30]。」

（1）BT-Drucks. 14/6040（債務法現代化法草案）、S. 230ff.
（2）BT-Drucks. 14/6040, a. a. O., S. 230.
（3）BT-Drucks. 14/6040, a. a. O., S. 230.
（4）BT-Drucks. 14/6040, a. a. O., S. 231.
（5）BT-Drucks. 14/6040, a. a. O., S. 231.

（6）「価値又は適性の些細な減少は考慮しない。」なお、引用本文における「現行法」は、改正前の（従って、現時点から言えば、旧法の）規定を指している。以下、引用における「現行」については、同様である。
（7）「物に瑕疵がある場合、買主は、別段の定めがない限り、第四四〇条、第三二三条第一項第三号の要件のもとで、契約を解除するか、第四四一条の要件のもとで、代金減額を請求できる。」
（8）給付がなされないかまたは契約に適合した給付がなされないことを理由とした解除として規定されている草案第三二三条第四項第二文は、「債務者が契約に適合した給付をしない場合において、義務違反が些細であるとき、債権者は契約を解除できない。」と規定する。
（9）BT-Drucks. 14/6040, a. a. O., S. 231.
（10）「買主の解除または減額請求権に代えて修補請求権が合意された場合、修補義務を負う売主は、修補のために必要な費用、特に、運送費、交通費、労働費、材料費、をも負担しなければならない。」
（11）「第一文は、売却された物が交付後に受領者の住所または営業所以外の場所へ移送したために費用が増加した場合には、適用しない。ただし、移送が物の目的に従った使用に適合するときは、この限りではない。」
（12）BT-Drucks. 14/6040, a. a. O., S. 231.
（13）BT-Drucks. 14/6040, a. a. O., S. 231.
（14）BT-Drucks. 14/6040, a. a. O., S. 231.
（15）BT-Drucks. 14/6040, a. a. O., S. 232.
（16）「請負人は、除去が不相当な費用を要するときは、除去を拒絶できる。」
（17）BT-Drucks. 14/6040, a. a. O., S. 232.
（18）BT-Drucks. 14/6040, a. a. O., S. 232.
（19）BT-Drucks. 14/6040, a. a. O., S. 232.
（20）BT-Drucks. 14/6040, a. a. O., S. 232.
（21）BT-Drucks. 14/6040, a. a. O., S. 232.
（22）BT-Drucks. 14/6040, a. a. O., S. 232.
（23）BT-Drucks. 14/6040, a. a. O., S. 232.
（24）「約定解除権に妥当する第三四六条から第三四八条まで、第三五〇条から第三五四条まで、及び第三五六条の規定は、解除に準用する。」
（25）「この（代物）請求権は、解除に関する第四六四条から四六六条まで、第四六七条第一文及び第四六九条、第四七〇条、第四七四条から第四七九条までを準用する。」

（26）「契約当事者が約定により解除権を留保しているかまたは民法により彼に解除権が帰属する場合において、解除がなされたとき、受領した給付は返還され、かつ所定の方法での使用により生じた損耗を含め引き出された収益も返還されるべきである。」

（27）「使用利益（Nutzung）は、天然果実、法定果実及び物または権利の使用が与える利益である。」

（28）BT-Drucks. 14/6040, a. a. O., S. 232.
もっとも、筆者も既に詳しく紹介したように（第一章第二節）、欧州司法裁判所二〇〇八年四月一七日先決裁定（EuGH Rs C-404/06, Slg 2008, I-2713 = NJW 2008, 1433-Quelle）により、消費用動産売買により、瑕疵ある物を給付された買主は、追完までその物の使用が適法に許されていることから、本条第四項は、使用利益を返還する義務を負わないと考える指令第三条第二項に違反するとされ、ドイツ連邦通常裁判所もこれを承け、二〇〇八年一一月二六日判決（BGHZ 179, 27 = NJW 2009, 427）において、法の継続形成の方法で、第三四六条から第三四八条の規定は、瑕疵ある物の返還の場合にのみ妥当し、売主は買主に対し使用利益ないし使用に対する価値賠償請求権は基礎づけられないとした。立法者も、その直後、同年一二月一〇日の法律により、民法第四七四条（消費用動産売買の概念）第二項を改正し同年同月一六日発効）、従来の、「第四四六条は適用されない。」を、「第四三九条第四項は、使用又はその価値を返還する必要がないという基準により、この節において妥当する売買契約に適用されるべきである。第四四五条及び第四四七条は適用されえない。」としている。

（29）BT-Drucks. 14/6040, a. a. O., S. 233.

（30）BT-Drucks. 14/6040, a. a. O., S. 233.

（法と政治　六三巻四号（二〇一三年）より抜粋）

第三節　消費用動産売買指令第三条に関する欧州司法裁判所の解釈

はじめに

ここで扱う二先決裁定は、いずれも、瑕疵ある消費用動産の追完の一方法としての代物給付の場合において、指令第三条の解釈が問題となったものである。ここでは、買主は瑕疵ある消費用動産についての使用利益返還義務を負うのか（第一先決裁定）、売主は瑕疵ある物の取外し義務および代物の取付け義務を負うのか（第二先決裁定）、が問題となった。両判決は、解除における原状回復および追完としての代物給付についての従来の理解を前提とすれば、第一判決は売主の権利を制限する方向での解釈問題であるのに対し、第二判決は売主の義務を拡大する方向での解釈問題であると言いうる。それゆえ、本項が問題とする履行請求権としての追完義務の射程という観点からすれば、一見すると関連は薄いようにも見受けられる。しかし、以下に紹介し、かつ分析によって明らかなように、第二判決は、第一判決における指令第三条の解釈およびその基礎づけを前提として展開している点、および、瑕疵ある物の給付の場合の買主の救済体系における一次的救済たる追完を可及的に貫徹しようとしている点において、両判決は密接に関連するものである。

一　代物給付における買主の使用利益返還義務（Quelle 先決裁定）

1　事案の概要

本件の概要は以下の通りである[31]。消費者（買主）が大手通信販売店からレンジセットを買い、引渡しを受けて使用していたところ、約一年半後にパン焼き部分のホウロウが剥がれ修理不能となったことから、買主の請求により売主がこの部分を交換し、買主は売主からの請求により、交換までの瑕疵あるレンジの使用利益を支払ったものの、その後、支払った使用利益の返還を求めたものである。第一審[32]も控訴審[33]も、ドイツ民法第四三九条第四項からは、売主の、瑕疵あるレンジの使用利益の返還請求権は発生せず、買主は同第八一二条第一項（不当利得）にもとづいて返還請求をなしうると判断した。

これに対し、ドイツ連邦通常裁判所は、手続を中断し、代物給付がなされた場合、消費者（買主）に対し瑕疵ある消費用動産から引き出した使用利益の返還義務を課している国内法は、指令（第三条第三項第一文および同条第四項に結びついた同条第二項の規定または同条第三項第三文）と矛盾しているかという点につき、大要、以下の理由により、先決裁定を求めて欧州司法裁判所に付託した。[34] ドイツ民法第四三九条第四項は、売主が代物給付をした場合、それまでに買主が瑕疵ある物から引き出した使用利益に対する返還請求権を有することを認めている。しかし、同条項は、「無償の」代物給付を認めている指令（第三条第三項第一文および第四項）と矛盾するのではないかの疑問がある。[35]

2　欧州司法裁判所先決裁定[36]

(1)　欧州司法裁判所は、これを受けて、売主が契約違反の消費用動産を給付した場合、代物給付がなされるまでのあいだに瑕疵ある消費用動産から得た利益を売主が消費者に請求することを許容する国内法（ドイツ民法第四三九条第四項）は指令第三条と矛盾すると裁定（解釈）した。その根拠の要点は、以下の如くである。

(2)　指令第三条の法的救済の構造（二段階の救済体系）　指令第三条によれば、売主は消費者に対し、消費用動産の給付時点までに存在するあらゆる契約違反に対して責任を負う。その場合、消費者は、まず指令第三条第二項により売主に対し追完請求をなしえ、この請求ができない場合には第二段階として代金の減額または契約の解除をなしうる。そうすると、消費者は消費用動産の契約に適合した状態をもたらすために、まず指令第三条第三項により、履行が不能でないかまたは不相当な請求でない限り売主に対し消費用動産の無償の修補もしくは代物給付を請求できる。

(3)　指令第三条の「無償の」意味　指令第三条第四項によれば、「無償の」概念には、消費用動産を契約に適合した状態にするために必要な費用、とりわけ、運送費、労働費、材料費が含まれる。しかし、これらの費用項目は立法者意思によれば例示列挙である。立法者は、この無償性を消費者保護の本質的要素にしようとした。すなわち、このような保護の欠如により生ずる「差し迫った経済的負担」から、追完請求権の主張を思い留まろうとする消費者を保護するために、買主に対する「売主のあらゆる経済的要求を排除する」。そして、このような解釈は、指令が、有効な消費者保護を保障するために、修補または代物給付が、相当期間内のみならず著しい不便(Unannehmlichkeit)なしに行なわれなければならないとする（第三条第三項第三文）点から、また、高い消費者保護水準を達成することに貢献するという指令の目的から、立法者によって予定されている保障を加盟国は侵害してはならないとする点からも承認される。

(4)　指令前文第一五項の考慮事由の意義　これに関しては、指令第三条第五項において予定されているのは売買契約の解除の場合のみである。

(5)　不当利得性の否定　売主は、契約違反の消費用動産を給付した場合、売買契約において引き受けた義務を約定通り履行しなかったのであり、したがって、この不完全履行の効果を負担しなければならない。代金を支払い、それによって契約上の義務を約定通りに履行した消費者は、契約違反の消費用動産に対する代物給付としての消費用動産の取得により不当利得したことにはならない。消費者は、契約規定に相応した消費用動産を、既に最初に保持しなければならなかったと同様に、単に遅れて保持しただけである（からである）。

(6)　売主の保護　売主の（経済的利益）保護は、二年の時効期間（指令第五条第一項）、および、代物給付が期待不可能な費用により不相当な場合は代物給付を拒絶できることで（指令第三条第三項第二文）達成される。

二　代物給付における売主の取外し義務、取付け義務（床タイル先決裁定）

1　事案の概要

(1)　本件は、ドイツ国内においては、二つの事案において問題となったものであるが、併合審理されたものである。本件の概略は、以下の通りである。[37]

(2)　事案一は、イタリア製の床タイルを買った買主が、これを自宅に張った後、床タイルの表面に肉眼でも認識できる陰影（機能的障害ではなく視覚的瑕疵）が生じ、この瑕疵除去はタイルの完全な交換によってのみ可能であったことから、買主は、売主に対し代物給付と張替えのための費用を訴求したというものである。第一審は、売買代金の減額のみを認めたのに対し、控訴審は原審の判断を一部変更し代物給付および取外し費用の支払いを命じた。これに対し、売主が上告した。

ドイツ連邦通常裁判所の判断の要点は、以下の如くである。ドイツ法に従えば、買主は売主に対し瑕疵ある床タイルの交換費用の補償請求権を有しない。すなわち、売主は、相対的不相当の場合のみならず絶対的不相当の場合にも妥当する民法第四三九条第三項にもとづき、瑕疵なき床タイルの給付および瑕疵ある床タイルの相応な取外し方法による追完を拒絶しうる。しかし、同条項は、その文言に従えば、相対的不相当の場合のみを予定しているようにみえる指令（第三条第三項）と矛盾する可能性がある。そこで、代物給付の場合に、瑕疵ある物の取外しおよびそのために要する相当な費用を賠償することを売主に請求しうるのかが問題となる。もっとも、ドイツ民法はこのような売主の義務を原則として予定していない。そこで、ドイツ連邦通常裁判所は、手続を中断し、欧州司法裁判所に先決裁定を求めて付託する。

(3)　事案二の概要は、次の通りである。自動食器洗機の買主が、これを自宅に取り付けた後、自動食器洗機に、取付けによっては生じえない除去不能な瑕疵があることが判明した。そこで、自動食器洗機の交換を合意した買主は、合意の範囲で、売主に対し代物給付のみならず、瑕疵ある自動食器洗機の取外しと新規の自動食器洗機の取付け、またはそれらの費用を請求した。ところが、売主がこれに応じなかったことから、買主は、契約を解除し瑕疵ある自動食器洗機と引換えに売買代金の返還を求めて訴求した。

裁判所は以下のように判断した。ドイツ法によれば、売買契約の解除の有効性は、買主が売主に対し追完として負担している債務を請求して有効な期間を設定し、その期間が徒過したかにかかっている。そこで問題は、買主が売主に対し、瑕疵ある自動食器洗機の取外し、新規の自動食器洗機の取付け、またはこれらの費用賠償を請求できるかである。この点につき、売主のかかる義務はドイツ法には存在しないが指令からは生じうる。そこで、手続を中断し、欧州司法裁判所に先決裁定を求めて付託する。

(4)　以上につき、ここでの論点は、第一に、指令第三条の規定は、瑕疵ある物の追完義務の内容として、瑕疵ある物の取外し義務および代物給付された物の取付け義務（ないしこれらに対応する費用償還義務）を含むのか、第二に、以上が肯定される場合であっても、指令第三条第三項は、不相当な費用を要することを理由として追完を拒絶しうるのかである。

2　法務官 Mazák の意見(38)

(1)　これらの点につき、法務官 Mazák は、指令の解釈として、追完義務としての取外しおよび取付け義務を否定し、〝絶対的不相当(39)〟の場合を理由としても追完を拒絶できるとする。(40) 法務官意見の要点は、以下の如くである。

(2)　前者について。この問題を損害賠償の請求可能性の問題として位置づける。第一に、買主（消費者）の権利は、原則として売買契約において合意された義務に限定されるものであり、指令第三条の文脈的もしくは体系的解釈からは、このような売主の責任は導かれない。第二に、瑕疵ある物の取外し費用は、ドイツの損害賠償法によれば可能ではあるが、有責性を要件とする。すなわち、労働（役務）もしくは費用は、契約違反の結果であるのみならず消費者の責任領域にある行為から生じるものであるから、かかる費用に対する売主の責任は、通常は、因果関係、帰責性、場合によっては有責性の構想にかかり、それにより基礎づけられるものである。第三に、指令第三条第三項、第四項の「無償」要件により、救済は拡大されない。この点で、本件はQuelle 事件と区別されなければならない。EC司法裁判所は、Quelle 事件において、無償の要件を、消費用動産を契約に合致した状態に回復する義務の履行の場合に売主のあらゆる金銭的（finanzielle）要求は排除されると理解した。これは、代物給付における、売主の消費者に対する金銭的な請求権の問題である。これに対し、本件は、瑕疵ある商品が契約に合致した状態を回復する一部として、消費者は代物の無償給付を超えて売主に瑕疵ある商品の取外しまたはそれに相応する費用の賠償を請求しうるかという問題である。

(3)　後者について。第一に、指令は、消費者が契約上合意した給付を獲得するための救済である修補と代物給付を、代金減額または契約解除よりも優先するヒエラルヒーによる救済体系を予定している。したがって、消費者は、〝まず〟売主に対し修補または代物給付を請求しうる。すなわち、「このことが不可能でないか不相当でない限り」で修補または代物給付という履行請求権を有する。この規定から一義的に導かれることは、この要件は「一次的水準」での二つの救済に妥当し、その結果、救済は双方の場合に可能でありかつ不相当でないことが必要である。そうでない場合、売主は一次的救済を拒絶でき、消費者の選択は減額か解除に制限される。第二に、以下の理由により、〝絶対的不相当〟の場合をも含む。指令が、追完を拒絶できる場合を相対的不相当な場合に限定するのであれば、二次的救済たる代金減額および契約解除の適用領域は、修補も代物給付も不能な場合のみという、非常に限定されたものとなる。かかる解釈は、売主の利益を考慮しない不当なものであり、したがって、消費者の利益と売主の利益の相当な調整は図れない。この解釈は、売主に受け入れ難い不可抗力的損害（Härtefall）をもたらす。

3　欧州司法裁判所先決裁定判決㊶

(1)　裁定要旨

(a)　取外し・取付け義務の肯定　判決は、売買契約における約定の有無にかかわらず、指令第三条第二項および第三項から、追完としての代物給付の場合に、売主に、瑕疵ある消費用動産の取外し義務および代物給付された消費用動産の取付け義務を肯定し、さもなければこれらに要した費用の負担義務を肯定する。

(b)　相対的不相当な場合のみの拒絶権　判決は、指令第三条第三項は、消費用動産が契約に合致していたならば有していた価値と比較して契約違反の意味が不相当に費用を惹起することを理由として、唯一可能な代物給付に対する売主の拒絶権を排除している、とする。すなわち、履行拒絶を相対的不相当な場合に限定する解釈をする。もっとも、かかる場合に、同条項は、（国内法により）瑕疵ある消費用動産の取外し費用および代物給付された消費用動産の取付け費用に対する消費者の償還請求権が売主の請求により相当な額に制限されうることを排除していないとする。

(2)　本先決裁定の論理

以上のように、本先決裁定は、法務官意見とは全く反対の結論を導いている。以下においてまず、判決理由の要点を抽出しておこう。

(a)　取外し・取付け義務の論拠　(i)「無償」概念の拡大　判決は、立法者意思を援用することにより、「無償」概念を、消費者保護の本質的要素として抽出し、法務官意見とは異なり、これを追完請求の場面にも拡大し、取外し・取付け費用の経済的負担により追完請求権の行使を差し控える消費者を保護すべき義務を売主に負担させる。

(ii)著しい不便を与えないこと　判決は、指令第三条第三項の援用により以上の点を補足し、売主が契約違反の消費用動産を取り外さず、代物給付された消費用動産を取り付けない事情は、疑いなく消費者にとっては著しい不便を意味するとする。

(iii)〝代物給付〟概念の拡大可能性　「代物給付」概念は、ドイツにおいても、代物の単なる給付に限定されるものではなく、契約違反の消費用動産が代物給付された消費用動産により交換される義務が存在することを指示しうる。

(iv)高い消費者保護水準の確保　そのうえ、指令第三条第二項、第三項の解釈は、高い消費者保護水準の確保という指令の目的にも合致している。そして、かかる解釈は不公平な(ungerechte)結果にも至らない。売主は、有責性がないとしても、本旨に従って履行しなかったのであるから、不完全履行の効果を負担しなければならない。これに対し、消費者は本旨に従って履行している。また、消費者が、給付された消費用動産が契約に合致していることを信頼して瑕疵ある消費用動産を瑕疵の露見前に善意で当該動産の種類と使用目的に従い取り付けたという事情は、消費者の有責性を意味しない。

(v)契約違反の効果は指令(法)からも生じる　この解釈は、売主が売買契約にもとづき給付された消費用動産の取付け義務を負担していたことに左右されない。すなわち、確かに指令第二条によれば、売買契約により消費用動産の契約に適合した状態が確定され、それによってとりわけ何が契約違反を意味するのかということが決定される。しかし、かかる契約違反の場合に導かれる売主の義務は、不完全履行からのみならず、とりわけ消費者保護に関する規定、および、契約上の義務を超える義務を課している指令第三条からも生じる。

（vi）売主の保護　売主の経済的利益は、二年の時効期間（指令第五条第一項）、および、この瑕疵の除去を不相当な費用を理由として拒絶する可能性（指令第三条第三項第二文）により保護されている。

（b）相対的不相当な場合に限定する論拠　（i）相対的不相当な場合に限定　確かに指令第三条第三項第一文は非常に開かれているので、〝絶対的不相当〟の場合をも含む。しかし、同条項第二文は、「不相当に」という概念をもっぱら他の追完可能性との関係において定義し、それにより〝相対的不相当〟の場合に限定している。この限定は、指令の第一一の考慮事由により裏づけられる。それによれば、他の追完方法との比較において期待不可能な費用を惹起する追完方法が不相当なのであり、ここで決定的なのは、追完費用が他の追完費用より一義的に高額であるかということである。立法者により指令第三条第三項第二文においてなされたこの決定は、指令が追完を契約解除または代金減額よりも優先させた事情にもとづいている。加えて、この決定は、後者の二次的手段（解除または代金減額）によっては、追完と同様の消費者保護水準を確保しえないということにより根拠づけられる。したがって、立法者は、不能または相対的不相当の場合にのみ売主に瑕疵ある消費用動産の修補または代物給付の拒絶権を付与したのである。それゆえ、この追完方法のみが可能であることが証明される場合、売主は消費用動産の契約に合致した状態を回復し得る唯一の追完方法を拒絶しえない。

（ii）消費者の請求権の縮減　もっとも、この場合において必要なときは、消費用動産が契約に適合していたならば有する価値および契約違反の意義に相当する額に制限されることを排除していない。かかる制限は、契約違反の消費用動産に対する消費者の代物給付請求権には触れない。この枠組において強調されるべきことは、指令第三条は、より弱い当事者としての消費者に、売主の契約上の義務の不完全履行に対して広範でかつ有効な保護を与えると同時に、売主により援用される経済的な熟慮を顧慮するという仕方で、消費者の利益と売主の利益との公平な調整を図ろうとしているということである。それゆえ、消費者の取外し・取付けに対する費用償還請求権が縮減されるべきかどうかを検討する場合、契約に適合していたなら消費用動産が有していた価値と契約違反の意義および高い消費者保護水準の確保という指令の目的が顧慮されなければならない。すなわち、かかる縮減可能性により消費者の費用償還請求権が実務において空洞化される結果となってはならない。

(iii)縮減の場合の二次的救済の可能性　費用償還請求権の縮減の場合、消費者には減額または契約解除の可能性が確保されなければならない。売買代金の一部を負担するという仕方でのみ消費者が瑕疵ある消費用動産の契約に適合した状態を回復しうるという事情は、消費者にとって著しい不愉快を意味するからである。

三　両先決裁定の要点

1　使用利益返還義務否定先決裁定

本先決裁定について、本稿の問題意識に沿って、その要点を記しておこう。

(1)　給付の均衡――不当利得の問題　本先決裁定は、追完の一場合である代物給付における買主の不当利得を、二つの側面で問題としている。それらは、瑕疵ある物（消費用動産）の使用によって得た利益の局面においてと、代物給付された瑕疵なき物の取得による、言わば将来に向けて得べき利益の局面においてである。これらはいずれも、給付の均衡あるいは対価的均衡に関わる問題、いわゆる調整的（矯正的）正義の問題であると言ってよいであろう。使用利益返還問題は、言うまでもなく前者の局面においてである。本先決裁定で直接問題となっているのは前者の問題であり、これに対する解釈問題が主たるものであるが、本先決裁定は、後者の問題に対しても、応（答）えている。

(2)　一次的救済の貫徹　本先決裁定は、前者の問題につき、契約解除の場合の巻戻しの場合と同様に買主の使用利益の返還を認めるドイツ民法の立場を否定し、買主の使用利益の返還義務を否定した。その意味で、給付の均衡論、調整的正義論の視覚からは、疑義が提起されうる内容である。したがって、この点をどのように基礎づけるかが問題とされなければならない。本判決がこの点について採る基本的立場は、瑕疵ある消費用動産の給付の場合において指令が予定している、消費者（買主）の救済体系の貫徹可能性であると言いうる。即ち、消費者（買主）の本来的履行請求権を貫徹するための第一次的救済方法としての追完請求権の行使を可及的に可能にしようとする考慮であり、このような、いわば〝公益〟により、給付の均衡、調整的正義を後退させていると言えるであろう。

(3)　消費者保護との関係　本先決裁定は、以上の論理を正当化するために、指令第三条第四項の「無償」概念を拡大する（例示列挙説）が、その根幹にある考え方が、〝消費者に差し迫った経済的負担を与えない〟ということである。このような論理は、追完（ここでは代物給付）により〝消費者に不便を与えない〟ことの具体化として支持され、〝高い消費者保護水準の確保〟という理念から正当化されている。

2　取外し・取付け義務肯定判決

ここでも、本稿の問題意識に沿って、本先決裁定の要点を記しておこう。

(1)　売主の取外し・取付け義務の根拠　まず、本先決裁定の枠組の特徴は、法務官意見を念頭におくことにより、より鮮明となる。本先決裁定は、瑕疵ある物の取外し・代物の取付けの問題を、売主の有責性を要件とする損害賠償の問題であるとすることを明確に否定し、あくまで追完の問題であるとしている。追完の問題であるとすることの最も重要な意義は、上記問題が売主の有責性を要件としない点にある。もっとも、本先決裁定は、以下に整理するように、瑕疵ある消費用動産について、一方でこれを善意で取り付けた買主の有責性を否定し、他方でこの物の給付につき売主の〝義務違反〟を問題とすることにより、消極的な正当化を図っている点にも留意する必要がある。すなわち、ここでの問題を、有責性を要件とした売主の損害賠償責任の問題とせず、有責性を要件としない追完の問題としつつも、全くの外在的（政策的）要請による正当化に終始しているのではない。すなわち、双方に全く広義の有責性が存在しないにもかかわらず売主に無過失の追完義務を負わせるものではなく、善意の買主の（取付けに対する）有責性を否定しつつ、売主には瑕疵ある消費用動産を給付したという「義務違反」を援用することにより、売主に対する追完義務を肯定することの正当化を図っているのである。

以上のように、本先決裁定は、代物給付義務を負う売主に、有責性を問題とすることなく、言わば積極的に（新たにと言ってもよい。）取外し・取付け義務を課す。この点が本先決裁定のポイントである。

つぎに、売主にこれらの義務を課す場合、その淵源は何に求められるか。これについての最も根本的な問いは、意思（契約）か法かということである。この点につき、本先決裁定は、当事者の義務内容（従って契約違反の存否）は契約内容の確定においてなされるが、不完全履行の場合にいかなる効果を付与するかについては、契約上の義務を超えて課す法（指令）からも生じるとする。すなわち、契約違反の効果は、当事者意思を超えた一般意思たる法（指令）から導かれうるというのである。

それでは、法が当事者意思を超えてまで上記義務を売主に課す根拠は何か。この点につき、本先決裁定は種々の根拠を挙げる。その根本は、「取外し・取付け費用の経済的負担により、追完請求権の行使を差し控える消費者の保護」ということになろう。「無償」文言の拡大、「代物給付」概念への含意は、この点を文言上基礎づけるものであり、「消費者の不便」の回避、「高い消費者保護水準の確保」は、この点を指令の理念・目的から基礎づけるものである。そうすると、ここでは、当事者の意思を超えて売主に義務を課す法の諸根拠のうち最も重要な理論的根拠は、消費者の追完請求権の行使を可能な限り確保する、という点に収斂するであろう。

このように評価しうるとすれば、売主の取外し・取付け義務を肯定する理論的・体系的根拠は、瑕疵ある消費用動産を給付した場合における指令の救済体系のなかで一次的救済の可及的貫徹であり、その政策的根拠は、「高い消費者保護水準の確保」ということになる。

(2)　相対的不相当の場合に限定する根拠

本先決裁定における、売主の追完拒絶の論理の要点は、以下の如くである。すなわち、(a)追完拒絶は、相対的不相当の場合にのみ許され、その結果、他方の追完（ここでは代物給付）が可能である場合には、売主の追完拒絶は許されない。(b)もっとも、この場合、追完費用（償還請求権）が相当額まで縮減されうる。(c)ただし、この場合には、買主の二次的救済（減額、解除）の可能性が残されていなければならない、というものである。

以上の論理は、ここでも、相対的不相当の場合に限定することに関しては、一次的救済（追完）の優先性を根拠とし、追完費用の償還請求の縮減の場合の限界の設定は、「消費者の不便」を根拠とするものである。

四　小括

1　両先決裁定内容の同一性

以上に整理した欧州司法裁判所の二先決裁定から、興味深い論理を抽出しうる。すなわち、両先決裁定は、一方で、代物給付たる追完の場合に、売主の使用利益返還請求権を否定し、他方で、売主に取外し・取付け義務を肯定することにより、消費用動産の買主である消費者を保護していると一応は言いうるであろう。その論理は、以下に見るように、二つに大別できる。一つは瑕疵ある消費用動産の場合の買主の救済体系における一次的請求の可及的貫徹であり、いま一つは、その場合に最も問題となる消費者の経済的負担の可及的解消、ということである。両先決裁定は、この点においてほぼ同一の内容となっており、また同一の立場に立っていると言いうる。後者においては、指令第三条第四項の「無償」概念の拡大、追完請求により消費者に不便を与えない、〝高い消費者保護水準の確保〟、という論拠が加わる。そして、その背景（実態）として、消費者に差し迫った経済的負担をかけてはならない、という考慮（価値判断）があり、このことが、一次的（追完）請求を妨げるという洞察である。

2　救済体系における追完の優位性

もっとも、本稿の視覚である〝本来的履行請求権の具体化〟としての追完請求権という観点から両先決裁定の論理を汲み取るならば、本来的履行請求権の具体化たる追完請求権の優位性、瑕疵ある消費用動産の買主の救済体系における一次的救済手段を、単に法制度（体系）上、一般的・抽象的に宣言ないし確保するにとどまらず、個別的場合においても、これと対立する制度上の問題を排除し追完の優位性を貫徹するという点において、両先決裁定は

は、追完の優位性を貫徹するという態度が一貫しているということを読み取ることができるであろう。

共通している。この点を踏まえて、両先決裁定から導かれることは、欧州司法裁判所の指令第三条の解釈においては、追完の優位性を貫徹するという態度が一貫しているということを読み取ることができるであろう。

3　課題——制度間調整を正当化する論拠

かかる解釈論の展開において、単に「高い消費者保護水準の確保」という理念的なものではなく、より具体的な制度内在的根拠である、買主の救済制度（追完請求権）の貫徹という理論的要請を正面に据える場合、この要請に対立する、売主側の制度的・理論的要請は何かが問題とされねばならない。それは、前者においては、既に示唆した給付の均衡（調整的正義）であり、後者においては、売買における主たる給付義務（財産権移転義務）である。このように、上記二先決裁定における売主側の理論的要請を措定して、欧州司法裁判所の先決裁定の論理を要約すると、買主の追完請求権の貫徹を、前者では給付の均衡より優越させ、後者では財産権移転義務より優越させた、ということになる。このように要約できるとすると、欧州司法裁判所の二先決裁定を、〝消費者保護〟を援用することなしに民法レベルで理論的に正当化するとすれば、更なる課題は、それはいかなる理論的根拠にもとづくことが可能なのかということに収斂するであろう。この点で、〝消費者に差し迫った経済的負担を掛けない〟という考慮が、いかなる意味、いかなる内容において正当化され得るのか、ということが、民事法の解釈論レベルにおいても一つの視点を提供するであろう。

第四節　取外しおよび取付け義務に関する連邦通常裁判所（ＢＧＨ）の解釈

一　問題の所在

1　端緒

ドイツ法を参考として本稿の問題を考察するための端緒としての好個の素材と思われるのは、債務法現代化法発効後二年半が経過してなされたカールスルーエ上級地方裁判所（OLG Karlsruhe）二〇〇四年九月二日判決と、これに対するローレンツ（S.Lorenz）の判例批評である。そこで、以下では、まず、この両者の概要を紹介することを通して、瑕疵ある消費用動産を給付した売主が追完として行なった代物給付の場合における取外し・取付け義務の問題の端緒を示し、その問題の所在を、実態に即して明らかにしておくことから始めたいと思う。

2　OLG Karlsruhe 二〇〇四年九月二日判決(42)

(1)　事案の概要

原告（買主）は、建設マーケット経営者である被告（売主）から床タイルを買い、これを自身で張った。タイルは、焼きが充分でなかったことから、床タイルとして必要な強度を満たさないなど瑕疵があることが判明した。そこで、原告は被告に対し、第一審では損害賠償を請求し、第二審（OLG Karlsruhe）では追完を請求し、張ったタイルの除去と瑕疵なきタイルによる張替えを請求した。被告の反論は、仲介業者であるから製作の瑕疵について有責ではない、また、追完は不相当な費用を生ぜしめるため、その限りで原告には請求権はない、というものであった。

(2) 判旨

(a) 判決は、床タイルは、危険移転の時点で、合意された性質を有しなかったため民法第四三四条第一項にいう瑕疵が存在することを確認し、原告には、同第四三七条第一号、同第四三九条第一項にもとづく追完請求権が存在するとする。そのうえで、まず、取外し・取付け費用につき、以下のように述べて、売主の義務を肯定する。

民法第四三九条第一項によれば、原告は瑕疵除去の方法で追完を請求できる。住居に張るために床タイルが売却された場合には、床タイルの瑕疵除去によって発生する、おそらく売買価格を何倍をも上回る、取外しおよび取付け費用は、売主の追完費用に含まれる。追完に必要な費用は、同第四三九条第二項にもとづき売主が負担しなければならない。そのなかには、買主が契約目的に従って使用したことに関連して生じた、売買目的物の変更により生じた費用も含まれる。床タイルの売買においてタイルを張ることは、ここにいう変更に含まれる。買主は、追完により、物が瑕疵なき状態とされなければならない。したがって、売主には、目的物が瑕疵なき物であったならば有するであろう状態が課せられている。それゆえ、床タイルの取外し費用および取付け費用もまた同第四三九条第二項の費用に含まれる（BGHZ 87,104 - 屋根瓦事件判決）。

(b) つぎに、被告から提出された、民法第四三九条第三項にもとづく不相当性の抗弁につき、以下のように述べて、これを否定する。

追完費用の不相当性は、契約上課せられた物の、買主にとっての価値との比較によってのみ生じうる。「瑕疵なき状態における物の価値」と「瑕疵の意義」（民法第四三九条第三項第二文）との関係は次のことを明らかにする。

すなわち、費用の不相当性は、より正確には、追完費用と、売買代金との関係にもとづいてではなく、追完によって達成されるべき価値増加との関係にもとづいて決定される。この基準のもとでは、追完請求は、民法第四三九条第三項にもとづく被告の抗弁によっては排除されない。

(c)　最後に、被告の有責性に関し、以下のように述べて、被告の抗弁を否定する。

被告は民法第四三七条にもとづく有責による責任にもさらされる。被告は確かに仲介業者（卸売業者）として検査義務はない。しかし同第二八〇条第一項第二文による有責性の推定を覆すためには、単に仲介業者であるとの指摘では充分ではない。

3　ローレンツの判例批評[43]

(1)　第一に、ローレンツは、二つの観点、すなわち、追完の二つの方法、および売買と請負との誤った区別の観点から、本判決を以下のように分析し、評価する。この点に関する批評の大要は、以下の通りである。

(a)　まず、本件の場合の追完方法は代物給付であることを、次のように述べる[44]。

判決の最初の基本的誤りは、被告に課せられている給付と、そこから導かれる追完請求権の内容を不正確に判断している点にある。被告に課せられている給付結果は瑕疵なきタイルの給付だったのであり、原告のところでタイルを張ること（その場合は取付け義務（Montageverpflichtung）を伴う売買であり、民法第四三四条第二項第一文にもとづく瑕疵担保に関連してもっぱら売買法に従って判断されることになる。）でもなく、タイル床の製作（契約の重点が商品の売却ではなく債務者の役務給付である場合には、請負契約が出発点とされることとなろう。）でもなかった。したがって、タイルの焼きが充分でなかったことによる瑕疵の場合は、瑕疵除去による追完ではなく代物給付による追完のみが問題となる。

(b)　つぎに、しかし、代物給付には除去・張替えは含まれない点につき、追完の履行場所との関連に言及しつつ、次のように述べる。[45]

代物給付の場合には確かに買主への輸送が含まれる。なぜなら、この義務の履行場所は、瑕疵除去の場合も代物給付の場合も本来の履行場所ではなく、瑕疵ある物が現存している場所であるからである（草案の基礎づけ（BT-Drucks. 14/6040, S. 231）[46]およびそれに接続した支配的見解（例として挙げられた文献[47]は省略する（筆者注）。））。しかし、代物給付には瑕疵あるタイルの除去も瑕疵なきタイルの張替えも含まれない。このことは、立法者が、有責な「契約費用」賠償請求権から明確に方向転換したことを考慮すれば、追完義務の履行場所によっても、未来関連性（Zukunftsbezogenheit）によっても基礎づけることはできない。

(c)　さらに、本件が瑕疵除去ではなく代物給付による追完の場合であることを、次のように述べる。[48]

判決は、本件の場合を、物の瑕疵が、取付けと取外しを含む修補により除去されうる場合と混同している。修補の状況においてのみ、取外しが民法第四三九条第一項の追完義務の内容となり、これについて発生した費用が、売主により（同第四三九条第三項の不相当性の留保の下で）負担されるべき、同第四三九条第二項の意味における追完費用である。しかし、本件は正にそれが問題ではなかった。タイルのみが契約の対象であり、タイルを張ることはそうではなかった。この場合のタイルの瑕疵は、瑕疵除去ではなく代物給付によってのみ除去されうる。

(d)　そして、タイルを張ることが義務となる場合は、請負契約が問題となることを、次のように指摘する。[49]

売主がタイルの張りについても義務を負っていた場合にのみ事案は異なって判断されうる。その場合には、請負契約が問題となる。この場合、課せられた給付には、瑕疵なきタイルの給付のみならず瑕疵なきタイル床を製作することも含まれ、その結果、容易に、民法第六三四条第一号、同第六三五条第一項にもとづき、被告の全費用負担義務付きの、対応した追完請求権が生じる（同第六三五条第二項）。

(2)　第二に、取外し・取付け費用の問題を、〝契約費用〟の観点から分析し、新債務法は、有責性を必要としない〝契約費用〟賠償請求権の構想を断念した点を指摘して、この問題を否定的に評価する。この点に関する批評の大要は、以下の通りである。

引用された著名な屋根瓦事件判決（BGHZ 87,104ff.）[50]でＢＧＨが取り組んだこの問題は、債務法改正前の旧売買法と改正後の新売買法とでは重要でかつ意識的な相違がある。事実、これまで、買主が売買目的物を規定通りに使用したことにより要した費用、および、物の瑕疵により期待通りでなかったことにより判明した費用は、民法旧第四六七条第二文の「契約費用」に含まれていた（Lorenz/Riehm, Lehrbuch zum neuen Schuldrecht, 2002, Rn. 524, 542.）[51]。したがって、それらは売主の有責性なしに賠償されなければならなかった。もっとも、債務法現代化法の立法者は、このことを意識的に断念し、この種の「契約費用」、とりわけ取付け費用の賠償を、有責性を必要とする民法第四三七条第三号にもとづく損害賠償または同第二八四条にもとづく費用賠償において指示した。その場合、――屋根瓦事件判決に明示に関連して――これまで有責性を必要としなかった、かかる費用賠償義務は、〝解除法においては異物（Fremdkörper）〟と呼ばれた。なぜなら、それは買主に、〝契約締結に関連して有していた不利益についての賠償請求権〟を与えるものであり、このような買主の利益は、損害賠償請求権により満足されるべきものだからである。それゆえ、この特別規律を廃止し、「契約費用」の請求権を、同第二八四条により補充される、義務違反の場合の損害賠償請求権に関する一般規律において予定することが正当化されるとされたのである（BT-Drucks. 14/6040, S. 225）[52]。

(3)　第三に、以上を前提とし、まず、取付け費用は、有責性を要件とした損害賠償、しかもその場合、給付と「並んだ」損害賠償としての取付け費用として位置づけられることを指摘する。この点に関する批評の大要は、以下の通りである。

タイルの張替え費用は、損害賠償請求権でのみ賠償義務の対象となりうる。売主が瑕疵なきタイルを給付した場合にはこの費用は発生しないから、この費用は、明らかに民法第二四九条第一項（原文では第一文となっている―筆者注。）にもとづく賠償可能な財産損害を意味する。もっとも、タイルの張替え費用は、「給付に代わる」損害賠償ではなく、給付と「並んだ」損害賠償として賠償されるべきである。なぜなら、この損害賠償請求権は、既に終局的に発生しており、しかも課せられた（瑕疵なきタイルの）給付が可能であっても否定されないからである。ここで問題となっている瑕疵結果損害に対する責任の基礎は同第二八〇条第一項であり、標準的な義務違反は同第四三三条第一項第二文にもとづく瑕疵なき物の給付義務違反である。[53]

もっとも、この請求権が発生するためには有責性を必要とする。しかし、売主は、製作ではなく瑕疵なき物の給付のみを負担し、製造者は売主の義務圏において活動しないがゆえに売主の履行補助者ではないから、製造過程中の帰責性は考慮されない。全ての種類物売買に内在する調達危険の引受けからは、ここでの「瑕疵結果損害」に関する民法第二七六条第一項の意味における、有責性を問題としない保証（Garantie）責任は生じない。というのは、「給付約束を事態に即して理解する場合には」（Canaris, in : Karlsruher Forum 2002, 2003, S. 5, 45.）[54] 売主には、直ちに、瑕疵なき物の給付義務違反の結果についても、民法第四三三条第一項第二文にもとづいて有責性に関係なく保証する意思があるとは想定されないからである。種類物の給付を約束する者は、確かに最終的に「中等の種類と品質」の物を調達する危険を引き受ける。しかし、通常は、給付される物が瑕疵なきことについて、有責性なしに保証することはない。その限りで、特別の保証引受けが必要である。したがって、売主の有責性（Vertretenmüssen）は、過責（Verschulden）の形式でのみ、すなわち故意または過失でのみ考慮される。しかし、売主には検査義務は課せられないことから、生じた推定（同第二八〇条第一項第二文）は、瑕疵が売買目的物の使用後に初めて判明するような場合には、容易に覆される。(55)

(4)　最後に、除去（Entfernung）費用を問題とし、この問題を、従来、解除の場合の原状回復の局面において議論されてきた論理（〝屋根瓦事件判決〟の法理）、すなわち売主の収去権（Rücknahmerecht）の裏返しとしての収去義務（Rücknahmepflicht）の論理を援用し、この論理は、追完の局面において、より妥当するとして、この問題を肯定的に評価する。この点に関する批評の大要は、以下の通りである。(56)

瑕疵あるタイルの除去に関しては、〝屋根瓦事件判決〟の〝残りの部分〟が重要である。瑕疵ある瓦で葺かれた屋根からこの瓦を剥ぐこと（Abdecken）の義務の問題——本件では瑕疵あるタイルを除去する義務が対応する——は、有責性を必要とする損害賠償請求権も、「契約費用」の賠償義務も根拠とはされず、売主の返還請求権（Rückforderungsrecht）に対応した、なされた解除にもとづく買主の収去請求権（Rücknahmeanspruch）が根拠とされる。すなわち、売主は、これにより、民法旧第四六七条第一文、旧第三四六条、旧第三四八条にもとづき、同時履行すべき代金の返還と、瑕疵ある瓦のかかる返還請求権（Anspruch auf Rückgabe）を有する（この請求権は、新法では、第四三七条第二号、第三二三条、第三四六条第一項、第三四八条から生じる）。その場合、買主のこの義務についての履行場所（より正確には、「給付場所（Leistungsstelle）」）は、ＢＧＨの見解によれば、その物が契約に従って存在する場所、すなわち家の屋根である。さらに、ＢＧＨは、このことが買主の特別の利益に相応する場合には、売主の収去請求権から、有責性を必要としない、瑕疵ある物の収去義務を論理必然的に導き（BGHZ

87,104,109.）[57]、それによって、売主の、瑕疵ある物の取外し義務に到達する。屋根瓦事件判決のこの観点は、新法の下でも維持できる。解除権（Wandlung）が有責性を必要としない解除権（Rücktritt）に代わっても同様である。一般にこのことが正しいとみなされるならば、このことは当然の帰結であるのみならず、代物給付による追完請求権の問題にも転用できる。すなわち、売主が瑕疵なき物の給付義務を負う場合、民法第四三九条第四項にもとづき、解除の場合と同様に、解除規律に従い、追完と同時履行で、瑕疵ある物の取戻し（Rückerstattung）請求権に至る。解除権の場合と同様に、ここでも、この請求権の履行場所およびそれに対応する収去義務の履行場所の問いが立てられる。この問題には解除の場合と異って答える理由は存在しない。まず、買主は目的物を解除においてまたは代物給付において再び〝やっかい払いにする（loswerden）〟のかという点において価値的に異ならない。しかし、追完の場合の収去義務には、更なる論拠が提供される。すなわち、追完の目的は、解除の場合と異なり、現実に契約に適合した状態をもたらすことである。民法典が（第二七五条第二項、第三項、第四三九条第三項で拒絶権を留保して）このために必要な費用を、有責性を必要としないで売主に負担させ、買主は瑕疵ある物およびその除去について負担しないということは、有責性を必要としない売主の収去義務およびそれによって〝屋根瓦〟判決をこの問題に転用することに決定的に有利な根拠を提供する。タイルの張りはタイルの用途どおりの使用に適合しているゆえに、本件の場合、同第四三九条第一項にもとづき、有責性を必要としない、瑕疵あるタイルの除去請求権が存在するが（このために必要な費用賠償請求権は、履行に代わる損害賠償として同第二八〇条第一項、第三項、同第二八一条にもとづき期間の徒過を要件としよう。）、最初の瑕疵あるタイルの張りまたは瑕疵なきタイルの張替え費用の賠償請求権は存在しない。後者は、同第二八〇条第一項にもとづき損害賠償請求権として有責である場合にのみ賠償可能である。

4　問題の体系的、論点的整理

(1)　以上、下級審判決とこれに対するローレンツの判例批評の概要を紹介した。ここには、瑕疵ある種類物の動産売買における追完の一方法としての代物給付の場合における、瑕疵ある動産の取外し義務および代物の取付け義務（以下、単に、取外し義務、取付け義務という。）の許否（肯否）の問題について、以下のような体系的、論理的観点から考察されるべき論点が伏在していることが看取される。これらは、今後のドイツの判例学説の検討のための基本的視点を提供するものである。そこで、以下、簡単にその要点を記しておこう。

(2)　本来的履行請求権と追完請求権との関係　第一に、本来的履行請求権（瑕疵なき物（種類物）の給付）と追完請求権（代物給付）との関係を如何に理解するのかという問題である。この問題は、追完請求権は本来的履行請求権の範囲を超えうるのか、という問題として具体化する。これは、民法典の体系上、債権総論（総則）の分野に位置づけられるものである。

(3)　追完と損害賠償との関係　第二に、追完の範囲の問題として捉える場合、それは不完全履行における損害賠償の問題との関係を如何に理解するのかという問題と関連する。取外し義務、取付け義務の費用の問題を、損害賠償の問題として捉える場合、これは給付に代わる損害賠償なのか、給付と並んだ損害賠償なのか、また、いわゆる瑕疵結果損害なのか。この問題を追完の範囲の問題と捉えるか、損害賠償の問題と捉えるのかによって最も大きな差異を生ずるのは、その要件面である。前者の場合には有責性を必要としないのに対し、後者の場合は有責性を必要とするからである。この問題は、民法典の体系上、債権総論の分野に位置づけられるものである。

(4)　売買と請負との契約類型の意義　第三に、とりわけ取付け義務の許否の問題においては、売買契約と請負契約という、契約としての類型的差異をどこまで、またどの程度重視するのか、という問題と密接に関連することになる。取付け義務を認めるならば、追完レベルにおいてではあるが、単に代物を給付するに留まらず、代物を使用して新たな物（タイル床）を製作するという仕事の完成に至る。これは、民法典の体系上、債権各論（各則）の分野の契約法における契約類型の意義に位置づけられるものである。

(5)「契約費用」、「追完費用」との関係　第四に、取外し義務、取付け義務の問題を、それらに要する費用に着目する場合、これは、「契約費用」と関連する。日本民法においては、（売買）契約費用は平等割合負担とし（第五五八条）、弁済費用は債務者負担である（第四八五条）。ドイツ民法では、債務法現代化法の過程で、有責性を必要としない「契約費用」に関する規定（旧第四六七条第二文）は削除され、これは、無駄になった費用として、第二八四条で有責性を要件とするに至っている。また、追完に関しては、「運送費、交通費、労働費および材料費」を挙げてこれらを「追完費用」とし、売主の負担としている（第四三九条第二項）。とりわけ、ここでは、債務法現代化法において新たに規定された「追完費用」規定（第四三九条第二項）の法的性質、内容を如何に理解するのかが問題とされることになる。具体的には、債権総論に位置する損害賠償と、債権各論の契約類型に個別的に規定される追完に関連するものであり、ここでは、有責性の要否、「追完費用」の範囲が問題となる。

(6)「履行場所」との関係　最後に、第五として、取外し義務、取付け義務のうち、取外し義務の問題が、追完の履行場所（弁済場所）との関係で問題となる。この問題は、ドイツにおいては、契約の解除の場合の原状回復において問題となり、売主の買主に対する返還請求権の〝行使場所〟、すなわち買主の履行場所の問題として議論されてきたものである。そこでは、売主の返還請求権の裏返しとして売主の収去義務を導き、これが、追完の前提として、瑕疵ある物の返還の場合に転用されうるのか、ということを問題とするものである。「履行場所」、「弁済の場所」の問題は、債権総論の分野に位置づけられる問題である。

5　展開――追完の限界（不相当な費用）論

さて、以上の整理に加え、今一つの論点を指摘しておかねばならない。それは、仮に取外し義務、取付け義務が追完（代物給付）請求権の内容に含まれるとした場合に更に問題となるものである。すなわち、売主は、この場合、不相当な費用を理由として追完を拒絶することができる（第四三九条第三項）ということである。このことは、とりわけ、前述した複数の視点のうち、取外し義務、取付け義務の問題を、追完と損害賠償との棲み分けを前提としたうえで、これらの義務を追完の領域で問題とすることになると、買主は売主の有責性を問題とすることなく請求しうることになる。しかし、このことは、他方において、売主に多大な負担を強いることになりうる。そこで、この場合の売主の反論（抗弁）として存在するのが、不相当な費用を理由とした追完拒絶権である、というわけである。

この問題は、確かに、既に紹介したカールスルーエ上級地方裁判所の判決においても俎上に乗せられているが、この時点でのローレンツの関心事は、主として代物給付としての追完内容と損害賠償との区別にあったと考えられることから、追完の可能性を前提とした場合に問題となる、不相当性を根拠とした、売主の追完拒絶権の問題には言及がない。このような論調は、このあと紹介する、ＥｕＧＨの判決以前のＢＧＨの判決（寄せ木張りフローリング床材判決（二〇〇八年七月一五日））においても同様で、そこでも判決の当然の帰結として問題とされなかったものである。

しかし、その僅か半年後に、ＢＧＨ自身においても意識されるに至り、既に本章第一節で紹介したように（床タイル張り事件）、ＢＧＨ自身が、原審（フランクフルト上級地方裁判所）が代物給付において取外し義務（費用）を肯定したことに関連して問題視し、その結果、欧州司法裁判所に先決裁定を求めて付託した（二〇〇九年一月一五日）

ことにより、最上級審裁判所により、改めて顕在化したものである。すなわち、代物給付に加えて取外し費用を認めた場合、売主にとっては不相当な費用を理由とした追完拒絶は、極めて重要な対抗手段となり、この点で照準が当てられることになる。その場合の論点は、不相当性の判断基準（相対的不相当と絶対的不相当）である。

この、売主の追完拒絶権（民法第四三九条第三項）は、請負人の追完拒絶権（同第六三五条第三項）と共に契約法上認められているものであるが、これらの追完拒絶権は、規定自体にあるように、債権総論の分野における債務者の給付義務の排除（限界）に関連する同第二七五条第二項、第三項と密接に関連している。その最も重要な特徴は、給付拒絶権（抗弁構成）の要件が緩和されているという点である。その意味で、追完拒絶権は、代物給付の場合において取外し義務を認めるとき、極めて重要な論点となる。しかも、この追完拒絶権は、債権総論の分野（同第二七五条第二項、第三項）とも密接に関連している問題である。

6　既に示唆した如く、以下におけるドイツの判例および学説の整理については、概ね以上の諸点に（常に全てをというわけにはいかないが）着目しつつ、行なわれることとなる。

二　BGHの三判例

1　はじめに

さて、ドイツにおける議論において先ず判例を採り上げる背景について一言しておこう。追完としての代物給付の場合における売主の取外し義務、取付け義務に関し、債務法現代化法発効後僅か一〇年間に、ＢＧＨはこの問題に実質的には四度取り組むこととなる。具体的には、⑴欧州司法裁判所の先決裁定前に下された判決、⑵第一節において紹介した欧州司法裁判所の先決裁定を求めて手続を中断したＢＧＨの判断、⑶欧州司法裁判所の先決裁定後、これを承けて改めてなされた事後の判決、および、(4)以上の判決を前提として新たに独立になされた判決が、それらである。それゆえ、これらのうち、欧州司法裁判所に付託する以前になされたBGHの判決、欧州司法裁判所に付託したBGHがその後欧州司法裁判所の先決裁定を承けてなされた判決、および新たに独立になされた判決の内容を検討することにより、BGHにおける現状の到達点を知ることができる。しかも、ここでは、BGHが、欧州司法裁判所による消費用動産売買指令の解釈および債務法現代化法制定に際しての立法者意思に拘束されて、国内法をどのように解釈したのかということも、注目されるところである。

周知のように、ドイツの判例においては、判決文において学説が援用され、その議論に依拠しつつ判決がなされるのが通常あり、学説が判例に与える影響が、名実ともに絶大であるのみならず、直接的かつ可視的である。本件においても夥しい学説が参照されており、例外ではない。その意味で、これらの判決には、学説の影響が色濃く反映していることは、疑うべくもない。この点を承知の上で、以下での判例紹介においては、ひとまず学説を捨象し、判決の論理を整理することを予めお断りしておく。

2　寄せ木張りフローリング床材（Parkettstäbe）判決(58)

(1)　事案の概要

原告（買主）は、住宅と庭用の材木を販売する被告（売主）から、被告が製造していない、ブナ張りの二層の材と、台座用の角材とを一五一四、二二ユーロで買った。原告は、床張り職人に、フローリング床材を居間と台所に張らせた。その後、張った平面の約半分に、フローリング床材のブナ張りの層が下層の軟層部分から剥がれてしまったことが判明した。これは、製作者の仕事での、二層の不充分な接着という、製造の欠陥に起因するものであった。そこで、原告は被告に、「フローリング床材を交換する」よう要求した。しかし、被告はこれを行なわなかった。そこで、原告は、最終的に、三〇九七、二七ユーロのうち、未払いの代金一五一四、二二ユーロを控除した一五八三、〇五ユーロに利息を付けて訴求した。その際、新規に調達されるべきフローリング床材の張替え費用が問題となった。裁判所は、訴えを棄却した。一二五九、七〇ユーロに利息を付けた更なる請求を伴った原告の控訴も棄却された。そこで、原告は上告した。

(2)　判旨　上告棄却。

(a)　判旨はまず、以下のように、本来的履行請求権と追完請求権との関係について、両者の内容が同一であることを前提として、追完の内容も本来的履行請求権と同一であること、および、売主の最後のチャンスとして追完を位置づける。

民法第四三九条第一項にもとづく追完請求権の場合には、同第四三三条第一項にもとづく本来的履行請求権の修正が問題となる（BT-Drucks. 14/6040, S. 221）。同第四三九条第一項において追完の二つの選択肢の一つとして予定されている、瑕疵なき物の給付は、既に民法上の定式化から生じるように、売主が負担している給付に関し、追完請求権と本来的履行請求権は一致している。それは、単に、最初に給付された、瑕疵ある目的物に代えて、今や、瑕疵なき―その他の点では同種、同価値の―物を給付するにすぎない。したがって、代物給付は、売主が同第四三三条第一項、第二項にもとづいて義務を負っている給付の完全な繰り返しを要求している。売主は、再度、瑕疵なき物について、占有の引渡しと所有権の譲渡を負担し、それ以下でもそれ以上でもない。というのも、民法上の構想によれば、第四三三条第一項にもとづく売主の義務の事後的履行は、単に追完によって貫徹されるからである。買主は、追完により契約上請求できることを保持すべきである（BT-Drucks. 14/6040, S. 221; BGHZ 162, 219［227］＝

NJW 2005, 1348)[59]。

追完制度により、売主には、契約の解除に結び付けられている経済的不利益を回避するために、瑕疵除去または瑕疵なき物の給付による、民法第四三三条第一項第二文にもとづく義務を—たとえ二度目において初めてであるとしても—なお履行する〝最後の〟チャンスが認められている（BT-Drucks. 14/6040, S.221; BGHZ 162, 219［227］＝NJW 2005, 1348)[60]。

(b)　そのうえで、つぎに、追完（代物給付）により履行されたことによって生じた、財産損害または費用（取外し費用、取付け費用）の填補方法について、以下のように述べる。

売主が買主に瑕疵なき物を与えるという、民法第四三三条第一項第二文の義務を、最初の履行の試みではなく後の時点で初めて履行することにより買主に生じた財産損害または費用は、追完の方法ではなく同第二八〇条以下にもとづく損害賠償請求権または費用賠償請求権においてのみ除去されるか埋め合わされるべきである[61]。

(c)　また、前記費用と民法第四三九条第二項の追完費用との関係については、以下の通りである。

(i)　原告により主張された損害賠償請求権は、売主が負担すべき追完費用に関する民法第四三九条第二項の規律からは導かれえない。そこからは、代物給付されたフローリング床材を張る費用がこの規定の費用に含まれることは生じない。同第四三九条第二項は、同第四三九条第一項にもとづく追完を貫徹するために必要な費用、とりわけ、運送費、交通費、労働費および材料費の規律のみを対象としており、同第四三九条第一項に規定している範囲を超えて追完の給付範囲を拡大するものではない[62]。

(ii)　以上から更に、民法第四三九条第一項の「追完」の範囲を、本件との関係で以下のように判断する。

瑕疵なきフローリング床材の代物給付の場合には、フローリング床材の張替えは民法第四三九条第一項の追完には含まれない。というのも、同第四三九条第一項、同第四三三条第一項にもとづいて課せられる代物給付の範囲は、瑕疵なき物についての占有と所有権を取得させることに限定されるからである。同第四三九条第一項にもとづく、被告の義務は、瑕疵なきフローリング床材の張替えには拡張されないことから、被告は同第四三九条第二項にもとづき、張りのために発生した労働費を負担する必要はない(63)。

(iii)　そして、以上のようにして、民法第四三九条第二項にもとづく費用負担義務を、同第四三九条第一項にもとづく追完の給付対象に制限することは、立法資料(64)からも明らかである、として以下のように敷衍する。民法第四三九条第二項の規律は、同旧第四七六 a 条第一文の規定を受け継ぎ、消費用動産売買指令第三条第四項に対応している。同様に、民法旧第四七六 a 条第一文および消費用動産売買指令第三条第四項から判明することは、売主の費用負担義務は、―民法第四三九条第一項、同第二項と同じく―売主が「修補」として(同旧第四七六 a 条第一文)もしくは「消費用動産を契約に適合した状態とすること」として負担していることのみに関係しており、修補合意(同旧第四七六 a 条第一文)または消費用動産売買指令第三条第二項、第三項に規定されている、売主の給付義務を超えるものではない(65)。

(d)　それでは、以上の内容と、消費用動産売買指令との関係はどうか。

指令第三条第二項によれば、消費者は、消費用動産の契約違反の場合、無償で消費用動産を契約に適合した状態とすることに向けられた請求権を有する。したがって、同第三条第三項は、無償の修補請求権または無償の代物給付を予定している。この規律の目的は、修補または代物給付により、消費者を、売主が最初の契約に適合した給付の状態におくことである。しかし、そこから導かれることは、単に、売主は、同第三条第四項にもとづき、代物給付により契約に適合した状態にするために必要な全費用を負担しなければならない、すなわち契約に適合した状態にするために必要である以上の給付をする必要はないということのみであり、例えば、瑕疵あるフローリング床材についての売主の義務は、瑕疵なきフローリング床材の代物給付を超え、売主が売買契約にもとづいては負担していない義務である、契約に合致した状態とすることには含まれない、フローリング床材の張替えにまでは拡大されない、ということである。[66]

(e)　それでは、「契約費用」との関係はどうか。判旨は、この点につき、上告は民法旧第四六七条第二文について下された一九八三年三月九日判決（BGHZ 87, 104 = NJW 1983, 1479）を援用するが、無駄である、として以下のように述べる。

この判決において、裁判所は、瑕疵ある屋根瓦を葺く費用を民法第四六七条第二文の意味での契約費用とみなし、売主が買主に売買契約の解除の場合にこの規定に従い有責性を必要とせず支払わなければならない、とした。[67]しかしながら、同条項は、債務法現代化法の動きの中で削除され、しかも民法第四三九条第二項の費用規律にも表現されていない。というのも、同第四三九条第二項は、詳述したように、同旧第四六七条第二文に由来するものではなく、同旧第四七六a条第一文および指令第三条第四項に由来するものだからである。[68]それゆえ、民事部による、民法旧第四六七条第二文の意味における契約費用概念の拡大解釈を、売主の義務の範囲の解釈について、同第四三九条第一項、第二項にもとづく追完に持ち込むことはできない。むしろ、民法旧第四六七条第二文の意味における契約費用は、債務法現代化法により、もはや有責性を必要としないで支払われるのではなく、今や、買主が同第二八四条にもとづき、そこに挙げられている要件のもとで補償されうる費用として扱われることになっているのである。[69][70]

(f)　最後に、追完の履行場所（屋根瓦事件判決）との関係について以下のように言及し、ここからは原告の利益は読み取れない、とする。

確かに、ＢＧＨは、請負契約について、旧法と同様に新法に従い、物が瑕疵担保の時点で規定通りに存在している場所を瑕疵担保の履行場所（民法第二六九条）とみなすべであると判断した（BGH, NJW-RR 2008, 724 Rdnr. 13. 売買法上の追完請求権について、OLG München, NJW 2006, 449に関連して。）。このことが、動産売買の場合の追完についても無制限に妥当するのかということは、ここで判断する必要はない。というのも、この、履行場所の規定からは、売主がこの場所で民法第四三九条第一項にもとづく代物給付の場合に、同第四三三条第一項にもとづく瑕疵なき物についての占有と所有権を取得させる以上に、例えば、新規のフローリング床材を張り替える義務を負うことは導かれないからである。(71)

(3) 判旨の整理・要約

(a) 本判決の判決要旨として挙げられているのは、以下の二点である。第一、瑕疵あるフローリング床材の売主は、代物給付による追完方法においては（民法第四三九条第一項）、瑕疵なきフローリング材の給付、すなわち瑕疵なき売買目的物の占有と所有権を取得させることのみを負担する。売主は、買主が瑕疵あるフローリング床材を既に張っていた場合であっても、代物給付されたフローリング床材の張替え義務を負わない。第二、買主が瑕疵の除去前に自身の費用で剥がした、瑕疵あるフローリング床材の売主の責任は、瑕疵なきフローリング床材の張替え費用として、給付に代わる損害賠償（民法第四三七条第三号、同第二八〇条第一項第三号、同第二八一条以下）の観点の下でのみ問題となる。売主は、瑕疵ある給付による義務違反（同第二八〇条第一項第一号、同第四三三条第一項第二号）につき責めに帰すべきでない場合には責任を負わない（同第二八〇条第一項第一号）。

(b) 以上から明らかなように、本判決は、本来的履行請求権（民法第四三三条第一項）と代物給付としての追完請求権（同第四三九条第一項）とを同一視し、その内容を、売買目的物の引渡し（占有移転）と所有権移転であるとし、それゆえに、売主は追完義務として取付け義務を負うことはないとする。そのうえで、取付け（フローリング床材の張替え）費用は、給付に代わる損害賠償の問題として処理されるべきものであるとする。この枠組を前提として以下の諸点を帰結する。取付け費用は、民法第四三九条第二項の「追完費用」には含まれず、また、消費用動産売買指令第三条第二項にいう〝無償で契約に適合した状態におく〟ことのなかにも含まれない。また、契約費用との関係では、この規定は、今や、有責性を必要とする民法第二八四条に取って代わられたゆえ、問題とならない。最後に、追完の履行場所の問題からは、引渡しおよび所有権移転を超えて、取付け義務までは導けない、ということである。

3　BGH二〇一一年一二月二一日判決（床タイル判決）[72]

(1)　本判決の事案は、既に第本章第一節において簡単に紹介し、そこにおいて、ＥｕＧＨの判決も紹介した。本判決は、このＥｕＧＨの判決を承けて、ＢＧＨが、改めて判断したものである。まず、判決の論点と要点を把握するために、判決要旨を掲げておこう。以下のように三点ある。

第一、民法第四三九条第一項後段は、消費用動産売買指令（以下、単に指令という。）に一致して、そこに挙げられている〝瑕疵なき物の給付〟という追完方法は、瑕疵ある物の取外し（Ausbau）および搬出（Abtransport）をも包括する（ＥＣ司法裁判所二〇一一年六月一六日判決（以下、前掲判決という。）に接続して）。

第二、民法第四三九条第三項第三文で売主に認められている、唯一可能な救済方法を（絶対的に）不相当な費用を理由として拒絶する権利は、指令第三条と一致しない（前掲判決）。これによって生ずる法の欠缺は、新しい規律が制定されるまで、民法第四三九条第三項の目的論的制限解釈（teleologische Reduktion）により、消費用動産売買（民法第四七四条第一項第一文）について推論されるべきである。同規定は、消費用動産売買の場合には制限的に適用され、売主の拒絶権は、追完の一つの方法のみが可能であるかもしくは売主が追完の他の方法を正当に拒絶した場合には存在しない。

第三、これらの場合において、代物給付の方法による追完を、不相当な費用を理由として拒絶する売主の権利は、瑕疵ある物の取外しおよび代物として給付された物に関し、買主に対して相当な額の支払いを指示する権利に制限される。この額の算定においては、瑕疵なき状態における物の価値および瑕疵の意義が顧慮されるべきであるが、それと同時に、取外し費用および取付け費用の支払いに向けられた買主の権利が売主の費用分配への制限により空洞化されないことが顧慮されるべきである。

以上の判決要旨を参考として、本判決の要点を抽出しておこう。本判決は、第一に、代物給付における追完には、瑕疵ある物の取外しと搬出を含むこと、第二に、追完費用の不相当性を理由とした売主の追完拒絶権には、絶対的不相当性を理由とする場合を含まないこと、第三に、したがって、これを含むとする民法第四三九条第三項は指令第三条に違反しており、それゆえ、この点については、法の欠缺が生じ、法改正を必要とすること、第四に、しかし、法改正がなされるまでの法の欠缺は、目的論的制限解釈によってなされるべきこと、第五に、それによってなされるべき解釈による、売主の追完拒絶権の具体的内容は、買主に対する相当な額の支払いを指示することを内容とする、というものである。

(2)　以上の認識を前提とし、以下では、判決理由により、判決要旨を敷衍しておくことにしよう。

(a)　要旨の第一について、判決は、文言解釈と立法者意思から、次にように述べる。

この解釈は、民法第四三九条第二項第二文の文言からも裏づけられる。一般の言語使用によれば、〝給付（交付）する liefern〟は、確かに（注文された）物を〝届ける（bringen）〟もしくは〝引渡す（übergeben）〟と理解されている。国内の売買法においても、〝給付（交付）〟は、原則として、売主が、民法第四三三条第一項にもとづいて自身の引渡し義務 Übergabepflicht および譲渡義務 Übereignungspflicht を履行することであると理解されうる。しかしながら、このことは、同第四三九条第一項第二文で使用されている、瑕疵なき物の給付という概念を広義にとることを排除しない。というのも、この概念は、充填（補充）可能であり、一定の評価の余地があるからである。立法者は、指令第三条第二項第一文の国内法化のために民法第四三九条第一項後段を設けた（BT-Drucks. 14/6040, S. 230参照）。その際、立法者は、立法理由において、繰り返し、瑕疵なき物の給付概念を、ドイツ語の表現において指令に使用されている言語選択である〝補償（代物）給付（Ersatzlieferung）〟と同一に扱っただけでなく（BT-Drucks. 14/6040, S. 232）、契約違反の消費用動産が補償（代物）として給付された物により交換されるべきであるという解釈を認めている。むしろ、立法者は、同第四三九条第四項で保持されている、売主は瑕疵ある物の返還を請求しうるとする同第三四六条第一項後段への指示により、同第四三九条第一項の〝瑕疵なき物の給付〟概念に一定の（相互的）交換要素が内在することを表現したのである(73)。

もっとも、判旨は、代物給付の具体的方法について買主に選択権を与えたものではないことを、以下のように付加して述べる。

このような、民法第四三九条第一項の、指令に一致した解釈は、追完請求の場合において、売主に取外しおよび取付けを行なわせるか、または、買主がこれらを自身で行ない、売主にその費用を請求するかの選択権を買主に付与することにはならない。ＥｕＧＨは、正に買主にかかる選択権を付与せず、単に売主に対し、自身で、必要な取

外しおよび取付けを行なうか、これについて生じた費用を相当な額において負担するかの義務を課したに過ぎない。(74)

（b）次に、要旨の第二について、以下のように敷衍する。

（ⅰ）まず、絶対的不相当を理由として拒絶できるとする国内法の規定（民法第四三九条第三項）は、指令第三条に違反することを、次のように述べる。

民法第四三九条第三項においては、指令に一致した解釈の要請は、狭義にいう単純な法解釈の方法では国内法化されえない。というのも、法律の一義的な文言と矛盾するからである。(75)

民法第四三九条第三項第一文は、売主に、買主により選択された追完方法が不相当な費用によってのみ可能である場合にはそれを拒絶できることを認めている。この規定は、追完の二つの方法が可能であり、かつ単に、一方の追完方法が他方の追完方法と比較して不相当な費用を惹起する（相対的不相当な）場合に制限している根拠とはならない。むしろ同第四三九条第三項第三文後段および同第四四〇条第一文の規定から一義的に生ずることは、法律の構成に従えば、追完の二つの方法は不相当を理由として拒絶されえ、したがって不相当概念は絶対的に理解されうる、ということである。民法第四三九条第三項第三文は、売主が不相当な費用を理由として追完の一つを拒絶する場合の買主の請求権を、まず、追完のもう一つの方法に制限し、つぎに、第一文の要件のもとでこれを拒絶する「売主の権利」を予定しており、手つかずのままである。「売主が民法第四三九条第三項にもとづき追完の二つの方法を拒絶する場合」、解除または損害賠償の請求の前に期間設定をする必要性から買主を解放する同第四四〇条第一文がこの規律を援用している。(76)

（ⅱ）そのうえで、法の欠缺を前提として、その場合の欠缺補充の可能性（目的論的制限解釈による法の継続形成の可能性）について、立法者意思の探究から、以下のように正当化する。

目的論的制限解釈による法の継続形成は、法律の計画違反的不完全性（planwidrige Unvollständigkeit）の意味における隠れた法の欠缺を要件とする。この要件はここでは充たされている[77]。

立法資料から生じることは、立法者は、確かに、不相当性の抗弁を、指令と一致して成文化しようとしたが、その際、指令第三条第三項には絶対的不相当を含むと理解したのである。すなわち、政府草案の基礎づけにおいて民法第四三九条第三項についての個々の基礎づけ（BT-Drucks. 14/6040, S. 232）には種々のものがある[78]（以下、具体例は省略する――筆者注）。

しかしながら、民法第四三九条第三項第三文が基礎としている、指令第三条第三項は絶対的不相当をも含むとする理解は、今や欧州司法裁判所が拘束的効果を伴って確定しているように、誤っている。指令第三条第三項が許しているのは、瑕疵ある消費用動産の取外し費用および補償（代物）として給付された消費用動産の取付け費用に向けられた消費者の請求権を相当な額に制限することのみであり、唯一可能な追完方法としての代物給付に向けられた消費者の請求権を、取付け費用および取外し費用の不相当を理由として完全に排除することは許していない。したがって、民法第四三九条第三項第三文における規律は、債務法現代化法によって追求された根本的関心事(Grundanliegen)、すなわち消費用動産売買指令を二〇〇一年一二月三一日までに規定通り国内法化するということと矛盾している（これについてはBT-Drucks. 14/6040, S. 1 も参照[79]）。

したがって、判明することは、民法典は完全に計画違反となっている、ということである。隠れた法の欠缺が存在する。なぜなら、絶対的不相当の場合の拒絶権を含んでいる民法第四三九条第三項は、指令の適用範囲の制限を含んでおらず、それゆえ指令と一致しないからである。この民法典の不完全性は、指令との一致の想定により抱かれている、立法者の国内法化の意図に存する矛盾を具体的に表明しているがゆえに、である。立法者が、—民法第四三九条第四項の成文化と異なり—同第四三九条第三項第三文が指令と一致することの問題と明示的に取り組まず、このことを黙示的に前提としていたことは、今となって生じた法の欠缺の計画違反を修正するものではない。標準となるのは、同第四三九条第三項第三文の規律による、指令に一致した国内法化の、明示的に努力された目的が達成されなかったということであり、立法者が同第四三九条第三項第三文を、当該規定が指令に一致しないことを知っていたなら同じやり方で公布したであろうということは排除されうる。(80)

(iii)　以上を前提とし、法改正までの間の隠れた法の欠缺補充としてなされる目的論的制限解釈の具体的内容について、次のように述べる。

法改正まで存在する隠れた法の欠缺は、消費用動産売買（民法第四七四条第一項第一文）について、民法第四三九条第三項の目的論的制限解釈により補充されるべきである。この規定は、かかる場合、追完の一つの方法のみが可能であるか、または、売主がもう一方の追完方法を正当に拒絶したとき、追完権は存在しないというように制限的に解釈されるべきである。後者の場合においては、代物給付での追完を不相当の費用を理由として拒絶する売主の権利は、瑕疵ある物の取外しおよび代物として給付された売買目的物に関して、買主に、相当額における費用請求を指示する権利に制限される。この額の算定においては、瑕疵なき状態における物の価値と瑕疵の意味が顧慮されるべきである。同時に、担保される（gewährleisten）べきは、売主が費用に関与するという制限により、取外し費用および取付け費用に向けられた買主の権利が空洞化され（てはなら）ない、ということである。(81)

4　BGH二〇一二年一〇月一七日判決[82]（事業者間売買判決）

（1）事案の概要

球技場建設に従事する原告は、二〇〇六年と二〇〇七年に、被告から、Hの芝生部分とNの体育館の製作のための材料としてポーランド製の粒状物質EPDM（エチレン—プロピレン—ジエンゴム）を買った。原告の注文者は自治体であった。原告による取付け後、被告により給付された粒状物質には瑕疵があることが判明した。被告は無償で材料の必要な交換のために粒状物質SBR（スチレン—ブタジエンゴム）を使用させた。しかし、被告は、瑕疵ある材料の取外しと代物である粒状物質の取付けを拒否した。そこで、原告の指示したこの作業は別の請負人により行なわれた。原告は被告に七二一二六、〇五ユーロ（取外しおよび取付け費用二五四二四、六五ユーロ、瑕疵ある材料の処理費用四五四一、四〇ユーロ、EPDMとSBRとの差額四二一六〇ユーロ）とこれに対する利息および弁護士費用を訴求した。第一審は、四三七九、二七ユーロ（割引控除して処理費用とこれに対する利息および弁護士費用）を認め、その他の点は棄却した。原告の控訴は棄却された。原告は上告した。

（2）判旨　上告棄却。

（a）判旨は、まず、被告が瑕疵なき粒状物質EPDMを給付する義務に違反したという点から、原告の、給付に代わる損害賠償請求権（民法第四三三条第一項後段に結びついた同第四三七条第三号、同第二八〇条、同第二八一条を）問題とし、民法第二八〇条第一項前段の要件について、被告が売った粒状物質EPDMに瑕疵があり（同第四三四条）そこから生じる義務違反（同第四三三条第一項後段）を肯定しつつも、その義務違反につき、責めに帰すべきでなかった（同第二八〇条第一項後段）ことを理由として、給付に代わる損害賠償請求権を否定する。[83]

（b）つぎに、原告の追完としての代物給付を問題とし、被告の追完義務は履行されているとしたうえで、取外し義務、取付け義務を負わないことに言及する。

民法第四三七条第一号、同第四三九条にもとづく原告の追完請求権の要件は充足されている。なぜなら、被告によって給付された粒状物質ＲＰＤＭには瑕疵があったからである。買主は、同第四三九条にもとづき、彼の選択に従い、瑕疵除去または代物給付を請求できる。原告は代物給付を請求した。この請求を被告は、無償で、原告が代物の材料として受け入れた粒状物質ＳＢＲを自由に使用させるという仕方で行なった。したがって、被告は追完義務を履行したのである[84]。被告は、それを超えて、粒状物質ＥＰＤＭを取り外し、粒状物質ＳＢＲを取り付ける義務を負わない。というのも、これらの義務は、契約において同第四七四条第一項の意味での消費用動産売買が問題とならず事業者間取引（geschäftliche Verkehr zwischen Unternehmern）における売買契約もしくは消費者間の個人領域での売買契約が問題である場合には、瑕疵なき物の給付に向けられた追完請求権（同第四三九条第一項後半）には含まれないからである。本件はこのような場合である。当事者は事業者である（同第一四条）[85]。

(c)（ⅰ）そこで、判旨は、民法第四三九条第一項後半の、指令に一致した解釈は、消費用動産売買に限定されることを、以下のように詳述する。

民法第四三九条第一項は消費用動産売買指令（以下、指令という――筆者注。）第三条の国内法化によるものである。二〇〇九年一月一四日の民事部の付託決定にもとづいて、欧州司法裁判所は、二〇一一年六月一六日、以下のように裁定した。

「指令第三条際二項および第三項は、以下のように解釈されるべきである。瑕疵の発生以前に消費者により消費用動産の種類およびその使用目的に従って善意で取り付けられた、契約違反の消費用動産の、契約に合致した状態が補償（代物）給付によりなされる場合、売主は自身でこの消費用動産を、取り付けられた物から取り外すことおよび代物として給付された消費用動産をこの物に取り付けるか、さもなければ、瑕疵ある消費用動産の取外しに要する費用および補償（代物）として給付された消費用動産を取り付けるために要する費用を負担する義務を負う。売主のこの義務は、売主が売買契約において最初に売られた消費用動産を取り付ける義務を負担していたか否かにかかわらず存在する。[86]」

それゆえ、欧州司法裁判所に付託された消費用動産売買事例についての最終判断において民事部は、民法第四三九条第一項後半を、指令に一致して、追完方法としての「瑕疵なき物の給付」には瑕疵ある物の取外しおよび搬出をも含むと解釈した。補償（代物）として給付された物の取付けについては、欧州司法裁判所の先決裁定にもとづき、同じことが妥当する。この限りでも、同第四三九条第一項後半の、指令に一致した解釈は、消費用動産売買についてなされたものである。民事部が、かつて、同じく消費用動産売買に該当する、二〇〇八年七月一五日の判決において、追完義務の広範な拡張は、指令第三条第二項からは読み取れないとする見解を主張した限りにおいて、これを維持しない。[87]

（ii）　そして、民事部は、これまで、消費用動産売買以外に民法第四三九条第一項後半の解釈について判決してこなかったことに言及し、[88]指令の基準値（Vorgabe）とＥｕＧＨの判決は、消費用動産売買のみに関係し、それ以外の売買契約には関係しない[89]としたうえで、ＢＧＨ二〇一一年一二月二一日判決を次のように評価する。

二〇一一年一二月二一日に民事部においてなされた、民法第四三九条第一項後半の、指令に一致した解釈は、指令自体よりも広範なものではなく、それゆえいずれにしても消費用動産売買に制限される。民事部は、ＥｕＧＨの判決の意味における、指令に一致した解釈は、なお同第四三九条第一項後半の文言によってカバーされると判断した。民事部は、かかる解釈が消費用動産売買を超えて要請されるかまたは事態に適合するか、ということについては言及しなかったのである。[90]

(d)　以上の前提の下で、指令の要請を超過した国内法化（eine überschießende Umsetzung einer Richtlinie）がなされた場合を問題とし、そのときの立法者意思を問題とする。

もっとも、指令の要請を超過した国内法化が行なわれた場合には、指令に一致した解釈は、国内法に対して、指令の妥当領域を超えて意義を有する。確かに、指令から自由な法の、指令に一致した解釈義務は、かかる指令の要請を超過した国内法化の場合には、共同体法からは生じえない。しかし、国内法から、すなわち国内法の立法者の対応する意思からは生じうる。[91] 指令の要請を超過した、指令の解釈はここでは存在する。というのも、立法者は、追完についての共同体法の基準値をドイツ法に国内法化する際に、消費用動産売買（民法第四七四条以下）についての特別規律にではなく、全ての売買契約に妥当する、民法第四三四条以下の諸規定に挿入したからである。[92] しかし、同第四三九条第一項後半の、指令に一致した解釈についての要件は、前述したことによれば、消費用動産売買を超過しており、さらに、ＥｕＧＨの判決の意味における代物給付の拡張はドイツの立法者意思に対応している。[93]

(e)　にもかかわらず、判旨は、次のように述べて、この立法者意思を前提とすることはできないとする。

立法者は、追完についての共同体法の基準値を指令に一致して国内法化するに際し、欧州司法裁判所の解釈とは異なった、指令の理解を前提としたからである。債務法改正の立法資料から読み取られうることは、欧州司法裁判所が行なったような、代物給付義務の広範な拡張は、立法者には明確なものではなく、それゆえ立法者はいずれにしろその拡張を全ての売買法に対してなそうとは考えなかったということである。このことが、民法第四三九条第一項後半の、指令に一致した解釈が―同第四三九条第四項の目的論的制限解釈と同様に（BGHZ 179, 27 = NJW 2009, 155 Rdnr. 26ff.）―消費用動産売買に限定され、その他の、指令に含まれない売買契約には拡張されないことを正当

化するのである。(94)

(f)　それでは、追完請求権についての立法者意思をどのようなものとして把握すべきか。判旨は、その内容につき、まず、追完請求権を本来的履行請求権と同一のものであることから出発して、以下のように述べる。

民法第四三九条第一項の追完請求権においては、債務法改正の立法者の構想にもとづき、同第四三三条第一項の本来的履行請求権の修正が問題である（BT-Drucks. 14/6040, S. 221）。同第四三九条第一項において追完の二つの方法の一つとして予定されている、瑕疵なき物の給付の場合には、立法者の観念によれば、既に民法上の定式化によって明らかなように、追完請求権と本来的履行請求権とは、売主に課せられた給付に関しては同一である。それは、単に、最初に給付した瑕疵ある物に代えて、今や、瑕疵なき—その他の点では、同種、同等の—物を給付すべきことである。したがって、補償（代物）給付は、売主が同第四三三条第一項および第二項にもとづき義務づけられている、完全な給付の繰返しを要求するものである。売主は、もう一度、瑕疵なき物の占有の移転と所有権の移転を負担しているのであり、それ以下でもそれ以上でもない。というのは、債務法改正の立法者の構想によれば、同第四三三条第一項後段にもとづく売主の義務の事後的履行は、単に追完によって貫徹されるからである。買主は追完により、契約上要求すべきものを保持すべきである（BT-Drucks. 14/6040, S. 221; BGHZ 177, 224 = NJW 2008, 2837 Rbnr. 18; BGHZ 189, 196 = NJW 2011, 2278 Rdnr. 49）。(95)

(g)　追完請求権の以上の内容を前提とし、つぎに、追完の場合の買主の、履行利益を超えた財産的不利益の救済方法についての立法者意思について、以下のように言及する。

それゆえ、追完が、民法第四三三条第一項後半にもとづき売主に課せられた履行が第二の試み（Anlauf）において成就することに制限される場合、追完は、瑕疵ある物の買主を直ちにあらゆる財産的不利益から守るものではない。というのは、同第四三三条以下の売買法上の瑕疵担保体系によれば、売主が最初ではなく二度目ではじめて履行に成功したことにより生じた、履行利益を超えた財産上の不利益は、ドイツの立法者の観念によれば、—民法第四三九条第二項の特別の費用規律が介入しない限り—損害賠償または費用賠償に関する一般規律によってのみ調整されるべきだからである（BT-Drucks. 14/6040, S. 224f.; BGHZ 177, 224＝NJW 2008, 2837 Rbnr. 22; …）。この限りで、瑕疵ある物の取外しおよび補償（代物）として給付された物の取付けは、ドイツ法によれば、原則として売主に課せられた追完には含まれない。(96)

(h)　以上の立法者意思は、追完義務の範囲に関する欧州司法裁判所の理解と一致していないことを指摘し、その場合の、いわば仮定的立法者意思に言及する。

この、民法第四三九条第一項後半にもとづく追完の内容と範囲に関するドイツの立法者の観念は、指令第三条第二項、第三項にもとづく追完義務の範囲に関する欧州司法裁判所の理解とは一致しない。したがって、欧州司法裁判所が消費用動産売買に対し拘束的に行なった、追完義務の広範な拡張を、指令に一致した解釈方法で、消費用動産売買を超えて他の売買契約にも及ぼすことはドイツの立法者意思と対応している、ということは承認されえない。(97)

確かに、立法者は、追完についての指令の基準値を国内法化することについて、民法第四三九条で全ての売買契約を統一的に規律しようと努めた。しかしながら、このことは、詳述したように、消費用動産売買指令によって定められた、瑕疵ある物の補償（代物）給付の場合における追完義務の範囲に関する誤った理解にもとづくものであった。それゆえ、立法者は、彼が仮に欧州司法裁判所による後の指令解釈を知っていたならば第四三九条第一項後半の追完義務を全ての売買契約について統一的に規律したであろう、とすることに有利な証拠とはならない。むしろ出発点とされるべきは、立法者は、当時既に、欧州司法裁判所が、追完に、売主の義務をもう一度行なうことを超えて請負契約に達する内容を割り当てていることを知っていたならば、追完義務についての指令の基準値の国内法化を消費用動産売買に限定したであろう、ということである（BGHZ 177, 224 = NJW 2008, 2837 Rdnr. 25; NJW 2009, 1660）。したがって、同第四三九条第一項後半の、指令に一致した解釈を、消費用動産売買を超え、事業者間または消費者間の売買契約という重要な領域に及ぼすことは、否定されるべきである。(98)

(i)　最後に、判旨は、自身の立法者意思の解釈の正当性を、民法第四七四条第二項の新規律により基礎づける。このかぎりで、民事部がその縮減を全ての売買契約に拡大せず、立法資料にもとづいて消費用動産売買に制限した、同第四三九条第四項の規律に関する場合と同様のことが妥当するのである（BGHZ 179, 27 = NJW 2009, 427）。立法者は、民事部のこの判断を、同第四三九条第四項を指令に一致して消費用動産売買に限定する、同第四七四条第二項における新規律により確認している。(99)

5　小括

(1)　以上、ＢＧＨの三つの判例を概観した。ＢＧＨは、代物給付の場合の追完請求権の内容について、欧州司法裁判所の二〇一一年先決裁定後の床タイル判決（以下、二〇一一年判決という。）において、寄せ木張りフローリング床材判決（以下、二〇〇八年判決という。）が、追完請求権を本来的履行請求権と同一であるとした立場に、大きな変更を加えたかに思われた。ところが、その後の、二〇一二年一〇月一七日判決（以下、二〇一二年判決という。）において、これまでの、ＢＧＨの判決は、全て消費用動産売買に関するもののみであり、民事部もこのことを前提して、指令と一致した国内法化とその解釈を行なってきたものである、とみずからの立場を規定し、民法第四三九条第一項後半には、確かに、指令と一致して、「瑕疵なき物の給付」と並んで瑕疵ある物の取外し・搬出および代物給付の取付けを含むが、このような指令と一致した解釈は、消費用動産売買（同第四七四条）に限定され、事業者間の売買契約および消費者間の売買契約には拡張されないことを明確にした。この点が、最も重要な点である。本稿の問題関心からすれば、追完請求権の内容が本来的履行請求権の内容を超える形式的根拠は、消費用動産売買であることに求められることになる。

(2)　つぎに、このようなＢＧＨの立場は、一貫して、立法者意思から基礎づけられている点が、解釈論の立場から重要である。しかし、ここでの問題は、指令を国内法化する際の立法者意思が、指令の内容を超えて、すなわち消費用動産売買以外の売買一般について国内法化したこととの整合性をどのように説明するのか、ということである。この点につき、二〇一二年判決は、指令の国内法化に際し、立法者が指令を誤って理解したことにその根拠を求め、欧州司法裁判所が行なったような、代物給付義務の広範な拡張は、立法者には明確なものではなく、それゆえ立法者はいずれにしろその拡張を全ての売買法に対してなそうとは考えなかった、と評価し、いわば仮定的立法者意思として、立法者は、彼が立法当時、既に、欧州司法裁判所の給付義務の広範な内容を知っていたならば、追完義務についての指令の基準値の国内法化を消費用動産売買に限定したであろうと推定することにより、基礎づけを行なうのである。

(3)　そのうえで、二〇一二年判決は、消費用動産売買以外の売買における、代物給付としての追完請求権の内容と範囲についての立法者意思につき、二〇〇八年判決と同様の立場に立ち、その具体的内容につき、この問題を本来的履行請求権の修正の問題として位置づけ、両者を同一内容であるとし、さらに、履行利益を超える買主の不利益の救済は、有責性を前提とした損害賠償によってなされるべきであると規定するのである。

以上の理解を踏まえて、次に、ドイツの主要な学説の内容に入っていくことにしよう。

(31) 詳細は、原田剛「(EC企業法判例研究) EC消費用動産売買指令とドイツ民法第四三九条第四項(上)(下)」国際商事法務三六巻八号(二〇〇八年)一〇七六頁、同九号(二〇〇八年)一二二二頁(本書第一部第一章第二節)、同「建物の瑕疵に関する最近の最高裁判決が提起する新たな課題——追完の場合の利用利益返還問題および瑕疵ある建物の「権利侵害」性——」法と政治五九巻三号(二〇〇八年)一頁(本書第一部第一章第三節)を参照されたい。

(32) LG Nürnberg-Fürth, Urt. v. 22. 4. 2005, NJW 2005, 2558.

(33) OLG Nürnberg, Urt. v. 23. 8. 2005, NJW 2005, 3000.

(34) BGH Vorlagebeschl. v. 16. 8. 2006, JNW 2006, 3200 (mit Anmerkung Stephan Lorenz), BauR 2006, 2047 (mit Anmerkung Rolf Kniffka).

(35) もっとも、BGH自身は、通説と反対説(少数説)を詳細に紹介しつつ(これに関し、拙稿・前掲国際商事法務論文(上)一〇七七頁参照)、国内法の解釈レベルでは、文言と立法者意思(通説の立場でもある)を超える解釈の限界(ドイツ連邦共和国憲法第二〇条第三項参照)を指摘しつつも、一貫して反対説(少数説)の立場を共有する。

(36) Urt. v. 17. 04. 2008-Case C-404/06, Celex No. 606J0404, NJW 2008, 1433.

(37) 詳細は、原田剛「(EC企業法判例研究) 瑕疵ある消費用動産を給付した売主の追完(取外し及び取付け)義務(上)(下)」国際商事法務四〇巻三号(二〇一二年)四六〇頁、同四号(二〇一二年)六二六頁(本書第一部第二章第一節)を参照されたい。

(38) Schlussanträge des Generalanwalts Mazák v. 18. 5. 2010 in den Rs. EuGH 20100518 Aktenzeichen C-87/09, BeckRS 2010, BeckRS Jahr 90584-Putz, und C-65/09, BeckRS 2010, BeckRS Jahr 90583-Weber.

(39) 絶対的不相当とは、買主が請求した追完方法の費用とこの追完の意義とを比較して不相当か否かを判断することをいうのに対し、相対的不相当とは、買主が請求した追完方法の費用と他方の追完方法の費用とを比較して不相当か否かを判断することをいう。

(40) 詳細は、原田剛・前掲論文注(37)(上)四六三頁を参照されたい。

(41) Urt. v. 16. 6. 2011-Case C-65/09 und C-87-09, Celex No. 609J0065, NJW 2011, 2260.

(42) BauR 2005,109.

(43) S. Lorenz, Nacherfüllungskosten und Schadensersatz nach "neuem" Schuldrecht-was bleibt vom "Dachziegel"—Fall?, ZGS

2004, 408.

（44）Lorenz, a. a. O., ZGS 2004, 408.

（45）Lorenz, a. a. O., ZGS 2004, 408.

（46）引用者注。引用文献該当部分として、「本項（第四三九条第二項）は、これまでの第四七六ａ条第一文を規定し、しかも消費用動産売買指令第三条第四項に対応している」が対応するであろう。この点については、ドイツ民法第四三九条の立法者意思として既に紹介している、拙稿「瑕疵ある物を給付した売主の追完義務の射程（一）」法と政治六三巻四号（二〇一三年）二四項（本書第一部第二章第二節一）を参照されたい。

（47）引用者注。原文の注は、支配的見解の例として、P. Huber, NJW 2002, 1004, 1006; Bamberger/Roth/Faust, BGB, 2003, § 439 Rn. 13; MünchKomm-BGB/Westermann, 4. Aufl. 2004, § 439 Rn. 7 を挙げる。ここでは、これらのうち、Bamberger/Roth/Faust の該当箇所を紹介しておくことにしよう。「追完の履行場所とは何かということは、第四三九条、とりわけ同条第二項からは読み取れない。しかしながら、政府草案の基礎づけから導かれることは、本来の履行場所ではなく、物が現存する場所であるということである。というのは、立法者は、正当にも、このことのみが消費用動産売買指令第三条第四項と一致することを出発点としているからである。それゆえ、合意した修補権の場合の費用を規律している旧第四七六ａ条とは反対に、費用増加の場合の費用負担義務の例外は規定されない。なぜなら、物は給付後に、受領者の居住地（住所地）または営業所とは別の場所に運ばれるからである。売主は、第三項を介して保護される（RegE, BT-Drucks. 14/6040 S 231…）。したがって、代物給付義務および修補された物の引渡し義務は、本来の給付義務がいかなる債務類型であったかに拘らず、いずれの場合も持参債務である。」

（48）Lorenz, a. a. O., ZGS 2004, 408f.

（49）以上につき、Lorenz, a. a. O., ZGS 2004, 409.

（50）この判例についての原注は以下の通りである。「買主は、瑕疵ある瓦を買い、それで屋根を葺いた。彼は、売主（〝Käufer〟となっているが、〝Verkäufer〟の誤植であろう。）に対し、屋根を最初に葺いた費用の賠償と、瑕疵ある瓦の剥がしを主張し、認められた。」なお、原文は、新法（債務法現代化法）による解決ついての参照指示の一つとして、Köhler/Lorenz, Schuldrecht II (Prüfe dein Wissen) 17. Aufl. 2004. Fall 40 を挙げる。そこでのタイトルは、「解除の場合の履行場所」である。なお、繰り返しになるが、本判例についての簡単な紹介については、原田剛『請負における瑕疵担保責任〔補訂版〕』（二〇〇九年（初版二〇〇六年）、成文堂）二二五頁を参照されたい。

（51）引用者注。引用文献該当部分の内容は以下の通りである。Rn. 524.「買主の返還義務の履行場所は現行法の規律には存在しない。したがって、その場所は、これまでの支配的見解と一致し、それ以上に、物が契約に従って存在する場所、すなわち売主が、必要な取外しを含め、必要な返送の費用および危険を負担する場所である（取立債務）。これに反して、旧第四七六条第二文において予定されている（有責性を必要としない）、売主の契約費用賠償義務は廃止される。このことは、これについて主張された、広義の契約費用概念を前にして（BGHZ 87, 104ff. 参照。契約締結費用と並び、買主が契約の履行において消費した全費用、および、物をその規定通りの使用に供するための費用（例えば、取付け費用）。）、実際に非常に意義深い改正である。この費用は、新法によれば、第二八四条にもとづき、有責性を必要とする費用賠償請求権の対象としてのみ可能であり、損害賠償請求権に代えて生じ、したがって、第三二五条にもとづき、解除と並んで主張されうる。」（以下、具体例（BGHZ 87, 104ff. の事例）は略）。Rn. 542.（無駄になった費用賠償（第二八四条）「第二八四条に結びついた第四三七条第三号にもとづき、買主は、給付に代わる損害賠償に代えて、費用賠償を請求できる。もっとも、このことは、かかる費用が、実際に売買目的物の瑕疵によって生じた損害である限り、既に損害賠償請求権の方法で主張することを排除しない。」

（52）　引用者注。引用文献該当部分の内容は以下の通りである。「無駄になった費用の賠償」について。「買主も、草案第二八四条にもとづき、給付に代わる損害賠償に代えて、無駄になった費用を請求する可能性を有する。この規定は、草案第四三七条第三号においても指示されている。このなかには、現行の（訳者注：改正前の）第四六七条第二文にもとづき、解除（Wandelung）の場合に賠償されるべき契約費用も含まれる。それゆえ、売買法における特別規定は不要である。もっとも、これには事実に即した変更が結びついている。すなわち、買主は、これまでは、契約費用を第四六七条第二文にもとづいて、有責性を必要とせず、解除の効果として賠償請求をなしえた。今後は、草案第二八一条、第二八〇条第一項第二文に結びついた第二八四条にもとづき、この請求権は、それが推定される場合も（含め）、売主の有責性を必要とすることが導かれる。この変更は、事実に即して正当化される。これまでの第四六七条第二文は解除法においては異物（Fremdkörper）であった。それは、双方が受領した給付の単なる返還を超えており、しかも、買主に、契約締結に関連して有していた不利益の賠償請求権を与えるものであり、それゆえ、さらに損害賠償の分野において追及されなければならない、買主の利益を満足させるものである。それゆえ、この特別規律を設け、契約費用請求権を、草案第二八四条により補充された、義務違反の場合の損害賠償請求権に関する一般規律の分野において予定することが正当化されるのである。」

（53）　Lorenz, a. a. O., ZGS 2004, 409.

（54）　引用者注。引用文献該当部分の内容は以下の通りである。「決定的なのは、売主は、種類物売買においては、給付約束の、事態に即した理解および債務の特有の特性により、原則として瑕疵なき物を給付しうる危険のみを引き受け、反対に、瑕疵による価値減少を超える追加損害が買主に発生する危険は引き受けない、ということです。しかし、このことは、首尾一貫して、ここでも、瑕疵損害という狭い概念と瑕疵結果損害という広い概念を基礎とすることに至ります――その場合、この一致のなかに確かに、この概念形成の正しさの優れた徴候があります。」

(55)　以上につき、Lorenz, a. a. O., ZGS 2004, 410.
(56)　Lorenz, a. a. O., ZGS 2004, 410f.
(57)　判決原文該当部分の内容は以下の通りである。「売主は、目的物の収去義務を常に負うか、それとも買主の特別の利益がある場合にのみ負うのかということは開かれている。瑕疵ある瓦を再び剥がさせることについての買主の利益は明らかである。請負契約について言及され、これと異なった、ハンブルク上級地方裁判所の見解は、注文者の特別の利益が存在する場合でも請負人の収去義務を認めないというものであり、当裁判所はこれに従うことはできない。被告（売主）が瓦を剥ぐことにより収去義務を履行しなければならないことは、以下の点から生じる。すなわち、支配的見解によれば、解除後の原状回復（Wandelungsvollzug）の統一的な履行場所は、いわゆる交換場所（Austauschort）、換言すればその物が解除時に契約に従い存在している場所である。というのは、買主は、民法第三四六条第一文によれば、給付の返還（Zurückgewahren）のみを負担し、それゆえ、売主に対し商品を自由に処理できる状態に置くことのみを負担するからである。」
(58)　BGH, Urt. V. 15. 7. 2008 NJW 2008, 2837.
(59)　BGH a. a. O., Rdn. 18.
(60)　BGH a. a. O., Rdn. 21.
(61)　BGH a. a. O., Rdn. 21.
(62)　BGH a. a. O., Rdn. 23.
(63)　BGH a. a. O., Rdn. 23.
(64)　BT-Drucks. 14/6040, S. 231.
(65)　BGH a. a. O., Rdn. 24.
(66)　BGH a. a. O., Rdn. 25.
(67)　BGHZ 87, 104 = NJW 1983, 1479.
(68)　BT-Drucks. 14/6040, S. 231.
(69)　BT-Drucks. 14/6040, S. 144, 225; BGHZ 163, 381［381］= NJW 2005, 2848.
(70)　BGH a. a. O., Rdn. 26.
(71)　BGH a. a. O., Rdn. 27.
(72)　BGH, Urt. v. 21. 12. 2011. NJW 2012, 1073.
(73)　BGH a. a. O., Rdn. 26.
(74)　BGH a. a. O., Rdn. 27.

(75) BGH a. a. O., Rdn. 28.
(76) BGH a. a. O., Rdn. 29.
(77) BGH a. a. O., Rdn. 31.
(78) BGH a. a. O., Rdn. 32.
(79) BGH a. a. O., Rdn. 33.
(80) BGH a. a. O., Rdn. 34.
(81) BGH a. a. O., Rdn. 35.
(82) NJW 2013, 220 = BauR 2013, 239 = ZfBR 2013, 141.
(83) BGH a. a. O., Rdn. 12.
(84) BGH a. a. O., Rdn. 13.
(85) BGH a. a. O., Rdn. 14.
(86) BGH a. a. O., Rdn. 15.
(87) BGH a. a. O., Rdn. 16.
(88) BGH a. a. O., Rdn. 17.
(89) BGH a. a. O., Rdn. 18.
(90) BGH a. a. O., Rdn. 19.
(91) BGH a. a. O., Rdn. 20.
(92) BGH a. a. O., Rdn. 21.
(93) BGH a. a. O., Rdn. 22.
(94) BGH a. a. O., Rdn. 22.
(95) BGH a. a. O., Rdn. 24.
(96) BGH a. a. O., Rdn. 25.
(97) BGH a. a. O., Rdn. 26.
(98) BGH a. a. O., Rdn. 27.
(99) BGH a. a. O., Rdn. 28.

第五節　ドイツの学説

一　はじめに

ドイツ民法第四三九条第一項によれば、瑕疵ある物を給付された買主は、追完（Nacherfüllung）として、買主の選択により、瑕疵の除去または瑕疵なき物の給付を請求できる。すなわちドイツ民法は、売買における追完の方法として、瑕疵除去および代物給付を認めているのである。本稿が問題とするのは、これらのうち、代物給付についてである。

さて、買主が追完において代物給付を請求し、売主が瑕疵なき物を給付する場合、売主は買主から瑕疵ある物の返還を請求しうる（同第四三九条第四項）。その際、瑕疵ある物が買主の既存の物に取り付けられていたとき、この物は当然に取り外されねばならず、他方、代物給付された瑕疵なき物は改めて取り付けられねばならない。取り外された瑕疵ある物は買主から売主に交付されねばならず、瑕疵なき物の代物給付は売主から買主に給付されねばならない。それでは、以上のプロセスにおいて、瑕疵ある物の取外しおよび瑕疵なき物の取付けはどちらが負担するとすべきか。これが本稿の具体的問題である。[100]

この問題は、ドイツにおいて、売主が瑕疵なき物の代物給付をする場合、買主に対し、それまで瑕疵ある物を使用したことによる使用利益の返還請求をなしうるかが問題となった事案[101]とともに、二〇〇二年発効の債務法改正の直後から激しく争われ、実務上も重要な問題として注目されてきた。[102]これらは、いずれも、売主の追完義務の射程

（範囲）の解釈問題を提起している。そして、その背景には、消費用動産売買指令（以下、単に指令という。）[103]第三条の内容と、これを国内法化した民法第四三九条の立法者意思の内容をいかなるものとして理解するのか、という解釈問題が横たわっている。筆者は、これらの点について、かつて別稿において予備的作業および若干の検討を行なった。[104]もっとも、そこでは、同第四三九条の立法者意思を確認したうえで、主として、ドイツ連邦通常裁判所（ＢＧＨ）[105]の判決および欧州司法裁判所（ＥｕＧＨ）[106]の先決裁定内容を時系列的に紹介し、その要点を抽出しえたに過ぎなかった。翻って日本法においては、現在、民法（債権関係）改正法案が提出されており、そこでは、売買と請負において「追完」規定が設けられているが、[107]この規定がいかなる射程をもつものであるかは明確でない。本稿は、これらの点をも踏まえつつ、以上に紹介した国内の判例実務に影響を与えたドイツの学説のうち主要なものを挙げ、それらの解釈論の内容を分析しつつ、その動向から日本法への示唆を得ようとするものである。

以下では、本稿の課題を明確化するために、欧州司法裁判所（ＥｕＧＨ）およびＢＧＨの判例法理の要点を確認し（二）、その後、ドイツの主要な学説の紹介と分析を行なう（三）。

二　欧州司法裁判所およびＢＧＨの判決の要点

1　はじめに

まず、双方の判例法理を確認する前に、そこでの解釈論上の論点を明確にしておくことが有益である。すなわち、ＢＧＨ[108]（およびショルンドルフ区裁判所（AG Schorndorf）[109]が欧州司法裁判所に対し、いかなる解釈論上の問題につき先決裁定を求めて付託したのか、ということである。この点については、その要点を以下のように整理しうる。

民法第四三九条第三項[110]によれば、売主には瑕疵ある物（床タイル（BGH）、食器洗い機（AG Schorndorf））の交換費用の支払い（あるいは取外しおよび取付け）義務は存在しないが、しかし、これらの義務は、指令第三条第三項[111]からは生じる可能性があり、もしそうであるとすれば、問題となっている民法第四三九条第三項は、指令第三条第三項と矛盾する可能性がある。そこで、指令第三条第三項の解釈を確定し、そのうえで、民法第四三九条第三項の内容が指令に違反するか否かを確定する必要がある、というのである。

2　欧州司法裁判所の判断（ＥｕＧＨ二〇一一年判決[112]）（床タイル・自動食器洗い機）

(1)　以上のような付託内容につき、欧州司法裁判所が下した裁定の要点は以下の如くである。[113]

まず、指令第三条第二項、[114]第三項の解釈として、消費用動産の買主（消費者）が、瑕疵の発生以前に、消費用動産の種類およびその使用目的に従って善意で取り付けられた場合において、代物給付を請求したとき、売主（事業者）は、契約違反の消費用動産の取外し義務および代物給付の取付け義務を負い、そうでなければ、それらの費用を負担する義務を負う、と判断した。

次に、指令第三条第三項につき、売主の上記取外し義務、取付け義務に関し、消費用動産が契約に合致していたならば有していた価値と比較して不相当な費用を要することを理由として代物給付を拒絶する売主の権利を排除している。もっとも、取外し費用、取付け費用を売主が相当な額にまで制限することは排除していない、と判断した。

(2)　すなわち、ＥｕＧＨの以上の判断は、指令第三条第二項、第三項の解釈として、売主の追完義務に取外し義務、取付け義務を含め、かつ、この義務を不相当な費用を理由として拒絶する権利を排除する（もっとも、取外し・取付け費用の相当の減額を認める）というものである。

3　ＢＧＨの判断

それでは、以上の欧州司法裁判所の指令第三条の解釈に前後して、ＢＧＨは指令第三条を国内法化した民法第四三九条をどのように解釈したのか。以下、その内容を整理しておこう。

(1)　床タイル付託決定以前の判決（二〇〇八年判決）[115]（寄せ木張りフローリング床材判決）

まず、2で紹介した欧州司法裁判所の裁定を承けてなされたＢＧＨの判断の前に、2(1)のＢＧＨ床タイル付託決定とは別にＢＧＨの重要な二〇〇八年判決が存在する。この判決は、この問題に関し多岐にわたる論点を詳細に検討し、追完（代物給付）の場合の取外し・取付け（フローリング床材の張替え費用）義務を否定している。

敷衍すると、ここでは、(1)売買における本来的履行請求権と追完請求権との関係につき、両者は同一であることを前提とし、(2)それゆえ、追完によって生じた買主の財産損害または費用は民法第二八〇条以下にもとづく損害賠償または費用賠償請求権によるべきである。(3)同第四三九条第二項の追完費用（運送費、交通費、労働費、材料費）のなかには(2)の費用は含まれない、(4)この点は立法者意思からも明らかである、(5)無償の補修請求権または無償の代物給付を予定している指令第三条第三項の目的は、消費者を最初の契約に合致した状態に置くこと（代物給付）であり、フローリング材の張替えは代物給付を超えるものである、(6)有責性を必要としない「契約費用」に関する民法旧第四六七条第二文は、債務法現代化法の際に削除された、(7)追完の履行場所である、瑕疵ある物が存在している場所（屋根瓦判決）からは、取外し・取付け（フローリング床材の張替え）義務は導かれない、というものであった。

(2) 先決裁定を承けたBGH判決（二〇一一年判決）[116]（床タイル判決）

ところが、その後、この二〇〇八年判決の内容を変更したのが、2で紹介した欧州司法裁判所の裁定を承けてなされたBGHの二〇一一年判決である。すなわち、①上記2の欧州司法裁判所先決裁定（前掲裁定という。）に接続して、民法第四三九条第一項第二文[117]は、消費用動産売買指令に一致して、そこに挙げられている「瑕疵なき物の給付」（代物給付）としての追完は、瑕疵ある物の取外し（Ausbau）および搬出（Abtransport）を含む。②同第四三九条第三項第三文で認められている、唯一可能な救済（追完）方法を不相当な費用を理由として拒絶する売主の権利は、指令第三条と一致しない（前掲裁定）。これによって生ずる法の欠缺（Lücke）は、新しい規律がなされるまで、同第四三九条第三項の目的論的制限解釈（teleologische Reduktion）により消費用動産売買（同第四七四条第一項前段[118]）について推論されるべきである。同規定は、消費用動産売買の場合には制限的に適用され、売主の拒絶権は、追完の一つの方法のみが可能であるかもしくは売主が追完の他の方法を正当に拒絶した場合には存在しない。③その場合、不相当な費用を理由として拒絶する売主の権利は、瑕疵ある目的物の取外しおよび代物給付された目的物に関し、買主に対して相当な額の支払いを指示する権利に制限される。この額の算定においては、瑕疵なき状態における物の価値、瑕疵の意義、および、取外し費用・取付け費用の支払いに向けられた買主の権利は、売主の費用分配への制限により空洞化されてはならないことが、顧慮されるべきである、というものであった。

(3) BGH事業者間売買判決（二〇一二年判決[119]）

(2)のBGH判決後、代物給付問題が、指令が直接対象としているこれまでの事業者・消費者間とは異なり、事業者間の売買において問題となり、この場合も二〇一一年判決の判例法理が妥当するのかが注目された。この点につき、BGHの二〇一二年判決は、売主は取外し義務、取付け義務を負わない旨判示した。というのも、これらの義務は、契約において同第四七四条第一項の意味での消費用動産売買が問題とならず事業者間取引における売買契約もしくは消費者間の個人領域での売買契約が問題である場合には、瑕疵なき物の給付に向けられた追完請求権（同第四三九条第一項後半）に含まれないからである、というのである。

4　要約と課題の整理

以上、欧州司法裁判所（二〇一一年裁定）とＢＧＨの三判決（二〇〇八年判決、二〇一一年判決、二〇一二年判決）の要点を紹介した。そこにおける最も重要な点は、欧州司法裁判所の二〇一一年裁定を前後して、民法第四三九条の追完規定の解釈および取外し・取付け義務に関するＢＧＨの判断内容が一変している点である。本稿でもこの点が最も重要であり、それゆえにまた、この点が学説の最も重要な解釈論上の課題となる。

再度確認しておくと、まず、欧州司法裁判所の二〇一一年裁定（判決）は、指令第三条の解釈として、売主に取外し・取付け義務を肯定し、不相当な費用を理由とした売主の拒絶を原則として否定した。そこで、この解釈を承けたＢＧＨの二〇一一年判決は、民法第四三九条に関する二〇〇八年判決の解釈を変更し、同条第一項後半の「瑕疵なき物の給付」には、瑕疵ある物の取外しと搬出を含むとし、同条第三項第三文で認められている売主の拒絶権は指令第三条と一致しないとし、これによって生ずる法の欠缺は、法改正がなされるまで、同条第三項の目的論的制限解釈により消費用動産売買について（同第四七四条第一項前段）推論されるべきである、としたのである。この結果、欧州司法裁判所の裁定は、それまでのＢＧＨの二〇〇八年の判例法理を、いわば「反故」にしたのである。(120)

ところが、ＢＧＨは、その直後の二〇一二年判決において、以上のような民法第四三九条の解釈により売主が取外し・取付け義務を負うのは、事業者・消費者間（b2c）の売買においてのみであり、事業者間（b2b）および消費者間（c2c）においては適用がないという（同条の適用につき不統一的な（「分裂した」））処理を行なったのである。そして、速やかな法改正を行なった。要するに、現在のドイツ民法における動産売買における追完の一方法である代物給付の場合において、売主に取外し・取付け義務が肯定されるのは事業者・消費者間の売買においてのみである。

以上が、判例実務の経緯の概観である。もっとも、このような経緯においては当然に多数の学説が影響を与えている。また、欧州司法裁判所の指令解釈に伴うＢＧＨの判例（解釈）変更は、とりわけ、有責性を必要としない追完と有責性を必要とする損害賠償というドイツ法の枠組に重大な影響を与えるものであることについての共通の認識と関心が存在している。このような解釈変更の妥当範囲を事業者・消費者間の売買に限定したのもかかる認識が背景にあると考えられる。

以下では、これらの認識を踏まえ、判例が提示した内容に関し、債務法改正後程なくして議論が始まった約一〇年間に、その時々において学説がいかなる解釈論（場合によっては立法論）を展開していたのかということを、民法第四三九条が規定する追完の内容（範囲）、とりわけ代物給付における取外し・取付け義務（ないし費用）の問題に限定して概観することとする。

三　ドイツの学説

1　はじめに

以下では、多数の学説のうち、この問題に関し、全ての判決に取り組んできたローレンツの見解を中心とし、彼の見解に影響を与えたと考えられるスカメル、彼の見解と異なる見解としてファウストの見解を中心として紹介することとする。

2　ローレンツ（Stephan Lorenz）の見解

ローレンツの見解は、以下に紹介する如く、本稿に直接関係する論文、判例批評として、(a)債務法現代化法発効後二年して、代物給付の場合の売主の取外し・取付け義務（ないし費用）の問題を最初に提起した二〇〇四年論文を嚆矢とし、(b)代物給付における追完の射程を直接にテーマとした二〇〇九年論文、(c)それまでのBGHの判決を反故にしたと評したEuGHの二〇一一年判決を直接に批評し、BGHの二〇一一年判決（床タイル判決）前に発表された二〇一一年論文、および、(d)BGHの二〇一二年判決（事業者間売買判決）を批評した二〇一三年判例批評が存在する。もっとも、これらの論考のうち、本稿の問題関心からとりわけ重要かつ有意義であると考えられるのが、取外し・取付け義務（ないし費用）問題についての基礎づけを明確にした二〇〇九年論文である。この論文は、基礎となる二〇〇四年論文を、それ以降に登場した学説[121]を考慮し自説に取り入れて修正するものであると推測しうる。以下では、この点を念頭に置きつつ、各論考につき、本稿における問題（課題）に絞って紹介することとする。

(1)　OLG Karlsruhe 二〇〇四年九月二日判決の評釈（二〇〇四年論文[122]）

この二〇〇四年論文（判例批評。実質的には判例批判）については、既に別稿において、売主の代物給付の場合の追完の範囲の問題の所在を明確化するために紹介を行なっている[123]。それゆえ、ここではまず、四点にわたり、評釈の要点を整理しておく。なお、二〇〇四年論文における判例批判は、主として、代物給付の場合に取外し・取付け義務を認めることに対するものである。

(a) 追完方法と契約類型の観点からの批判

まず、民法第四三九条が規定する追完には二つの方法があるが、そのうち、取外し・取付け義務を予定しているのは「修補」の場合においてのみであり、「代物給付」の場合にはそうでない。また、取付け（タイル張り）義務は、最初からこの義務を負っていた場合にのみ存在するが、そのような契約は、売買契約ではなく請負契約における問題であり、この意味で、売買と請負の誤った区別が行なわれている。

(b) 契約費用の観点からの批判

次に、新債務法は、有責性を必要としない「契約費用」の構想を断念したことから、取外し・取付け費用を「契約費用」として請求することはできない。

(c) 取付け費用を損害賠償の問題として位置づける

以上を前提とし、取付け費用は、有責性を要件とする損害賠償の問題であるとする。その場合、給付と「並んだ」（瑕疵結果）損害の賠償としての取付け費用と位置づける。この責任の基礎は民法第二八〇条第一項であり、標準的な義務違反は瑕疵なき物の給付義務違反（同第四三三条第一項第二文）である。まず、この損害賠償請求権は、すでに終局的に発生しており、しかも課せられた（瑕疵なきタイルの）給付が可能であっても否定されない。

次に、売主の有責性については、製造者は売主の履行補助者ではないから製造過程の帰責性は顧慮されず、また、瑕疵なき物の給付義務違反の結果についても、有責性に関係なく保証する意思があるとは想定されないから、有責性を問題としない保証責任も生じない。(124) したがって、売主の有責性（Vertretenmüssen）は、故意または過失においてのみ考慮され、これは推定される（同第二八〇条第一項第二文）が、売主には検査義務がないから、瑕疵が目的物の使用後に初めて判明するような場合には容易に推定が覆される。

(d) 除去義務を収去義務の援用から基礎づける

最後に、除去費用の観点から、除去費用を、解除の場合の原状回復における旧法下の判明法理（屋根瓦判決（BGHZ 87, 104））、すなわち売主の収去権の裏返しの収去義務の論理を援用し、現実に契約に合致した状態をもたらすことを目的とし、かつこのために必要な費用につき有責性を必要としないで売主が負担することを規定する（民法第四三九条第二項）追完の場合には、この論理がより妥当する、とする。すなわち買主は、瑕疵ある物が現存する場所を履行場所とし、売主の収去義務から導かれる除去義務を根拠とし、同第四三九条第一項にもとづき、有責性を必要としないで瑕疵ある物の除去請求権を有するとする。

(e) コメント

二〇〇四年論文は、まず、取外し・取付け義務は、追完方法としての代物給付の内容に含まれず、取付け費用を、有責性を要件とする損害賠償の問題とし、次に、屋根瓦事件判決（BGHZ 87, 104）の援用を通して民法第四三九条第一項から除去請求権を導く、という枠組みを示す。

しかし、以上の内容については、既に示唆したように、次に紹介する二〇〇九年論文の内容から逆推して、不充分な点およびここでの論理を否定し新たな基礎づけが行なわれている点が重要である。まず二〇〇四年論文は、取外し・取付け義務を追完たる「代物給付」の範囲から排除する、そしてその排除理由については、追完が本来的履行請求権の内容以上のものでないことにより積極的に基礎づけられている。この点は、ローレンツの見解の核の部分であり、それゆえに変更はない。しかし、この場合の取付け費用問題を、有責性を要件とする損害賠償の問題であるとするのであるが、その積極的な論拠は示されていない。すなわち、この場合の費用が、本来的履行請求権が内容とする給付利益に関係していないことはよいとして、何故に有責性を要件とする損害賠償の問題なのか。この点が二〇〇九年論文を分析する際の有意義な視点となる。次に取外し費用の問題についてである。この点については、その後の学説の展開を考慮し、二〇〇九年論文では、改説がなされている。したがって、本稿の目的からしても、この点について注意深く論理を追うことが必要とされる。

以下では、とりわけ以上の二つの視点に着目しつつ、二〇〇九年論文の内容をみていくこととする。

(2) 「代物給付による売買法の追完の射程」論文（二〇〇九年論文[125]）

(a) 要点

二〇〇九年論文は、同時に、既に言及したＢＧＨの二〇〇九年判決（床タイル付託決定[126]）の判例批評でもあり、それゆえ、欧州司法裁判所が取り組む指令の解釈問題をも考慮したうえで、売買法における追完の解釈問題に取り組んでいる。なお、ＢＧＨが売買法の基本的問題を欧州司法裁判所に付託することについて、このことは「誠に喜ばしい。少なくとも消費用動産売買の分野においてはこの方法でのみ法的安定性が成し遂げられる[127]」という基本的態度を示している。以下まず、本論文の五つの要点（要約）を示しておこう[128]。

（ｉ）　代物給付（Neulieferung）を請求された売主は、瑕疵ある物の給付に存する義務違反について責めに帰すべきときに限り、民法第二八〇条第一項にもとづく（単純な）損害賠償の方法で、瑕疵ある物の除去（Entfernung）を含め目的物の再度の取付け費用の賠償を負う。売主は、買主が（場合により、解除に結合して）給付に代わる損害賠償、場合によりそれに代えて同第二八四条にもとづく費用賠償を主張する場合にのみ、最初の取付け費用を負担する、とする。この点は、二〇〇四年論文と同様である。

（ⅱ）　代物給付の方法での売買法上の追完請求権は、買主の返還義務に関係なく、瑕疵ある目的物に関して売主の収去義務を含む。その場合に生ずる運送費用は、追完義務の履行場所に関係なく、売主の負担となる。その限りで、同第四三九条第二項は独自の請求権の基礎である、とする。この部分についても、基本的に二〇〇四年論文と同様であるが、ここでは更にその場合に生ずる運送費用についての内容が新たな展開である。

(iii) 収去義務からは、取外し義務もその費用の負担義務も導かれない。もっとも、ＥｕＧＨがここで言及したＢＧＨの付託決定での消費用動産売買については異なった評価に達することは排除されない。その場合は、民法第四三九条第一項、第二項の指令に合致した相応な解釈が可能であろう。しかし、このことは、事業者／消費者の領域に限定されるべきである、とする。この要点の最も重要な点は、この二〇〇九年論文が、収去義務から取外し義務を導いた二〇〇四年論文の立場を放棄している点である。

(iv) 択一的な救済可能性が存在しない場合でも、要求された追完を、民法第四三九条第三項にもとづき期待不可能を理由に拒絶する売主の権利は、指令と一致する。

(v) 期待不可能性の基準は、売主の追完費用と売買代金との関係ではなく、追完費用と（必然的でない経済的な）買主の給付利益との関係である。その限りで、基準として、民法第三二三条第五項第二文の評価が相応に考慮されうる。

(b) 要約

以上の要点を更に要約すると、(i)追完請求権が本来的履行請求権を越えるものではないことを根本的基礎とし、[129] 取外し・取付け義務を否定するとともに、(ii)これらに要する費用は有責性を要件とした給付に代わる損害賠償または費用賠償（民法第二八〇条第一項あるいは同第二八四条）の問題であること、(iii)収去義務の場合に生ずる運送費用は、同第四三九条第二項の独自の請求権が基礎であること、(iv)収去義務からは取外し義務は導かれないが、消費用動産売買については（欧州司法裁判所による）指令の解釈内容に従い異なった判断が可能であること、(v)期待不可能（不相当な費用）を理由とする売主の拒絶権（同第四三九条第三項）は指令と一致すること、(vi)この場合の基準は、追完費用と買主の給付利益との関係であること、以上である。(1)において紹介した二〇〇四年論文と比較すれば、(i)、(ii)の点は基本的に同一内容であるが、(iii)は新たな基礎づけであり、(iv)は欧州司法裁判所による指令の解釈の可能性を留保しつつも、二〇〇四年論文の立場を放棄する。(v)(vi)（期待不可能性（不相当性）抗弁問題）は新たに言及されたものである。これらのうち、以下では、(i)〜(iv)の問題を中心に、より詳しく論理を追うこととする。

(c) 取外し費用問題――「交換」思想と民法第四三九条第二項による基礎づけ

二〇〇四年論文においては、債務法改正以前の、しかも解除の場合に問題となった屋根瓦事件判決の判例法理を、債務法改正後の、しかも追完の場合に、より妥当するとし、収去義務から取外し義務（費用）を導いた。しかし、二〇〇九年論文では、この論理を放棄する。それでは、返還義務に依存しない取外し義務をいかにして基礎づけるのか。

まず、「収去義務（Rücknahmepflicht）」を、「交換」思想により基礎づける。すなわち、「代物給付(Neulieferung)」による追完概念は、同第四三九条第四項が示しているように、交換要素を含意している。すなわち、瑕疵ある物は瑕疵なき物と交換される。交換自体の場合も二人の当事者の引取り義務が存在するのと同様に（同第四三三条第二項後半に結び付いた第四八〇条）、この場合、〝交換〟思想にもとづき、収去義務が基礎づけられ得る」と。[130]

次に、「履行場所」を問題とし、これまでの判例・通説（物が契約に従って存在する場所（現在場所））を批判する学説（最初の履行場所[131]）に同調し、「追完にもとづき生じる義務の履行場所としては最初の履行場所を想定することのみが存在する。交付義務は売買契約にもとづき取立債務であった場合、追完もまた取立債務である。すなわち収去義務の履行場所は、売主の住所地、場合によっては営業所である」とする。[132]

以上の内容からすれば、追完の場合の「交換」思想によって収去義務を基礎づけるのであるが、他方で、その「交換」（追完）場所が、最初の取立債務の場所が売主の住所地であるということになる。そうすると、収去義務を履行する場所（これは目的物が取り付けられた場所）と追完がなされる場所とが異なることになる。そこで、運送費用の負担の問題が生じることを指摘する。この点をどのように考えるべきかが、更に問題となる。この場合、「民法第四三九条第二項にもとづき、履行場所の問題にかかわりなく、売主は、追完のために必要な費用、とりわけ、運送費、交通費、労働費および材料費を負担しなければならない」とし、この条項の解釈から、追完のために生じる買主側の費用を売主が負担することを基礎づける。すなわち、「この場合に問題となるのは、単に〝明示している費用指示規定〟だけでなく、[133]買主に追完に関して費用を生じさせないという、指令第三条第四項の国内法化において担保されるべき独自の費用規律である。[134]その場合、指令は、〝消費用動産を契約に合致した状態にするために必要な費用〟について言及している。したがって、この規定は、売主に、追完の分野において、追完の結果の場所（Erfolgsort）への、瑕疵ある消費用動産の運送費用を負担する義務を負わせる。[135]すなわち、この規定は、売主による追完の貫徹のために買主が引き受けなければならず、それによって〝生活世界の関係〟において存在する全ての費用の賠償についての請求権の基礎として適切に理解されるべきである」[136]というのである。[137]

(d) 取外し義務

（ⅰ）収去義務からは取外し義務は基礎づけられない

この点につき、二〇〇四年論文では、屋根瓦判決の論理を援用して基礎づけていたが、ここでは、「より正確な考慮をするなら、〝屋根瓦〟判決もかかる義務を確定せず、単に返還義務の履行場所、場合によっては給付場所を確定したにすぎない」と分析する。[138] もっとも、「仮に収去義務の必要な構成要素が取外しであったとしても」「収去義務の履行場所……が最初の履行場所である場合にははじめから排除される」とする。また、取外し義務が、持参する義務（Pflicht zur Mitnahme）が必然的に提示された基準として収去義務に組み入れられるものでもない」ことを援用する。[139]

（ii）　完全性利益に対する損害の除去としての収去

それでは、取外し義務の問題はどのような問題として位置づけられるのか。この点を給付利益と完全性利益との比較から次のように詳述する。すなわち、「買主の真の利益が、目的物の収去ではなく、彼のそれ以外の財貨を原状（status quo ante）回復することに向けられている場合、収去請求権は、人工的手段（künstliche Vehikel）として、買主の給付利益ではなく完全性利益を満足させることのみに役立つ。付託事例については、真に、瑕疵あるタイルを売り払うことが問題なのではなく、タイルを張った床を再び新しいタイルを張ることを可能とする状態にすることが問題なのである。事柄に即せば、専ら買主が瑕疵ある物によって彼のそれ以外の財貨に被った損害の除去が問題なのである。しかし、この利益の満足は、民法第二四九条第一項が指示しているように、損害賠償の権利に割り当てられており、したがって有責性を必要とする。追完請求権の見せかけの（vorgebliche）〝未来関連性（Zukunftsbezogenheit）[140]〟からは直接には導かれえない。それは、二つの契約が異なった給付内容であるため、請負契約上の追完請求権との類比にもとづいては基礎づけられえない。[141]」

(e)　再び「費用負担」

以上の論理から、二〇〇九年論文は、再び「費用負担」問題に回帰し、以下の如く、費用負担問題は、買主の契

表

	取外し義務	取付け義務	収去義務	履行場所	取外し費用	取付け費用	運送費（439Ⅱ）
2004年論文	○（収去義務から導かれる）	×	○	瑕疵ある物の現存場所	○（取外し義務を認めることから）	損害賠償（280Ⅰ）根拠なし	特別の言及なし
2009年論文	×（収去義務からは導かれない）	×	○	売主の現住所（取立債務と仮定）	損害賠償（284）完全性利益侵害	損害賠償（280Ⅰ）完全性利益侵害	独自の意義を有する

出所：筆者作成

約利益の回復ではなく完全性利益の回復問題であるとする。

「それゆえ、売主に取外し義務がない場合、再び民法第四三九条第二項に限定すべき費用負担の問題のみが存在する。この規定の広い解釈の場合においても、買主の真の利益が、売買目的物の収去ではなくそれ以外の財貨を原状回復することに向けられている場合には、この限りで費用負担義務は問題とならない。追完請求権の内容およびそれに結びついた費用は、詳述したように、買主を追完の時点に関係づけて、規則どおりに履行されていたならば置かれていたであろう地位に置くということでは、全くない[142]。追完は専ら当初の給付時点における、売買目的物の課せられた状態を確立することを意味する。その限りでも、もはや売却された物を契約に合致した状態に回復するために必要な費用が問題なのではなく、瑕疵ある物の給付により損傷された買主のその他の財貨の回復費用が問題なのである。取外し費用は、瑕疵なき物の獲得にも一次的に瑕疵ある物の返還にも寄与せず、買主のその他の財貨の回復に寄与するのである。したがって、取外し費用は、真の追完との上記の事物関連性は存しない。」

(3) 欧州司法裁判所二〇一一年（床タイル・自動食器洗い機）先決裁定に関する論文（二〇一一年論文[143]）

(a) 問題の所在と結論

本論文は、ＢＧＨに判例変更をさせた判決すなわちこれまでのＢＧＨの判決を反故にした判決を対象とするものであるが、欧州司法裁判所二〇一一年先決裁定の批判のために、冒頭において、二〇〇九年論文までで自らが確認してきた立場を前提とし、問題の所在を、「追完請求権の射程」に絞り、以下のように述べる[144]。

「民法第四三九条第一項によれば、買主は、瑕疵ある物の給付の場合、彼の選択に従い、瑕疵の除去によるか瑕疵なき物の交付による追完を請求しうる。この請求権は、買主の損害賠償請求権（同第四三七条第三号）と異なり売主の有責性を必要としない。その場合に立てられる重要な問いとは、かかる追完義務は、瑕疵ある物を取り外し代物給付された瑕疵なき物を再び取り付けるという売主の義務もしくは買主により既に自身で他の物が取り付けられていたとき最低限それに要する費用を負担するという売主の義務を含むか、ということである。このことが、とりわけ実際的意義を有する所以は、かかる義務は追完請求権の領域においては売主の有責性（同第二七六条）を必要としないからである。同第四三七条第三号、第二八〇条第一項にもとづく損害賠償請求権が援用される場合には、売主は、同第二八〇条第一項第二号にもとづき、有責性が存在しないことを証明することにより責任を避けうる。この証明は、売主が同時に製作者でない場合にはそれほど困難には至らない[145]。従って、有責性を必要としない取付け請求権および取外し請求権（または有責性を必要としない、相当な費用の負担義務）は、買主にとっては計り知れぬ（immens）利益であるが、（有責性のない！）売主にとっては重い経済的負担である。」

二〇一一年論文の問題意識は、売主の取外しおよび取付け費用を、有責性を必要としない追完請求権に含めるとすれば、買主にとっては計り知れない利益となるのに対し、有責性のない売主にとっては重い経済的負担となる、というものである。かかる問題意識から、欧州司法裁判所二〇一一年先決裁定の結論に対する評価（本稿の問題設定に関係する部分に限定）は、以下の如くである。

「1　判決の帰結により最終的には上昇した価格を支払う消費者全体にとっては、ＥｕＧＨの判決により生じた状況は余りにも大きな犠牲を払って得た勝利である。先に引用した法務官の言葉(146)、消費者保護は〝それほど単純ではない〟という事柄は、残念ながら欧州司法裁判所の耳には届かなかった。

2　おそらくこれまで実際に重要でなかった償還規律である民法第四七八条、第四七八条《ママ》は、今となっては、おそらく売主が追完の計り知れない費用を供給者に転嫁しようとする場合にはじめて意義が獲得されるであろう。(147)」（以下、省略）

(b)　判決における批判の要点

以上に述べた著者の批判的態度について、以下では、より批判的に展開している論理をまず紹介しておこう。

（ⅰ）　総論的な評価

欧州司法裁判所の先決裁定は、極めて実際的な帰結（Konsequenz）、とりわけ商取引に対する経済的帰結をもたらす。それだけに、ヨーロッパの最高の裁判所が努力した基礎づけが少ないのは一層残念である。裁判所は、一言もなく実際の法律問題に取り組む。裁判所の論拠は、それが、契約に適合した状態を確立するために取付けが必要であるという理由から、取外し費用および取付け費用は契約に適合した状態の確立のために必要な費用を意味する、と述べるとき、少なくとも循環論法に近づく。その場合、これら全てのことが、最終的には、要求される「高い消費者保護水準」から演繹されるとき、結論を方向づける、消費者保護法の社会ロマン主義によって表現された裁定の印象は避けられない(148)。裁定は、その効果（Auswirkung）においても消費者保護に友好的ではない。すなわち、消費者保護は、周知のように、無料ではなく、最終的には価格を通して消費者自身により支払われる。今やタイルの売主がタイル張り人と同じように瑕疵担保を提供しなければならない場合、売主はその分を予めタイルの価格に含めねばならない。売主が、自身が負担すべき取外し費用および取付け費用を供給業者に転嫁しうる場合には、ほとんど役に立たない。というのも、それによって生じる著しい資本取引費用（Transaktionskosten）もその価格計算に影響し、しかも、その他の点では既に供給業者の価格計算にも影響を与えるからである。

（ii）　解釈論（lex lata）の提示

以上のように、筆者は本二〇一一年論文で裁定批判を行なうものの、欧州司法裁判所二〇一一年先決裁定の帰結を無視することはできない。そこで、これを承けて、以下のような解釈論を提示する。

①　指令に一致する可能な解釈

「……冷静に次のことが確定されねばならない。取付け費用が問題となったBGHの「寄せ木張り用フローリング材判決」も、事業者／消費者の関係においては本質的に反故となる。ＥｕＧＨが、加盟国が取付けを自身で行なうかもしくはそれに相当する費用を負担するという売主の義務を予定しているか否かについて未決定にしていることから、その基準値は、民法第四三九条第一項における「瑕疵なき物の交付」概念の、指令に一致した解釈においてか、さもなければＢＧＨがいずれにしろ既に請求権の基礎と判断した[149]民法第四三九条第二項[150]における費用負担規律の、指令に合致した解釈において国内法化されうる。ドイツ法において存在する追完の優先性とそこから帰結される〝第二の提供〟についての売主の〝権利〟の、本質的でないとはいえない正義（公平）の内容に鑑みて、解釈論として非常にプラスの材料を提供するのは、まず、売主自身に取外しおよび取付けの可能性を与えることである。売主は（場合により第三者の投入により）、事情により消費者よりも有利に遂行しうる。[151]そうでなければ、買主が自身に許容された取外しおよび再度の取付けによる自己実施で過度の（übermässige）費用を惹起する問題を、民法第二五四条第二項の類推適用を介して対処しなければならない。[152]かかる指令に一致する解釈は民法第四三九条第一項の文言に鑑みおそらくなお可能であり、その結果、反制定法的解釈の問い、場合によっては、ＢＧＨが Quelle 事件判決[153]において（極めて大胆に）行なったように、〝指令に一致した法の継続形成〟の問いが[154]立てられてはならない。確かに立法者は、立法手続の間ずっとこの問題を議論したが、しかしながら、売主に対する有責性を要件としないかかる費用負担の責任を意識的に決定しなかった。[155]大望されうることは、いかにして欧州司法裁判所により予定される減額の可能性が〝相当な額〟に国内法化され得るかである。この場合、おそらく民法第四三九条第三項にもとづく売主の拒絶権が同第四三九条第二項にもとづく相応な費用負担義務に結びつけられねばならない。」（以下、省略）

② 事業者／消費者の関係の限界づけ

「しかし、いずれにしろ、今や必要な、指令に一致する解釈は、事業者／消費者の領域に限定されねばならない。確かにＢＧＨの Hieninger 判決で保持された原則によれば、指令の規律を、人的適用範囲を超えて国内法化する（いわゆる〝過剰な（überschießende）国内法化〟）立法者は、疑わしい場合には、一つのしかも同じ規範を〝分裂した〟解釈にならないように意図し、事情に従い、事業者／消費者の関係、事業者同士の関係、消費者同士の関係において適用されることを出発点とする。(156) しかし、ここでの関連においては、この推測は、おそらく一義的に、取外し費用および取付け費用は（有責性を必要とする）損害賠償請求権の要素であることを出発点とした立法者の明確な姿勢に鑑みれば、(157) 論破されるであろう。欧州司法裁判所の Quelle 先決裁定の帰結においても、誰も、―立法者の迅速な規制（干渉）を理由として短期間でのみ必要な―指令に合致した法の継続形成が、事業者／消費者間の関係以外でも行なわれるという観念には至らない。立法者は、そのことにつき、当時、問題の民法上の規律を、民法第四七四条第二項第一文において事業者／消費者の関係に限定することに取り組んだのである。」

（iii）　立法論の提示

ここでは、ドイツ法とヨーロッパ法についての立法論が展開されているが、ドイツ法についてのみ紹介する。

「立法者がなすべきことは、民法第四三九条第三項第三文前半で予定されている売主の権能すなわち唯一可能なまたは唯一存在する追完方法を、不相当性を理由として拒絶する権能を、事業者／消費者の関係に対して新たに規律することである。最も単純には、ここでは費用賠償問題との関係と同じような基準値であろう。民法第四七四条第二項は、その場合、更なる構成要件を介して補充されるべきであり、そのとき、同第四三九条第三項第三文後半は事業者／消費者の関係には適用されない、という内容になる。

その他の点では、取外しおよび取付けの問題について立法者は要求される。立法者は、事業者／消費者の関係に限定して、取外しおよび取付けを自己の責任で行なうという、請負人の一次的義務が存在するか、または、単にいかなる範囲で費用負担義務が存在するかを確定することとなる。また、試みられるべきことは、「ＥｕＧＨの基準に従い、その範囲内で単に〝相当な費用分担〟が充分であることを確定することとなる。それゆえ、法技術的には、おそらく立法論としてより推奨されるのは、売主の一般的な取外しおよび取付け義務ではなく単なる費用支払い規律を予定し、これを売主の〝相当な関与〟に制限することである。[158]したがって、ＥｕＧＨの判決がその限りでなお委ねている自由裁量の余地も、消費者による過度の費用惹起という上述の問題も、解釈論として民法第二五四条第二項の類推適用によってのみ解決されるべき規律に含まれるであろう。[159]」

(4) 事業者間売買についてのＢＧＨ判決の判例批評（二〇一三年判例批評[160]）

(a)
二〇一三年論文は、まず「Ⅰ　問題性とその前史」において、以下のようにこれまでの問いを再確認する。

「重要なのは、代物給付における民法第四三九条第一項にもとづく売買法上の追完請求権の射程という、実務上重要な問題である。瑕疵ある物が給付された場合、売主は買主の選択に従い瑕疵を除去するか瑕疵なき物を給付しなければならない。同第四三三条第一項にもとづく買主の本来的履行請求権とは決して同一ではなく、瑕疵担保権の介入によってその代わりとするこの追完請求権は、[161]多様な問題を投げかける。履行場所という、実務上特に重要な問題[162]と並んで、買主が瑕疵ある物を取り付けた場合の請求権の内容的な射程という問題が設定される。このとき、『瑕疵なき物の給付』に向けられた請求権は、履行場所で自由な処分に委ねることに制限されるのか、この請求権は、瑕疵ある物の取外しおよび瑕疵なき物の取付けを処理しまたはその際に生じる費用賠償をするという売主の義務を含むのか。

かかる費用が損害賠償請求権の対象となりうることは全く疑いない。[163] しかし、このことは、非常にしばしば、売主に帰責事由が欠けていることで挫折する。すなわち、恒常的な判例によれば、専門家である売主であっても特別の検査義務はなく、製造者は、（なお）支配的見解によれば、売主の履行補助者ではなく、その結果、売主は製造者が有責な場合であったとしても責任を負う必要はない。[164]」（中略）「したがって、特別に意義を有するのは、取付け義務および取外し義務または（それらに）対応する費用負担義務が既に民法第四三九条第一項の追完請求権に含まれるのか、ということである。というのも、この請求権は、売主の有責性を要件としていないからである。ＢＧＨは、まず、「寄せ木フローリング材事例」において、追完として給付された材料の取付けを、買主は追完の方法においては履行の方法以上の請求はなし得ないという中核的論拠によって否定した。[165] その際、ショルンドルフ区裁判所の取付け費用の問題、「床タイル事例」におけるＢＧＨの取外し費用の問題を判決してもらうためにＥｕＧＨに付託した。[166] それゆえ、欧州司法裁判所は、Weber/Putzの事実で併合審理し、消費用動産売買指令第三条第二項、第三項は、買主が物を『善意でその種類と使用目的に従って』取り付けた場合、売主の取外しおよび取付け義務を含むという見解を主張した。[167]」

(b)　次に、「Ⅱ　事業者と消費者間における国内法化—解釈論」において、解釈論（解釈方法）についての基本的立場を、以下のように述べる。

「付託問題の領域において、欧州司法裁判所は、単に、消費用動産売買指令の解釈に取り組んだにすぎない。ＢＧＨは、最初の事案の判断において、ＥｕＧＨによりなされた解釈の結論に結び付け、このことが、ドイツ法において既に指令に一致した解釈による解釈論として達成されうるのかということのみ判断しなければならなかった。ＢＧＨは、このことを、民法第四三九条第一項後半における『瑕疵なき物の給付』概念は、文法的解釈（grammatikalische Auslegung）の領域において、取外しおよび取付けを含みうるという論拠によって肯定した[168]。「代物給付（Neulieferung）」概念の、かかる可能な文言の意味を前提とするならば、この結論は、解釈の結論が歴史的立法者意思と一致しない場合でも、方法的には正しい。一次的なＥＵ法に根拠を有する、指令に一致した解釈の要請は、確かに、その都度の加盟国の法の解釈基準と同等であるという独立の解釈基準ではない。しかしながら、それは、―きわめて単純に表現すれば―それが指令に一致した結論に至る場合、別の解釈準則（ここでは歴史的解釈）を無視してその都度の加盟国の解釈準則（ここでは文法的解釈）を優先することを意味する。したがって、指令に一致した解釈の要請は、加盟国の国内法の解釈方法の上層にある、「優先準則（Vorfahrtregelung）」にもとづく要請の規範である。それゆえ、確かに、「反制定法的解釈（contra legem）」ないし法の継続形成の権限は与えられず（かつ義務づけられない）が[169]、しかし少なくともドイツ法においては、おそらく規範の文言のみが（なお）それを許容する場合には、歴史的立法者意思に反する解釈の権限が与えられる（かつ義務づけられる）[170]。」

(c)　そのうえで、「Ⅲ　事業者間（b2b）および消費者間（c2c）への影響」において、まず、解釈論上の問題の所在（指令の「過剰な」国内法化）を以下のように提示する。

「消費用動産売買指令の人的適用範囲は、事業者／消費者間（b2c）の関係のみを含む。これにもとづき、BGHは、この範囲においてのみ可能な範囲で、民法第四三九条第一項の、対応する指令に一致した解釈を行なう義務を負っていた。ここで評論すべき判決においては、今やb2c関係においてなされた民法第四三九条第一項の解釈の結論を、一般的に事業者間（b2b）および消費者間（c2c）においても妥当させねばならないかということが問題となる。民法第四三九条がそのヨーロッパ法的背景にもかかわらず売買法一般の規範であり、それゆえ消費用動産売買（同第四七四条）のみに適用されるわけではないことから、問いが立てられる。すなわち、債務法現代化法の立法者は、当時、買主の追完請求権をも含む、消費用動産売買指令の多数の規定を、事業者と消費者の関係のみならず『過剰に』全ての売買法に対して国内法化したのである。」

次に、具体的な解釈方法について、以下のような提示を行なう。

「EU指令の諸規定を、純粋に国内の、ヨーロッパ法の上層をなさない法規定のための模範とし、これを人的・物的適用範囲を超えて国内法に受け継ぐことは、当然、国内法の立法者の自由裁量に委ねられている。このとき、この限りで、指令に一致した解釈義務は存在しないにもかかわらず、かかる法規範の解釈は、指令によってカバーされない範囲においてもヨーロッパ法の影響から自由ではない。その場合、対応する指令の規律は、とりわけ歴史的解釈の領域に間接的に意義を獲得する。すなわち、自治的なドイツの立法者が指令の規律を純粋にドイツの国内法の模範とする場合、立法者は、文言のみならず模範規律の規律内容をも我が物とするのである。さらに、おそらく、立法者は通常は一つのしかも同じ規範を分裂して解釈する意図をもっていないという一定の推測は、事情次第でそれが指令の適用範囲内で用いられるかまたはそれ以外の適用領域に用いられるかということにプラスの材料を提供する。[171]このことは、もっぱら自治的な国内法において規定される、歴史的解釈の構成要素としての『指令に一致した解釈』に至る。[172]しかし、この間接的な、指令の顧慮は、指令の適用領域とは異なり、通常の解釈基準に優先するものではなく、歴史的解釈の場合に解釈上の全ての考慮事由の範囲における多くの要素の一つを形成するに過ぎない。したがって、指令に導かれた歴史的解釈は、国内法の立法者が統一的な解釈を実際に意図していたかまたは消費者に特化した考慮事由は『別々の解釈』にプラスの材料を提供しないかという慎重な検討を前提条件とする。[173]とりわけ妥当しなければならないことは、欧州司法裁判所によってなされた、指令規律の解釈の結論が『過剰で』あればあるほど、立法者の統一的解釈という仮定的立法者意思に対して不利となる、ということである。」「国内の立法者が、規範の、対応する解釈を考慮しないのみならず、意識的に異なった法政策的判断を行なった場合、統一的な解釈に有利な推定は覆され、『分裂した解釈』が甘受されねばならない。」（以下、省略）

(d)　そして、これに続けて、BGH二〇一二年判決の内容を、以下のように肯定的に評価する。

「BGHは、このことを、本件においても、方法的に正しくしかも説得的な論拠によって行なった。[174]すなわち、ドイツの立法者は、売買法の改正において、明白に追完請求権の射程の狭い理解から出発している。すなわち、ドイツ法の視点からすれば、取外しおよび取付け費用においては、全く一義的に、いわゆる『瑕疵結果損害』の形式における完全性利益に関連した損害賠償請求権が問題であり履行請求権は問題とならない。[175]立法者は、有責性を必要としない、買主の損害賠償請求権を（国際売買法における傾向にもかかわらず）[176]、しかし、明確に挿入しなかった。[177]立法者は、有責性原理についてのこの確定をも超えて、売買法の新規律によって『売主の損害賠償義務の原則的な拡大』には正に至らないことを明白に表現したのである。[178]このことが立法者意思にもとづき『履行補助者責任』を介しての迂回として行なわれることがほとんどないのと同様に、追完請求権が、今やＥｕＧＨの判断にもとづいてヨーロッパ法的に一度必要とされた基準を超えて、より近い（näher）瑕疵結果損害の賠償に向けられた、有責性を必要としない請求権の導入への迂回として利用されてはならない。追完請求権は、満足すべき利益に関して、本来的履行請求権より広範なものではありえない。ＢＧＨも、このことを、次のように、簡潔かつ含蓄をもって表現している。『買主が追完によって保持すべきものは、彼が契約上要求しなければならないものである。[179]』―正にこれ以上ではない。」

(e)　最後に、「Ⅳ　企図された制定法の規律」において、立法論（進行しつつある改正手続）の現状について以下のように述べて、結ぶ。

「ＢＧＨの結論は、ある意味で、立法者の計画により厳格化される。ＢＧＨが既にＥｕＧＨの判決を承けてなされた「Weber/Putz判決」において、立法者に対し、そこでなされた解決を立法化するよう訴えた後、[180]今や連邦司法省の対応する担当官草案が存在する。この草案は、消費者の権利に関する二〇一一年一〇月二五日ＥＵ指令の（遅くとも二〇一三年一二月三一日までに必要な）国内法化の分野で、[181]民法新第四七四ａ条において、（欧州司法裁判所により許容された制限により）b2cに制限した取外し義務および取付け義務を予定している。[182]」

(5) 要約と課題

ローレンツの見解は、以下のように要約することができる。二〇〇四年論文から二〇一三年判例批評までを通じて彼の一貫した出発点は、(a)追完請求権は本来的履行請求権の範囲を超えるものではないということである。(b)それゆえ、売主の追完の一方法である代物給付においては、その内容には、瑕疵ある物の取外し義務、瑕疵なき物の取付け義務は含まれないこと、(c)そうして、それに関連した取外し費用および取付け費用は、買主の給付利益の問題ではなく、完全性利益の回復の問題であること、(d)それゆえ、これらの費用賠償は、売主の有責性を要件とする損害賠償の問題であるということ、を帰結する。(e)もっとも、このような諸帰結からしても、指令第三条の追完の一方法である代物給付に、売主の取外し義務、取付け義務を肯定する欧州司法裁判所二〇一一年先決裁定を踏まえて指令に一致した国内法の解釈をせねばならない。しかし、そこでも、民法第四三九条の追完規定はあくまでも事業者／消費者間(b2c)における売買に限定すべきである、という結論に至る。

かかる見解が判例にも多大の影響を与えたことはこれまでのBGHの諸判決からも明らかである。もっとも、既に冒頭で示唆した如く、このようなローレンツの見解に対して理論的に影響を与えた見解が存在し、これに対し、当然に対立する見解も存在する。そこで、次にこれらの見解のうち、スカメルトファウストの見解について紹介し、若干の分析をすることにより、代物給付の方法による追完の射程を考える場合のより深い解釈論上の問題点を浮き彫りにしたいと考える。

3 スカメル(Frank Skamel)の見解

(1) スカメルの見解への視点

スカメルは、『物の売買における追完』[183]において基本的立場を明らかにしている。ここでは、「修補と代物給付」

（第二章）および「追完の内容と範囲」（第三章）が考察の対象である。[184] これらのうち、本稿との関係で重要なのは、第三章「追完の内容と範囲」である。[185] 以下では、「追完と損害賠償」に絞って紹介する。

スカメルによれば、追完の問題は損害賠償の問題と密接に関連している。その場合、瑕疵が惹起する損害（die mangelverursachte Schäden：以下、「瑕疵結果損害」という。[186]）が両者の関係の接点となる。その背後には、追完と本来的履行請求権、修補と代物給付の内容、有責性を必要としない追完と必要とする損害賠償、および、売買における追完と請負における追完といった関係が存在する。

これらの関係は、法的構成（解釈）を行なう際に以下の二点において具体的に展開されている。一つは、追完の限界を損害賠償との関係で考察する際に、有責性を必要としない追完と有責性を必要とする損害賠償とを区別する基準として、瑕疵の類型化を導入する点においてであり（瑕疵損害と瑕疵結果損害）、いま一つは、この場合の解釈を、契約当事者の合意を前提とする私的自治（契約解釈）と民法上の瑕疵担保規律（法解釈）との協働から導く点においてである。

以下では、スカメルの見解の内容を、瑕疵ある物の取外し義務、瑕疵なき物の取付け義務の問題に照準を合わせ、これに必要な限りにおいて整理する。

(2)　追完と損害賠償との接点としての「瑕疵結果損害」

まず、追完と損害賠償との接点は何によって生ずるのか、につき、給付された瑕疵ある物の変更を手掛かりとして、「修補または代物給付により、物のいかなる状態が維持され、回復されるべきなのか、ということが一般に問われる場合には、視野が遮られる[187]」と前置きした後、両者の関係とその限界づけについて新たな視点を提供する。

「民法第二八〇条にもとづく《単純な》損害賠償請求権[188]は、追完請求権と同じく、瑕疵なき物の引渡し義務と譲渡義務違反により惹起された損害の調整（Regulierung）に（も）奉仕する。したがって、責任を基礎づける義務違反ではなく、瑕疵結果損害のみが、追完と《単純な》損害賠償との限界づけに適した接点（Anknüpfungspunkt）である[189]」。

その要点は、追完と損害賠償との接点として、瑕疵結果損害を抽出する点にある。すなわち、瑕疵結果損害のみが追完と損害賠償とを限界づける接点である。

(3) 解釈問題の設定：売主無責の場合の瑕疵結果損害の危険（責任）確定問題

それでは、上記の限界づけおよび追完義務の範囲の問いはどのようにして解答されうるのか。「売買契約当事者の責任領域の記述によってのみ答えられうる」という[190]。

すなわち、この場合、「民法第四三三条第一項後段[191]にもとづく瑕疵なき物の引渡し義務違反と譲渡義務違反から生じる危険分配と同様のことが、問題となる。売主が義務違反について責めに帰すべき場合、売主は買主に対し、同第二八〇条第一項にもとづき、そこから生じる全ての損害に対して責任を負う。買主が売主無責で損害を被った場合、この損害は単に追完および解除または減額により調整される。したがって、追完と損害賠償との関係において決定的に有意義なのは、いずれの当事者が、いかなる範囲で、売主無責の瑕疵により買主の財産に惹起された損害の危険を負担するのか、ということである。[192]」

要点は以下の如くである。追完と損害賠償の関係の解釈問題は、売主無責の瑕疵により買主の財産に惹起された損害について、買主と売主との危険・責任分配をいかに確定するかの問題である。すなわち、「瑕疵なき物の給付義務」違反のうち、「瑕疵ある物が給付」された場合の責任分配の確定問題である。

(4) 確定問題への解釈論的アプローチ

(a) 解釈上の視点

それでは、以上の解釈論上の問題はどのようなアプローチによってなされるべきか。この点につき、「売買契約上の合意に存する私的自治の自己拘束と民法上の瑕疵担保救済規律との協働により生じる」とし、民法上の規律および売買契約につき、各々の内容的特徴から解釈上考慮すべき点ないし視点を、具体的に以下のように提供する。

(b) 「民法上の規律」

「追完義務の範囲は、単に民法第四三九条第一項[193]の規定のみからは導かれえない。すでに委員会草案はその第四三八条[194]において詳細な規律を断念した。個別の場合における事態適合的な判断は判例に委ねられることとされた[195]。

解除後の瑕疵ある物の返還に関する民法第三四六条以下が瑕疵結果損害の危険分配に取り組んでいる。確かにこれらの規定は、同第四三九条第四項[196]を介して、同第四三九条第一項後半[197]にもとづく代物給付の場合にのみ適用可能である。しかし、探究されるべきことは、有責性を必要としない解除の法的救済から、どの範囲で、有責性を必要としない追完請求権への逆推が導かれうるのか、である。最後にヨーロッパ法の基準値が顧慮されねばならない。とりわけ消費用動産売買指令第三条第三項第三文において要求されているところの、追完は《消費者に著しい不便なしになされなければならない》という基準である。」

要点は、解釈による「追完の範囲」の確定において考慮されるべき三つの規律内容である。第一は、民法第四三九条第一項（「瑕疵なき物の給付義務」）を基本とした個別的判断であり、第二は、解除規定（第四三九条第一項、第四項、同第三四六条以下）から追完請求権をいかに逆推するかであり[198]、第三は、消費用動産売買指令（以下、単に指令という。）第三条第三項第三文（「消費者に著しい不愉快なしに」という基準）の解釈である[199]。

(c)「売買契約」

この点につき、以下のような基本的立場が示される。仮に見出しを付せば、(i) 本来的履行請求権と追完請求権との関係、(ii) 合意された性状の欠如から生じた損害に対する責任の範囲、(iii) 合意の解釈における二つの損害類型、となる。

(i) 本来的履行請求権と追完請求権との関係

「追完請求権の解釈学的整序に左右されず、本来的履行請求権との関係は、瑕疵担保法上の修正(Modifikation)により廃棄されない[200]。両者はその基礎を売買契約のなかに見出す。確かに課せられた給付に向けられた請求権は、仮定的な危険移転の時点以後、民法第四三九条第一項にもとづいてのみ追及されうる。しかし、指令第三条第二項[201]における基準に従い、追完請求権は、売買契約上の履行請求権と同じで、契約適合状態を作り出すことに向けられている。売主によりなされた履行の試みの前後で、当事者の調達合意と同第四三四条第一項[202]の補充的基準に対応した、物の調達が課せられている[203]。」

要点は、追完請求権は本来的履行請求権と同じであり、両者は、指令第三条第二項を媒介として、契約適合状態を作り出すことに向けられており、当事者の合意と民法第四三四条第一項の補充的基準に対応した、物の調達義務が課せられている、ということである。

（ⅱ）合意された性状の欠如から生じた損害に対する売主の責任の範囲

「一定の性状合意により、売主はいかなる範囲で、その欠如から生じた損害に対する責任を引き受けたのかということが、解明されるべきである。売買契約上の合意により基礎づけられた瑕疵なき物の給付義務は、買主という客観的な受領者の地平（理解力）（Empfängerhorizont）にもとづき、売主は、物の瑕疵に対して有責性なしに瑕疵の結果まで保証する意思である、とは直ちには理解できない。売主は、売買契約上の給付合意により、買主たる受領者の地平にもとづき、通常は、最終的に瑕疵なき物の調達についての危険のみを引き受けたのであり、最初に給付される物に瑕疵がないという危険を引き受けたのではない。このことは、瑕疵により惹起された売主の損害賠償義務に対して一般的に承認されるが、この損害が有責性を必要としない追完の方法で除去されるべきであるという問題に対しても有意義である。(204)」

要点は、以下の如くである。瑕疵なき物の給付義務から一般的に承認される売主の意思は、有責でなくとも瑕疵の結果まで保証するというものではなく、瑕疵なき物の最終的な調達危険を引き受けるという意思である。そして、このことは、有責性を必要としない、売主の追完による除去の問題にとっても有意義である。

（ⅲ）物の瑕疵の場合の売主の義務の範囲：合意の解釈と二つの損害類型

瑕疵ある物の給付の場合における売主の義務の範囲は、「当事者の個々の合意の解釈により確定される。その場合に決定的なことは、売主の給付合意がどの程度まで買主の法益に奉仕しかつ損害除去義務を負うべきであるのか、ということである。したがって、瑕疵ある物の給付により」「惹起された損害は、個々の損害状況について有責性を要件としないで追完により除去されるものと、有責性を要件としてのみ賠償されるものという、異なった処理を正当化しうる観点に従って分類されるべきである。その場合、一般に、体系的に相互に区別される二つの損害類型に逢着する。この損害の種類に方向づけられ、追完内容の記述により示されることは、売主の追完義務にとっては、次のような違いを意味している。すなわち、本来の履行義務が、単に課せられた物を（例えば店頭で）買主に引渡しまたは譲渡することのみに向けられているのか、それともそれを超えて瑕疵なき物を組み立てるのか、買主の希望により組み立てるのか、または例えば買主の家に取り付けられるべきなのか、という違いである。しかし、瑕疵結果損害の種類に従った細分化は、追完義務と損害賠償義務の調整（Abstimmung）を可能にするのみならず、有責性を要件としない瑕疵担保救済の体系における追完をも整序する。(205)」

ここでの要点は以下の如くである。物の瑕疵の場合の売主の義務の範囲は合意の解釈により確定されるが、その場合に重要なことは、売主の給付合意がどの程度まで買主の法益に奉仕しかつ損害除去義務を負うべきか、ということである。この観点から、瑕疵結果損害は、有責性を要件としない追完により除去されるものと、有責性を要件として賠償されるものに分類され、これらは、体系的に区別される瑕疵結果損害の二類型である。この二類型による細分化は、本来の給付義務を、単なる譲渡・引渡しにすぎないのか、それともそれを超えて組立て・取付け義務を含むのかの違いとして、追完義務をも整序する。

(c)　小括（要約）と展開

以上の点を要約しておこう。

（ⅰ）解釈的結論は、「売買契約上の合意に存する私的自治の自己拘束と民法上の瑕疵担保救済の規律との協働により生じる」。

（ⅱ）そこでまず、民法上の規律については、「瑕疵なき物の給付義務」を規定する同第四三九条第一項、解除の効果を規定する同第三四六条以下、および、「消費者に著しい不愉快なしに」追完がなされるべきであるとする、指令第三条第三項第三文が解釈において考慮される（具体的内容は後述）。

（ⅲ）このことを前提として、売買契約上の自己拘束については、以下のように整理しうる。

①本来的履行請求権と追完請求権とは同一であり、それらは契約適合状態の確立に向けられており、当事者の合意と民法第四三四条第一項の補充的基準に対応した物の調達義務が課せられている。そこから、合意された性状の欠如から生ずる損害に対する売主の責任引受けの範囲は瑕疵なき物の調達危険の引受けである。このことは、有責性を要件とする瑕疵結果損害に対する賠償義務のみならず、有責性を必要としない追完による除去義務にとっても有意義である。

②物の瑕疵の場合の売主の義務の範囲は合意の解釈により確認されるが、その場合に重要なことは、売主の給付約束がどの程度まで買主の法益に奉仕しかつ損害除去義務を負うべきなのか、ということである。この観点から、瑕疵結果損害は、有責性を要件としない追完により除去されるものと、有責性を要件として賠償されるものとに分類される。これらは、体系的に区別される瑕疵結果損害の二類型である。この二類型による細分化は、本来の給付義務が単なる譲渡・引渡しにすぎないか、それを超えて組立て・取付けなのかの違いにより、追完義務をも整序する。

(5) 瑕疵結果損害類型と追完・損害賠償との関係

以上の解釈的枠組みを前提とし、具体的に解明されるべき問題は、瑕疵結果損害類型との関係で追完義務の範囲をどのように確定するのか、である。もっとも、「瑕疵損害（Mangelschäden）」と「瑕疵結果損害（Mangelfogeschäden）」概念は、債務法改正以前において知られていたものであるが、スカメルがこれをいかにしてここでの問題に接合しようとしているのかについて、改めて一瞥しておくことが有意義である。そこで、まず、この点についての彼の基本的立場を確認しておく。

「追完義務の範囲という問いに答えるために、一部の学説は、旧法（注：債務法改正以前の法を指す。）において使用されていた、瑕疵損害と瑕疵結果損害との細分化を、それらの概念を詳細に規定しないで用いる。すなわち、追完の場合において、瑕疵結果損害を意味する効果は、民法第四三九条第一項にもとづき、給付された物の瑕疵を除去することではなく、専ら同第二八〇条第一項にもとづく損害賠償の方法で調整されるべきである、という。

両者の間の請求権の基礎の違いは、次の点に存する。すなわち追完請求権は買主の有責性（Vertretenmüssen）を必要としないが、民法第二八〇条第一項第二文にもとづく損害賠償請求権は、売主が瑕疵ある物の給付において存する、同第四三三条第一項第二文にもとづく義務違反につき責めに帰すべきことを要件としている。したがって、以下において探究されるべきことは、同第四三九条第一項と同第二八〇条第一項との限界づけは、瑕疵結果損害概念の参照指示によっていかに正当化されるのか、ということである。さらに明らかにされるべきことは、追完請求権の内容にとって、異なった損害の種類の違いからいかなる結論が導出されうるか、ということである。

その場合、もっぱら、民法第四三七条第一号(206)、第四三九条第一項において前提とされている、瑕疵ある物が給付され、そのために買主が、瑕疵結果損害を被る場合が問題である。したがって、一方で、売主が同第四三三条第一項第二文（後段）(207)にもとづく瑕疵なき給付義務に違反している場合を含まず、他方で、売主は確かに瑕疵ある物を給付したが、本来の瑕疵無価値を超えた損害が、その瑕疵によってではなく他の方法によって惹起された場合を含まない(208)。」「以上から、以下の考慮には、有効な売買契約であるにもかかわらず瑕疵なき給付義務が存在しない場合は含まない。すなわち民法第四三三条にもとづく履行請求権が既に契約締結の際に民法第二七五条第一項から第三項(209)にもとづく給付障害（Leistungshindernis）に遭遇している場合は追完請求権も排除される。この場合、瑕疵ある物の給付により生じた損害はもっぱら民法第三一一ａ条第二項(210)にもとづき調整されるべきである(211)。」


要点は以下の如くである。債務法改正以前における「瑕疵結果損害」概念が意味する法律効果は、一部の学説によれば、瑕疵除去（民法第四三九条第一項）ではなく専ら損害賠償（民法第二八〇条第一項）による調整において意義を有していた。ところで、追完請求権と損害賠償請求権は、有責性の有無によって区別される。したがって、ここでの解釈問題は、瑕疵ある物が給付され、その瑕疵により買主が損害を被る場合において、「瑕疵結果損害」により両者をいかに限界づけるのか、であり、その際、追完請求権の内容にとって異なった損害の種類からいかなる結論が導出されるのか、を明らかにすることである。

以上の立場を前提とし、以下では、スカメルが、かかる問いに対して導出した一般的な結論を整理しておくこととする。

(a)　瑕疵ある物自体についての損害

これには二種類ある。

(ⅰ)　まず、第一の損害類型は、給付された瑕疵ある物自体についての損害である。

「これに属するのは、まず、……価値無価値である。売主から提供された瑕疵ある物を買主が拒絶しない場合（この場合民法第四三三条第一項にもとづく履行請求権が存続する。給付の遅滞を理由として生じた損害は、同第二八〇条第二項、第二八六条にもとづき規制されるであろう。）、買主は専らその受領により、約束した給付となされた給付との不足（Defizit）に対応する損害を被る。この給付の不足により生じた損害は疑問の余地なく追完の方法において除去されうる。[212]」

(ⅱ)　つぎに、本来の瑕疵無価値を超えて物自体に生じた瑕疵結果損害である。

これは、「買主が追完請求権の発生した時点において修補または代物給付によりこの無価値の除去を直接に請求せず、その結果、瑕疵ある物が悪化することに起因している。物の悪化は、当初の瑕疵の増大により生じ、または、瑕疵が瑕疵ある物以外の物に拡大することにより生じうる（いわゆる侵蝕損害（Weiterfresserschaden)）。民法第四三四条第二項後段[213]は、瑕疵ある物自体についての瑕疵結果損害の特別の場合を記述している。それによれば、給付された物が瑕疵ある組立てマニュアル（指示書）にもとづいて誤って取り付けられた場合は瑕疵と同等である。[214]」

(b) 買主の別の財産に惹起された損害

第二の損害類型は、買主の別の財産に惹起された損害である。

「ここでは一方で、民法第八二三条にもとづき法取引（Rechtsverkehr）において一般に保護される、買主の法益が該当しうる。その場合、給付された瑕疵ある物とは別の、生命、身体の無傷性、所有権および所有権と同等な基本的法益が問題となる。一般的に出発点とされるのは、これらの法益についての損害は、追完によって除去されるべきではなく、同第二八〇条第一項の要件のもとで瑕疵結果損害として賠償されるべきである、ということである。[215]《以下略[216]》」

以上の叙述を図示すれば、以下のようになる。

- 瑕疵結果損害
  - 瑕疵ある物の損害
    - 瑕疵ある物（自体）　←　追完
    - 侵蝕損害　←　追完
  - 買主の別の法益（完全性利益）に対する損害　←　損害賠償

(c) 瑕疵結果損害類型と損害賠償との対応関係

以上を前提として、最後に、瑕疵結果損害類型と損害賠償との対応関係についてのスカメルの立場を整理しておこう。

（ⅰ）まず、物自体についての侵蝕損害（Weiterfresserschaden）は契約上の基礎にもとづき、民法第二八〇条第一項の「単純な」損害賠償として賠償されるべきものではなく、同第二八〇条第一項、第三項、第二八一条の更なる要件のものとでの「給付に代わる」損害賠償として賠償されるべきである。

（ⅱ）つぎに、侵蝕損害により侵害された給付に関連した完全性利益の賠償は、第二八一条第一項から第三項により必要な期間が徒過した場合にのみ、第八二三条第一項によっても請求されうる。

（ⅲ）最後に、買主の他の物についての損害により侵害された、給付に関連しない完全性利益は、第二八〇条第一項、場合によっては第八二三条第一項により賠償されるべきである。売主が物の製作者でもある場合、それと並んで、製造物責任法第一条第一項第一文にもとづく請求権が問題となる。同規定は、製造物責任指令第9条ａにおける基準の国内法化において、製造物責任法第一条第一項第二文にもとづき、「欠陥ある製造物としての他の物」についてのみ適用可能である。したがって、侵蝕瑕疵に対応する追完権との衝突（矛盾）は、既に文言により排除される。有責性に関係なく、売主は、必要な効果が追完である、完全性（利益の）損害のみを除去しなければならない、とする。

損害賠償｛
物自体への侵蝕損害　→　給付に代わる損害賠償（第二八〇条第三項）
給付に関連した完全性利益への侵蝕損害　→　給付に代わる損害賠償（第二八一条）、不法行為による損害賠償（第八二三条第一項）
給付に関連しない完全性利益への損害　→　単純な損害賠償（第二八〇条第一項）、不法行為による損害賠償（第八二三条第一項）
｝

(6) 取外し義務——買主の他の財産に惹起された損害

(a) はじめに

以上の枠組みを前提とし、最後に、本稿が直接に目的とする、瑕疵ある物の取外し義務（および瑕疵なき物の取付け義務）についての、スカメルの立場を整理しておく。彼の基本的立場は、これらの義務の問題を、買主の他の財産に惹起された損害の問題として位置づける。すなわち、「買主によりなされた、瑕疵ある物の取付けの場合において、売主は追完の場合いかなる範囲でこの物の取外し義務を負うのかという問題である」[218]とするのである。

この基本的立場を前提とし、以下では、先述の契約解釈と法解釈の帰結から、最終的な結論を示すこととする。もっとも、ここでは、スカメル自身が取り組んでいる「瑕疵ある物の取外し」の項目で立てたタイトル、すなわち「瑕疵ある物の返還の給付場所での取外し？」、「旧法下における解除権（Wandelungsrecht）と並行に？」および「旧法下の請負契約と並行した、課せられた追完の要件としての取外し」、に沿って紹介する。もっとも、かかる紹介では、スカメルが法解釈に関して挙げた消費用動産売買指令第三条第三項の解釈についての立場が明らかにされない。これは、本稿の観点からも、解釈論の観点からも重要な欠落となる。そこで、上記の内容の紹介の前に、指令第三条に関する彼の立場を確認しておくこととする。

(b) 指令第三条第三項の解釈

法解釈の第一として指令第三条についてのスカメルの立場（解釈的帰結）の要点を確認しておこう。

「買主により瑕疵ある物のためになされた出費を改めて行なうという売主の義務は指令の基準からも引き出されえない。指令第一条第二項f、第三条第一項によれば、単に『契約に適合した状態』が課せられているにすぎない。したがって、給付された物が、原始的な瑕疵（Mangelunwert）が存在していなかったなら、追完請求権の主張の時点において存在していた状態は、考えられえない。というのは、契約適合性は、指令第二条第一項によれば、売主が『売買契約に適合した動産』を給付した場合に存在するからである。したがって、この契約適合性概念は、民法第四三四条にもとづき契約上課せられた性状と同等であり、それゆえ、本来的に課せられた状態のみならず追完の場合に確立すべき状態をも記述しているのである。この状態の確立に向けられた追完義務も本来の給付義務より広いものであるかもしれない。（しかし）課せられた状態は同じである。

買主によってなされた変更の維持または回復義務は、指令第三条第三項第三文を援用することもできない。それによれば、追完は、相当の期間内のみならず、『消費者の著しい不便なしに』行なわれねばならない。この基準にもとづく具体的な法律効果は、売主の給付義務の範囲については追完の履行場所に関してのみ考慮されている。しかし、瑕疵ある物の場所の変更と同じく、物が本来の履行場所において修補されるかまたは交換されねばならない場合、買主に不便が生じることに至りえ、また、買主が最初に課せられた状態の確立に制限された追完により彼の出費を覚悟しなければならない場合、物の変更は不便を惹起しうる。

消費用動産売買指令において『著しい不便』にはいかなる意義が適切であるかということは、直ちには理解できない。この基準は、売主の義務違反から生じる不利益から買主を保護するという思想によって支持されている。もっともこの試み（Bestrreben）が、買主に、彼が契約上の合意にもとづいて請求しうるよりも、悪くない地位に置くということのみならず、追完債務者の給付義務の修正によって（支出義務を含めることによって）、事情により、より良い地位に置くというところにまで到るか、は疑わしいように思われる。適切にも、指令第三条第三項第三文は追完の内容を規定していない。指令第三条第五項第三号において繰り返されている、「著しい不便」の定式化は、単に、売主により、追完のときに、売却された消費用動産の種類およびその使用目的を顧慮して遵守すべき注意義務（Sorgfaltspflicht）を記述しているに過ぎない。その注意義務違反はせいぜい、付随義務として、指令に含まれない損害賠償請求権を調整しうるであろう。この思想の継続において、立法者意思（Regierungsbegründung）は、指令第三条第三項第三号を民法第四四〇条第一文の意味における追完の期待可能性のメルクマールの具体化として理解する。それゆえ、ドイツ法においては、指令第三条第三項第三号の基準は、売主の積極的義務ではなく、単に指令に一致して二次的な（nachrangige）瑕疵担保権（解除および減額）の、原則的な期間設定の必要性の例外として国内法化されたのである。今や、売主の追完義務の内容の決定における意義は、期待不可能に至る基準としての『著しい不便』概念のこの理解と一致しない。すなわち、何が買主に期待可能か（不可能か）という問いは、いずれにしろ買主が売主に何を請求しえないかということに関しては、立てられない。むしろ、この問いは、追完の内容と範囲に関して既に決定されている請求権を前提とするが、しかしその形成には影響を及ぼさない。それゆえ、追完は、充分に、著しい不便と結び付きえ、それゆえ、売主に期間設定により修補または代物給付の可能性を与えることは、買主には期待不可能でありうる。買主は、この場合、民法第四四〇条第一文第三句にもとづき、即時に、そして給付に代わる損害賠償または費用賠償を請求しうる。しかしながら、指令第三条第三項第三号は売主の追完義務の内容の決定には影響を及ぼさない。[219]」

ここでの最も重要な要点は、買主により瑕疵ある物のためになされた出費に対する売主の義務は指令の基準からは引き出されえず、指令は追完義務の内容の決定には影響を及ぼさない、ということである。

敷衍すると、こうである。指令がいう「契約適合性」は、民法第四三四条にもとづき契約上課せられた性状と同等であり、それは追完の場合に確立すべき状態をも記述している。すなわち、「著しい不便なしに」という文言は、売主の給付義務の範囲についてはは追完の履行場所に関してのみ考慮されており、その具体的意義は、追完時に遵守すべき売主の注意義務を記述しているのであり、違反は、付随義務違反として、指令に含まれない損害賠償請求権を調整しうるにすぎない。そして、この思想の継続において、ドイツの立法者意思は、指令第三条第三項第三号を、民法第四四〇条第一文の意味における追完の期待可能性のメルクマールの具体化として理解する。それゆえ、ドイツ法においては、指令第三条第三項第三号の基準は、売主の積極的義務ではなく、単に指令に一致して二次的な瑕疵担保権（解除および減額）の、原則的な期間設定の必要性の例外として国内法化されたのである、ということである。

(c)　瑕疵ある物の返還の給付場所での取外し？

ここでの議論におけるスカメルの結論の要点は、瑕疵ある物を引き取るという、売主の義務から取外し義務を導く（債務法改正以前のＢＧＨの立場）ことはできない、ということである。以下、その論理をみておこう。

「売主の取外し義務の問題は、一般的な見解によれば、履行（給付）場所の問題、より詳細には、瑕疵ある物の、売主による課せられた引取り（Rücknahme）の給付場所の問題に答えることである。すなわち買主に追完の方法で瑕疵なき物を給付する場合、売主は民法第四三九条第四項、同第三四六条以下に従い、瑕疵ある物の返還請求権を有する。売主にこのことを超えて引取り義務を課すことは、買主が瑕疵ある物の除去について保護に値する利益を有する場合について、正当にも、旧法の解除権とパラレルに議論する余地はない[220][221]。敷衍すると、「この利益は、給付された物が買主の法益を危険に晒し、瑕疵のために費用をかけて（kostspielig）処理または監督されねばならない場合に、存在する。もっとも、物の引取りについての買主の利益の評価にとっては、物の取外しに関する利益は重要ではない[222]。瑕疵ある物の取外しは、給付された瑕疵なき物の取付けのための必要な前提ではありうる。修補の場合に、買主に取外しの利益が存するのは、取り外された物のみが修補されうるからである。しかし、瑕疵ある物の引取り義務が同時に引き取るべき物の取外し義務を含むかは、それについて課せられた給付の範囲にとって、引取りの場所の推論と同じく疑わしい。引取り義務は、確かに取外し義務を前提とするが、その必然的結果ではない。それゆえ、引取りについての利益の基準として、それに向けられた売主の義務の要件として、取外しに関する買主の利益は問題とならない[223]。」

ここでは、債務法改正以前の旧法下においてＢＧＨが、次の(d)に関連する屋根瓦判決において、売主の引取り義務から取外し義務を認めている点を問題としており、取り外された物を修補する場合と比較し、代物給付の場合には、買主には取外しの利益は存在しないこと、引取りは取外しを前提とするが必然的結果ではないことから、売主の義務の要件として、取外しに関する買主の利益は問題とならないと結論づけ、売主の引取り義務から取外し義務を導出するＢＧＨの立場を批判する。

(d)　旧法下の解除権と並行に？

上記の問題が、引取り義務の際の、買主の取外しの利益の観点からの分析であるのに対し、ここでは、取外し義務の問題を、有責性の要件の有無の観点から分析することにより、売主の取外し義務を認めることの問題性を指摘している。

(c)の内容に続けて、スカメルは言う。「しかしながら、旧法の解除権に関する判例は、瑕疵ある物の取外しに関する買主の利益の参照指示（Verweis）のもとで、引取りの給付場所から、給付された物を取り外す売主の義務を導いた。例えば、売主は買主の不動産に向けて給付した屋根瓦を、解除後に民法旧第四六七条第一文、同第三四六条第一文にもとづき、単に不動産上で再び受領するだけでなく、それが買主によって葺かれ、それ故に規定どおりに使用された屋根瓦を屋根から剥がさなければならなかった。[224][225]」しかし、「このように理解された、売主の引取り義務は、既に、旧法下において問題であった。なぜなら、有責性を要件としない解除権における取外し義務によって、売主の有責性を問題とせず、同旧第四六三条[226]の要件なしに、瑕疵ある物の使用により生じた、買主の財産についての損害をその限りで賠償する義務が基礎づけられたからである。[227][228]」

さらに、目的物の場所の変更が何故に売主の義務の拡大に繋がるのか、および、この点について不安定なまま、債務法改正前の屋根瓦判決の立場を、債務法改正後の現行法に転用することについて、疑問を呈する。なお、この部分がローレンツの改説の根拠ともなっていると考えられる。

「それ以上に極めて不明確なのは、いかなる要件のもとで場所の変更が売買目的物の規定どおりの使用と対応するのか、そしてそれゆえに瑕疵の場合に売主の義務が拡大されるべきなのか、ということである。例えば、転売が予定されている場合、転売される場所が決定されておらず、第一売主が転売のために給付した場所が決定されている。しかし、なにゆえに、このために予定されている商品の場合の転売が、屋根瓦を剥がす場合と同様に規定どおりの使用に対応していないのかということは、専ら売買契約上の取決めの観点によっては答えられず、しかも、瑕疵ある物の返還の給付場所は、既に旧法下において、売主の引取り義務の範囲の決定のための結合点としては適切ではなかったことを明確に示している。この不安定性にもかかわらず、買主の返還義務の履行場所から、売主の引取り義務および取外し義務を、旧判例の《残された部分（Restbestand）》として、現行の売買法に転用することを導いたのである。[229][230]」

(e)　旧法下の請負契約法の場合の修補の要件としての取外し[231]

内容の要点を先取りしておけば、この部分に、法解釈と契約解釈とを統合した、取外し義務および取付け義務に関するスカメルの立場が述べられている。その意味で核心部分である。最初に一般的要件論の部分を紹介しよう。

「売主の、瑕疵ある物の取外し義務の問題は、追完の場合、いかなる範囲で、買主が（善意で）瑕疵ある物を取り付けたために、買主の費用の無駄（挫折）から生じた、買主の財産損害を賠償する義務を売主に負わせるのかという問題と同様に答えられるべきである。すなわち、有責性を必要としない追完義務の内容、および、これと有責性を必要とする損害賠償義務の内容との限界づけは、当事者の契約上の合意によってのみ確定されうる。したがって、瑕疵の場合について別段の合意がない場合、追完義務の内容は本来的履行義務の内容に従う。この場合、追完義務は、売主が既に本来的に課せられていた場合にのみ、既に追完の場合に給付された瑕疵なき物の取付けを含む。瑕疵なき物の取付け義務の履行のために、前もって瑕疵ある物の取外しが必要とされる場合、追完義務はその取外しをも含む。[232]」

すなわち、まず、有責性を要件としない追完義務の内容と有責性を要件とする損害賠償義務の内容との限界づけ基準は、契約における合意内容であり、合意がない場合は本来的履行義務の内容に従う。そこにおいて本来的に課せられていた場合にのみ追完義務に取付け義務が含まれ、取付け義務の履行のために取外しを必要とする場合に取外し義務をも含む、ということである。

「このように理解された売主の追完義務の範囲は、結論として、旧法下の請負契約法における修補に関する判例に対応する。ここでは請負人の修補義務の範囲は旧第六三三条第二項第一文[233]に従い、追完の給付場所に従って決定されるのではなく、追完の場合に、課せられている取付けのために何故（inwiefern）取外しが必要であったか、ということに従って決定される。判例の見解によれば、注文者は修補請求権の履行を彼の別の財産についての損害（Einbusse）によって支払う必要はない。それゆえ、請負人は床に敷かれた瑕疵ある煙管（Heizungsrohre）の修繕のみが課せられているのではない。請負人はそれ以上に、管の瑕疵につき不知（善意）で、その間に注文者により敷かれた床および絨毯を敷いた床を除去する、すなわち管を露出させて取り外す義務を負う。[234]もっとも、ここからは、追完義務者は瑕疵ある仕事の製作により生じた全ての損害を除去しなければならないことは導かれない。請負人は、『瑕疵を（……）除去するために』『不可避的に必要であった』限りにおいて、有責性を顧慮しないで取外し義務が生じるのである。[235][236]」

要点は、以下の如くである。売主の追完義務の範囲は、旧法下の請負契約法における修補に関する判例に対応する。請負人の修補義務の範囲は旧第六三三条第二項第一文に従い、課せられている取付けのために何故取外しが必要であったかによって決定される。もっとも、この場合、請負人（追完義務者）は瑕疵ある仕事の製作により生じた全ての損害を除去しなければならないのではなく、「瑕疵を除去するために不可避的に必要であった」限りにおいて取外し義務が生じる。

「示されたように、この判例は、旧法下での請負人の追完義務の範囲について、既に売主の一次的給付段階での義務が請負人のそれと対応している限りでのみ、現行法における売主に転用されうる。買主が煙管を買主の床に取り付けさせた（第四三四条第二項前段[237]）場合、売主は追完の場合に取付けも負担する。しかし、売主に課せられた瑕疵なき物の取付けは、その前の瑕疵ある管の取外しを必然的に前提とすることから、売主はこの取外しをも負担する。これに対し、買主が管を受取り市場（Abholmarkt）で入手し、自身で取り付けた場合における瑕疵のときの売主の追完義務は、再び瑕疵なき管の引渡しと譲渡に尽きる。瑕疵なき物の取付けの場合と同じく瑕疵ある物の取外しも、専ら買主が負担する。というのは、瑕疵ある物の取外しはこの場合、売主による追完の必然的な前提（要件）ではないからである！　ここでも、おそらく瑕疵なき物の取付けの前に瑕疵ある物の取外しは必要であろう。しかし、売主は、正に、取付けではなく瑕疵なき物の調達のみが課せられていることから、取外しを必要とすることなしに調達のみに制限された（追）履行をなしうる。取外しは、追完にもとづく瑕疵なき物の規定どおりの使用の前提でありうる。しかしながら、課せられた追完の必然的前提は、売主の追完義務が瑕疵なき物の取付けではなく、正にその調達のみを含む場合には、存在しない。それゆえ、この場合の追完には取外し義務は課せられない。」(238)

要点は以下の如くである。請負における旧法下の判例は、既に売主の一次的給付段階での義務が請負人のそれと対応している限りでのみ、現行法の売主に転用されうる。すなわち、買主が煙管を買主の床に取り付けさせた場合（第四三四条第二項前段）、売主は追完のときに取付けも負担する。その場合、売主に課せられた瑕疵なき物の取付けは、その前の瑕疵ある管の取外しを必然的に前提とすることから、売主はこの取外しをも負担する。これに対し、買主が管を受取り市場で入手し自身で取り付けた場合における瑕疵のときの売主の追完義務は、瑕疵なき管の引渡しと譲渡に尽き、瑕疵なき物の取付けの場合と同じく瑕疵ある物の取外しも、専ら買主が負担する。

(f)　要約と小括

最後に、著者スカメル自身の要約と小括を付しておこう。

「取外しが、課せられた修補の必然的前提である場合にのみ売主は瑕疵ある物の取外し義務を負担する。売主が瑕疵なき物の取付け義務を負担し、しかもこの取付けが前もって瑕疵ある物が取り外されることを前提とする場合、売主は別段の合意がない限り代物給付の場合に取外し義務を負う。売主は、修補の場合において取り外された物のみが修補されうるときは、取り外さなければならない。

売主が取外し義務を負う場合、彼は取外しによって生じた、買主の法益についての全損害を除去しなければならない。それゆえ、瑕疵なき物の取付けと同じく瑕疵ある物の取外しの痕跡（Spuren）をも除去しなければならない。それゆえ、売主は、契約上、買主の部屋の床に煙管を組み立てることが課せられている場合における追完のとき、床のコーティング、床（たたき）および土砂などのばら荷（Schüttgut）を取り除かなければならないのみならず、瑕疵なき管の組立て後、ばら荷、床およびカーペット床を新規に製作しなければならない。[239] 売主が取外し義務を負わない場合、買主は瑕疵ある物の取外しのために要した費用を売主が有責性を有する場合にのみ損害賠償の方法で補償（調整）され（regulieren）うる。[240]」

(g)　スカメルの見解の意義と課題

以上が、取外し義務、取付け義務に直接関連するスカメルの見解の概略である。民法上の規定（規律）と契約の双方の解釈の協働から、最終的には、彼自身による上記「要約と小括」に示された解釈内容が提示された。この解釈内容を、先に紹介したローレンツの立場および次に紹介するファウストの立場と照合する場合、一方では、ローレンツに対しては、既に示唆した如く、ローレンツ説が、屋根瓦判決を援用して引取り義務から取外し義務を導いていた点の改説をさせた（本書一七八頁参照）点に学説史的意義があり、他方で、指令第三条の解釈において、指令がいう「契約適合性」は、民法第四三四条にもとづき契約上課せられた性状と同等であり、それは追完の場合に確立すべき状態をも記述している、との前提で、「著しい不便なしに」という文言の具体的意義は、追完時に遵守すべき売主の注意義務を記述しているのであり、違反は、付随義務違反として、指令に含まれない損害賠償請求権を調整しうるにすぎない、とする点が、ファウストと対立することとなる。

このような意義を確認するとともに、最後に、指令第三条およびこれを国内法化したドイツ民法第四三九条の追完規定との関係における、指令第三条の解釈に注目しつつ、ファウストの見解を整理しておくこととする。

4　ファウスト（Florian Faust）の見解

（1）　はじめに

多くの学説の中でファウストの見解を取り上げる意義は、次の点にある。既に紹介し、判例および支配的見解に影響を与えたローレンツ（Stephan Lorenz）の見解とともに、ファウストも、その都度の判例批評において立場を明らかにしている。しかし、ローレンツとは異なり、指令の解釈を踏まえ追完の範囲を可及的に拡大しようとする立場であり、そこでの議論は、後に紹介する二〇一六年の民法改正案の理解にとっても有益な示唆（とりわけ、請負人（建築職人）の売主への求償問題）を含んでいる。加えて、これらの問題を、請負契約（および建築請負契約）との関係において議論し、この点についての解釈上の問題を、より深く理論的かつ体系的に探究しており、この点で本章の問題関心と密接に関連している。

ファウストの論考をほぼ年代順に挙げると、(a)寄せ木張りフローリング床材判決を評釈した「売買法：追完請求権の射程」[241]、(b)消費用動産売買指令の解釈について欧州司法裁判所（ＥｕＧＨ）に先決裁定を求めて付託したドイツ連邦通常裁判所（ＢＧＨ）の床タイル付託決定を評釈した「代物給付の場合の取外し費用―追完の絶対的不相当性」[242]、(c)(b)を受けてなされた欧州司法裁判所二〇一一年六月一六日先決裁定を評釈した、「売買法：代物給付請求権の射程」[243]、(d)この欧州司法裁判所の先決裁定を承け、あらためてなされたＢＧＨ二〇一一年一二月二一日判決を評釈した「指令に一致した解釈と法の継続形成」[244]、(e)売買契約と請負契約の比較によって追完の射程を論じた「民間建設法（Baurecht）における追完の射程」論文（「追完の射程論文」という。）[245]、および(f)注釈書（コンメンタール）の該当箇所[246]である。

これらのうち、ファウストの基本的立場が最も明確に示されているが、(e)の「追完の射程論文」であり、これを要約的に表現しているのが(f)のコンメンタールの内容である。それゆえ、ここでは、まず、「追完の射程論文」を中心に、その内容を紹介した後、(a)から(d)までの判例批評については、既に本書において紹介している、ＥｕＧＨおよびＢＧＨの諸判例の内容を前提とし、その都度の問題点（解釈上の論点）についての筆者の立場の要点を中心に紹介し、最後にｆのコンメンタールで要約することとする。

(2) 「民間建設法（Baurecht）における追完の射程」論文

(a) 論文構成

「民間建設法における追完の射程」論文（以下、本論文という。）の構成は、以下のとおりである。

Ⅰ．導入
　1．請負契約法における追完の意味
　2．追完の射程問題
Ⅱ．理論状況
　1．請負契約法における追完の射程
　2．売買法における追完の射程（債務法改正前、現行法以降）
Ⅲ．売買法と請負契約法との関係
　1．売買法上の見解の、請負契約法への転用
　2．売買契約と請負契約とを別異に扱うことの可能な根拠（請負契約の結果関連性、売主の専門知識の欠如）
　3．償還問題（Regressproblem）
Ⅳ．売買法と請負契約法における追完の事態適合的な形成
　1．追完の広い理解に対する論拠

2．反対の論拠：本来的履行と追完との平行（Gleichlauf）

Ⅴ．要約

Ⅵ．展望：消費用動産売買についてのヨーロッパ法の基準（Vorgabe）。

(b) 問題設定　ファウストは、「導入」部分の「請負契約法における追完の意味」において、追完が、「請負契約法における中核的救済方法である」として、請負契約法およびＶＯＢ／Ｂの[247]規定により、注文者と請負人の権利の双方につき両面価値的役割を果たすことを示したのち、論文の対象である、請負契約法（民間建設法）における「追完の射程」について、その本質的課題を、実態を示しつつ鮮やかに描出する。

「追完の射程」の問題とは、請負人が瑕疵ある仕事をした後、「その間に労働が進捗し、それゆえ仕事がもはや問題なしには接近しえないために、請負人が瑕疵を容易に除去しえない場合、どのような態度をとるのか、ということである。例えば、瑕疵のある溶接がなされた配管が、その後に別の請負人により絶縁が施され、地面で覆われ、道路の舗装がなされた場合、請負人は、舗装を剥がし、地面を掘り起こし、絶縁を除去し、溶接の修理をした後、新規の絶縁を施し、配管を埋め、道路の舗装をやり直さなければならないのか？それとも請負人は、単に溶接の修理をするのみで、その前後の労働は全て注文者の負担となるのか？」、と。[248]

これに続けて、この問題に対する学説・判例の態度について述べ、検討の射程を明らかにする。

「この問題については、学説において一般的な賛同を得ている、連邦通常裁判所民事第七部の数十年間の恒常的判例が存在する。このテーマは、民事第八部[249]がこの二年間にこの問いに正に正反対に答えたことによって、衝撃（Brisanz）を受けた。今や請負契約法に転用されるべきなのかという問いが立てられる。したがって、本論文は、請負契約法に限定されえず、売買法における並行的な問題性をも扱わねばならない」と。[250]

(c) 理論状況　「追完の射程」に関する理論状況（Ⅱ）につき、筆者は、請負契約法と売買契約法について、次のように整理する。それにより、両者は、追完の射程について、様相を異にしている点が指摘される。

「請負契約法においては、――BGBにもとづいてもVOB／Bにもとづいても―― 一致して追完の広い理解が出発点とされている。請負人は、具体的な瑕疵を除去しなければならないのみならず、仕事の瑕疵の除去を可能とするために、それに要する事前対策（vorbereitenden Maßnahme）を行ない、かつ、注文者の所有権に加えられる可能性のある侵害を除去しなければならない。例えば、請負人は、配管を誤って溶接した場合、適切な溶接に配慮しなければならないのみならず、まず壁を開けて配管を露出させ、修補をした後、ふたたび壁を元通りにしなければならない。請負人は、水が噴出する危険箇所のある建物の建築中に適切に密閉しなかった場合、修補のときに必要な付随作業（Nebenarbeiten）、例えば地下室の扉および暖房装置を外し、再び取り付けなければならない。BGHは、このことを、請負人は民法第六三五条第二項[251]またはBOB／B第一三条第五項第一号[252]にもとづき自身の費用で行なわなければならないことによって、根拠づけた。それゆえ、追完は、注文者の経済的負担となってはならない。注文者は、瑕疵除去請求権の履行が彼の財産の損失によって支払われなければならない危険を冒す必要はない。[253] これに対し、損害賠償請求権の場合においてのみ、彼が修補のあいだ仕事を使用できないことから、注文者が逸した利益[254]、および、追完に起因するものではなく単に瑕疵により惹起された他の建築部分についての利益についての損害が、賠償可能である[255]。

確かに、関連した諸判例はすべて債務法改正前からのものである。しかしながら、債務法現代化法の立法者意思は、追完規定は、内容的に旧法と同一である、というものである。それに対応し、学説では一致して、追完は新法にもとづいても必要な付随的作業を含んでいることが、承認されている」と[256]。

これに対し、「売買法における状況は、全く異なる。問題は、ここでは、まず、代物給付の場合における取外し費用および取付け費用に関連して焦眉のものとなっている」として[257]、この点に照準を当て、債務法改正前と債務法改正後に分けて整理がなされる。

「債務法改正前、民法典は、追完請求権を種類物売買の場合にのみ予定していた。すなわち、民法旧第四八〇条第一項にもとづき、買主は解除（Wandelung）または減額に代えて追完を請求できた。修補義務は、対応する契約上の合意が存する場合にのみ存在した。かかる合意の場合について、民法旧第四七六a条第一文は、売主は、必要な費用、とりわけ運送費、交通費、労働費および材料費を負担しなければならないと規律していた。この規定が代物給付に準用された。売主の費用負担義務は、学説においては、請負契約の判例に対応し、売主は、買主の財産権について、修補のために不可避的に（zwangsläufig）生じる損害をも填補しなければならない、と解釈された。[258]」

そして、この問題についての議論の手掛かりを、既に本書においても何度か紹介した、ＢＧＨの一九八三年の屋根瓦判決[259]に求める。

「一九八三年の屋根瓦判決が議論の中心的役割に適している。当時、民事第八部は、解除の場合に、取外し義務を認めた。すなわち売主は屋根瓦についての売買契約の巻戻しの場合、瑕疵ある瓦を屋根から取り去ら(entfernen)ねばならない。換言すれば、いずれにしろ売主は、買主がこのことについて特別の利益を有する場合、瑕疵ある目的物の持去り(Rücknahme)義務がある。持去り義務の履行場所は、目的物が契約に適合して存在している場所であり、その結果、売主は屋根を剥がさなければならない。そのことによって生じる売主の負担は、契約の巻戻しの根拠が目的物の瑕疵であることで正当化される」[260]と。

つぎに、これに対し債務法改正後（現行法）、「取外し費用および取付け費用問題は、裁判所により全く異なって判断された」ことを示す。

「カールスルーエ上級地方裁判所は、売主は代物給付では最初に給付された瑕疵あるタイルを取り外し、代物として給付された瑕疵なきタイルを取り付けなければならない、という立場であった。すなわち、「売主は、追完のために必要な費用を民法第四三九条第二項にもとづき負担しなければならない。これに加え、買主が、契約に適合した使用に関して存在する目的物の変更を行なったことを理由として生じた費用も支払わねばならない。[261]」

そして、追完には瑕疵ある物の取外し義務は含まれるが、瑕疵なき物の取付け義務を含まないとするケルン上級地方裁判所の判決[262]、および、連邦通常裁判所（ＢＧＨ）の寄せ木張りフローリング床材判決（二〇〇八年七月一五日）および床タイル付託決定（二〇〇九年一月一四日）[263]を整理した後、追完請求権の射程について、何時の時点における、いかなる追完内容により買主の利益を保護すべきかに照準を合わせ、三つの見解として整理する。[264]

第一は、「売主は、追完の場合、売買目的物に関し、買主を、売主が規則どおりに（ordnungsgemäß）履行していたならば追完の時点において存在していた地位に置かねばならない」という見解であり、第二は、「売主は、追完の場合、売買目的物に関し、買主を、売主が規則どおりに履行していたならば危険移転時点において存在していた地位に置かねばならない」という見解であり、第三は、「売主は、追完の時点において、単に、彼が本来の給付のためにもしなければならなかったことをしなければならない」という見解である。[265]

そして、これらの見解は、修補についても同様に妥当するとする。

「これらの見解は、確かに代物給付に関して主張されたものであるが、しかし修補についても同じように妥当する。というのは、民法第四三九条第一項が追完の同価値の二者択一として予定している、修補と代物給付が何故に原則として異なっているとするのかは理解できないからである。売主は、修補の場合には修補すべき物の取外しおよび取付けに注意しなければ（sorgen）ならないが、代物給付の場合には瑕疵なき物の引渡しと所有権移転でよいというであれば、かかる場合に、修補請求権は、常に民法第四三九条第三項にもとづき相対的不相当を理由として排除されるであろう。[266]」

(d) **解釈の三つの方向性**　以上の分析を通して、「追完の射程」問題は、この三つの見解のいずれによるべきなのかという問題であることを明示する。この点につき、ファウストは、売買法と請負契約法のいずれの内容を優先して解釈すべきか、という視点から三つの選択肢を提示する。

すなわち、①「追完の射程」に関する売買法上の見解を請負契約法に転用する立場（Ⅲ1）、②「追完の射程」について売買契約と請負契約とを別個に扱う立場（Ⅲ2）および③「追完の射程」について売買契約と請負契約を同等に扱う立場（Ⅳ）（もっとも、どちらで近づけて統一するかで追完の射程の広狭に違いが生じる。）である。筆者の立場を先取りしておくと、③の立場であり、しかも請負契約に近づけて広く解する立場である。以下、各立場の要点を順次紹介しておこう。

①　まず、「売買法上の見解を請負契約法へ転用」する立場の帰結を整理する。

「売買法において主張された見解を請負契約法に転用するなら、以下のような帰結が導かれるであろう。[267]」

（ア）追完時説[268]：「一般に、請負人は、仕事について、注文者を、追完の時点において、規則どおりに履行されたならば存在していた地位に置かなければならないことを承認する場合、請負人は、修補のために仕事を露出させ、さらにその後、注文者の所有権に対する侵害をも除去しなければならない。例えば請負人が管に瑕疵ある溶接をした場合、壁を壊して開け、瑕疵を除去し、その後、壁を規則どおりに元通りにしなければならない。つまり、請負人は本来的に管のみを敷設しなければならず、壁を壊して開けることおよび元通りにすることが権限外であったとしても、そうである。」

（イ）危険移転時説：「一般に、請負人は、仕事について、注文者を、危険移転時点――すなわち通常は引取り（民法第六四四条）時点――において、規則どおりに履行されたならば存在していた地位に置かなければならないことを承認する場合、請負人は、確かに修補のために仕事を露出させなければならないが、しかし瑕疵除去の後、瑕疵除去によって生じた、注文者の所有権侵害を除去する必要はない。それゆえ、例えば請負人は、瑕疵ある管を敷設するために壁を壊して開けなければならないが、しかしその後、壁を新たに塗り、塗装する必要はない。

（ウ）本来の給付時説：「一般に、請負人は、追完の場合に、単に、本来的な給付のためにもしなければならなかったことをしなければならないことを承認する場合、管を瑕疵あって敷設した請負人は、本来の敷設においても自身で壁を壊して開けなければならない場合でも、敷設した管を露出させる義務を負うのみである。これが他の請負人の権限であった場合、請負人は追完の場合に、瑕疵ある管を自身で露出させる必要はなく、注文者が他の請負人に瑕疵ある管を露出させるよう言わなければならない。同様に、請負人は、このことが、――通常のように――彼の本来の委託に含まれていなかった場合、修補後、壁を塗り、塗装する必要はない。」(269)

②そのうえで、つぎに、「売買契約と請負契約とを別個に扱うことの可能な根拠」について以下のように分析し、この立場を否定する。

先の「三つの見解のうちの第一の見解（注：追完時説）は、請負契約法においては、一致した見解であるのに対し、売買法においては、学説では支配的見解ではなく、ＢＧＨによっても主張されていない。売買法と請負契約法との、この原則的不同等取扱いが正当化されるのか、という問いが立てられる。[270]」

この問いの検討のために、「請負契約の結果関連性」[271]、「売主の専門知識の欠如」[272]および「求償問題」[273]について分析し、両者を別個に扱うことを否定する。

（ア）請負契約の結果関連性に関し、「請負契約の結果関連性のなかには正当化される区別は存在しない。というのは、売買契約も結果に関連しているからである。すなわち、請負人が民法第六三三条第一項ないしはＶＯＢ／Ｂ第一三条第一項にもとづき注文者に瑕疵なき仕事を取得させなければならないのと同様に、売主は買主に対し民法第四三三条第一項にもとづき瑕疵なき物の所有権と占有権を取得させなければならないからである。」

（イ）売主の専門知識の欠如に関し、「売主は、しばしば単なる商人であり、したがって取付けおよび取外しにより不相当な要求がなされるという論拠も根拠とならない。一般に、請負契約の修補の場合に配管業者は塗装作業をする必要がなく、または、新築建物の基礎を密閉すべき請負人は塗装作業をする必要がないことが正当であるとみなされる場合、暖房装置の取付け義務および取外し義務を負わない。同様に、売主が単なる商人である場合、売主は、民法第四三三条第一項第二文にもとづく瑕疵除去義務を課せられない。それゆえ、請負契約法によっても売買法によっても、債務者には、専門知識が欠けているために自身で履行できない義務は課せられない。それゆえ、このことは問題とならない。すなわち、債務者は、その場合、正に対応する作業を行なう状況にある請負人を動員しなければならない、すなわち、履行補助者を用いなければならないのである。」

（ウ）最後に、求償問題についての記述である。これは、結論の妥当性という観点からの論拠である。まず、「追完の射程は、売買法および請負契約法において同等に形成することが相当である」との立場が、結論からも優位に値することを、実務からの例を挙げ、売主とタイル張り職人の追完の射程を吟味する。その際、全ての見解において、タイル張り職人は、瑕疵なきタイルの給付以上のことをしなければならない点を指摘し、問題の所在を明らかにする。

例えば「タイル張り職人（タイル工）が注文者（発注者）の住宅において、自身で調達したタイルを張らなければならない」場合において、「彼は、建築資材商人からタイルを調達」し、「張った後に、タイルに正確な技術的検査なしでは発見しえない瑕疵が存在することが判明する」とき、「タイル張り職人はここでは注文者に対し修補義務を負う。疑わしいのは、この義務は売買契約法にもとづくものなのか請負契約法にもとづくものなのかということである。というのは、請負契約以外に、民法第四三四条第二項第一文の意味における取付け義務を伴う売買も存在するからである。」

この点についての、連邦通常裁判所（ＢＧＨ）の立場は、タイルの交付と張りのいずれに重点があるか、によって判断するとするものである。

「その場合、とりわけ、給付すべき対象の種類、交付と取付けの価値関係および課せられた結果の特殊性に照準が合わせられるべきである。ここでは——それについて大いにプラスの材料を提供する——請負契約が承認される場合、タイル張り職人は追完にもとづいて瑕疵あるタイルを剥がし、瑕疵なきタイルを張らなければならない。しかし、取付け義務を伴った売買契約が存在する場合においても、タイル張り職人は、全ての見解にもとづき瑕疵なきタイルを張らなければならない。というのも、彼は本来の給付義務の場合にもタイルを張る義務を負っていたからである。しかし、売主は追完の場合、本来の給付義務の履行以上に行なう必要はないという、民事第八部の見解に従えば、瑕疵あるタイルを取り去る（entfernen）必要はない。これに対し、注文者は、瑕疵なき給付によれば危険移転時点または追完時点において存在していた状態に置かれねばならないという他の二つの見解によれば、売主は瑕疵あるタイルも取り除かなければならない。それと同じく、タイル張り職人は、全ての場合に、単に瑕疵なきタイルを交付すること以上のことを行なわなければならない。」

そこで、つぎに、問題となるのは、タイル張り職人が注文者に対して上記の内容の追完義務を履行した場合、彼は、タイルの買主として、売主である商人に対しいなかる請求をなしうるのか、である。タイル張り職人（請負人）にとっての重要な求償問題である。この点につき、上記に続けて、以下のように分析し、まず民法第四七八条第二項にもとづく求償ができないことを指摘する。

「これに対し、商人から瑕疵あるタイルを取得したタイル張り職人の、商人に対する請求権に関しては、異なって見える。職人には損害賠償請求権は帰属しない。というのも、商人には有責性はなく、全ての支配的見解によれば、彼は製作者のために民法第二七八条にもとづき責任を負わないからである。しかも、民事第八部の見解によれば、タイル張り職人は、追完として単に瑕疵なきタイルの交付を請求しうるにすぎない。これに対し、タイル張り職人は、注文者のもとでの、新しいタイルの取付け、場合によっては瑕疵あるタイルの取外しのための費用を抱えたままである。それゆえ、追完の異なった射程は、ここでは、建築職人（Bauhandwerker）にとっては求償（Regressfalle）に至る。かかる状況において、売主はしばしば、民法第四七八条第二項により保護される。それによれば、事業者は新規に製作された物の売買の場合、交付者に対し、有責性に関係なく、追完のために彼の買主に対して負担した費用の賠償を請求しうる。しかし、タイル張り職人と彼の注文者との間の契約が、取付け義務を伴う売買契約に分類されるか、または請負契約に分類されるかに関係なく、タイル張り職人にはこの規定は役に立たない。というのは、民法第四七八条第二項は、第一に、給付連鎖の最後に消費用動産売買が存在することを要件とし、第二に、その物が全ての給付連鎖において単に『渡された（durchgereicht）』にすぎない場合、すなわちせいぜい些細に変更されたことを要件とする場合だからであり――取付け義務を伴う場合、それが今や請負契約的であれ売買契約てきであれ、このことは事例の場合ではないからである。[274]」

以上の点を踏まえ、最後に、現行法において、タイル張り職人（請負人）はいかに保護されうるのかについて言及する。

「追完の異なった形成により建築職人が売買法および請負契約法に巻き込まれうる求償が、それが重要な根拠によって支持される場合は、かかる異なった形成を放棄することを強制しない——別の場所にも民法典は求償の場合を売買に受け入れている。しかし、かかる強制の根拠は、詳述したように、認識しえない。しかも、立法者は、別の箇所において建築職人を可能な限り求償から保護することを明確にしている。例えば、民法第四三八条第一項第二号ｂにもとづく建築資材における瑕疵請求権は通常の二年ではなく五年で時効にかかる——建築物に妥当する請負契約上の時効期間（民法第六三四ａ条第一項第二号）。これにより、瑕疵ある建築資材の売主に対する建築職人の求償は軽減されることになる。それゆえ、私見によれば、このような仕方により建築職人にとって求償を回避しうるという事実によって、売買契約と請負契約における追完の統一的な射程が強く支持されるのである。[275]」

(e)　自説：売買法と請負契約法の追完の射程を請負契約法によって統一する　以上から、筆者ファウストは、Ⅳにおいて、「売買契約法と請負契約法における追完の射程の統一」についての具体的内容に言及する。それは、ここでの「統一」は、「追完を、売買法における支配的見解および判例とは反対に拡大することによっても確立されうるし、請負契約法における一致した見解とは反対に制限することによっても確立されうる」からであるとし、筆者は、以下の理由から、追完の「広い理解」すなわち「請負契約法の解決が優先するに値する」とする。

「すなわち、追完の場合に、債権者をして、契約の目的物に関し、追完の時点において規則どおりの履行がなされたときに置かれているごとくにおく義務（である）。いずれにしろ、結論として、この問いは、注文者／買主が損害賠償請求権を有しない場合にのみ有意義である。そのとき、一般に取外し費用および取付け費用は論理必然的に、有責でない二当事者のうちの一人」すなわち「請負人／売主または注文者／買主に課せられることになる。」

そして、「請負人／売主に負担させる限り、幾つかの根拠により支持される。第一に、請負人／売主は、（たとえ有責でない場合でも）不完全履行により取外しおよび取付けを惹起した。第二に、請負人／売主は、典型的には、取外しと取付けについての負担を意味する危険をよりよく支配しうる。請負人／売主は、給付を調達し、場合によってはそのために必要な事前給付（Vorleistung）を行ない、それゆえに注文者よりもより早く瑕疵ある給付を回避しうる。請負人／売主は、通常、対応する危険をよりよく保証しうる。」すなわち、「請負人／売主は、注文者／買主よりも早く相応する保険契約を締結し、そのうえ、よりよき自己保険者である。というのも、彼はしばしばこの危険を招来する取引を行ない、その結果、特別の保険を締結することが彼にとって意味があり、場合によっては自己保険者として危険をよりよくコントロールしうるからである。第三に、――このことが私にとっては決定的であるように思われるが――注文者／買主が、最終的に取外し費用および取付け費用を負担することになるのに対し、請負人／売主は、瑕疵が一連の給付において前の者の瑕疵ある給付に起因する場合、取外し費用および取付け費用を、責任についての彼固有の追完請求権の行使により最終的に順送りしうるのである。(276)」

そして、以上の立場から、本来的履行請求権と追完請求権が同一であることを前提として、追完義務が本来的履行義務より多いことを否定するBGH民事第八部の立場（寄せ木張りフローリング床材判決）を、民法第四三九条第二項を援用して批判する。

「民事第八部は、債務者は追完の場合においては本来の履行の場合よりも多くの義務を負わないことを論拠とする。確かにこのことは一見すると魅力的に思われるが、しかし、一義的に民法典と矛盾する。すなわち、追完義務が本来の履行義務を超ええないものであるならば、追完の領域において瑕疵ある物の運送に関して本来の履行の場合よりもより大きな義務を負担させてはならないであろう。例えば、売主の本来の給付義務が取立債務であった、すなわち履行場所が売主のところであった場合、追完の履行場所もまた売主のところでなければならない、すなわち買主は、修補のために自身の費用でその物を売主のところまで持参しなければならず、かつ修補後に再び売主のところに取りに行かなければならず、また補償（代物）給付の場合は補償物（代物）を売主のところに取りに行かなければならない。しかし、このことは、売主は追完の目的に必要な運送費を負担しなければならないとする民法第四三九条第二項と一致しない。民法旧第四七六ａ条第二文がなお予定していたことは、売主は、売買目的物が給付後に住所地とは別の場所もしくは受領者の営業上の住所とは別の場所に運ばれることにより生じた費用を、この移動が規則どおりの使用に対応していない限り負担する必要がない、ということであった。この制限を民法第四三九条第二項は引き継がない。なぜなら、立法者は、この制限は消費用動産売買指令に反するという見解であったからである(277)。

それゆえ、売主は、充分に――そして一致した見解に従い！――追完の場合に運送に関し本来の履行の領域よりもより多くを要求されるのである(278)。何故に、物の取付けに関しては物の別の場所への移動に関するのと異なって妥当すべきであるのかは、納得されえない、とりわけあらゆる取付けは場所の変更に結びつけられているのである」と(279)。

(f)　要約　最後に、ファウストの立場を、自身による「要約」によって示しておこう。

「追完の射程は、売買法および請負契約法において統一的に規定されるべきである。ＢＧＨの民事第八部が瑕疵ある物の取外し義務および瑕疵なき物の代物給付の取付け義務を否定し、学説における支配的見解が取付け義務を否定するところの、履行と追完との同一性の論拠では、支えきれない。逆に、抽象的支配可能性の思想、保険可能性の思想およびとりわけ給付連鎖（Leistungskette）における求償可能性により、契約の目的物が取り付けられたことに起因する費用を請負人／売主に負担させることが支持される。したがって、民事第七部は請負契約法についての自身の判例を維持すべきであり、民事第八部は売買法についての自身の判例を修正すべきである。(280)」

売買と請負における追完の射程は、両者を請負によって統一し、瑕疵ある物の取外し義務および瑕疵なき物の取付け義務を肯定する。このことは、とりわけ給付連鎖における求償可能性によって支持される、と要約できよう。(281)

(3)　判例批評の要点

さて、「追完の射程」に関する以上の枠組みを前提として、以下において、著者ファウストの判例批評の要点を示しておこう。この点に関して、既に紹介したローレンツの場合は年代順に紹介を行なった。もっとも、これまでに欧州司法裁判所（ＥｕＧＨ）の先決裁定およびドイツ連邦通常裁判所（ＢＧＨ）の決定の紹介を行なってきた点を考慮すれば、ファウストの判例批評の理解のためには、既に紹介した欧州司法裁判所およびＢＧＨの判決・決定の一連の流れとそれらの関係を今一度改めて整理しておくことが、著者の判例批評の要点を理解するうえで有益であろう。そこで、以下まず、この点に言及しておくこととする。

ＢＧＨの判決・決定は、(a)使用利益返還問題を扱った Quelle 付託決定（二〇〇六年八月一六日）、(b)取外し義務・取付け義務を最初に扱った寄せ木張りフローリング床材判決（二〇〇八年七月一五日）、(c)同じく取外し義務・取付け義務を扱った床タイル付託決定（二〇〇九年一月一四日）、(d)欧州司法裁判所の先決裁定を承けてなされた床タイル判決（二〇一一年一二月二一日）、(e)事業者間売買判決（二〇一二年一〇月一七日）であり、欧州司法裁判所の先決裁定は、(f)上記 Quelle 付託決定を受けてなされた Quelle 判決（二〇〇八年四月一七日）、(g)上記床タイル付託決定（および自動食器洗い機付託決定）を受けてなされた床タイル・自動食器洗い機先決裁定（二〇一一年六月一六日）である。ここで、ＢＧＨの変遷に視点を定め、取外し義務・取付け義務に関する判決・決定関連に限定するならば、まず、ＢＧＨ独自の立場である(b)寄せ木張りフローリング床材判決があり、つぎに、欧州司法裁判所の先決裁定を承けこれに拘束されてなされた一連の流れとして、(c)ＢＧＨ床タイル付託決定　→　(g)欧州司法裁判所床タイル・自動食器洗い機先決裁定　→(d)ＢＧＨ床タイル判決、に整理される。

以上の整理を踏まえ、本節の冒頭に挙げたファウストの判例批評は、（ⅰ）ＢＧＨ寄せ木張りフローリング床材判決を評釈した「代物給付の場合の取外し費用―追完の絶対的不相当性」[283]、（ⅱ）ＢＧＨ床タイル付託決定を評釈した「売買法：追完請求権の射程」[282]（ⅱ）のＢＧＨ床タイル付託決定（および自動食器洗い機付託決定）を受けてなされた欧州司法裁判所床タイル・自動食器洗い機先決裁定を評釈した、「売買法：代物給付請求権の射程」[284]、（ⅳ）欧州司法裁判所先決裁定を承けてなされたＢＧＨ床タイル判決を評釈した「指令に一致した解釈と法の継続形成」[285]である。

以上のようなＢＧＨの付託決定・（欧州司法裁判所先決裁定を介した）判決の一連の流れを理解し、これまでに整理した著者の追完の射程の枠組みを踏まえて、以下、判例批評の要点を紹介しておくことにしよう。

(4)　追完請求権の射程——寄せ木張りフローリング床材判決評釈[286]

(a)　まず本判決の判示事項（判決要旨）[287]を確認しておこう。

（i）瑕疵あるフローリング床材の売主は、代物給付による追完方法においては（民法第四三九条第一項）、瑕疵なきフローリング床材の給付、すなわち瑕疵なき売買目的物の占有と所有権を取得させることのみを負担する。売主は、買主が瑕疵あるフローリング床材を既に張っていた場合であっても、代物給付されたフローリング床材の張替え義務を負わない。

（ii）買主が瑕疵の除去前に自身の費用で剥がした、瑕疵あるフローリング床材の売主の責任は、瑕疵なきフローリング床材の張替え費用として、給付に代わる損害賠償（民法第四三七条第三号、同第二八〇条第一項第三号、同第二八一条以下）の観点の下でのみ問題となる。売主は、瑕疵ある給付による義務違反（同第二八〇条第一項第一号、同第四三三条第一項第二号）につき責めに帰すべきでない場合には責任を負わない（同第二八〇条第一項第一号）。

(b)　さて、評者ファウストは、本判決におけるBGHの売主は追完のために本来の給付の目的を超えて行なう必要はないとする中核的論拠につき、「納得しえない」として、次のように批評する。[288]

（i）履行と追完との「同期」による同一内容であることを中核とするBGHの論拠の崩壊と、屋根瓦判決の内容（引取り場所は屋根である）との矛盾を指摘する。

「満足できないことは、BGHがその論拠を拒絶しているように、被告の床材を張る義務は、（支配的見解によれば）代物請求権の履行場所がその物が契約に適合して存在している場所であるということから導かれる、ということである。すなわち、追完の履行場所が最初の給付場所とは対応しない場合、売主は追完のときに、最初の給付の場合よりも重い義務を負うことになる（なぜなら、売主は最初の物よりもより離れた場所に運送しなければならないからである）。したがって、履行と追完との間の同期（Gleichlauf）についての、BGHの中核的論拠はそれ自体で崩壊する。そのうえ、BGHは、瑕疵ある物の取付けに関する自身の判決と矛盾している。すなわち、その判決においては、民法第二六九条の意味における履行場所については、確かに政治的自治体（市町村）が考えられている。しかし、現実の『給付場所（Leistungsstelle）』は同じ基準で決定されなければならない。したがって、給付された屋根瓦の引取りの給付場所は、屋根瓦がその間に葺かれた家の屋根である。売主は屋根から瓦を剝さなければならない。それゆえ、代物給付の履行場所は瑕疵ある物が契約に適合して存在している場所であることを承認するなら、瑕疵ある屋根瓦が葺かれまたは床材が張られる場合、論理必然的に、代物給付された屋根瓦は葺かれ、床材は張られなければならないこととなる。[289]」

（ii）新たに張る義務が存在しないというのであれば、新たに張る費用は給付に代わる損害賠償には含まれないし、有責な売主が代物給付をした場合は、結局、新たに張る費用は、買主が負担することになる。

「新たに張る費用は、給付に代わる損害賠償に含まれるとする、民事第八部の見解は、誤っている。追完には新たに張ることは含まれず、それゆえに張ることは課せられていないことが承認されるなら、対応する損害賠償は、実際に課せられた給付に（代わる）ものではない。給付に代わる損害賠償を特徴づけている期間設定の必要性は、無意味である。なぜなら、売主はこの期間内に行なう必要がないからである。むしろ、――期間の譲歩なしに——民法第二八〇条第一項にもとづき給付すべき単純な損害賠償が問題となる。[290] ＢＧＨの見解が正しくないことは、売主がまず有責で瑕疵ある寄せ木張りフローリング床材を給付し、その後に買主が設定した期間内に瑕疵なき代物を給付した場合を考えれば、明らかである。売主は期間内に規定に従って履行したのであるから、給付に代わる損害賠償請求権は発生しない。買主は、ＢＧＨの見解によれば、売主が有責であるにもかかわらず新たに張る費用は抱えたままである（sitzenbleiben：請求できない）。[291]」

ファウストは、最後に以下のように総括する。

「ここでは、判決の中心的意義が問題となる。追完請求権の射程を問うことは、実務的にも重要であり、しかも学説においては争いがある。この問いは、本判決により答えられた——少なくとも、自身の共同体法の義務を疎かにしない裁判所が欧州司法裁判所に先決裁定を付託するまでは非常に長い。本件においては、確かに代物給付が問題であるが、ＢＧＨの論拠は修補に転用しうる。例えば、給付された書棚の部品の二つの棚に瑕疵があり、買主がそれにラッカーを塗った後にはじめて瑕疵に気づいた場合、買主は修補の方法で単にラッカーの塗られていない棚を請求しうる。」

極めて興味深いのは、判決が、ＢＧＨによりこれまで判断してこなかった他の争点を顧慮してもいることである。すなわち、瑕疵ある給付の場合において、買主の、給付に代わる損害賠償請求権は、売主が、追完をしなかったことにのみ結び付られうるのか、もしくは本来的に瑕疵なく給付しなかったことにも結びつけられうるのか、ということである。[292] 実際に重要なことは、有責性についての異なった出発点（Ansatzpunkt）に関してである。民事第八部は、その言明（Rdnr. 28）[293]により、それらを同列に置き、二つの事情に結び付けることを許容するように見える。最後に、判決は、示唆に富む。なぜなら、それは、給付に代わる損害賠償と単純な損害賠償との限界づけの場合にいかなる策略（Tücke）が潜んでいるのかということを素描しているからである。[294]」

(5) ＢＧＨ床タイル付託決定批評[295]

本件については、本書第二章（本章）の冒頭（第一節）において既に紹介している。また、この決定についてのローレンツの批評論文の内容についても、本章第五節三（ドイツの学説）２(2)（「『代物給付による売買法の追完』論文（二〇〇九年論文）」）において詳しく紹介している。各々ご参照をお願いしたい。

さて、本決定批評の要点を紹介する前に、既に筆者の立場において紹介した「追完の射程」論文の最終章「Ⅵ　展望：消費用動産売買についてのヨーロッパ法の基準」も、本付託決定に関するものである。以下では、まずこの箇所を紹介し、筆者の基本的立場を示しておこう。

「民事第八部が自身の判例を変更する可能性は、たとえかかる変更がおそらく自発的に行なわれないとしても、全くないわけではない。というのも、ドイツの売買法は、債務法改正以降、多くの部分でヨーロッパ法的に決定されており、しかも消費用動産売買指令は追完について明確な基準値を保持している、すなわち、追完は、消費用動産売買指令第三条第三項に従い、無償でかつ消費者に著しい不便なしに行なわれなければならないからである。欧州連合司法裁判所はこのことを Quelle 先決裁定において次のように確定した。
『消費用動産の契約に適合した状態の回復を無償でもたらす……売主に課せられたこの義務により、請求権の主張を思い留まろうとする差し迫った経済的負担から消費者を保護すべきである。共同体の立法者によって意図されたこの無償性の保証（Garantie）は、契約に関係する消費用動産の契約に適合した状態の確立義務の履行の場合に売主のあらゆる経済的要求が排除されることを意味する。(296)』

確かにここからは売主が追完の場合に取外しおよび取付けの義務を負うことは論理必然的には導かれえない。しかし、その場合、取外し費用および取付け費用による負担は甚大で（erheblich）であり、おそらく追完の主張を断念するであろうということから、例えば、均整のとれた見地においては瑕疵が侵害のみへと至る場合、少なからずプラスの材料を提供する。

寄せ木張りフローリング床材判決は消費用動産売買に該当することから、民事第八部は単純に取付け義務を否定してはならず、欧州司法裁判所に先決裁定手続の方法で、消費用動産売買指令にもとづき売主が取付け義務を負担するかという問いを提示しなければならなかったであろう。これに対し、民事第八部はこの問いを欧州司法裁判所に付託することなしに否定し、それにより共同体法第二三四条第三項もしくは現行のAEUV第二六七条第三項(297)にもとづき付託義務（Vorlagepflicht）に違反した。これに対し、売主が指令に従い代物給付の場合に最初に給付された瑕疵ある物の除去をも負担し、それゆえにこの物を除去しなければならないことは可能であると考えられる。それゆえ、売主は床タイル事例を判断せず、二〇〇九年一月一四日、欧州司法裁判所に、消費用動産売買指令は『売主が代物給付による消費用動産の契約に適合した状態の回復の場合において消費者がその種類と使用目的に従い消費用動産を取り付けた物から契約違反の消費用動産を取り外す費用を負担しなければならないか』という問いを提示したのである。委員会は次のような見解を主張した。消費者は代物給付により、瑕疵なき物が交付されていたならば存在した状態におかれなければならないこのことは、必要な限り、契約違反の消費用動産が取り外され、契約に適合した消費用動産が取り付けられなければならないことを意味する、と。これに対し、法務官 Mazák の見解によれば、消費用動産売買指令は取外し義務を規定していない、というのも、追完義務は、危険移転後に生じ、したがって消費者の意思に依存する事情のために拡大されるべきではないからである。欧州司法裁判所が法務官に従うかが待たれるところである。私見によれば、欧州司法裁判所が法務官に従わず、追完の射程を広く解釈し、民事第八部がこのことを自己の判例の修正の契機とすること、換言すれば消費用動産売買に限定せず全ての売買契約に適用することが望まれる。そのとき、売買契約法と請負契約法との望ましい同期（一致）が確立されるであろう。(298)」

本決定批評の要点は、以下の如くである。

「本決定は、歓迎されうる。なぜなら、欧州司法裁判所の判断によりもたらされる消費用動産売買指令の解釈に、標準的に依存する瑕疵担保法の二つの中心的問題について、ドイツ法によれば存在する解釈の余地について究明されるからである。もっとも、その場合、少々奇妙な（erstaunlich）のは、取外し義務の方が論理的に優先するにもかかわらず、ＢＨＧは、一次的に絶対的不相当を問題とし二次的に取外し義務を問題としていることである。ＢＧＨは、できれば、取外し義務についての欧州司法裁判所の見解を回避したいように、ほぼ見える。その根拠は、欧州司法裁判所による取外し義務の肯定は、売主は代物として給付された物の取付け義務を負うかという問題、すなわちＢＧＨが過ぎし七月に、共同体法第二三四条にもとづく付託義務違反の下で回避した問題(299)について新たな印象を与えしめる、ということである。

しかし、判断は、欧州司法裁判所にとっての〝自動開閉装置（オートロックシステム：Türöffner）〟としてのみならず、ドイツ法、とりわけ絶対的不相当についての言明としても重要である。判断は、ＢＧＨの見解によれば、民法第二七五条第二項にもとづく〝事実的不能〟および同第四三九条第三項にもとづく絶対的不相当は、不相当性の標準（Maßstab）によってのみならずその基準点（Bezugspunkt）によっても区別される、ということを明確にする。これに対し、（判決文の）一五段[300]が示唆していることは、ＢＧＨは、同第四三九条第三項の場合も、売主が給付障害について責めに帰すべきであるかどうかを考慮しようとしているということである（同第二七五条第二項後段）。」

(6)　欧州司法裁判所床タイル・自動食器洗い機先決裁定の評釈——「代物給付請求権の射程」[301]

事案については、本書において既に紹介しているので[302]、ご参照いただきたい。

(a)　「問題への導入」において二つの問題設定をする。このうち、最初の問題設定において、評者ファウストは、取外し・取付け〝費用〟が問題となっているが、とりわけドイツ法における解釈学的には、それはあくまで二次的問題であり、一次的には、「履行請求権の射程」「追完の射程」が問題である（(ⅰ)）。追完請求権に取外し・取付けが含まれるのであれば、売主は、解除・損害賠償を回避するためにこれを行なわなければならず、そうでなければ、売主は瑕疵なき物の給付義務のみを負い、この場合は取付け費用のみが問題となる（(ⅱ)）。このことは、取付け費用においても、それが履行請求権に含まれるか否かにより、損賠賠償においても、単なる損害賠償か給付に代わる損害賠償かというように異なった内容となり（(ⅲ)(.ⅳ)）、それはさらに、事前の期間設定の必要性の問題、自己実施が可能か否か（履行請求権に含まれるのであれば、可能でなく、自己実施により売主の義務を履行不能にすることになる）（(ⅴ)）という、履行と損害賠償との体系から問題点を整理する。以下、その詳細を、評者自身の論理により確認しておこう[303]（上記（i）～（v）は以下のおおよその箇所を示している）。

（i）「取外しおよび取付けに関し、二つの先行判決は、誰がその費用を負担しなければならないかということに、照準を合わせている。このことは、確かに最終的に関心のある問題である。それに対して、買主は自身で取り外しそして取り付けなければならず、その後に費用賠償を請求できるのか、または、売主は取外しおよび取付けを引き受けねばならないのかということは、二次的な意義を有するように思われる。しかし、解釈学的には（そして、それゆえに、立入禁止区域（Klausur）においても！）、ドイツ法によれば、このことが決定的な問題である。」

（ii）「追完請求権が取外しおよび取付けを含むことが承認される場合、売主は、解除、減額および給付に代わる損害賠償を回避（阻止）するために両者（取外しおよび取付け）を行なわなければならない。追完請求権が——自動食器洗い機事例におけるように——確かに瑕疵なき物の給付までは含むが、しかし取外しおよび取付けまでは含まない場合、買主は、追完の拒絶を理由として上記権利を主張することができ（民法第二八一条第二項第一号、同第三二三条第二項第一号）、もしくは追完のために設定された期間の徒過を主張することができる。これに対し、売主が取外しおよび取付けの義務を負わない場合、彼はこれらの権利を単に瑕疵なき物を給付することにより回避することができ、しかも取付け費用の支払いの問いのみが立てられる。」

（iii）「この費用支払いについても、履行請求権の射程が中心的な意義を有する。履行請求権が取付け（組立て：Montage）を含まないなら、この費用は、規則に従った履行の場合にも遅くとも可能な時点において買主に対して生じる。というのも、追完は、買主によって取り付けられねばならないということを変更しないからである。したがって、この費用を追完のための期間の徒過にかからしめることは有意義ではないであろう。それゆえ、これらの費用は給付に代わる損害賠償には含まれず、単なる損害賠償に含まれるにすぎない（民法第二八〇条第一項、同第四三七条第三号）。そうすると、売主が最初に瑕疵ある給付をしたことについて責めに帰すべきであった場合、とりわけ商人の場合、彼は通常検査義務を負っているので、その場合にのみ賠償可能であり、しばしば生じる場合ではない。それにもかかわらず、この費用を売主に請求するとする場合、このことは、有責性を必要としない特別の費用支払い請求権の場合にのみ（例えば同第四三九条第二項にもとづいて）可能である。これに対し、追完請求権が取付けを含むのであれば、売主は、取付け費用の賠償に向けられた請求権を、自身が取付けを行なうことにより回避する機会をもたなければならない。したがって、取付け費用は給付に代わる損害倍賞に含まれなければならない。というのも、損害賠償のみは、原理的に、追完のための期間の徒過を必要としているからである。有責性を必要としない費用支払い請求権の構成は余計である。すなわち売主が取付けを行なわない場合、買主はそれにつき請求訴訟を起こすか、そうでなければ自身で行ない、そして発生した費用の賠償を給付に代わる損害賠償の方法で請求しうる。というのも、給付に代わる損害賠償請求権は全ての支配的見解によれば、追完を行なわないことに結び付けることができるから、有責性はその限りで大抵問題なく存在する。なぜなら、追完を行なわないことに関し通常は売主に有責性が存するからである。」

(iv)「結局のところ、追完請求権の射程は、自己実施問題にとって重要である。追完には取付けが含まれることが認められる場合、買主は、売主にまずその機会を与えないで自身で取り付ける（とりわけ瑕疵ある物を取り外す）とき、売主の追完を部分的に不能にしたこととなる。――ここで主張された見解によれば達成されないが――BGHの判例に従えば、買主は消費した費用の賠償を請求しえない。これに対し、売主が追完の場合に取外しおよび取付けの義務を負わず、せいぜい費用賠償を負担することを出発点とするとき、自己実施問題は最初から生じえない。」

(b) 続いて、瑕疵なき物の取付け義務および取付け費用についてのこれまでの判例学説の立場を確認する。[304]

「BGHは、寄せ木張りフローリング床材判決において、[305] 欧州司法裁判所への先決裁定の付託なしに次のように判断した。売主は代物給付された瑕疵なき物の取付けも（損害賠償請求権の場合を除き）取付け費用も負担しない。というのも、追完の場合においては本来的履行請求権の場合よりもより多くの義務を負担しえないからである、と。同じ根拠により、BGHは、付託判決において、ドイツ法に従い、取外し義務もしくは取外し費用の支払い義務を否定した。[306] これは、取付けに関し支配的見解に対応している。これに対し、広く行き渡った見解は、おそらく取外し義務を承認する。」

(c) 問題提起の最後に、消費用動産売買指令と法務官 Mazák の立場を対置し、争点を示す。

「消費用動産売買指令は、この問題について明示的に言及しない。しかしながら、消費用動産売買指令第三条第二項、第三項第一文、第三文および第四項によれば、売主は、除去（追完）の場合に、無償でかつ消費者に著しい不便なしに契約に適合した状態を回復しなければならない。法務官 Mazák は最終提案において、次のように主張した。売主は指令に従い取外し費用も取付け費用も負担しない、というのも除去（Abhilfe）は本来的に課せられていること（本来的履行）を超えないからである、と。[307]」

(d)第二の問題設定は、追完の「不相当」を理由とした売主の拒絶（民法第四三九条第三項）問題である。消費用動産売買指令によれば相対的不相当のみをさすが、ドイツ民法は絶対的不相当を許容しており疑念が生じるが、法務官 Mazák は売主の過酷性を根拠として、この疑念を否定する。

「民法第四三九条第三項の意味における追完の不相当性に関していえば、二つの場合が問題である。すなわち、買主により請求された追完方法の費用と他の追完方法の費用が比較される相対的不相当性（の場合）、および、買主により請求された追完方法の費用と追完のこの方法に関する買主の利益もしくは瑕疵なき状態における物の価値および瑕疵の意義とを比較する絶対的不相当性（の場合である）。[308] 民法第四三九条第三項は、双方の場合を含み、相対的不相当は同第四三九条第三項第二文後半から導かれ、絶対的不相当は民法第四三九条第三項第三文後半、同第四四〇条第一文前半から導かれる。もっとも、消費用動産売買指令第三条第三項第二号および考慮事由（根拠）第一一項第三文によれば、ある（ひとつの）（「その」ではない）除去の不相当は、常に択一的な（もう一方の）除去可能性との比較において決定されるべきである。それゆえ、BGHは、民法第四三九条第三項が売主に絶対的不相当の場合に給付拒絶権を許容している限りにおいて、同条項は消費用動産売買指令と一致するのか、との疑念をもつ。[309] Mazák の最終提案において彼はこの疑念に賛同しなかった。消費用動産売買指令が相対的不相当のみを含むのであれば、とりわけ追完の一つの方法が不能な場合には、売主にとって受け入れ難い過酷さが生じうる、というのである。[310]」

(e)　評釈　ファウストは、以上の問題設定の後、「析出と分析」において、「欧州司法裁判所は、むしろ稀であるように思われるが、二つの問いの答えにおいて法務官の提案に従わなかった」[311]として、判旨の要点を整理・分析したのち、評釈を行なう。そこでは、大きく費用負担と裁判所の新たな課題として要求される、指令に一致した解釈という二つの課題を提起する。前者について、消費用動産売買指令が原理的には（取外し・取付けという履行・追完自体ではなく）売主の費用負担を問題としているとしても、その場合に買主（消費者）の前払い（すなわち資金の借入れ）が問題となることから、売主の前払い義務が問題となること（（ⅰ））、売主の費用負担義務の範囲が不明確であること（（ⅱ））を指摘し、後者については、売主自身での取外し・取付けの手配、そうでなければ消費者の費用分担に言及し（（ⅲ））、最後に、指令に一致する解釈は消費用動産に限定されるべきか、について言及する（（ⅳ））。

（ⅰ）「判決は、過大評価すべき意義はないが、しかし二つの中心的かつ多く議論された売買法の問いを扱っている。判決は、(73) まではクリアであるように思われるにもかかわらず、読了後、読者に何か途方もない後味を残す。確かに、売主は追完の方法において本来の給付の方法よりも多く課せられないというＢＧＨの見解は、維持されえない。また、確かに、消費用動産売買指令は、売主自身が取外しおよび取付けに配慮する（sorgen）ことを要求していない。むしろ、原理的には、売主は費用を負担することで充分である。もっとも、このことは、消費用動産売買指令第三条第三項第三号に従い、消費者を著しい不便に至らせてはならない。このことは、とりわけ消費者がこれらの費用に関し前払い（前貸し）をしなければならない場合が、そうである。なぜなら、このことは、場合によっては、消費者に資金の借り入れを強制し、消費者に売主の倒産の危険を負わせることになるからである。したがって、指令に従い売主に前払い義務を負わせることにより支持される。」

(ii)「売主の費用負担義務の範囲についていえば、判決は不明確である。判決は、一方で、売主に完全な費用負担を課さないことを明示に許容し、他方で、そのことにより消費者の権利が形骸化されてはならないとする。両者の両立は困難である。とりわけ、欧州司法裁判所は、(72)[312]で追完の優先性を強調し、(46)[313]で消費者に彼の権利主張を思いとどまる可能性のある経済的負担を課してはならないことを詳述する。おそらく、絶対的不相当の問いを立てている出発点の場合の一瞥が、解決のための一つの鍵を提供している。一方で、取付け費用のみが問題である。売主は、自身が行なわなければならない『無償の』除去(追完)に対する費用を、おそらく常に全額負担しなければならない。他方で、確かに肉眼では認識できるが明らかに上品であったので約三三㎡貼った後にはじめて研磨するほどの陰影に至る研磨済み床タイルの瑕疵が存在する。すなわち、純粋に美学的でおそらくほとんどとるに足らない損傷が問題である。些細な意義の、かかる契約違反の場合には(消費用動産売買指令第三条第三項第二号ダッシュ二参照)、買主に、取付け(敷設)費用の一部を自身で負担するかもしくは解除するか(買主は、ドイツ法によれば、張られた床を保持し、しかも、民法第三四六条第二項第一文第二号に従い、それに対する価値賠償を負担する効果を伴って)、さもなければ減額するかを選択させるのが説得的である(plausible)ように思われる。それに対し、欧州司法裁判所が、取り付けられた物が技術的に使用できず(すなわち、例えば、床を剥がすことになる)、それゆえに、必然的に交換されなければならない場合に、消費者に費用分担を強制することは、極めて信じ難い(unwahrscheinlich)。」

(iii)「付託した二つの裁判所の課題は、今や、指令に一致した解釈に国内法化することである。最も単純であるのは、その限りで、売主は自身で取外しおよび取付けを手配しなければならないことを承認することである。このことは、確かに、ＥｕＧＨにより要求されていない。しかし、ヨーロッパ法的には問題ない。というのも、消費用動産売買指令は消費者に友好的な規律を許容しているからである（第八条第二項）。消費者の費用分担は、それがヨーロッパ法的には許容されているように、消費者が売主に費用の分担を進んで表明しない限り、民法第四三九条第三項に従い、売主に取外しおよび取付けを拒絶する権利が与えられるということにより、問題なく達成されうる。消費者が費用分担により阻止しうる（売主の）給付拒絶権は、今や既に学説において可能であるとみなされている。[314] 売主がそれを行使し消費者がそれを阻止しない限り、消費者は、判旨(77)[315]との一致において、民法第四四〇条第一文第一段にもとづき、二次的権利の主張が与えられるであろう。択一的に承認されるのは、売主は最初から費用のみを負担し、彼により負担されるべき費用額に限定されるということである。もっとも、それによって欧州司法裁判所の基準が考慮され、消費者は、売主が全費用の引受けを進んでしない場合には、解除および減額ができなければならないであろう。その限りで民法第四四〇条第一文第三段を実り多きものにしうる。代物給付は、消費者が取外し費用および取付け費用の一部を負担しなければならない場合、消費者には期待不可能であり、それゆえに消費者は即時に二次的権利を主張しうるのである。費用負担義務の場合におけるこの解決は、売主に取付けの義務を負わせる第一番目に対して、一般に疑わしい方法においては民法第四三九条第二項が請求権の基礎とされ、[316] そして、自由な法創造（Rechtsschöpfung）において前払い請求権を構成しなければならないという短所を有する。もっとも、ＢＧＨはこの方法を追完の目的を顧慮して必要な運送に関して支持し、[317] したがって、ＢＧＨがこのことを取付けに関して同様に維持することが、承認されるべきである。」

（iv）「指令に一致する解釈は消費用動産に限定されるべきか、は疑わしい。ヨーロッパ法はこの限りで中立的である。というのも、消費用動産売買指令はそれ以外の売買契約には妥当しないからである。しかしながら、民法第四三九条は消費用動産売買とその他の売買契約との間を区別していないことから、指令に一致した解釈を消費用動産売買に限定することは、民法第四三九条の美しくない（unschöne）〝分裂した（gespaltene）〟解釈に至るであろう。かかる分裂した解釈の回避は、確かに指令の適用領域外で多数のなかでの一つの解釈の観点であり、しかもとりわけ、一定の方法で問題を規律する立法者の事態の決定（Sachentscheidung）に対して後退しえなければならない。しかし、〝Quelle〟事件[318]の場合と異なり、ドイツ法からは、かかる事態の決定を確実に読み取ることはできない。とりわけ、（立法）資料は取外しおよび取付けについての一義的な言明を保持していない。したがって、全ての売買契約を同じに扱うことが優先に値するように思われる[319]。いずれにしろ最終的には、立法者は透明性（Transparenz）にもとづいて、いかなる方法で消費用動産売買指令の基準値を、欧州司法裁判所による消費用動産売買指令の解釈において考慮すべきかについて、決定しなければならない。そのときに立法者はこの新規律の適用領域をも規定する。」

(7)　BGH床タイル判決の評釈——指令に一致した解釈と法の継続形成[320]

(a)　これまでの紹介によって既にファウストの立場および問題意識は示されてきたが、本評釈が、BGHの到達点であり、これまでの立場を概観するものでもあることから、改めて「問題の導入」において、評者が設定する論点を整理しておこう[321]。まず、問題の前提として取外し・取付け義務と費用負担との位置づけを示し（(ⅰ)）、つぎに、BGHの付託決定の内容と理由（(ⅱ)）、および、EuGHの先決裁定内容の要点を示した後（(ⅲ)）、本判決の論点を示す（(ⅳ)）。

（ⅰ）　問題の前提　「原告は、民法第四三九条第一項および同第四三七条第一号にもとづく代物給付請求権を有した。原告は、売主が代物給付において取付け義務および取外し義務を負担する場合にのみ、取外し費用および取付け費用を請求しえた。というのは、その場合、取外しおよび取付けの不作為は有責な義務違反を意味し、同第二八〇条第一項、第三項、同第二八一条第一文、同第四三七条第三号にもとづく、原告の給付に代わる損害賠償請求権を基礎づけるからである。[322]」

（ii）　BGHの付託内容　「BGHの付託決定までの手続では、取外し義務のみが問題であった。第一に、売主は、代物給付において、そもそも最初に給付された、瑕疵ある物の取外し義務を負うかが問題であった。この義務が存在するならば、第二に、被告は、瑕疵ある床タイルの取外しを、民法第四三九条第三項にもとづき、不相当を理由として拒絶しうるかが解明されなければならなかった。BGHは、代物給付は取外しを含まず、加えて絶対的不相当の要件が存在した、という見解であった。しかしながら、BGHは、消費用動産売買指令は、これら二つの点について異なった結論を強要する可能性があるとみなし、欧州司法裁判所（EuGH）に対し、共同体法第二三四条（現在の第二六七条AEUV）にもとづき、売主は消費用動産売買指令による代物給付の場合に取外し費用を負担しなければならないか、および、指令は、売主は絶対的不相当を理由として追完を拒絶しうるとする国内法の規律と矛盾するか、という問題を付託した。[323]」

（iii）　欧州司法裁判所の先決裁定の要点　「欧州司法裁判所は、この付託を、代物給付された瑕疵なき物の取付け費用を問題としたショルンドルフ区裁判所の付託[324]と併合した。欧州司法裁判所は、売主は、代物給付においては、消費者が瑕疵の発生以前に取り付けたものから瑕疵ある物を取り外し、代物給付された物を取り付けなければならない、さもなければ、取外しおよび取付け費用を負担しなければならない、と判断した。加えて、売主は、絶対的不相当を理由として代物給付を拒絶する権利を有してはならない、とした。もっとも、消費者の、取外しおよび取付け費用請求権は、相当な額に制限されうる、その場合は、この請求権は、それにより実務において形骸化されてはならない[325]。」

（iv）本判決の論点「今や、ＢＧＨでは、この解答により床タイル事例を判決することであった。その場合、中心的な問題は、ドイツ法は指令に一致して解釈しうるか、場合によってはいかになしうるか、というものであった。」

(b)　つぎに、「意味と分析」において、ＢＧＨの判決内容について、取外し義務（(ⅰ)）、絶対的不相当（(ⅱ)）、民法第四三九条第三項の目的論的制限解釈の方法（(ⅲ)）およびこれをＢＧＢ第四七四条第一項前段の意味における消費用動産売買に制限すること（(ⅳ)）に言及する。

（ⅰ）取外し義務「欧州司法裁判所は、売主が取外しおよび取付けを行なわなければならないか、それとも消費者に発生した費用の支払いのみを行なわなければならないか、という点を未解決のままにした。取外しについてのみ判断したＢＧＨの見解によれば、民法第四三九条第一項第二文は、指令に一致して、代物給付は瑕疵ある物の取外しと運送を含む、と解釈されるべきである。それゆえ、売主は、取外しと運送を行なわなければならず、費用賠償をするのみではいけない[326]。民事部は、追完はドイツの立法者意思に従い、売主に〃第二の提供の可能性〃を許容することに役立つべきであることを、根拠として挙げる。それにより、売主が代物給付において取外しを自身で行なう必要がなく、最初から買主に対しこのために必要な費用を負担させる場合にのみ、一致が困難となる。この解釈は、なお民法第四三九条第一項の文言に含まれる。〃瑕疵なき物の給付〃概念は、充填（補充）可能であり、一定の評価の余地がある。立法者は、同第四三九条第四項に含まれている、売主は瑕疵ある物の返還を請求しうるとする同第三四六条第一項第一文の指示により、〝瑕疵なき物の給付〟は、一定の（取外し要素）交換要素を内在していることを表現した、と。」

（ii）　絶対的不相当　「これに対し、絶対的不相当に関しては、指令に一致した解釈の要請は、狭義の単純な法解釈の方法では国内法化はなしえない。それは制定法の一義的な文言と矛盾する。すなわち、民法第四三九条第三項三文後段、同第四四〇条第一文一から一義的に生ずることは、売主は追完の二つの方法を、不相当を理由として拒絶でき、それゆえ不相当概念は絶対的（にも）解釈されうる。もっとも、指令に一致した解釈原則は、国内法に狭義の単純な解釈以上を要求する。同原則は、このことが必要であり可能である国内法に対し指令に一致した法の継続形成を要求する、と。[327]」

（iii）　目的論的制限解釈の方法　「ここから導かれることは、ここでは、民法第四三九条第三項の目的論的制限解釈による指令に一致した法の継続形成である。目的論的制限解釈は、計画違反の、法の不完全な意味での隠れた法の欠缺を要件とする。ここでは隠れた法の欠缺が存在する、なぜなら、民法第四三九条第三項の文言は、消費用動産売買指令と一致しないからである。制定法（民法典）のこの不完全性は、計画違反である。というのも、立法者は、民法第四三九条第三項の公布により、指令に一致して国内法化しようとしたが、それを不適切に行ない、売主に絶対的な不相当な場合も給付拒絶権を保証したにすぎないからである。それゆえ、『(34) 不相当の異議に関して、具体的に表明された、指令との一致性の承認により抱かれている（tragen）立法者の国内法化の意図との矛盾』が存在し、『…立法者が…明示に、同第四三九条第三項を指令に一致させる問題と取り組まず、このことを黙示的に前提としたことは、今や明らかになった規律の欠缺の計画違反を変更しない…。標準となるのは、同第四三九条第三項の規律により指令に一致した国内法化を行なうという、明示に追求された目標が達成されず、しかも、立法者は、規定が指令に一致しないことが明確になった場合、同第四三九条第三項第三文を、同じ方法で公布したことが排除されるということである。』

なによりも市民にとって信頼保護を意味する法的安定性原理（基本法第二〇条第三項）は、指令に一致した法の継続形成と矛盾しない。というのも、同第四三九条第三項の指令との一致性は、学説において繰り返し疑念が抱かれ、それゆえ規範の無制限の適用が保証されるとはみなされえないからである。[328]」

（iv）目的論的制限を消費用動産売買に制限すること「裁判所は判例による法の継続形成（richterliche Rechtsfortbildung）の場合は、ドイツ法が欧州法との矛盾を止揚するために必要な範囲でのみ行なってよいという理由から、全ての売買契約への拡張は問題とならない。したがって、絶対的不相当の場合に追完を拒絶する権利を売主に与えるというドイツの立法者意思は、可及的に保証されねばならない。確かにBGHは、ドイツの消費用動産売買概念が欧州のそれより幾分広い限りで欧州の基準を超えている。なぜなら、被独立的な職業的目的を営む者は確かにドイツ法では消費者であるが、欧州法では消費者でないからである。しかし、BGHは正当にも、ドイツの立法者はBGB第一三条の意味における全ての消費者を統一的に扱う意思を有することを想定している。」

(c)　評釈

最後に、ファウストの全体的な評価[329]（ただし、本節に関連する部分に限って）を順不同であるが三点について確認しておこう。第一は、売主の取外し義務および取付け義務について（(i)）、第二に、絶対的不相当性について（(ii)）、最後に、取外し（および取付け）義務は消費用動産売買に限定されるのか否かについて（(iii)）、である。「内容的な点において判決にはそれほど驚きはない―ＢＧＨは欧州連合司法裁判所の基準に関して極めて厳格に処理し、それを超える原則を、売主に給付すべき費用支払の相当性に関して設定することを回避する。このことは、法的安定性のもとでは遺憾ではあるが賢明な裁判所の慎重な態度に対応している」と前置きして、以下のように述べる。

（ｉ）　売主の取外し義務・取付け義務　「2．上告がなされなかったがため、ＢＧＨは、売主がＢＧＢ第四三九条第一項にもとづき瑕疵ある物を取り外す義務のみを負うのか、代物として給付された瑕疵なき物を取り付ける義務をも負うのかということについて述べる必要はなかった。しかしながら、絶対的不相当の詳述において、ＢＧＨは、いずれにしろ、取外しおよび取付けに言及し、明示に、売主に第二の提供の可能性を切断してはならず、それゆえに、売主の費用負担義務は、最初から取外しおよび取付け義務を負うのではなく―制限された―費用支払義務のみを負うことにより限界づけることはできないことを述べた。したがって、承認されるべきことは、ＢＧＨの見解によれば、ＢＧＢ第四三九条第一項は取外しも取付けも含むということである。このことは事態適合的でもある。したがって、寄せ木張りフローリング床材事件におけるＢＧＨの判断、すなわちＢＧＨは欧州司法裁判所への付託義務違反のもとで売主の取付け義務を否定した判断は時代遅れである。もっとも、ＢＧＨは、第二の提供の可能性が売主から奪われてはならないという―説得的な―論拠については、追完の履行場所に関する自身の判決と矛盾している。その判決においてＢＧＨは、売主は、一定の場合、自身の店舗所在地でのみ追完しなければならないが、ＢＧＢ第四三九条第二項にもとづき物の往復の運送費を買主に賠償しなければならないと判断した。しかし、これにより、正に、ＢＧＨが本判決において甘受できないとみなすことが生じる。すなわち、売主は、しばしば買主よりもより安価で行ないうるにもかかわらず運送を自身で行なう可能性を失うのである。」

（ⅱ）絶対的不相当について「ＢＧＢにおける絶対的不相当の規律は、消費用動産売買指令に適合されなければならない。というのも、単なる指令に合致した法の継続形成は欧州法の義務の履行にとって充分ではないからである。なぜなら、指令は、関係者が法的状況について精通するために、明白かつ透明に国内法化されねばならないからである。もっとも、その場合、ドイツの立法者には、相当性に関してＥｕＧＨの基準よりもよりずっと正確な基準を設定することは困難であろう。」

（ⅲ）取外し（および取付け）義務は消費用動産売買に限定されるのか否かについて「ＢＧＨは、ＢＧＢ第四三九条第三項の場合における指令に一致した法の継続形成を消費用動産売買に制限する一方、ＢＧＢ第四三九条第一項の、指令に一致した解釈が全ての売買契約を含むのか否か、すなわち売主は消費用動産売買以外の場合も瑕疵ある物を取り外し（代物として給付された瑕疵なき物を取り付け）なければならないかということについて述べない。このことが示唆するのは、ＢＧＨはその限りで消費用動産売買とその他の売買契約とを細分化する意図はない、ということである。絶対的不相当に関してとは異なり、立法者意思を充分に維持する義務も消費用動産売買に制限することを要求しない。というのも、追完の射程に関しての立法者意思は明白であり、しかもＢＧＢ第四三九条第一項の文言は売主の取外しおよび取付け義務をカバーしているからである。」

(8)　追完（コンメンタール）(330)

最後に、ファウストの見解（以上の内容）を、コンメンタールにおける自身による注釈により、総括しておこう。

(a)は取外し・取付け義務の三つの見解、(b)ファウストの立場（最広義の立場）、(c)欧州司法裁判所（ＥｕＧＨ）の先決裁定内容、(d)欧州連合司法裁判所の先決裁定を承けてなされたＢＧＨの判決内容と評価、(e)最後に立法を示唆する。

(a)　取外し・取付け義務に関する三つの見解

「議論されているのは、買主が追完の場合に、売買目的物が契約締結時に存在すべき状態の製作のみを請求しうるのか、または売買目的物が、瑕疵なき状態であるならば追完の時点に存在する状態を請求しうるのか、ということである。この問題は、とりわけ、代物給付の場合の取外しおよび取付けに関連して議論されている。ＢＧＨも従っている見解は、売主の取外しも取付けも否定する、なぜなら、売主は追完のために本来の給付の目的を超えて行なう必要はないからである。[331] 別の見解によれば、売主は、追完の場合、売買目的物について、売主が規則どおり履行したならば、危険移転の時点において存在する如くに買主を置かねばならない。したがって、売主は、瑕疵ある物を取り外さなければならない、しかし代物として給付された物を取り付ける必要はない。[332] 最広義の見解によれば、売主は、追完の場合、売買目的物について、売主が規則どおりに履行したならば、追完の時点において存在する如くに買主を置かねばならない。この見解によれば、売主は取外しも取付けも負担する。[333][334]」

(b)　自説（最広義の立場）

「私見によれば、買主は、追完の場合に、瑕疵がなかったならば追完の時点において存在する状態と同じに置かれなければならない。というのは、買主は追完により、売買目的物を、これが瑕疵なき状態と同じに扱う状態に置かれるべきであるからである。買主がそのあいだに行なった変更を新たに行なわれねばならず、しかもこのために要した費用を――有責性を要件として――損害賠償請求権によってのみ請求しうるなら、これと一致しないからである。このことは、とりわけ、全ての支配的見解によれば、売主は追完のために発生する運送費用を負担しなければならず、適切な見解によれば、それ以上に運送自身を貫徹するかまたは組織しなければならない、ということである。それゆえ、買主によってもたらされた場所の変更の結果は、追完の場合には―事物の本質または少なくとも経済的見地において―維持されねばならない。買主によってもたらされた状態の変更には同じことが妥当しうる。場所の変更および状態の変更に関して正反対の危険分配が許容される根拠は、確かではない、とりわけ両者間の限界づけは決して一義的ではない（例えば建築資材の取付け）。追完の場合にその間の変更が保持されるべきことは、請負契約法における一致した見解にも対応する。[335][336]」

(c)　**欧州司法裁判所（ＥｕＧＨ）の先決裁定内容**

「消費用動産売買に関し、欧州連合司法裁判所は、代物給付の過程で必要な瑕疵ある物の取外しおよび代物として給付された瑕疵なき物の取付けについて判断した。すなわち買主は瑕疵につき善意で、物を、その種類とその使用目的に適合して取り付けた場合、売主は自身で取外しおよび取付けを行なうか、またはそのために生じた費用を負担しなければならない（不相当性の抗弁については→Rn. 52）。というのは、そうでなければ、代物給付が消費者にとって著しい不便に結び付けられ、無償ではないであろうし（消費用動産売買指令第三条参照）、彼は代物給付の場合には修補の場合によりも狭い範囲で保護されることから、消費者は彼の代物給付請求権の主張を思いとどまるであろうから、である。[337][338]」

(d)　**連邦通常裁判所（ＢＧＨ）の判決内容と評価**

「今や、欧州司法裁判所の先決裁定を受けて、ＢＧＨは、（第四三九条）第一項第二文を指令に一致して、代物給付は瑕疵ある物の取外しおよび運送[339]および代物給付として交付された瑕疵なき物の取付け[340]を含むと解釈した。それゆえ、ＢＧＨは、売主は取り外さなければならず取り付けなければならず、また、必要な費用を負担しなければならないことを承認する。(341) 買主は自身で労働し生じた費用を請求する可能性を有しない。(342) このことは説得力がある、というのも、追完は正に、売主に支払請求権のような他の法的救済を回避する可能性を与えるべきだからである。ＢＧＨは、指令に一致した解釈を消費用動産売買に制限した。その他の売買契約の場合、売主は代物給付においては取外しも取付けも負担しない。(343) この制限は、―ＢＧＨと同じように―　一般に、指令に一致した解釈を、取外しおよび取付けを代物給付に含めることとせざるをえないことを単に承認する場合には、首尾一貫する。これに対し、ここで主張された見解により、一項によれば、消費用動産売買に左右されず、代物給付は取外しおよび取付けを含むという立場である場合、消費用動産売買と他の売買契約との間の細分化は問題とならない。(344)」

(e)　立法への示唆

「したがって、指令に一致した解釈により欧州連合（EU）法の要請が考慮されうる。もっとも、それにより明確かつ一定の指令の国内法化の要請は充たされない。それゆえ、制定法上の規律がなされねばならない（→ §474 Rn. 3）。(345)」

(100)　より厳密には、①取り外された瑕疵ある物は誰が何処で交付するのか、その場合の運送費等の費用は誰が負担するのか、②売主により給付される瑕疵なき物は何処で交付されるのか、その場合の運送費等の費用は誰が負担するのか、という法解釈上の論点が付け加えられる。

(101)　例えば、Stephan Lorenzは、この事案における、ドイツ連邦通常裁判所の二〇〇六年八月一六日の判断についての評釈（NJW 2006, 3200）において次のように述べている。この問題は「実務上最も重要な意義を有するのみならず、消費用動産売買指令と一致する解釈および限界づけという原則的な方法的問題を投げかけている『新』売買法の最も疑わしい問題の一つ」であり、それゆえ、「ＥＣ司法裁判所が、追完の場合に買主の使用利益返還義務を消費用動産売買指令違反であると判断するならば、ＢＧＨの民事部は、共同体法に一致した解釈の限界づけ問題について言及する新たな機会を有することになる。このことが、固唾を呑んでまたれ」る。なお、この事案については、既に、原田剛「EC消費用動産売買指令とドイツ民法第四三九条第四項〔上〕〔下〕」国際商事法第三六巻八号（二〇〇八年）一〇七六頁、同九号（二〇〇八年）一二二二頁（本書第一部第一章第一節）、および、同「建物の瑕疵に関する最近の最高裁判決が提起する新たな課題―追完の場合の利用利益返還問題および瑕疵ある建物の『権利侵害』性―」法と政治五九巻三号（二〇〇八年）一頁（本書第一部第一章第三節）において紹介しかつ一定の分析を行なっている。

(102) Stephan Lorenz, Nacherfüllngskosten und Schadensersatz nach 〝neuem〟 Schuldrecht—was bleibt vom 〝Dachziegel〟-Fall?, ZGS 2004, 408. なお、この内容については後に紹介する。

(103) 正確には、「消費用動産の売買および消費用動産に対する保証という一定の観点に関する、一九九五年五月二五日付けの欧州会議及び理事会指令：Directive 1999/44/EC」をいう。

(104) 原田剛「瑕疵ある物を給付した売主の追完義務の射程（一）（二）（三・未完）―ドイツ法および消費用動産売買指令を手掛かりとして―」法と政治六三巻四号（二〇一三年）一頁、同六四巻一号（二〇一四年）三三頁、同六四巻二号（二〇一四年）四五頁（本書第一部第二章第二節（本節一、二、三））。

(105) Bundesgerichtshof（ドイツ連邦通常裁判所）の略称とする。

(106) Europäischer Gerichtshof（欧州司法裁判所）の略称とする。

(107) もっとも、請負においては、有償契約への準用規定（第五五九条）を媒介とし、売買に規定した追完規定（改正法案第五六二条）を適用するという立法形式をとっており、請負には追完規定自体は存在しない。ドイツ民法の立法形式と異なる点である。本稿では深められないが、この点は、立法形式の体裁の点を措き、追完の内容をも含めるなら、一個の問題である。

(108) ＢＧＨ二〇〇九年一月一四日NJW 2009, 1660（床タイル付託決定）. なお、この事件の概要については、原田剛「瑕疵ある消費用動産を給付した売主の追完（取外しおよび取付け）義務〔上〕」国際商事法務四〇巻三号（二〇一二年）四六〇頁（本書第一部第二章第一節）を参照されたい。

(109) AG Schorndorf 二〇〇九年二月二五日判決：BeckRS 2009, 88603.

(110) ドイツ民法第四三九条第三項「売主は、買主により選択された追完方法が、不相当な費用によってのみ可能である場合には、第二七五条二項及び第三項にかかわらず、その追完を拒絶しうる。その場合、とりわけ、瑕疵なき状態における物の価値、瑕疵の意義および買主にとって著しい不利益なしに追完の他の方法を援用できるかという問題が、顧慮されねばならない。この場合、買主の請求権は他の追完方法に制限される。第1文の要件のもとでこの追完を拒絶する売主の権利は、そのままである。」

(111) 指令第三条第三項「まず、消費者は、消費用動産の無償の修補または無償の代物給付が不能でなく不相当でない限り、これらの請求をなしうる。一方の救済が、売主に対し、消費用動産が、契約違反がなければ有した価値を勘案し、契約違反の意義の顧慮のもとで、択一的な救済可能性が消費者にとって著しい不便なしに援用されないかという問題を考慮し、択一的な救済可能性と比較して期待不可能な費用を惹起する場合、その救済は不相当であると判断する。修補または代物給付は、相当期間内で、かつ消費者に著しい不便なしに行なわれなければならず、その場合、消費用動産の種類および消費者にとって消費用動産を必要とする目的が顧慮されなければならない。」

(112) ＥＣ司法裁判所二〇一一年六月一六日判決：Celex No. 609CJ0065.

(113) 詳細は、原田剛「瑕疵ある消費用動産を給付した売主の追完（取外しおよび取付け）義務〔上〕〔下〕」国際商事法務四〇巻三号（二〇一二年）四六〇頁、同四号（二〇一二年）六二六頁（本章第一節）。

(114) 指令第三条第二項「契約違反の場合、消費者は、第三項の基準に従い、修補または代物給付により消費用動産の契約に適合した状態の無償の回復に向けられた請求権か、さもなければ、第五項および第六項の基準に従い、当該消費用動産に関し売買代金の相当な減額かまたは契約の解消に向けられた請求権を有する。」

(115) ＢＧＨ二〇〇八年七月一五日判決（寄せ木張り用フローリング材（Parkettstäbe）事件判決）BGHZ 177, 224＝NJW 2008, 2837. なお、判決理由の詳細については、原田・前掲「瑕疵ある物を給付した売主の追完義務の射程（三・未完）」四五頁（五九頁以下）（本章第二節）を参照されたい。

(116) ＢＧＨ二〇一一年一二月二一日判決（床タイル判決）BGHZ 192,148＝NJW 2012, 1073. なお、判決理由の詳細については、原田剛「瑕疵ある消費用動産を給付した売主の追完（取外しおよび取付け）義務〔下〕」国際商事法務四〇巻四号（二〇一二年）六二六頁（六二八頁以下）、同・前掲「瑕疵ある物を給付した売主の追完義務の射程（三・未完）」四五頁（六五頁以下）（本章第二節）を参照されたい。

(117) 民法第四三九条第一項後半「買主は、追完として、彼の選択に従い……瑕疵なき物の給付を請求し得る。」

(118) 民法第四七四条第一項前段「消費者が事業者から動産を買う（消費用動産売買）場合は補充的に以下の規定が妥当する。」

(119) ＢＧＨ二〇一二年一〇月一七日判決NJW 2013, 220. なお、判決内容の詳細は、原田・前掲「瑕疵ある物を給付した売主の追完義務の射程（三・未完）」四五頁（七一頁以下）（本章第二節）を参照されたい。

(120) 後に紹介するStephan Lorenzの二〇一一年論文が冒頭でこのような評価をしている。

(121) これらの学説については、ローレンツの見解に続いて紹介する予定である。

(122) Stephan Lorenz, Nacherfüllngskosten und Schadensersatz nach 〝neuem〟 Schuldrecht—was bleibt vom 〝Dachziegel〟-Fall?, ZGS 2004, 408. 以下、二〇〇四年論文という。

(123) 原田・前掲「瑕疵ある物を給付した売主の追完義務の射程（三・未完）」四八頁以下（本章第二節）なお、カールスルーエ上級地方裁判所の事案と判旨についても同四六頁以下で紹介しているが、そこでは、売主から買った床タイルに瑕疵がある場合、買主は瑕疵除去の方法で追完請求ができ、そのとき、屋根瓦事件判決（BGHZ 87, 104）を援用し、取外し費用および取付け費用は追完費用（民法第四三九条第二項）に含まれるとして、買主を勝訴させた。なお、売主の不相当性の抗弁、および、有責性の不存在の抗弁も否定した。

(124) この点につき、種類物の給付を約束する者は、通常は給付される物が瑕疵なきことについて、有責性なしに保証することはない、その限りで、特別の保証引受けが必要である、とする。

(125) Stephan Lorenz, Die Reichweite der kaufrechtlichen Nacherfüllungspflicht durch Neulieferung, NJW 2009, 1633. 以下、二〇〇九年論文という。

(126) 注（108）に挙げたＢＧＨ二〇〇九年一月一四日決定（床タイル張り事件付託決定）NJW 2009, 1660.

(127) 前掲二〇〇九年論文一六三七頁。

(128) 前掲二〇〇九年論文一六三七頁。

(129) 前掲二〇〇九年論文一六三三―一六三四頁。

(130) 前掲二〇〇九年論文一六三四頁。もっとも、この点は二〇〇四年論文で既に指摘されていることを筆者自身が指摘している（二〇〇九年論文の原注14において：ZGS 2004, 408（411））。

(131) 原注：これについては、Unberath/Cziupka, JZ 2008, 867; Ball,NZV 2004, 217（220f.）：包括的には最終的に、更なる証明を以て、Skamel, Nacherfüllung beim Sachkauf, 2008, 127ff.：疑念を以て、Palandt/Weidenkaff, 67. Aufl.（2008）, §439 Rdnr. 3a.

(132) 前掲二〇〇九年論文一六三五頁。

(133) 原注：Skamel, Nacherfüllung beim Sachkauf, 2008, S. 155.

(134) 原注：これについては、EuGH, NJW 2008, 1433 Rdnr. 34-Quelle AGを見よ。

(135) 原注：費用負担と履行場所との問題の切断（Entkoppelung）については、Krüger, in：MünchKomm, 5. Aufl.（2007）, §269 Rdnr. 37; Palandt/Weidenkaff, 67. Aufl.（2008）, §439 Rdnr. 3a; Palandt/Sprau, 67. Aufl.（2008）, §635 Rdnr. 4; Leibe, in：Gebauer/Wiedmann, ZivilR unter europäischem Einfluss, 2005, Kap. 9 Rdnr. 79; Jacobs, in：Dauner-lieb/Konzen/Schmidt, Das neue SchuldR in der Praxis, 2002, S. 371, 374; Ball, NZV 2004, 217（221）, 並びに、最終的にUnberath/Cziupka, JZ 2008, 867（873）：同じく明らかに、BGH, NJW 2006, 1995 Rdnr. 21（根拠なしに）：反対の見解。Skamel, Nacherfüllung beim Sachkauf, 2008, S. 159; Jauernig/Berger, BGB, 12. Aufl.（2007）, §439 Rdnr. 11 は、最初の給付場所を履行場所とみなし、それゆえ、運送費用においても民法第四三九条第二項にもとづき売主が負担すべきであると見る：BGH NJW 1991, 1604（1606）

（旧第四七六ａ条について）も見よ。

(136) 原注：Unberath/Cziupka, JZ 2008, 867 (873).

(137) 前掲二〇〇九年論文一六三五頁。

(138) すなわち、「瓦が緩く（lose）葺かれ、それゆえ、瓦を取りに行くことのみが問題であ」り、「真の〝取外し〟は存在しなかった」という。

(139) 原注：このことは起草者によっても充分には考慮されてはいなかった。ZGS 2004, 408 (411)。これに対し、より説得的には、Skamel, Nacherfüllung beim Sachkauf, 2008, S. 110.

(140) 原注：例えば、Faust, in：Bamberger/Roth, BGB, 2003, § 439 Rdnr. 18.

(141) 原注：しかし、例えば、Faust, in：Bamberger/Roth, BGB, 2. Aufl. (2007), § 439 Rdnr. 18. 両者に対して適切に、Skamel, Nacherfüllung beim Sachkauf, 2008, S. Rdnr. 18. 両者に対して適切に、Skamel, Nacherfüllung beim Sachkauf, 2008, S. 110.

(142) 原注：Skamel, Nacherfüllung beim Sachkauf, 2008, S. 110.

(143) Stephan Lorenz, Ein- und Ausbauverpflichtung des Verkäufers bei der kaufrechtlichen Nacherfüllung—Ein Paukenschlag aus Luxemburg und seine Folgen, NJW 2011, 2241. 以下、二〇一一年論文という。本論文は、冒頭において、ＥｕＧＨ二〇一一年判決を、「センセーショナルな」判決と述べ、ＢＧＨのこれまでの判例を広範に反故にしている（zur Makulatur machen）、と評価する。

(144) 前掲二〇一一年論文二二四一頁。

(145) 原注：ＢＧＨの判例によれば、専門家である売主（も）検査義務を負わない、BGH, NJW 1981, 1269 (1270) を見よ。また、製作者の有責性も民法第二七八条により考慮され得ない。この前のBGH, NJW 2008, 2837 Rdnr. 29. を見よ。

(146) 本稿では直接紹介はしないが、この内容については、原田剛「瑕疵ある消費用動産を給付した売主の追完（取外しおよび取付け）義務〔上〕」国際商事法務四〇巻三号（二〇一二年）四六〇頁（四六三頁以下）（本章第一節）を参照されたい。

(147) 前掲二〇一一年論文二二四五頁。

(148) 原注：各規範の規律の目的（Ziel）を越えた指令の規範目的を設定する法的獲得方法についての正当な基準については、既に、BGH NJW 2008, 2837.

(149) 原注：BGH, NJW 2011, 2278 の三七段、および既に BGH, NJW2008, 2837 の九段。

(150) 原注：例えばUnberath/Cziupka, JZ 2009, 313 (315) の提案。

(151) 原注：立法論として IV2a（引用者注：後に紹介する）を見よ。

(152) 原注：例えばUnberath/Cziupka, JZ 2009, 313 (315の注26（引用者注：EuGH, NJW 2011, 2269 Rdnr. 76-Weber und Putz

を指す））。

(153)　この判決の概要については、原田剛「ＥＣ消費用動産売買指令とドイツ民法第四三九条第四項〔上〕」国際商事法務三六巻八号（二〇〇八年一〇七六頁を参照されたい。

(154)　原注：BGH, NJW 2009, 427を見よ。

(155)　原注：立法資（史）料においては、この問題は、依然として旧法において予定されている有責性を必要としない〝契約費用〟の賠償義務（民法旧第四六七条第二文）を立法化することから意識的に離脱することによって〝行なう必要がない〟という指摘のみが存在する。

(156)　原注：これについては消費者保護法の文脈において、S. Lorenz,in：Münch-Komm-BGB, 4. Aufl.（2004）、第四七四条以下の前注、Rdnr. 4 のみを参照。

(157)　原注：これについては、解除法との関連で、政府草案の反論、BT-Dr 14/6857, S. 59 のみを見よ。

(158)　原注：解釈論については、Unberath/Cziupkaの提案も、JZ 2009,313（315）（上記注31（本稿注53）を指す。）を見よ）。

(159)　原注：注29（例えば、Unberath/Cziupkaの提案も、JZ 2009,313（315））を見よ。

(160)　Stephan Lorenz, Aus- und Wiedereinbaukosten bei der kaufrechtlichen Nacherfüllung zwischen Unternehmern—Zu den Grenzen “richtlinienorientierter” Auslegung, NJW 2013, 207. 以下、二〇一三年判例批評という。

(161)　原注：BGHZ 177, 224＝NJW 2008, 2837 Rdnr. 18：債務法現代化法政府草案の基礎づけBT-Dr 14/6040, S. 221.

(162)　原注：これについては、BGHZ 189, 196＝NJW 2011, 2278を見よ。

(163)　原注：これについては、S. Lorenz, NJW 2009, 1633を見よ。

(164)　原注：例えば、BGHZ 177, 224＝NJW 2008, 2837 Rdnr. 29（「床タイル事例」）：BGH, NJW 2009, 1660 Rdnr. 11（「フローリング事例」）。

(165)　原注：BGHZ 177, 224＝NJW 2008, 2837 Rdnr. 18.

(166)　原注：AG Schorndorf, Beschl. v. 25. 2. 2009–2C 818/08, BeckRS2009, 88603; BGH, NJW 2009, 1660：これについては、S. Lorenz, NJW 2009, 1633を見よ。

(167)　原注：EuGH, NJW 2011, 2269：これについては、S. Lorenz, NJW 2011, 2241を見よ。この費用の不相当な場合に、消費者に相当な費用負担を指示しうるという。ＥｕＧＨによる開かれた可能性は、ここでの文脈においてはこれ以上検討されない。

(168)　原注：BGHZ, NJW 2012, 1073 Rdnr. 25.

(169)　原注：例えば、明示にEuGH, NJW 2006, 2465（2467）-Adeneler；同じくBGH, NJW-RR 2005, 354（355）; NJW 2006, 3200（3201）.

(170) 原注：同じく、上記の製造者の過責の帰責問題について述べたように、歴史的立法者の対応する意思を確定できる場合、規範の文言に反する解釈を可能とする。もっとも、かかる意思が専ら立法者の一般的な一致した意思から、指令に反する意思ではないことが読み取られうるかは、ここではこれ以上深められない。

(171) 原注：例えばBGHZ 150, 248（248）＝NJW 2002, 1881（いわゆる「ハイニンガー判決」）における基本的証言：過剰領域においてもＥｕＧＨへの解釈問題の付託可能性の問題については、S. Lorenz, in : MünchKomm-BGB, 6. Aufl.（2012), §474前注Rdnr. 4を見よ。

(172) 原注：Hommelhoff, in : Festgabe 50 Jahre BGH, 2000, S. 889（915f.「準指令に一致した解釈」）: Canaris. in : Festschr. f. Bydlinski, 2002, S. 47（74：「指令から自由な法律への、指令の影響効（Ausstrahlungswirkung)」）をも見よ。

(173) 原注：このことを、BGHZ 150, 248（261）＝NJW 2002, 1881が、また「ハイニンガー判決」も、特別に慎重に行い、立法者の包括的な統一意思は指摘しなかった。

(174) 原注：BGH, NJW 2013, 220 Rdnr. 17ff. 学説において主張された（異なった）見解の、広範な証明によって。

(175) 原注：これについては、S. Lorenz, NJW 2011, 2241（2243）を見よ。

(176) 原注：これについての二〇一一年一〇月一一日のＥＵ委員会に提出された欧州共通売買法草案については、S. Lorenz, AcP 212（2012), 702（791ff.）。

(177) 原注：異なった見解においては事業者取引への転用に関し、立法者は追完請求権自体の射程について実体的な判断を行なわなかったことに専ら照準を合わせているFaust, JuS 2011, 744（748）は、この全体の文脈を、見誤っている。

(178) 原注：BT-Dr 14/6040, S. 210.

(179) 原注：NJW 2013, 220 Rdnr. 24.

(180) 原注：BGH, NJW 2012, 1073 Rdnr. 35, 54.

(181) 原注：Richtlinie 2011/83/EU v. 25. 10. 2011 über die Recht der Verbracucher, AblEU Nr. L 304 v. 22. 11. 2011, S. 64.

(182) 原注には、アクセス可能な連邦司法者のサイトが挙げられている。

(183) Frank Skamel, Nacherfüllung beim Sachkauf: Zum Inhalt Von Nachbesserung Und Ersatzlieferung Sowie Deren Abgrenzung Vom Schadensersatz, 2008.（以下、Skamel. a. a. O.で引用する。）

(184) 第一章は、「導入（Einführung)」、第四章は、「結論（Schuss)」である。

(185) なお、第三章は、「追完と損害賠償」、「追完と給付場所」、「危険負担と危険移転」、「追完の費用」および「失敗した追完と成功した追完」で構成されている。

(186) スカメルが類型化する「瑕疵が惹起する損害」を、これ以降において「瑕疵結果損害」と訳しておくが、その詳細については後に改めて紹介する。

(187) Skamel, a. a. O., S. 77.

(188) 第二八〇条（義務違反にもとづく損害賠償）（1）債務者が債務関係にもとづく義務に違反した場合、債権者はこれにより生じた損害の賠償を請求し得る。このことは、債務者が義務違反につき責めに帰さない場合は妥当しない。（2）（3）は省略）

(189) Skamel, a. a. O., S. 77.

(190) Skamel, a. a. O., S. 77.

(191) 第四三三条（売買契約の場合の契約上典型的な義務）（1）売買契約により、物の売主は、買主に物を引き渡し、物の所有権を調達する義務を負う。売主は、買主に物の瑕疵及び権利の瑕疵のない物を調達しなければならない。

（2）買主は、売主に合意した代金を支払い、購入した物を引き取る義務を負う。

なお、民法典の条文の試訳については、岡孝編『契約法における現代化の課題（法政大学現代法研究所叢書21）』（法政大学出版局、２００２年）「［資料］ドイツ債務法現代化法（民法改正部分）試訳」（一八一頁以下）を参考にさせていただいた（以下、同様である）。

(192) Skamel, a. a. O., S. 77.

(193) 第四三九条（追完）第一項　買主は、追完として、彼の選択に従い、瑕疵の除去または瑕疵なき物の給付を請求し得る。

(194) この委員会草案（KE）第四三八条は、現行の第四三九条に対応するものであり、条文の内容は以下のとおりである。

（1）物が瑕疵ある場合、買主は追完を請求し得る。売主は彼の選択に従い瑕疵を除去するか、動産が問題である場合、瑕疵なき物を給付し得る。

（2）売主は追完の目的のために必要な費用、とりわけ、運送費、交通費、労働費および材料費を負担しなければならない。

（3）売主は、追完が不相当な費用によってのみ可能である場合、追完を拒絶し得る。

（4）売主が追完の目的のために瑕疵なき物を給付する場合、彼は草案第三四七条、同第四三八条の基準に従い、買主に瑕疵ある物の返還を請求し得る。

(195) 原注：最終報告書二一三頁。なお、最終報告書の正式名称は次のとおり。Abschlussbericht der Kommission zur Überarbeitung des Schuldrechts, herausgegeben vom Bundesminister der Justiz, 1992.

(196) 第四三九条（追完）第四項　売主は、追完のために瑕疵なき物を給付した場合、第三四六条から第三四八条までの基準に従い、買主に瑕疵ある物の返還を請求し得る。

(197) 第四三九条（追完）第一項　買主は、追完として、自身の選択により、瑕疵の除去または瑕疵なき物の給付を請求できる。
「後半」とは、本条項における「瑕疵なき物の給付」を指す。

(198) この点に関するスカメルの立場の詳細については、後述（二〇九頁）を参照されたい。

(199) Skamel, a. a. O., S. 78.この点に関するスカメルの立場の詳細については後述（二〇五頁）を参照されたい。

(200) 原注に付された「Canaris, Karlsruhe Forum, 2002, 5頁、77頁以下」に対応すると考えられる内容は、以下のとおりである。「瑕疵除去と瑕疵なき物の給付との間の買主の選択権は、追完請求権に関する民法第四三九条三項の特別の給付拒絶権であり、同第四三八条一項にもとづく特別の時効に含まれ、解釈学的には瑕疵担保権に整序されます。しかしながら、このことにより本来の履行請求権との関連性は廃棄されません。すなわち、本来的履行請求権は瑕疵ある給付によっては消滅しないのです。というのも、売主は自身の義務を同第四三三条第一項後段にもとづいて負担しているようには履行しなかったのであり、その結果、同第三六二条の要件を充たさなかったからです。このことは種類物売買に関する同旧第四八〇条第一項という厳格に適用される規定についての支配的見解と一致しており、首尾一貫して新売買法に対しても同様に妥当しなければなりません――換言すれば、瑕疵なき物の給付義務を理由に同第四三三条第一項後段にもとづき特定物売買にも妥当しなければならないのです。同じく、瑕疵ある給付によっては、同第二四三条第二項の意味での債務の特定（具体化）は生じません。なぜなら、売主は瑕疵のために自身の側で必要とされる全てのことをしなかったからです。このこともまた同旧第四八〇条についての支配的見解と一致しています。《中略》確かに履行請求権は、危険移転もしくは同第四三八条第二項において規定されている時点から、瑕疵担保法上の特別性により影響を受けますが、他方で、瑕疵ある給付によっては消滅しません。それゆえに、履行請求権はその根本構造においては追完請求権と同一であり、その結果、追完請求権は解釈学的には一次的履行請求権の修正形態と評価すべきです。また、このことは、同旧第四八〇条第一項に従った、瑕疵なき物の給付請求権に関する支配的見解および同第旧六三三条第二項に従った瑕疵除去請求権に関する支配的見解とも対応しています。」（Egon Lorenz (Hrsg.), Karlsruhe Forum 2002: Schuldrechtsmoderunisierung, 2003, S77ff.)

(201) 指令第三条第二項　契約違反の場合、消費者は、第三項の基準にもとづき、修補または代物給付により消費用動産の契約に適合した状態の無償の確立に向けられた請求権か、さもなければ、第五項および第六項の基準に従い、当該消費用動産に関し売買代金の相当な減額かまたは契約の解除に向けられた請求権を有する。

(202) 民法第四三四条第一項　(1) 物は、それが危険移転の時に合意された性状（Beschaffenheit）を有する場合、物には瑕疵は存在しない。性状が合意されていない限り、次の各号のいずれかの場合、物には瑕疵は存在しない。
1　物が、契約に従って前提とされた使用に適する場合
2　物が通常の使用に適し、かつ、同種の物において普通とされ、買主がその物の種類から期待し得る性状を有する場合

買主が、物の特定の性質（Eigenschaft）に関し、売主、製造者（製造物責任法第四条第一項及び第二項）又はその補助者による公の表示にもとづき、特に広告又はラベル表示により、期待し得る性質も、前文第二号の性状に含まれる。ただし、売主がその表示を知らず、かつ、知ることを要しなかった場合、その表示が契約締結時に同様の方法により訂正されていた場合、又は、その表示が購入決定に影響を及ぼさなかった場合は、この限りでない。

(203) Skamel, a. a. O., S. 78.

(204) Skamel, a. a. O., S. 79

(205) Skamel, a. a. O., S. 79.

(206) 民法第四三七条（瑕疵がある場合における買主の権利）　買主は、物に瑕疵がある場合において、以下の規定の要件が存在し、かつ別段の定めがないとき、

1　第四三九条にもとづき追完を請求し得る、

2　第四四〇条、第三二三条および第三二六条第五項にもとづき契約を解除するか、第四四一条にもとづき代金を減額請求をなし得る、そして、

3　第四四〇条、第二八〇条、第二八一条、第二八三条および第三一一a条にもとづき損害賠償または第二八四条にもとづき無駄になった費用の賠償を請求し得る。

(207)「売主は、買主に対し物の瑕疵および権利の瑕疵のない物を取得させねばならない。」

(208) 本文中で具体例として次のような場合を挙げている。「例えば、売主が、瑕疵なき燃料油を給付し、タンクに入れる際に、タンクの周りの、買主の土壌を汚染する」場合であり、「または、売主が合意に反して悪化した果物を譲渡し、・・・転倒して負傷したことにより、買主が瑕疵無価値のむこう側で損害を被る」場合である。これら二つの場合、損害は瑕疵により惹起されたものではなく、民法第二四一条第二項にもとづく、契約上の配慮義務違反の結果である。賠償請求権は、民法第二八〇条第一項、さらに第二八二条が援用される。」(Skamel, a. a. O., S. 71.)

(209) 第二七五条（給付義務の排除）（１）給付請求権は、それが債務者またはすべての者にとって客観的に不能(Unmöglichkeit) である限り、排除される。

（２）債務関係の内容および信義誠実の原則の考慮のもとで、給付が債権者の給付利益と比較して著しく均衡を失する費用(Aufwendung) を要する限り、債務者は給付を拒絶し得る。債務者に期待すべき努力を確定するに際しては、債務者が給付障害につき責めに帰すべきであるか否かかも考慮されるべきである。

（３）さらに、債務者が自ら給付を調達しなければならない場合において、債務者の給付を妨げている障害（Hindernis）と債権者の給付利益とを衡量し給付を債務者に期待し得ないときは、債務者は、給付を拒絶し得る。（（４）（５）略）

(210)「債権者は、その選択に従い、給付に代わる損害賠償または第二八四条が定める範囲の費用の賠償を請求し得る。……《以下略》」
(211) Skamel, a. a. O., S. 70f.
(212) Skamel, a. a. O., S. 80.
(213) 第四三四条（物の瑕疵）第二項　物の瑕疵は、売主または売主の履行補助者による、合意した組立てが不適切になされた場合にも存在する。物の瑕疵は、さらに、組立てのために定められた物の場合において、組立ての指示に瑕疵が存するときに存在する。ただし、物が瑕疵なく組み立てられた場合はこの限りではない。
(214) Skamel, a. a. O., S. 80.
(215) 原注：Bamberger/Roth/Faust,§439 Rn. 18; Pak, S. 176.
(216) Skamel, a. a. O., S. 80f.
(217) Skamel, a. a. O., S. 99ff.
(218) Skamel, a. a. O., S. 113.
(219) Skamel, a. a. O., 107ff.
(220) 原注：Bamberger/Roth/Faust, 439Rn. 32 および……旧法の解除権については、BGHZ 87, 104, 109（屋根瓦）; Soerger/Huber, 467R. 128.
(221) Skamel, a. a. O., S. 113.
(222) 原注：これに照準を合わせるのが、MünchKommBGB/Westermann, 439Rn. 13; Bamberger/Roth/Faust, 439Rn. 32.
(223) Skamel, a. a. O., S. 114.
(224) 原注：BGHZ 87, 104, 109f.（屋根瓦）.
(225) Skamel, a. a. O., S. 114.
(226) 旧第四六三条（不履行による損害賠償）売却された物に売買の時点までに保証された性状が欠けている場合、買主は解除（Wandelung）または減額に代えて不履行による損害賠償を請求し得る。同様のことは、売主が瑕疵（Fehler）を悪意で黙秘していた場合に妥当する。
(227) Bamberger/Roth/Faust, 437Rn. 45.
(228) Skamel, a. a. O., S. 114.
(229) 原注：例えばLorenz, ZGS 2004, 408, 411：これに従ったOLG Köln, NJW-RR 2006, 677; Schneider/Katerndahl, NJW 2007, 2215, 2216.

(230) Skamel, a. a. O., S. 114f.
(231) 以下、この項は、Skamel, a. a. O., S. 115–119.
(232) Skamel, a. a. O., S. 115.
(233) 旧第六三三条第二項第一文（前段）　仕事がこの性質を備えないとき、注文者は、瑕疵の除去を請求し得る。（後段略）
(234) 原注：BGH, NJW 1979, 2095, 2096；さらにBGH, NJW 1972, 1280, 1282.
(235) 原注：BGH, NJW 1972, 1280, 1282.
(236) Skamel, a. a. O., S. 114f.
(237) 第四三四条　物の瑕疵は、合意した組立てが売主または売主の履行補助者によって適切に行なわれなかった場合にも存する。（以下、略。）
(238) Skamel, a. a. O., S. 116f.
(239) 原注：この限りで一般的見解、Bamberger/Roth/Faust, 439Rn. 19; 旧法下の請負契約法について、BGH, NJW 1979, 2095, 2096; 1972, 1280.
(240) Skamel, a. a. O., S118f.
(241) Florian Faust, Kaufrecht：Reichweite des Nacherfüllungsanspruchs, JuS 2008, S. 933.
(242) Florian Faust, Kaufrecht: Ersatz der Ausbaukosten bei der Ersatzlieferung: absolute Unverhältnismäßigkeit der Nacherfüllung, JuS 2009, 470.
(243) Florian Faust, Kaufrecht: Reichweite des Anspruchs auf Ersatzlieferung, JuS 2011, S. 744
(244) Florian Faust, Kaufrecht: Richtlinienkonforme Auslegung und Rechtsfortbildung, JuS 2012, S. 456.
(245) Florian Faust, Die Reichweite der Nacherfuelung, BauR 2011, S. 1818–1827.
(246) Bamberger/Roth（Beckscher Online-Kommentar BGB）, 2014 の Nacherfuellung の項目のうち、売買目的物の変更（Veränderung）のうち、「とりわけ取付け」に関する部分。
(247) ＶＯＢは、Verdingungsordnung für Bauleistungen 略称であり、「建設請負工事規程」と訳されている。そのうち、Ａ部（ＶＯＢ／Ａ）は契約締結方法、Ｂ部（ＶＯＢ／Ｂ）は契約内容、Ｃ部（ＶＯＢ／Ｃ）は工事の技術的内容（仕様）が規定されている。これらのうち、本文にあるＢ部（ＶＯＢ／Ｂ）が契約約款としての機能を有しており、かつ、現実にも公共工事・民間工事を問わず、最も代表的な建設工事契約約款として広範に使用されている。なお、原田剛『請負における瑕疵担保責任〔補訂版〕』（成文堂、二〇〇九年（二〇〇六年〔初版〕））三九頁注（31）も参照いただきたい。
(248) Faust, Die Reichweite der Nacherfueliung, BauR 2011, S. 1818.

(249)　連邦通常裁判所は一二の民事部に分かれており、そのうち民事第七部は、主として売買法および住居賃貸借法（Wohnraummietrecht）について、民事第八部は、主として請負契約法、建築士法および強制執行法について管轄している。
(250)　Faust, Die Reichweite der Nacherfueliung, BauR 2011, S. 1818.
(251)　BGB第六三五条（追完）第二項：請負人は、追完のために必要な費用、運送費、交通費、労働費および材料費を負担しなければならない。
(252)　VOB／B 第一三条（瑕疵除去請求権）第五項　工事請負人（Auftragnehmer）は、時効期間内に契約違反に起因して発生した全ての瑕疵について、施工主（Auftraggeber）が期間経過前に文書で請求した場合、自身の費用で除去する義務を負う。〈以下、略〉
(253)　原注：BGH, Urteil v. 13. 12. 1962-II ZR 196/60., NJW 1963, 805, 806; BGH, Urteil v. 7. 11. 1985-VII ZR 270/83., BGHZ 96, 221, 225=BauR 1986, 211, 212f.=NJW 1986, 922, 923.
(254)　原注：BGH, Urteil v. 8. 6. 1978-VII ZR 161/77., BGHZ 72, 31, 33=BauR 1978, 402, 403=NJW 1978, 1626.
(255)　原注：BGH, Urteil v. 7. 11. 1985-VII ZR 270/83., BGHZ 96, 221, 225=BauR 1986, 211, 213=NJW 1986, 922, 923.
(256)　Faust, Die Reichweite der Nacherfueliung, BauR 2011, S. 1819f.
(257)　Faust, Die Reichweite der Nacherfueliung, BauR 2011, S. 1820.
(258)　Faust, Die Reichweite der Nacherfueliung, BauR 2011, S. 1820.
(259)　この内容については、原田剛『請負における瑕疵担保責任〔補訂版〕』（成文堂、二〇〇九年（二〇〇六年〔初版〕）一八六頁を参照されたい。なお、ローレンツも、当初この判決に依拠して売主の取外し義務を肯定したが（本書一三三、一七三頁）、後に、スカメルの見解（本書二〇七、二一四頁）に依拠して改説した点については既に整理しておいたところである（本書一七五、一七三）。
(260)　Faust, Die Reichweite der Nacherfueliung, BauR 2011, S. 1820.
(261)　Faust, Die Reichweite der Nacherfueliung, BauR 2011, S. 1820f.
(262)　Faust, Die Reichweite der Nacherfueliung, BauR 2011, S. 1821.
(263)　Faust, Die Reichweite der Nacherfueliung, BauR 2011, S. 1821f.
(264)　筆者のこの整理は、後に整理するように、追完問題における諸見解の理解にとって重要である。
(265)　Faust, Die Reichweite der Nacherfueliung, BauR 2011, S. 1822.
(266)　Faust, Die Reichweite der Nacherfueliung, BauR 2011, S. 1822.
(267)　Faust, Die Reichweite der Nacherfueliung, BauR 2011, S. 1822.

(268) この命名は、引用者（原田）による。以下、（イ）、（ウ）につき同様である。
(269) Faust, Die Reichweite der Nacherfueliung, BauR 2011, S. 1822f.
(270) Faust, Die Reichweite der Nacherfueliung, BauR 2011, S. 1823.
(271) Faust, Die Reichweite der Nacherfueliung, BauR 2011, S. 1823.
(272) Faust, Die Reichweite der Nacherfueliung, BauR 2011, S. 1823.
(273) Faust, Die Reichweite der Nacherfueliung, BauR 2011, S. 1823ff.
(274) Faust, Die Reichweite der Nacherfueliung, BauR 2011, S. 1824.
(275) Faust, Die Reichweite der Nacherfueliung, BauR 2011, S. 1822f.
(276) Faust, Die Reichweite der Nacherfueliung, BauR 2011, S. 1825.
(277) 原注：Regierungsentwurf, BT-Drucks. 14/6040, S. 231.
(278) 原注：この関連で修補請求権（民法第四三九条第一項前半、同第四三七条第一号）は引用できない。というのも、売主は、民法第四三三第一項後段によれば、本来の履行の場合においても売買目的物の引渡しおよび所有権移転に制限されえず、危険移転前の瑕疵を除去しなければならないからである。
(279) Faust, Die Reichweite der Nacherfueliung」BauR 2011, S. 1825f.
(280) Faust, Die Reichweite der Nacherfueliung」BauR 2011, S. 1826.
(281) なお、この後に、「Ⅵ　展望：消費用動産売買についてのヨーロッパ法の基準値」において、寄せ木張りフローリング床材判決が付託決定をしなかったことに対する批判、床タイル付託決定の内容と法務官 Mazák の見解の要点を示し、欧州司法裁判所（ＥｕＧＨ）が後者に従わず「追完の射程」を広く解釈し、これを民事第八部が修正の契機とし全ての売買契約に適用するときに、売買契約法と請負契約法との望ましい同期が確立することを指摘する。この部分は、後の「(5)　ＢＧＨ床タイル付託決定批評」において改めて紹介する。
(282) Florian Faust, Kaufrecht: Reichweite des Nacherfüllungsanspruchs, JuS 2008, S. 933.
(283) Florian Faust, Kaufrecht: Ersatz der Ausbaukosten bei der Ersatzlieferung; absolute Unverhältnismäßigkeit der Nacherfüllung, JuS 2009, 470.
(284) Florian Faust, Kaufrecht: Reichweite des Anspruchs auf Ersatzlieferung, JuS 2011, S. 744.
(285) Florian Faust, Kaufrecht: Richtlinienkonforme Auslegung und Rechtsfortbildung, JuS 2012, S. 456.
(286) 本書一三九頁を参照されたい。
(287) 本書一四四頁。

(288) なお、ファウストの本判決批判については、既に紹介した「追完の射程」論文においてもなされており、紹介しておいた（本書二三〇頁）。そこをも参照いただきたい。また、同論文の最後においても床タイル付託決定に関連づけて次のように批判していた。「寄せ木張りフローリング床材判決は消費用動産売買に該当することから、民事第八部は単純に取付け義務を否定してはならず、欧州連合司法裁判所（ＥｕＧＨ）に先決裁定手続の方法で、消費用動産売買指令にもとづき売主が取付け義務を負担するかという問いを提示しなければならなかった。これに対し、民事第八部はこの問いを欧州司法裁判所に付託することなしに否定し、それにより共同体法第二三四条第三項もしくは現行のＡＥＵＶ第二六七条第三項にもとづき付託義務（Vorlagepflicht）に違反した」と（Faust, Die Reichweite der Nacherfueliung」 BauR 2011, S. 1826f.)

(289) Florian Faust, Kaufrecht: Reichweite des Nacherfüllungsanspruchs, JuS 2008, S. 935.

(290) 原注（13）：Stephan Lonenz, ZGS 2004, 408（409f.）; Schneider/Katerndahl, NJW 2007, 2215（2216）.

(291) Florian Faust, Kaufrecht: Reichweite des Nacherfüllungsanspruchs, JuS 2008, S. 935.

(292) 原注：S. Faust, in: Festschr. f. Canaris, 2007, S. 2033ff.（216ff.）m. w. Nachw. einerseits, Stephan Lorenz, in Festschr. f. Huber, 2006, 2006, S. 423ff. andererseits.

(293) 著者自身の引用（JuS 2008, S. 935）では、以下の部分を指す。「（28）床張り費用についての給付に代わる損害賠償請求権は、被告が、原告に瑕疵なき寄せ木張りフローリング床材を給付する契約義務に違反した（民法第四三七条第三号、同第二八〇条、同第四三三条第一項後半に結び付いた第二八一条）という観点のもとでは、帰属しない。」

(294) Florian Faust, Kaufrecht: Reichweite des Nacherfüllungsanspruchs, JuS 2008, S. 936.

(295) BGH, Beschluss vom 14. 1. 2009, BeckRS 2009, 05318.

(296) 原注：EuGH（Erste Kammen）, Urteil v. 17. 4. 2008-C-404/06, NJW 2008, 1433 Rdnr 34（Quelle AG/Bundesverband der Verbraucherzentralen und Verbraucherverbände）.

(297) 正式名称は、Treaty on the functioning of the European Union = Vertrag über die Arbeitsweise der Europäischen Union（欧州連合運営条約）である。第二六七条は以下のとおりである。なお、条文の翻訳は、岩沢雄司編集代表『国際条約集２０１７』における「欧州連合運営条約」による。

第二六七条（先決裁定）欧州連合司法裁判所は、次のことに関係する先決裁定を下す管轄権を有する。

（ａ）両条約の解釈

（ｂ）連合の各機関又は各組織の行為の効力及び解釈

このような問題がいずれかの加盟国の裁判所に提起され、その裁判所が判決を下すために当該問題に関する決定が必要であると考える場合には、当該裁判所は、欧州連合裁判所にそれに関する先決裁定を求めることができる。

このような問題がその決定に対して国内法上司法的救済がないような加盟国の国内裁判所に係属している事件の中で提起された場合には、その裁判所は、その事実を欧州連合司法裁判所に付託する。

この問題が拘留中の者に関して加盟国に裁判所に係属している事件の中で提起される場合には、欧州連合司法裁判所は、できる限り迅速に行動する。

（298）Faust, Die Reichweite der Nacherfueliung」BauR 2011, S. 1826f.

（299）この部分には、既に紹介した寄せ木張りフローリング床材判決への筆者ファウストの批判が込められている。

（300）本評釈においては、以下の部分を指す。「（15）絶対的不相当が何時承認されるべきか、ということについて、学説は一致していない。とりわけ、瑕疵なき物の価値の異なったパーセンテージとなり、その超過の場合、追完費用は絶対的に不相当であることとなる……最広義の見解によれば、本件の場合においては、売主は、追完費用が、瑕疵なき状態の物の価値の一五〇パーセントまたは瑕疵場合の減少した物の価値の二〇〇パーセントを超える場合、瑕疵につき責めに帰すべきでなく、絶対的不相当を認める……確かにかかる限界づけは、個々の場合の全ての状態の評価に代わりうるものではない。しかし、常識的基準（Faustregel）において……最初の拠り所（Anhaltspunkt）を与え、それよって、一義的な規律および確立した判例が欠けているために存在する法的不安定性に立ち向かうのである。」

（301）Florian Faust, Kaufrecht: Reichweite des Anspruchs auf Ersatzlieferung, JuS 2011, S. 744.

（302）七六頁。

（303）Florian Faust, Kaufrecht: Reichweite des Anspruchs auf Ersatzlieferung, JuS 2011, S. 745.

（304）Florian Faust, Kaufrecht: Reichweite des Anspruchs auf Ersatzlieferung, JuS 2011, S. 745.

（305）原注：BGHZ 177, 224（Rdnrn. 15ff.）=NJW 2008, 2837=JuS 2008, 933（Faust）.

（306）原注：BGH, NJW 2009, 1660（Rdnrn. 19ff.）=JuS 2009, 470（Faust）.

（307）原注：SchlA C-65/09, BeckRS 2010, 90583（Rdnrn. 43ff.）-Gebr. Weber; SchlA C-87/09, BeckRS 2010, 90584（Rdnrn. 44ff.）-Ingrid Putz.

（308）原注：これについては、Faust, JuS 2009, 470（472）を見よ。

（309）原注：BGH, NJW 2009, 1660（Rdnrn. 17f.）=JuS 2009, 470（Faust）.

（310）Florian Faust, Kaufrecht: Reichweite des Anspruchs auf Ersatzlieferung, JuS 2011, S. 746.

（311）Florian Faust, Kaufrecht: Reichweite des Anspruchs auf Ersatzlieferung, JuS 2011, S. 746.

（312）ファウストの判旨引用部分は次のとおりである。「（72）立法者による、指令第三条第三項第二号においてなされたこの決定は、……指令が、契約当事者の契約履行の利益においてまず予定されている二つの除去（救済）を手段として、契約の解除または代金の減額よりも優先させた事情にもとづいている。加えて、この決定は、後者の二つの補助手段によっては、契約に適合した状態の確立によるのと同じ消費者保護水準を保証しえないということによって表明されている。」

(313) ファウストの判旨引用部分は次のとおりである。「(46) この、消費用動産の、契約に適合した状態の確立を無償で実現するという、売主の義務は、……かかる保護がないために上記請求権の主張を…思いとどまらせうるという、差し迫った経済的負担から消費者を保護することとなる。」

(314) 原注：Bündenbender, in: AnwKomm-BGB, 2005, §439 Rdnr. 42; Faust, in: Bamberger/Roth, BGB, 2. Aufl. (2007), §439 Rdnr. 50; Kirsten, ZGS 2005, 66 (74).

(315) ファウストの判旨引用部分は次のとおりである。「(77) 最後に、上記費用の支払い請求権の縮減の場合、消費者には契約違反の消費用動産の代物給付に代えて、指令第三条第五項後段のダッシュにもとづき、売買代金の相当の減額または契約の解除の可能性が保証されねばならない。というのも、費用の一部を負担するという仕方でのみ、消費者が瑕疵ある消費用動産の契約に適合した状態の確立を達成しうるという事情は、彼にとって著しい不愉快を意味するからである。」

(316) 原注：Hellwege, AcP 206 (2006), 136.

(317) 原注：BGH, BeckRS 2011, 13399 (Rdnr. 37) =JuS 2011, 748 (Faust) (本号において)。

(318) 原注：BGHZ 179, 27 (Rdnr. 28) =NJW 2009, 427=JuS 2009, 274 (Faust).

(319) 原注：A. A. Lorenz, NJW 2009, 1633 (1636). Wie hier BGH, BeckRS 2011, 13399 (Rdnr. 47) =JuS 2011, 748 (Faust) (本号において)、追完の履行場所に関して。

(320) Florian Faust, Kaufrecht: Richtlinienkonforme Auslegung und Rechtsfortbildung, JuS 2012, S. 456.

(321) 以下の内容は、一連の文章であるが、理解の便宜上、引用者(原田)が見出しをつけて整理したものであることをお断りしておく。

(322) 原注：詳細は、Faust, JuS 2009, 470 (471) およびJuS 2011, 744 (745) を見よ。

(323) 原注：BGH, NJW 2009, 1660=JuS 2009, 470 (Faust).

(324) 原注：AG Schorndorf, BeckRS 2009, 88603.

(325) 原注：EuGH, NJW 2011, 626 (627ff.); 否定的にFoerster, ZIP 2011, 1493; Gleiner/Bededix, ZGS 2011, 489; Lorenz, NJW 2011, 2241 (2242).

(326) 原注：同じく、…Lorenz, NJW 2011, 2241 (2243f.) …

(327) 原注：BGHZ 179, 27 (Rdnr. 21) =NJW 2009, 427=JuS 2009, 274 (Faust) -Quelleを見よ。

(328) 以下、民法第四三九条第三項の目的論的制限解釈の方法に関するBGHの見解を詳述し、相当額の限界と射程を展開することを拒絶したこと、売主の絶対的不相当の抗弁は、取外しおよび取付け義務を単なる支払義務に変えうること、抗弁の提出は、売主が取外しおよび取付けを行なわなければならないことについては変更せず、しかし、売主は消費者が費用の寄与分をあらかじめ明示しない限り労働を拒絶しうることをコメントするが、ここでは省略する。

(329) Florian Faust, Kaufrecht: Richtlinienkonforme Auslegung und Rechtsfortbildung, JuS 2012, S. 456

(330) Faust, Nacherfüllung, Bamberger/Roth (Beckscher Online-Kommentar BGB), 2014, §439, Rn. 18–19c.（「売買目的物の変更（Veränderung）」、とりわけ取付け」）。

(331) 原注：BGH 177, 224 Rn. 18ff.= NJW 2008, 2837-〝Parkettstäbe〟；BGH NJW 2009, 1660 Rn. 19ff.=〝Fliesen〟；Ayad/Hesse BB 2008, 1926; Cziupka VuR 2009, 137ff.; Greiner 2010, 353［356 f.］；Höpfner ZGS 2009, 270 ff.; Katzenstein ZGS 2008, 450 ff.; Katzenstein ZGS 2009, 29［32 ff. und 553 ff.］；Lorenz 2009, 1633 ff.; Schollmeyer/Utlu Jura 2009, 721［728 f.］；Skamel NJW 2008, 2820［2821 f.］；Thürmann NJW 2006, 3457［3458 ff.］.

(332) 原注：OLG Köln NJW-RR 2006, 677; Haedicke ZGS 2006, 55［58ff.］；Lolenz ZGS 2004, 408 ff., しかし別にNJW 2009, 1633［1635］；MüKoBGB/Westermann Rn. 13; Reinicke/Tiedtke KaufR Rn. 439 f.; Schneider/Katerndahl NJW 2007, 2215 f.

(333) 原注：OLG Karlsruhe ZGS 2004, 432［433］；Ball NZV 2004, 217［218］；Eckert/Maifeld/Matthiessen Rn. 621 f.; jurisPK-BGB/Pammler Rn. 59,売買目的物が取付けに向けて定められている場合：Terrahe VersR 2004, 680［682］；Witt ZGS 2008, 369 ff.

(334) Rdnr. 18.

(335) 原注：詳細は、BauR 2010, 1818 ff.

(336) Rdnr. 19.

(337) 原注：NJW 2011, 2269 Rn. 40 ff.――Weber, Putz・賛同するのは、Staudinger/Matusche-Beckmann Rn. 80 f.・別の見解は、Schlussantrag GA BeckRS 2010, 90583 Rn. 43 ff. und 90584; Erman/Grunewald Rn. 6; Lorenz NJW 2011, 2241 ff.

(338) Rdnr. 19a.

(339) 原注：BGH NJW 2012, 1073 Rn. 25 ff.

(340) 原注：BGH NJW 2013, 220 Rn. 16.

(341) 原注：同様に、Erman/Grunewald Rn. 6; 別の見解、Lorenz NJW 2009, 1633［1636］；Unberath/Cziupka JZ 2009, 313［315］)

(342) 原注：BGH NJW 2012, 1073 Rn. 27.

(343) 原注：BGH NJW 2013, 220 Rn. 14 ff.; 2014, 2183 Rn. 27；同じく、Erman/Grunewald Rn. 6; Förster ZIP 2011, 1493

[1500]；Greiner/Benedix ZGS 2011, 489［493 f.］；Lorenz NJW 2011, 2241［2244］およびNJW 2013, 207［208 f.］。他の見解は、Augenhofer/Appenzeller/Holm JuS 2011, 680［681, 684］；Höpfner JZ 2012, 473［474 f.］；Jansch NJW 2012, 1025［1027］NK-BGB/Büdenbender Rn. 31; Staudinger/Matusche-Beckmann Rn. 86)

(344) Rdnr. 19b.

(345) Rdnr. 19c.

第六節　二〇一六年売買法・建築請負法改正法案——追完想定を中心として

一　はじめに

前節までにおいて、瑕疵ある売買目的物の取外し義務および瑕疵なき物の取付け義務に照準を当てた追完の射程について、二〇〇二年のドイツ債務法現代化法の発効からこんにちまでの判例・学説の展開を概観した。その最終的な結末は、売買法・請負法の改正案で締め括られることとなる。換言すれば、前節までの展開が、民法改正（立法）への直接の契機となったということである。この意味において、この問題が議論され始めた二〇〇四年からすれば、約一〇年間の法解釈論上・法実務上の展開は、ドイツ民法の法律状態（法現実）において極めて重要な出来事であったことを改めて再認識させるものである。

この点を踏まえ、本章の最後に、二〇一六年三月一一日に出された売買法および建築請負契約法の連邦政府改正法案(446)（以下、単に法案という。）の内容について確認しておくことにしたい。もっとも、本章の目的が、主として売主の追完義務の射程を展望するものであることから、改正法案の内容の紹介についても、改正法案のうち、売買における追完規定の内容に関する部分を中心とすることをあらかじめお断りしておきたい。

以下では、民法改正の背景・目標（一）、売買法の改正理由（二）、瑕疵ある物の給付者に対する取付け費用および取外し費用の賠償に向けられた請求権について、消費者と事業者を同一に扱うこととした民法改正法案第四三九条第三項（四）、連鎖する給付者（Lieferkette）に最終的に事業者が存在する売買契約にも事業者の償還請求が拡張されることとした民法改正法案第四四五ａ条（五）、追完の絶対的不相当の場合に費用賠償を相当額に制限することとした民法改正法案第四七五条第四項（六）に限定し、その内容を紹介をすることとする。[447]

二　改正問題の背景と目標（解決）

まず、改正問題の背景（1）と目標（2）について、法案においてこの点の立法者意思を確認しておこう。なお、ここでは、法案の全体像を示すために、請負契約法の改正に関する部分についても紹介しておく。

1　改正問題の背景　「建築分野は、ドイツ連邦共和国の極めて重要な経済分野の一つである。建築技術はこの一〇年間に恒常的に発展を遂げた。建築法も——これと並行して部分的に——複合的な特別の内容となり、これについて広範囲にわたる判例が出されている。このことは、法適用者にとっても全く概観できない。現行の請負契約法は、異なった可能な契約対象の視点により極めて一般的に維持されている。複雑で長期の履行期間が予定されている建築請負契約にとって、請負契約法の規律はしばしば充分詳細には記述されていない。建築請負契約の本質的問題は、法律に規律されておらず、当事者の合意と判例にゆだねられている。明確な法律上の基準が欠けていることは、建築請負契約の利益適合的かつ経済的に有意義な形成と展開を困難にしている。のみならず消費者にとっては建築計画の貫徹は更なるリスクをもたらす。すなわち消費者は住宅の建築または改築のために、しばしば自身の経済的資源の重要な部分を消費する。したがって、建築物が期限までに完成されないことによる予想外の超過費用または建築請負人の倒産が重大な影響を与える。にもかかわらず、若干の規定を除き、現行の請負契約法は、消費者のために別の重要な法分野において存在するような、特別の消費者保護規定が存在しない。

欧州司法裁判所（Europäische Gerichthof（EuGH））は、二〇一一年六月一六日判決（C 69/09 および C 87/09）により、動産の売主は、追完の場合、消費者に対し、既に他の物に取り付けた瑕疵ある物を取り外し、代物を取り付けるか、または双方のための費用を負担する義務を負うと判断した。しかしながら、この判決内容は、ドイツ連邦通常裁判所（ＢＧＨ）の判決にもとづき事業者間の売買契約（Ｂ２Ｂ取引）には妥当しない（二〇一二年一〇月一七日民事第八部判決、二〇一三年四月一六日民事第八部判決、二〇一四年四月二日民事第八部判決）。このことは、瑕疵ある建築資材を買い、瑕疵を認識しない第三者において取り付けた請負人にとっては、第三者に対し、瑕疵ある建築資材を請負契約にもとづき取り外し瑕疵なき建築資材を取り付ける義務を負うことを意味する。これに反し、請負人は現行法によれば、それに必要な新規の建築資材の給付を請求できるのみである。[448]」

２　改正の目標と解決　「建築請負契約、消費者契約および建築家契約、技術者契約についての特別規律が民法の請負契約法に挿入される。とりわけ長期の履行期間を要する建築請負契約には以下の規律により考慮される。すなわち、追加給付または減少給付、変更の場合の価格適合の規律を含む注文者の指図権、引取規律の補充および重大な理由にもとづく解約規範の導入である。

瑕疵責任法は、ＥｕＧＨの（上記）判例（二〇一一年六月一六日判決（C 69/09およびC 87/09））に適合される。それだけでなく、瑕疵ある建築資材を購入し請負契約において取り付けた請負人の法律状態の改善のためにこれらの規律は、事業者間の契約に対しても妥当すべきものとする。(449)」

三　売買契約法の改正理由

法案は、「改正の本質的内容」において、「売買契約法」の改正理由を以下のように説明する。

「欧州司法裁判所（ＥｕＧＨ）は、二〇一一年六月一六日判決（C 65/09 und C87/09）により、連邦通常裁判所（ＢＧＨ）（二〇一一年一二月二一日判決－VIII ZR 70/08参照）と異なり以下のように先決裁定を下した。動産の売主は、追完の場合、消費者に対し、既に別の物に取り付けた瑕疵ある物を取り外し、代物を取り付けるか両者のための費用を負担する義務を負う。これに接続して、ＢＧＨは、民法第四三九条一項後半を、指令に一致して以下のように解釈した。売買法上の追完請求権は、消費用動産売買（Ｂ２Ｃ取引）の場合には、瑕疵ある物の給付のときの取外しおよび取付け費用を含む。しかしながら、ＢＧＨの判例によれば、事業者間の売買契約（Ｂ２Ｂ取引）には妥当しない（vgl. BGH, Urteil vom 17. Oktober 2012 – VIII ZR226/11; Urteil vom 16. April 2013 – VIII ZR 375/11; Urteil vom 2. April 2014 – VIII ZR46/13）。このことは、瑕疵ある建築資材を買い、これを、瑕疵を知らないで第三者に取り付けた請負人にとっては、第三者に対し、請負契約にもとづいて瑕疵ある建築資材を取り外し、瑕疵なき建築資材を取り付ける義務を負うことを意味する。これに対し、現行法によれば、請負人は、この場合、必要な新規の建築資材の給付を請求できるのみである。取外し費用および取付け費用を、請負人は、——売主に帰責事由がある場合を除き——自身が負担しなければならない。」「達成に努力すべきことは、手工業者およびその他の請負人は、一括して、給付者または製作者が責任を負わなければならない製作物の瑕疵の結果費用を負い続けないということである（二五頁）」

四　法案第四三九条——全ての売買契約への適用

1　立法理由（立法者意思）

民法第四三九条の改正に関する立法理由は、以下のとおりである。（三八頁以下）

「欧州司法裁判所（ＥｕＧＨ）は二〇一一年六月一一日の判決により、ＢＧＨの種々の先決裁定の付託（民事第八部70/09）にもとづき、動産の売主は追完の場合、消費者に対し、既に別の物に取り付けた瑕疵ある売買目的物を取り外して代物を取り付けるか、双方の場合の費用を負担する義務を負いうると判断した。ＥｕＧＨの判断は、ドイツ連邦共和国におけるこれまでの法律実務に対し、消費者の追完請求権の拡大を意味する。これまでに主張された多数説によれば（これについては、ＢＧＨのいわゆる寄せ木張りフローリング床材判決（二〇〇八年七月一五日民事第八部、BGHZ 177, 224-236））買主の追完請求権においては、追完請求権はその範囲において本来の履行請求権よりも広くない効果を有する本来の履行請求権の修正が問題となる。本来的履行請求権は、民法第四三三条第一項によれば、規則的には瑕疵なき物の譲渡および引渡しに向けられている。取付けおよび瑕疵ある物の取外しにより生じる更なる費用について、売主は、民法第四三七条第三号、同第四四〇条、同第二八〇条以下に従い、損害賠償請求権の更なる要件が存在する場合にのみ消費者に対して義務を負う。このことは、売主は民法第二八〇条第一項にもとづき、とりわけ有責に行為しなければならなかったことを意味する。これに反して、ＥｕＧＨの判断によれば、既に、消費者の追完請求権は瑕疵ある物の取外しおよび代物の取付けまたは両者の場合の費用賠償を含む。法案第四三九条第三項により、全ての売買契約関係および民法第四三九条第一項にもとづく追完の二つの方法について、取付け費用および取外し費用についてのＥｕＧＨの判断が国内法化される。[450]」

2　法案民法第四三九条

民法第四三九条は、第二項の次に第三項が新たに挿入され、これまでの第三項と第四項が、それぞれ第四項と第五項となる。新たに挿入される第三項は、以下のとおりである。[451]

(3)　買主が瑕疵ある物をその種類と使用目的に従い他の物に取り付けた場合、売主は追完の場合に、彼の選択に従い、買主に対し、瑕疵ある物の取外しおよび修補もしくは給付された瑕疵なき物の取付けを行なうか、または、これに要する費用を賠償する義務を負う。売主は、以下の場合、費用賠償に制限される。

1　売主による瑕疵ある物の取外しおよび修補もしくは給付された瑕疵なき物の取付けと買主の正当な利益とが矛盾する場合、または、

2　売主が、買主により定められた相当期間内に、取外しおよび取付けを自身で行なうことを表示しなかった場合

第四四二条第一項は、買主の認識については契約締結の代わりに買主による瑕疵ある物の取付けが明らかになる

という指示で（条件付きで）適用されるべきである。

3　個別の改正理由

(1)　第一文について

「取外し給付および取付け給付

法案第四三九条第三項第一項は次のように規定する。第四三九条第一項にもとづく追完に向けられた買主の請求権は、買主が、売却された物をその種類と使用目的に従い他の物に取り付けた場合、売却された瑕疵ある物の取外しも、代物として給付された物の取付けも含む、と。この規律により、全ての売買契約および追完の二つの方法についての、ＥｕＧＨによる追完請求権の拡大した適用が国内法化される。

追完請求権ついての現在の制限的な適用は、現行の法律状態に対応してとりわけ手工業者および建築請負人(Bauunternehmer)には負担である。彼等は注文者に対し請負契約上の追完の場合に、規則的に、瑕疵ある建築資材の取外しおよび瑕疵なき代わりの資材の取付けを負担する。これらに対する費用は極めて高額の可能性がある。これに対し、請負人は、現行法によれば、建築資材の売主に対し、しばしば瑕疵なき物の給付のみを請求できるにすぎない。取外し費用および瑕疵なき物の新規の取付け費用は、売主の有責性が欠けているために損害賠償請求権の要件を充たしていない場合には自身が負担しなければならない。取外し費用および取付け費用は、請負契約にもとづいて手工業者に帰属する報酬をはるかに上回る可能性がある。とりわけ高額の取外し費用および取付け費用は、資材が、非常に開放された場所に使用されるか、または、使用された、僅かな価値の小部分が瑕疵のために交換されなければならない場合に、発生する。かかる場合およびこれに類似する場合に、法案第四三九条第三項の規律および（消費用動産売買以外にも）全ての売買契約関係へのその広汎な適用可能性は、手工業者およびその他の請負人の負担軽減に至る。彼等は、今後、売主が瑕疵の存在につき責めに帰さず、したがって第二八〇条にもとづく損害賠償請求権が存在しない場合でも瑕疵ある資材の売主に対し取外し費用および取付け費用を請求できることとなる。(452)」

「民法第四三九条第一項にもとづく追完の二つの方法についての適用可能性

その場合、買主が瑕疵の発生前に物の種類およびその使用目的に従い使用した瑕疵ある売買目的物が、新規に交付された瑕疵なき物を使用するために取り外されなければならないか、またはかかる物が瑕疵を除去するためでありその後再び事物的、専門的に適合して使用するために取り外されねばならないかは区別しえない。追完の二つの択一関係の場合には、買主に、既に一度消費し、契約の瑕疵なき履行の場合に更に負担する必要のない、更なる取外し費用および取付け費用が課せられるであろう。(453)」

「売主の選択権

第二の提供権という表現として、売主は、第一文の場合に、瑕疵ある物を取り外し、修補した物を取り付けるか、新たに給付された瑕疵なき物を自身で取り付けるかの機会を有しなければならない。したがって、売主に、彼が取外しおよび取付けを自身で行ないたいか、これについての相当な費用の賠償義務を負いたいのかの選択権が与えられる。この選択権は、とりわけ、このことを買主に可能とするよりも、売主に対し、事態に適しかつ専門的に適した取外し給付および取付け給付を、自身で行なうか委託するほうがより有利な場合に経済的利益を提供する。(454)」

「売買目的物の種類と使用目的に従った取付け

売却された瑕疵ある物の取外しおよび代物として給付された物の取付けに向けられた買主の請求権は、ＥｕＧＨの判決に対応して、消費者は買った物を善意でかつその種類と使用目的に従って他の物に取り付けたことを要件としている。この制限なしに、取外し給付および取付け給付請求権は、買主が保護に値せずかつ請求権が売主に予測可能でない場合の取外しおよび取付け給付を対象としている。種類および使用目的に適合した物の取付けは原則として客観的に判断されるべきである。標準となるは、買主が売買目的物を、行なった取付けにより規定どおりに（bestimmungsgemäß）使用したか否か、ということである。とりわけ、買主が売買目的物を、取付けによりその機能的な定めに反して使用した場合、その物の取外しおよび代物の取付け請求権は拒絶されうるべきである。[455]」

「売買目的物の事態に適合しかつ専門的に妥当な売買目的物の取付け

瑕疵の発生前の売買目的物の最初の取付けが事態に適合しかつ専門的に妥当に行なわれなかった場合、売主は第一文にもとづく彼の選択権を、彼が取外しおよび取付け給付の費用賠償を課せられるまで行使しうる（法案第四三九条第三項第一文二者択一の二）。買主の費用賠償請求権は、その場合、例えばいわゆる「しかじかの費用（Sowieso-Kosten）」に減じられる。瑕疵ある物の取外しおよび修補または新たに給付された物の取付けにより買主にその他の追加費用が発生した場合、この事情は利益調整（Vorteilsausgleichung）の方法で顧慮される。買主が瑕疵を協働で惹起した場合もこのことが考慮されえ、その場合、関与の割合（quotale Anteil）は第二五四条により評価されるべきこととなる。[456]」

(2)　第二文について

「民法法案第四三九条第三項第二文は、売主が、同第四三九条第三項第一文にもとづき、取外し給付および取付け給付を自身で行ないたいか、またはそのための費用賠償を給付したいのかの選択権の制限を内容としている。買主には、売主が瑕疵ある物について取外しと取付けを自身で行なうのではなく、彼が自身で行なうか彼が投入した請負人に委ねるかについての、優先的な保護に値する利益を有する場合が存在しうる。この場合、売主の「第二の提供」権に限界が設定される。

第三項第二文第一号によれば、売主は、瑕疵ある物の取外しおよび修補された物または代物給付された物と買主の正当な利益とが対立する場合に、費用賠償に制限される。買主の正当な利益が何時の時点で承認されるかは、個々の場合の事情によって決定される。このことは、例えば、瑕疵ある売買目的物が技術的に極めて複雑な設備（Anlage）として用いられ、したがって取外しおよび取付け給付の実行のために特別の専門知識を必要とする場合に承認されうる。例えば、買主が瑕疵ある物を、彼の専門知識または長期の契約関係により特別の信頼を寄せる第三者の下で請負人として使用させたかということも顧慮されるべきである。もっとも、買主の正当な利益はそれほど広範に解釈されてはならず、その結果、売主の選択権の制限は、顧客との契約形成により可能となる。例えば、買主と顧客とのあいだでの買主自身で給付するという合意は、第三項第二文第二号の意味での買主の正当な利益を承認するためには、更なる根拠についての付加事情なしでは充分ではない。

他方、売主は、彼の選択権を相当期間内に行使しない場合、自身の選択権が制限される。したがって、売主が、買主により設定された相当期間内に、取外しおよび取付けを自身で行なうことを表示しなかった場合、第三項第二文第二号は、売主が同様に費用賠償に制限されることを予定している。買主が期間設定を追完請求について合意している場合、買主は比較的短期間内に、売主が取外しおよび取付け給付自体を負担するか費用賠償を負担するかについて確定しうる。期間は、それが売主の充分な事情調査を可能とし、かつ充分な計算と熟慮の期間を含んでいる場合、相当である。相当期間の正確な長さは個別の場合の事情にもとづいて決定される。(457)」

(3) 第三文について

「法案は、ＥｕＧＨによりなされた、買主が瑕疵ある売買目的物を善意で取り付けた場合に向けられた請求権の制限を、第三文において国内法化している。すなわち、現行の第四四二条第一項(458)の規律は、買主の悪意について、契約締結時点ではなく買主による、瑕疵ある売買目的物の取付け時点に照準を合わせ、取外しおよび取付け事例に適用されるべきである。買主が売買目的物の瑕疵につき既に契約締結時に悪意であったときは、第四四二条第一項第一文にもとづく瑕疵を理由とした買主の権利は排除される。しかしながら、法案第四三九条第三項第一文にもとづく買主の権利についてては別である。瑕疵につき悪意で物を取り付けた買主は、それによって必要となった取外し給付および取付け給付に関しては、保護に値しない。ここでは、買主がその物を取り付ける前にまず第四三九条第一項にもとづく追完請求権を主張しなければならないことが要求されるべきである。したがって、買主が瑕疵ある物の取付けの際に瑕疵を認識していた場合には、第一文にもとづく請求権は存在しない。買主が瑕疵ある物の取付けの際に売買目的物の瑕疵について重過失により知らなかった場合、第四四二条第一項第二文が準用（類推適用）される。買主は、売主が瑕疵を悪意で黙秘しているかまたは物の性状について保証（Garantie）を引き受けていた場合にのみ、瑕疵にもとづく権利を主張しうる。(459)」

五　法案第四四五ａ——取外しおよび取付け費用についての供給者への求償

1　改正法案の内容

まず改正法案の内容を示しておこう。

（1）売主は、新規に製作された物の売買において、買主により主張された瑕疵が既に売主への危険移転の際に存在していた場合、彼が買主との関係で第四三九条第二項、第三項および第四七五条第四項、第六項にもとづき負担しなければならなかった費用の賠償を、彼にその物を売った供給者（Lieferant）に請求しうる。

（2）売主が、売却された新規に製作された物を瑕疵の結果として引き取らねばならずまたは買主が代金減額をした場合、第四三七条に挙げられている、供給者に対する売主の権利については、買主により主張された瑕疵につき、それ以外に必要な期間設定は必要ない。

（3）第一項および第二項は、債務者が請負人である場合、供給連鎖（Lieferkette）におけるその都度の売主に対する供給者およびその他の買主の請求権に準用される。

（4）商法第三七七条は、そのままである。

2　立法理由

(1)　第一項について

「民法法案第四四五ａ条第一項は、内容的には、消費用動産売買における第四七八条第二項にもとづくこれまでの権利に対応している。まず第四七八条第一項において保持されている事業者の定義が補充される。第一項の規律は、買主から追完の方法で請求された（最終の）売主に、買主により主張された瑕疵が既に売主への危険移転時に存在していた場合、（最終の）売主が法案第四三九条第二項および第三項、同第四七五条第四項および第六項にもとづき買主との関係で負担しなければならなかった追完費用の賠償請求権を、彼の供給者に対して付与する。この場合、独立の請求権を意味するところの固有の請求権の基礎が問題となる。それによって、これまで消費用動産売買に制限されてきた、第四七八条第二項の適用領域は、新規に製作された物が対象である全ての売買契約に適用される。今や、――それ以外に追完の優先性を顧慮することなく――費用賠償に向けられた直接の求償請求権は、供給連鎖における最後の売買契約において事業者間の売買契約が問題となる場合にも存在する。

『負担しなければならなかった（zu tragen hatte）』という定式化によって、――第四七八条第二項におけるこれまでの権利と同様に――最終の売主は、追完義務を負わなければならず、かつ彼には（最終の）買主に対して給付拒絶権は存在しなかったことが表現されている。したがって、供給者は、最終の売主が、法案第四三九条第四項にもとづき不相当により追完を拒絶する可能性または消費者たる（最終の）買主に対し費用賠償を法案第四七五条第四項にもとづき相当な額に制限する可能性を除いて有する償還請求権に対し、場合によっては異議を主張することができる。[460]」

(2)　第二項について

「法案第四四五ａ条第二項は、本質的には消費用動産売買の権利における第四七八条第一項の現行法の規律であり、今や事業者間の売買契約にも適用されうる規律に対応している。同条項は、瑕疵担保の一定の規律の修正である。すなわち、より詳しい記述のもとで、第四三七条に挙げられている、供給者に対する（最終の）売主の権利について、解除、減額および給付に代わる損害賠償のために必要な、（第三二三条第一項、第四四一条第一項または第二八一条第一項にもとづく）追加の期間設定は必要ない。それにより、非独立的な求償は問題ではない。すなわち、まず、第四三七条第一号から第三号（その存在が、その他の点では、期間の徒過の必要性を除くことを意味する法案第四四五ａ条第二項を要件とする）にもとづく一般の売買法上の権利および請求権が求償に用いられる。[461]」

(3) 第三項について

「第三項の規律は、現行の第四七八条第五項の規律に対応する。法案第四四五ａ条第一項および第二項にもとづく売主の解除に関する規律は、その都度の売買契約の当事者が第一四条の意味における事業者である限り広範な供給連鎖において対応して妥当する。物の瑕疵にもとづく不利益（Nachteil）は、可能な限りそこにおいて瑕疵が発生している事業者にまで及んでいる。規律は、その都度の債権者が物を彼の引取者から返還を受けねばならない場合、供給連鎖の内部で、解除、減額または損害賠償の要件としての、ありうる期間設定は同じく不必要である、という結果になる。売主の独立の求償の分野においては、第四四五条ａ第四項にもとづき引取者に支払った追完費用は、その都度の供給者に対し、法案第四四五ａ条第一項の準用を賠償可能な追完費用とみなす債権者の関係において存在する。[462]」

(4) 第四項について

「法案第四四五ａ条第四項は、消費用動産売買における現行法第四七八条第六項にもとづく規律に対応している。同条項により、商法第三七七条の規律は、法案第四四五ａ条にもとづく売主の求償に関する規律および法案第四七八条にもとづく事業者の求償に関する規律によってもこれまでのままであることが明確にされている。したがって、法案第四四五ａ条第四項により明示に留保された検査および問責の間接義務(Untersuchungs- und Rügeobliegeheit) 違反は、求償連鎖を防ぎまたは中断しうる。」

六　法案第四七五条第四項――絶対的不相当における費用賠償の制限

1　法案第四七五条第四項

(4) 追完のうちの一方が第二七五条にもとづき排除されるか、または事業者がこれを第二七五条第二項もしくは第三項または第四三九条第四項第一文にもとづき拒絶する場合、事業者は、追完のもう一方を第四三九条第四項第一文にもとづき費用の不相当を理由として拒絶しえない。追完のもう一方が費用の高額のため、第四三九条第二項または第三項第一文にもとづき不相当である場合、事業者は、費用賠償を相当な額に制限しうる。この額の算定においては、とりわけ瑕疵なき状態における物の価値および瑕疵の意義が顧慮されるべきである。

2　立法理由

ここでの、立法理由は、「事業者の制限された給付拒絶権」、「費用賠償への制限」および「相当額の算定」から成る。

(1)「事業者の制限された給付拒絶権」

法案第四七五条第四項第一文は、消費用動産売買の権利についての法案第四三九条第四項の特別規定であり、絶対的不相当を理由とした売主の給付拒絶を排除する。その場合、第四三九条第一項にもとづく追完の二者択一は確かに可能であるが、しかしそのつど厳密に言えば不相当な費用に至る場合も含まれる。法案第四七五条第四項第二文は、事業者（売主）のために、形成的な制限された給付拒絶権を創設した。

その規律は、二〇一一年六月一六日の判決（Entscheidung）でのＥｕＧＨの解釈における消費用動産売買指令第三条第三項第二文を国内法化するものである。それによれば、国内法の規律は、絶対的不相当を理由として唯一可能な救済方法を拒絶する権利を売主に付与する。欧州連合の立法者は、——ＥｕＧＨのように——客観的不能（Unmöglichkeit）または相対的不相当の場合にのみ売主に瑕疵ある物の修補または代物給付の拒絶権を与える意思である。それゆえ、これら両者の救済の一つのみが可能であることが明らかな場合、売主は消費用動産の契約に適合した状態を確立しうる唯一の救済を拒絶しえない。したがって、現行の第四三九条第三項第三文第二句の規律（追完を第一文の要件のもとで拒絶する権利を指す（注（引用者）））は、消費用動産売買の領域については欧州法と一致しない。ＥｕＧＨは、事業者は追完の唯一の方法をその絶対的不相当を理由に拒絶しえないという、今や法案第四七五条第四項第一文において規範化されている原則につき、二〇一一年六月一六日判決の七四節（Randnummer74）において、追完の唯一の可能な方法を、もっぱら取外しおよび取付け費用にもとづき不相当な費用に至る場合にのみ例外を許容した。すなわち、消費用動産売買指令第三条第三項は、取付けおよび取外し費用の支払に向けられた消費者の請求権は、必要な場合には、相当な額に制限されることを排除しない。追完の二つの方法（すなわち瑕疵の除去および瑕疵なき物の給付）に関する法案第四七五条第四項第二文はこの例外を、追完の不相当に至りうる全ての費用に関して国内法化し、事業者（売主）のために抗弁として形成的な制限された給付拒絶権を創造する。このことは、追完の目的のために必要な費用、とりわけ第四三九条第二項にもとづく運送費、交通費、労働費および材料費を含む。(463)」

(2) 「費用賠償への制限

もっとも、取外しおよび取付け給付にとって、制限された給付拒絶権は、「第四三九条第三項第一文第二の方法」という記述から生じるように、売主が、自身の選択権を、法案第四三九条第三項第一文にもとづき、消費者に対し費用賠償を負担することを選択した場合に対してのみ存在する。これに対し、売主が彼の選択権を、瑕疵ある物自体の取外しおよび取付けを行ないたいとして行使した場合には（法案第四三九条第三項第一文選択肢第二）、売主には制限された給付拒絶権は帰属しない。

給付拒絶権を、売主が法案第四三九条第三項第一文選択肢第二にもとづき費用賠償を選択する場合に制限することについては、ＥｕＧＨの判例を顧慮した。法案第四三九条第三項第一文選択肢第一の選択の場合にも、制限された給付拒絶権が不相当な取外しおよび取付け給付に対して帰属するのであれば、売主は全ての追完――すなわち売買目的物の修補もまたは瑕疵なき物の代物給付も――消費者による費用分担（Kostenbeteiligung）に依存することになりうるであろう。しかしながら、このことは消費用動産売買指令と一致しないであろう。ＥｕＧＨは、買主に追完の実施に対して費用分担を課すことは著しい不利益を意味することを確定している。消費用動産売買指令第三条の文言から導かれることは、欧州連合の立法者は、売主による、契約に適合した状態の確立の無償性を、消費用動産売買指令によって保証される消費者保護の本質的構成要素とする意思であった、ということである。売買目的物の契約に適合した状態の確立を無償で実現するという、売主に課せられたこの義務は、その保護がないことから、消費者が自身の請求権を主張することを思いとどまろうとするかもしれない差し迫った経済的負担から消費者を保護することとなる。制限された給付拒絶権を費用賠償に制限することにより（法案第四三九条第三項第一文選択肢第二）、売主は全ての追完を費用分担に依存しえない。すなわち、売主は、制限された給付拒絶権を行使しようとする場合、取外しおよび取付け給付に関し、最初から消費者について費用賠償に制限しなければならない。瑕疵ある売買目的物について追完をそれ自体（瑕疵の除去または瑕疵なき物の給付）について請求する消費者の権利は、事業者の制限された給付拒絶権によっては変更されない（手つかずのままである）。第四三九条第三項にもとづく費用賠償請求権についても相応に妥当する。[464]」

(3)「相当額の算定」

法案第四七五条第四項第三文は、売主が費用賠償を制限しうる場合における相当額の算定について規律している。この規律は、ＥｕＧＨが取外しおよび取付け給付についての二〇一一年六月一六日判決によって創造した基準に従っている。ＥｕＧＨは以下のように詳述する。算定の際に、売買目的物が瑕疵がなければ有した価値および瑕疵の意義が、買主の取外しおよび取付け費用支払い請求権が減額されるかにおいて顧慮されるべきである。高い消費者保護水準を保証する消費用動産売買指令の目的が、同様に顧慮されねばならない。同時に、消費者の追完権は、取付けおよび取外し費用賠償請求権の制限により、実務において空洞化されてはならない。このことは、相当額が専ら売買代金をもとに決定されてはならないことを意味する。瑕疵の意義においては、通常、取り付けられた物の瑕疵が使用可能性を害したのか、それとも単に美的（ästhetische）性質であるのかということが問題となる。売買目的物の美的な瑕疵は、たいていは、あたかも売買目的物が瑕疵により一定の機能が履行されえないか、または制限的にのみ履行されえないように、明らかに僅かな意義を有するにすぎない。純粋に美的な瑕疵が存在する場合には、個別の場合において、単に本来の売買目的物の価値のもとで存在する費用額が相当であると判断することが考えられうる、と（かかる場合については、ＢＧＨ二〇一一年

一二月二一日判決-Ⅷ ZR 70/08を参照)。

売買目的物の機能または美性（Ästhetik）が侵害されたと考えられうる場合は、多様な形態が存在する。取外しおよび取付け費用は様々に高額になりうる。したがって、買主の請求権についての民法上の上限を、法案第四三九条第三項第三文選択肢二にもとづいて決定することは可能ではない。判例は、この、売主により賠償すべき費用額の算定を、その都度の個別の場合の事情を手掛りとして行なわなければならない。[465]」

結びに代えて——日本法への示唆

一　はじめに

本章冒頭において筆者は、これまで日本において問題とされてきた、売買における瑕疵修補の議論を契機として、追完請求権が本来的履行請求権を限定するものであるとする、日本における近時の流れに対し、追完請求権は本来的履行請求権の貫徹の問題であるとする立場も存在することを示し、ドイツにおける判例および学説からの示唆を求め、その内容を前節までの内容として整理した。

二　判例および民法改正案

既に明らかな如く、ドイツにおける追完請求権と本来的履行請求権の関係の問題は、二〇〇二年に債務法現代化法の発効後、カールスルーエフォーラムにおけるカナーリスの講演において直ちに議論が始まるとともに、[466]この問題が、消費用動産売買における瑕疵ある物の給付の場合における取外し・取付け義務の問題として具体的に提起されたカールスルーエ上級地方裁判所（OLG Karlsruhe）二〇〇四年九月二日判決において肯定され、これを評釈したローレンツが、追完請求権は本来的履行請求権を超えるものではないこと、これらの費用は損害賠償の問題でありその場合には有責性を必要とすることを基礎（前提）とした、判例批判論文（二〇〇四年論文）[467]を契機とし、一方では学説においても活発な議論が展開され、他方ではBGHおよび付託決定を受けたEuGHにおいても（法務官の立場をも含め）重要な判断（先決裁定）がなされた。

BGHは、当初、追完請求権は本来的履行請求権を超えるものでないとする立場から出発したが（寄木フローリング床材判決（二〇〇八年））、他方では学説におけるファウスト的立場をも充分考慮した結果、EuGHに対して付託決定を行ない（床タイル付託決定（二〇〇九年））、EuGHの判決（床タイル・自動食器洗い機先決裁定（二〇一一年））による消費用動産売買指令第三条（追完）の解釈がなされたことを承けて改めて、床タイル判決（二〇一一年）により、消費用動産売買指令第三条を国内法化した民法第四三九条（追完）の解釈を行ない、最終的に、事業者・消費者間（B2C）における動産売買において取外し・取付け義務を肯定するとともに、売主の不相当性を理由とした追完の拒絶に関する絶対的不相当の立場についても、これを問題としつつも、全面的に否定をするのではなく、追完費用を相当額に制限するという仕方での、目的論的制限解釈によって判例における法の継続形成を行なうに至った。もっとも、その直後の事業者間（B2B）における動産売買判決（二〇一二年）においては、これらの解釈を否定し、寄木フローリング床材判決の立場を堅持した。しかし、売主の追完義務に関しては、既にファウストによって指摘されていた如く、給付連鎖および請負契約が関連している。すなわち、瑕疵ある建築資材を買い、瑕疵を認識しない第三者（注文者）に取り付けた請負人は、注文者に対し、瑕疵ある建築資材を請負契約にもとづき取り外し瑕疵なき建築資材を取り付ける義務を負うのに反し、売主に対しては代物給付（新規の建築資材給付）

を請求できるのみである。このことはとりわけ建築職人にとっては甚大な負担となりうることが認識されることとなった。二〇一六年三月の改正法案は、このような請負人の現行の法律状態の改善を考慮し、追完における売主の取外し義務・取付け義務を全ての売買契約に適用があることとするに至った。このことを法案の立法理由は、取付け費用および取外し費用についてのＥｕＧＨの判断（床タイル・自動食器洗い機先決裁定）を、法案第四三九条第三項により、全ての売買契約関係および民法第四三九条第一項にもとづく追完の二つの方法に対して、国内法化するものであるとして説明した。これにより、ＢＧＨの判例法理のうち、売主の取外し・取付け義務をＢ２Ｃ間の動産売買に限定するとする部分が否定されることとなった。

以上のような判例における有権的解釈および立法行為（法改正案）により、追完の射程は本来的履行請求権の範囲を超え、取外し義務・取付け義務に及びうることが明確化されるに至ったといいうる。債務法現代化法発効後一五年弱の出来事であった。

三　学説

この問題は、本節の冒頭でも述べた如く、ローレンツの二〇〇四年論文が導火線の役割を果たし、学説においても極めて活発な議論が展開された。本章では、残念ながらこれらの学説を充分に紹介しえなかったが、筆者の問題意識は、立法者意思を堅持しＢＧＨもその理論的基礎を求めていたかに見えるローレンツの立場を、いわば「右」に置き、ＢＧＨの民事第七部と第八部の各々の判例法理を対比しつつ、売買と請負における追完の射程を統一的に理解する立場に立ち、かつ、請負の内容において統一的に理解することにより拡大する方向で解釈するファウストの立場を、いわば「左」に置くことにより、追完の射程問題の理論的、実務的本質の一端を明らかにすることにあった。

この両者の立場のなかにあって、スカメルの意義を筆者は次のように考えた。彼は、瑕疵結果損害概念を、新たに追完の射程と損害賠償とを区別するための道具として創造することにより、一方では、履行請求権と追完請求権の同一性を前提としつつ債務法現代化法以前のＢＧＨの屋根瓦判決を援用することにより、取外し義務を肯定したローレンツの立場に対し、その理論的根拠を問題とし（この結果、ローレンツは改説するに至る）、他方では、消費用動産売買指令第三条の追完規定を国内法化した民法第四三九条の追完規定の解釈においては、前者の指令第三条の内容が影響を与えない点を指摘した。そして、最終的な追完の射程問題（とりわけ取外し・取付け義務）につき、改正前の請負契約における判例法理の展開が手掛かりとなる点を指摘していた。これらの諸点を考慮して議論した点に意義がある。すなわち、彼のその論理的帰結には、消費用動産売買指令第三条の解釈において賛同できないが、より具体的には、（1）売主の取外し・取付け義務を中心とする追完の射程問題の検討において、追完と有責性を要件とする同第二八〇条以下の損害賠償規定とを、それまでに存在した「瑕疵結果損害」概念によって関連づけ、両者の棲分けを探究した点、（2）債務法改正前のＢＧＨの判例法理（屋根瓦判決）を追完の射程における取外し義務に接続することの問題性を指摘した点、（3）民法第四三九条の追完規定の解釈が消費用動産売買指令第三条の解釈により影響を受けない点を指摘したことが却って両者の関係の重要性を改めて意識化した点、および、（4）請負契約法における修補に関するそれまでの法理の有効性を指摘した点に、意義があるといいうるであろう。

四　民法（債権関係）改正における追完規定の導入

1

本章における追完の射程問題の探究は、直接には、日本における「債権法改正」における追完に関する議論の出発点に端を発している。かかる問題意識を暖めつつドイツ法の動向を注視してきた者として、本章を閉じる直前において、日本においても民法（債権関係）改正がなされ（公布は平成二九年六月二日法律第四四号）、今回の改正により、本章が問題としてきた「追完」が、民法典自体に規定されることとなった。[468]

2　今回の「追完」規定は、それを売買の節に配置し（第五六二条）、これを有償契約への準用により（第五五九条）、請負の節には「追完」を正面から規定せず、[469]第六三六条の「請負人の担保責任の制限」において、「注文者の供した材料の性質又は注文者の与えた指図によって生じた不適合を理由として、履行の追完の請求」「ができない」とするなかで、「追完」が語られている。すなわち、第五六二条第一項本文において、「目的物が」「契約内容に適合しないものであるとき」に、買主は、「目的物の修補、代替物の引渡し又は不足分の引渡しによる履行の追完を請求することができる」とし、ただし書で、「買主に不相当な負担を課するものでないとき」という制限をつけつつ、売主に、いわば追完方法の〝変更権〟を認めている。第六三六条では、「履行の追完の請求」とのみ規定されている。

3　売買において規定され、準用の対象となっている「履行の追完」の具体的内容は、「修補」、「代替物の引渡し」および「不足分の引渡し」である。周知のように、そもそも「修補」が認められるか否かについては、規定がなかったこともあり（その法的性質論にも関係して）、長らく争いのあったところであった。「代替物の引渡し」（これまでの代物給付）および「不足分の引渡し」は、主に種類物（不特定物）売買を念頭に置くものであろう。他方、請負においても「履行の追完」という文言であるが、請負における追完は、「修補」が典型であり、「代替物の引渡し」および「不足分の引渡し」は通常問題とならないであろう。むしろ、請負においては、これまで、専ら、現行法の第六三四条第一項、第二項の「修補」が問題とされ、近時は、「修補に代わる損害賠償」として「建替え費用相当額賠償」が認められるのか、それに関連して、追完としての「修補」に「新規製作（やり直し）」が含まれるのか、が議論されてきた。これらの問題も、改正民法のもとにおいても依然として解釈上の問題となるものであるが、今後は、「履行の追完」文言における「追完」の解釈問題となるであろう。

五　今後の課題——改正民法における「追完」の解釈問題

そして本章において一貫して検討してきた問題、すなわち「追完の射程」の一環としての「取外し義務、取付け義務」についても、今回の改正においては意識されてはいないが、改正後の新民法下においては、同じく、「履行の追完」文言、より具体的には、「修補」、「代物給付の引渡し」の解釈問題として議論がなされうることとなる。その意味でも、本章で探究したドイツ民法における問題は、日本においても、改正民法第五六二条および同第六三六条における「履行の追完」を手掛かりとした解釈問題として議論がなされることとなろう。その意味で、解釈に関する議論の土俵が明文上明らかになったことは、極めて有意義なことである。

この点を確認して、本章を擱くこととする。[470]

(446)　二〇一六年三月一一日の「建設請負契約法および売買法の瑕疵責任の政府改正法案」(Entwurf eines Gesetzes zur Reform des Bauvertragsrechts und zur Änderung der Kaufrechtlichen Mängelhaftung ())。以下、頁引用は、単に、Drucksache 123/16で略称する。

(447)　これに関連する改正の紹介を扱った文献として、ウルバー (Daniel Ulber)「目下の立法計画：売買法の瑕疵責任の改正 (Aktuelles Gesetzgebungsvorhaben: Änderung der kaufrechtlichen Mängelhaftung)」JuS 2016, 584、がある。

(448)　Drucksache 123/16, a. a. O., S. 1f.

(449)　Drucksache 123/16, a. a. O., S. 2.

(450)　Drucksache 123/16, a. a. O., S. 38f.

(451)　Drucksache 123/16, a. a. O., S. 3f.

(452) Drucksache 123/16, a. a. O., S. 39.
(453) Drucksache 123/16, a. a. O., S. 39.
(454) Drucksache 123/16, a. a. O., S. 39.
(455) Drucksache 123/16, a. a. O., S. 40.
(456) Drucksache 123/16, a. a. O., S. 40.
(457) Drucksache 123/16, a. a. O., S. 40f.
(458) 第四四二条（買主の悪意）第一項「瑕疵にもとづく買主の権利は、買主が契約締結時にその瑕疵を知っていたときは、排除される。買主が重大な過失により瑕疵を知らなかった場合には、買主は、売主がその瑕疵を悪意で黙秘したか、または、物の性状につき保証（Garantie）を引き受けていたときにのみ、その瑕疵にもとづく権利を主張しうる。」（第二項は省略）
(459) Drucksache 123/16, a. a. O., S. 41.
(460) Drucksache 123/16, a. a. O., S. 42.
(461) Drucksache 123/16, a. a. O., S. 42.
(462) Drucksache 123/16, a. a. O., S. 43.
(463) Drucksache 123/16, a. a. O., S. 44f.
(464) Drucksache 123/16, a. a. O., S. 45.
(465) Drucksache 123/16, a. a. O., S. 46.
(466) Claus-Wilhelm Canaris, Vortrag: Die Neuregelung des Leistungsstörungs- und des Kaufrechts-Grundstrukturen und Problemschwerpunkt, in Egon Lorenz（Hrsg.）, Karlsruher Forum 2002: Schuldrechtsmodernisierung, 2003, S, 5（75ff.）.
(467) S. Lorenz, Nacherfüllungskosten und Schadensersatz nach „neuem "Schuldrecht-was bleibt vom „Dachziegel "-Fall?, ZGS 2004, 408.
(468) 法制審議会における追完の関する議論については、潮見佳男「追完請求権に関する法制審議会民法（債権関係）部会審議の回顧」高翔龍ほか編『日本民法学の新たな時代（星野英一先生追悼）』（有斐閣、二〇一五年）六七一頁。
(469) 潮見佳男『民法（債権関係）改正法案』（商事法務、二〇一五年）二八五頁。
(470) 筆者は、改正民法かにおける「建物の瑕疵」の意義につき、別稿において、若干の項目につき批判的な検討をする機会を得た（「建物の瑕疵――最高裁判例および民法（債権関係）改正を手がかりとして」澤野順彦編『不動産法論点体系』所収（二〇一七年刊行予定）。

第二部　瑕疵ある建物に対する不法行為責任

第一章　瑕疵ある建物の「権利侵害」性

第一節　平成一九年七月六日判決

一　事案の概要

本件で問題となる九階建ての共同住宅・店舗として建築された建物（マンション）（本件建物という）は、昭和六三年（一九八八年）一〇月にA（建築主）が建築業者Y_2との間で、三億六六〇〇万円（このうち、五六〇万円は後に追加）の報酬額で締結された建築請負契約にもとづいて建築され、平成二年二月末日に完成し、同年三月二日にY_2からAに引き渡されたものである。

その後、同年五月二三日に、Xらは、Aから、土地を約一億五〇〇〇万円で、本件建物を約四億一二〇〇万円で購入し、その引き渡しを受けた。

ところが、Xらは、平成六年六月ごろ、当該建物にはひび割れや鉄筋の耐力低下等の瑕疵があることを発見し、そのことをAに主張し、Y_2に建て替えないし代金の返還を要求した。しかし、Y_2はこれに応じなかった。そこで、平成八年七月に、この建物の建築の設計および工事監理をしたY_1に対しては不法行為にもとづく損害賠償として、その施工者であるY_2に対しては、請負契約上の地位の譲り受けを前提として瑕疵担保責任にもとづく瑕疵修補費用または損害賠償もしくは不法行為にもとづく損害賠償として、X_1が約三億九〇〇〇万円、X_2が約一億三〇〇〇万円の支払いを求めて訴えを提起した。[1]

第一審[2]は、Y_1およびY_2の不法行為責任を肯定し、Xらに対し七二〇〇万円の支払いを命じた。これに対し、原審[3]は、第一審判決を取り消し、（1）Xは、建築主から、Y_2に対し瑕疵担保責任を追及しうる契約上の地位を譲り受けていないとし、（2）建築された建物に瑕疵があるからといって、その請負人や設計・工事監理をした者について当然に不法行為の成立が問題になるわけではなく、その違法性が強度である場合、例えば、請負人が注文者等の権利を積極的に侵害する意図で瑕疵ある目的物を製作した場合や、瑕疵の内容が反社会性あるいは反倫理性を帯びる場合、瑕疵の程度・内容が重大で、目的物の存在自体が社会的に危険な状態である場合等に限って、不法行為責任が成立する余地がある、との一般論を述べ、本件事案では、これらの要件を充足していないと判断して、Xらの不法行為にもとづく請求も否定した。これに対し、Xらは上告した。

上告代理人の上告受理申立て理由は、「第一　事案の概要」、「第二　原判決の判断の問題点」（1　請負契約に基づく瑕疵担保責任履行請求権の譲渡、2　不法行為の成立要件　3　瑕疵の重大性）、「第三　控訴審審理の問題点」、から成る。このうち、最高裁は、「第二の2について」答えている。第二の2の要点は、「建築行為における不法行為の成立を『建物が社会公共的にみて許容しがたいような危険な建物になっている』場合に限定するのは、不法行為の成立する範囲を不当に制限するものであ」り、「建築行為における不法行為の成立は『建物が建築基準法令の個体性規定や仕様規定に違反し、社会的にみて許容しがたい建物であるか否か』を判断基準にすべきである」というものである。

二　最高裁判所の判断

最高裁判所は、以下のように述べて、前述の上告受理申立て理由（第二の2）で指摘された原審判断部分につき、上告人らの不法行為にもとづく損害賠償請求に関する部分は破棄を免れない、とし、「本件建物に建物としての基本的な安全性を損なう瑕疵があるか否か、ある場合にはそれにより上告人らの被った損害があるか等被上告人らの不法行為責任の有無についてさらに審理を尽くさせるため、本件を原審に差し戻し」た（一部破棄差戻し）。

「(1)建物は、そこに居住する者、そこで働く者、そこを訪問する者等の様々な者によって利用されるとともに、当該建物の周辺には他の建物や道路等が存在しているから、建物は、これらの建物利用者や隣人、通行人等（以下、併せて「居住者等」という。）の生命、身体又は財産を危険にさらすことがないような安全性を備えていなければならず、このような安全性は、建物としての基本的な安全性というべきである。そうすると、建物の建築に携わる設計者、施工者及び工事監理者（以下、併せて「設計・施工者等」という。）は、建物の建築に当たり、契約関係にない居住者等に対する関係でも、当該建物に建物としての基本的な安全性が欠けることがないように配慮すべき注意義務を負うと解するのが相当である。そして、設計・施工者等がこの義務を怠ったために建築された建物に建物としての基本的な安全性を損なう瑕疵があり、それにより居住者等の生命、身体又は財産が侵害された場合には、設計・施工者等は、不法行為の成立を主張する者が上記瑕疵の存在を知りながらこれを前提として当該建物を買受けていたなど特段の事情がない限り、これによって生じた損害について不法行為による賠償責任を負うというべきである。居住者等が当該建物の建築主からその譲渡を受けた者であっても異なるところはない。

(2)原審は、瑕疵がある建物の建築に携わった設計・施工者等に不法行為責任が成立するのは、その違法性が強度である場合、例えば、建物の基礎や構造く体にかかわる瑕疵があり、社会公共的にみて許容し難いような危険な建物になっている場合等に限られるとして、本件建物の瑕疵について、不法行為責任を問うような強度の違法性があるとはいえないとする。しかし、建物としての基本的な安全性を損なう瑕疵がある場合には、不法行為責任が成立すると解すべきであって、違法性が強度である場合に限って不法行為責任が認められると解すべき理由はない。例えば、バルコニーの手すりの瑕疵であっても、これにより居住者等が通常の使用をしている際に転落するという、生命又は身体を危険にさらすようなものもあり得るのであり、そのような瑕疵があればその建物には建物としての基本的な安全性を損なう瑕疵があるというべきであって、建物の基礎や構造く体に瑕疵がある場合に限って不法行為責任が認められると解すべき理由もない。」

第二節　平成一九年七月六日判決の分析

一　本件事案の特徴と本判決の論理

1　買主が契約関係にない建築業者を相手にする類型

本判決の理論的検討をする前に、本件事案の特徴と論点を整理しておこう。(4)

本件事案は、建築主（売主）によって新築された建物をその者から買った事案である。このような事案においては、買主の責任追及の相手方の可能性は、(1)売主、(2)請負人（施工者）、(3)建築士、の三者が考えられる。これまでの裁判例では、売主に対する責任追及がもっとも典型的であるが、本件事案との関係から関心が示されるのは、売主に対すると同時に請負人に対しても責任追及がなされる類型、[5] さらには、前者の類型に加えて工事監理を行なった建築士に対しても責任追及がなされる類型である。[6]

本件では、むしろ、買主が、建築主（売主）に対する責任追及をしないで、契約関係のない建築士、請負人に対して、責任追及をした事案である点に特徴がある。[7] それゆえ、ここでは、直接の契約関係にない相手方に対する責任追及として不法行為責任が援用されるのが典型であり、同時に、本件事案においても主張されているように、建築主（売主）の契約上の地位（ないし権利）の承継を前提として債権者代位権構成で責任追及をすることも考えられる。[8] 本稿では、これらの法的構成のうち、不法行為構成をとり挙げて検討する。

2　本判決の論理

(1)　本判決の論理を、不法行為の要件・効果に引きつけてまとめると次のように整理しうる。

建物は、そもそも「基本的な安全性」を備えている必要がある。それゆえ、建物建築に携われる設計・施工者等は、建物の有すべき「基本的な安全性」を欠かないように配慮すべき注意義務を負う（以下、便宜上「基本的安全性配慮義務」という）。それゆえ、(a)設計・施工者が、この注意義務を怠ったために建築された建物として「基本的な安全性」を損なう瑕疵があり、(b)それにより居住者等の生命、身体または財産が侵害された場合には、(c)特段の事情がない限り、(d)これによって生じた損害について不法行為により賠償責任を負う。

以上の判例の論理を整理すれば、（i）被害者は、居住者等（建物利用者、隣人、通行人等）であり、（ii）被侵害利益（法益）は、被害者の生命、身体または財産であり、（iii）「基本的安全性を損なう瑕疵」とこれらの被侵害利益の侵害との間に因果関係が存在すること（「瑕疵」の存在「により」）、（iv）その「瑕疵」と「基本的安全性配慮義務」違反との間に因果関係が存在すること、を前提ないし要件としているといえるであろう。

(2) このような論理からすれば、判旨が述べるように、本件のように、建築主から建物を譲り受けた者が、被害者に入ることは、そもそも全く問題ない。というより、むしろ、かかる者の類型を超えた広範な一般化が行なわれている。このことは、後に検討するように、本判決の意義を考えるうえでも少なからず示唆を与える。つまり、本件判決が「欠陥」建物に対して不法行為責任を認めたことを高く評価する向きがあるが、本判決のいう不法行為の内実は、それまでに本件原審判決や学説において念頭におかれてきた「不法行為構成」とは、次元を異にするものであり、どのような意味において「消費者保護」に寄与するものかをよく見定めておかないと、今後の予測・方向性を見誤ることにもなるであろう。この点は、後に分析するように、本判決が、いわゆる「強度の違法性」論を否定したとされることの評価にも少なからず影響する。

3　本判決の意義を確認するための問題提起

(1) 以上のように整理する場合、本判決の意義は次の点にあるといえるであろう。すなわち、これまで、瑕疵のある建物を建築した施工者等に対する不法行為責任の成否につき、本判決の原審判決をはじめ下級審の判断の間に見解の相違があったこと、とりわけ、不法行為責任を否定する見解において主張されていた、いわゆる「強度の違法性」を否定し、そのような「追加的」要件を要することなしに、瑕疵のある建物を建築した施工者等に対する不法行為成立の一般的要件を示し、もってこの分野の法解釈に統一性を与えた。この点に意義があるといえるであろう

(2) しかし以上の意義が、例えば、本件のような個別の事案において、必然的に原告（買主）に有利な結果をも

たらすか、といえば、必ずしもそのようにはならない点にも注意しておく必要がある。この点が、本判決の実践的な意義を規定する場合、その評価において困難を伴う点であろうと考えられる。その意味で、この点を見誤らないための理論的考察をするのが、本稿の重要な課題でもある。

それは、まず、本判決が、本件原審判決にいう「強度の違法性」論を否定したことに、本件のような場合においてどれほどの意義があるのか、ということにも関連する。この点を裏から言えば、そもそも、本判決が瑕疵ある建物に対し一般的に不法行為責任の成立可能性を認める論理との関係で浮かび上がるのが、契約（給付）利益論（後述）との関係である。すなわち、契約上ないし契約法上の責任（瑕疵担保責任）において追及されてきた内容を不法行為責任において追及することができるのか、という問題と表裏をなしている、ということである。そして、筆者は、最高裁がこの命題を提示したことにより、この点をより明確にしたと考えるのである。

この点を明らかにするためにまず、少なくとも、これまで瑕疵ある建物に対する責任追及において不法行為構成が援用されてきた実践的意図、その克服の方向性、これらが積み残した課題、本判決の論理と上告受理申立て理由との関係等を検討しておく必要があろう。以下、必ずしも論理的順序とはいえないが、項を改めて上記の論点について分析しておくことにする。

二　諸論点の分析

1　論点(1)――「強度の違法性」論の否定

さて、本件のような事案において、買主から施工者等に対して不法行為責任を追及する場合、このような不法行為構成を否定する見解としては、これまで、本件原審の述べるような、いわば「強度の違法性」論とでもいうべき見解が主張されてきた。[9] もっとも、このような「強度の違法性」論も、すでに主張されていた見解に依拠するものであると推測される。[10]

これに対し、最高裁判所は、上記のように述べて、不法行為構成における「強度の違法性」論を否定した。確かに、この点に平成一九年判決の重要な特徴がある。もっとも、「強度の違法性」論が主張される以前の下級審の裁判例の中には、製造者と直接契約関係に立たない中間業者が、買主から修補費用を請求され瑕疵修補費用を支出した場合、修補に要した財産的出捐を製造者に対し不法行為にもとづく損害として賠償請求できるか、という事実についてではあるが、これを肯定するものも存在していた。[11]

「消費者又は利用者が商品を買受けたところ、商品に瑕疵があり、その瑕疵を修補することなく使用するときは右瑕疵が原因となって消費者又は利用者が人的又は財産的損害を蒙ることを客観的に予見することができる場合、製造者において故意又は過失により、かゝる瑕疵ある商品を製造したのであれば、右瑕疵の修補に要した費用は製造者の不法行為による損害として製造者に対し損害賠償請求できるというべきである。そしてこのことは中間業者が消費者又は使用者に転売するため自らかゝる瑕疵を修補した場合も同様というべきである。そうでなければ商品を健全な商品として社会的に流通させることを阻害することになるし、そうすることによって、消費者―一般市民を企業の利益追及によって蒙むる被害から保護することを図った製造者責任論の目的を全うすることができるからである。／ところで、建築業者が居住用の建物の建築を請負った場合、請負契約の本旨に従って工事を施工すべきことはもちろん、……建築基準法その他の法規に従って工事を施工し、火災や人の生命身体に対する危険ないし衛生上有害な状態を惹起する瑕疵のある建物を建築してはならない注意義務を負っていることは条理上当然であり、これに違反して建物を建築したため、建物の使用者が右建物を居住使用することによって火災その他の事故が発生し、人の生命、身体を害し、或は財産的損害を発生せしめたときは、いわゆる製造者責任として不法行為による損害賠償責任を負うべきである。そしてかゝる損害を蒙ることを客観的に予見することができる場合に予め瑕疵を修補することに要した費用についても同様に賠償義務がある」と（傍線は引用者）。

ここに引用した、下級審判例が典型的に述べているように、瑕疵のある建築物に対する不法行為責任追及の主眼は、当該建物の瑕疵自体に関する修補に関連するものである。すなわち、契約責任において追及されるべき不完全履行責任（あるいはその特則）、瑕疵担保責任において追及されるべき責任内容を、不法行為責任において追及している、ということである。この場合、不法行為責任の追及において重要とされる要件としては、瑕疵ある建物の建築をもって「過失」行為と評価されるか、当該建物の瑕疵を修補する費用（瑕疵修補費用）をもって「被侵害利益」といえ「損害」といえるか、ということである。このことを確認したうえで、これらの要件論の問題を別の角度から確認しておこう。

2　論点(2)——契約責任・不法行為責任峻別論（以下、峻別論）

(a)　峻別論の内容

そこで、本判決の法解釈論的意義を吟味するためには、まず、この判決が否定したとされる「強度の違法性」論が、いかなる論理にもとづいて主張されているのかということを、いまいちど明確にしておかなければならない。すなわち、「強度の違法性論」の理論的基礎である。そうでなければ、本判決の不法行為構成の理論的意義とその課題を正確に把握できないからである。かかる観点から、その結論を先取りしておけば、「強度の違法性」論の前提には、売主／請負人の契約責任（瑕疵担保責任・不完全履行責任）と契約責任との、いわば峻別論が背景にある。この点を少し敷衍しておこう。

かつて筆者は、下級審の裁判例を手掛かりとして、不動産の買主／注文者の、建替え費用相当額賠償の可能性を模索するなかで、より広く「修補」費用請求の法的構成問題の若干の分析をした際、買主／注文者が不法行為構成により当該費用を請求する場合の理論的障害として、要件論と効果論のレベルにおいておおよそ二つの点をみていた。[12]（ⅰ）修補費用賠償（効果論）は、売主／請負人の契約責任（瑕疵担保・不完全履行）レベルでの「契約利益」の問題である。それゆえ、このような修補費用賠償は、不法行為責任の対象外である（契約利益論）。（ⅱ）（ⅰ）とも関連しているが、この点を要件論のレベルでいえば、修補費用が前提となる瑕疵は、当事者の合意した内容との不一致ないし物の「品質・性能」に関するものである。したがって、このレベルでの責任追及は、契約責任においてなされるべきものである、と。

問題となっている瑕疵が、生命、身体等（完全性利益）に重大な危険を及ぼすような瑕疵でない場合には、不特定多数の潜在的買主に対して不測の損害（生命、身体等（完全性利益）に重大な危険を及ぼす程度のそれ）を被らせないような高度の注意義務は発生しないといい、そこから、例外的にこのような場合に不法行為責任が肯定されるためには、売主の欺罔、害意などの特段の事情が必要であるという、「強度の違法性」論に至るというのである。[13]

(b)　峻別論が念頭におく類型

もっとも、以上の整理からも看て取れるように、峻別論が当初において前提としていた類型は、必ずしも、建て替えを必要とするほどの重大な瑕疵（本判決との関連でいえば「基本的安全性を損なう瑕疵」）が存在するような場合を念頭においていたものではなく、修補費用一般について、不法行為構成による請求の可能性を考えていたのである。この点を見落としてはならないであろう。というのも、このような認識は、これまでの日本法の解釈論においては、同じく「瑕疵修補」ないし「瑕疵修補費用」といっても、売主の担保責任におけるそれと、請負人の瑕疵担保責任におけるそれとは、その規範的意味内容を含め、法的な存在意義ないし機能が大きく異なっていたからである。この点を、売買の場合と請負の場合とで、「瑕疵修補」の規範的意味の相違、そこからさらに、不法行為構成を援用する意味が異なるという観点から、項を改めて説明しておこう。[14]

(c) 不法行為責任構成の機能の相違

現行民法典は、売主の瑕疵担保責任としては、買主の「瑕疵修補」請求を明文上規定していない。そこから、これまでの議論や下級審における裁判実務においても、一般的に、瑕疵担保責任として、買主の瑕疵修補請求が認められうるかという点が、長らく議論されてきたことは周知のところである。この点につき、学説においてはすでに瑕疵修補請求は通説化しているといってよいが、(契約責任論からは完全履行請求権から当然に、法定責任説からも信義則、取引慣習、損害賠償の方法、当事者の合理的意思などを根拠として)、下級審の裁判例においては、これまで瑕疵修補一般について肯定するという立場が一般化しているというわけではなかった。これを損害賠償の側面からいえば、売主の瑕疵担保責任の法的性質という彼の問題とは必ずしも直接リンクしたものではなく(ここでの主眼は特定物(住宅)の瑕疵修補許否)、瑕疵修補費用は、「信頼利益」なのか「履行利益」なのかの問題とも関連し、現在においても、明確な結論が出ているとは必ずしもいえない状況にあるといってよい。そもそも、「信頼利益」概念の曖昧性に問題の本質があったのであり、[15]現在でもこの点が克服されているとは思えない。また、仮に、「信頼利益」賠償に一般の修補費用は含まれるとしても、そこからさらに「建替え費用」まで含まれるとは考えられていなかった[16]。さらに、不動産の転売類型において、直接の売主ではなく元の売主に対して目的物の瑕疵を理由とした責任を追及する場合がある。そこで、これらの場合に援用されたのが、契約関係にない施工者を相手とした不法行為責任の追及であったといえる。

これに対し、請負における瑕疵担保責任においては、注文者の瑕疵修補請求権が規定されている（第六三四条第一項本文）。したがって、ここでの解釈論上の課題は、瑕疵修補の範囲、すなわち、建て替えが認められうるか、というものであった。これを損害賠償の側面からいえば、請負における瑕疵担保責任においては、損害賠償の範囲は、「履行利益」までを含むとするのが通説であり、問題は、その先の、建替え費用相当額賠償もこの履行利益に含まれるのか、というものであった。そして、これに対しては、すでに、平成一四年九月二四日判決の検討の際に指摘しておいた理論的「桎梏」が存在した。そこで、請負契約においては、その「桎梏」を回避し、建替え費用相当額賠償の可能性を模索して構成されたのが、請負人に対する不法行為責任構成だったのである。（「修補」「履行利益」と建替え（費用）との関係の不安定性[17]）。

以上から明らかなように、施工者に対する責任追及は、注文者の場合には、瑕疵修補費用のいわば極限としての建替え費用相当額賠償を主たる内容とし、契約責任（担保責任）の不安定性を背景とした不法行為責任の追及という構図が存在するのに対し、買主の場合には、建替え費用を含めた瑕疵修補費用一般につき、契約責任の相手方たる売主に対する瑕疵担保責任の不安定性を背景とし、しかも、本来契約関係が存在しないことから、必然的に不法行為構成に依拠せざるを得ない（債権者代位権構成、地位の承継構成をとらない限り）という事情が存在している。加えて、以上の二つの類型は、注文者の責任追及の類型では、注文者の施工者（請負人）に対する責任追及は、典型的な（同一主体間の）請求権競合の問題が生じるのに対し、買主の責任追及の類型（本判決もこの類型）は、いわば異主体間における請求権競合を生じうる事態であると考えられる。

この点をどのように考えるべきなのか。これが、本判決の論理を分析し、評価する場合の一つの視点を提供することになる。

(d) 住宅の品質確保の促進等に関する法律（以下、住宅品質確保促進法）による変化

もっとも、以上のうち、住宅品質確保促進法の制定（平成一一年法律第八一号）により、とりわけ、新築住宅の売主の瑕疵担保責任の特例として、売主に対しても瑕疵修補責任が明文上認められるに至っている（同法第九五条第一項）。ここからすれば、新築住宅に関しては、建替え費用相当額賠償に関してこれまで議論されてきた問題は、同じように妥当する可能性が生じる。[18]この点は、注意しておく必要がある。

3 論点(3)――峻別論を克服するための論理とその問題点

(1) 契約利益論（損害論）

以上のように考えると、不法行為構成との関係でこの問題をとらえた場合、広義の修補費用（建替え費用も含む）は、不法行為の要件論における「損害」に含まれるか、という問題となる。筆者は、平成一四年九月二四日判決が登場する以前までは、次のように考えてきた。

この場合、損害項目として修補費用を立てることになるが、そこでの理論上の問題は、修補費用は「給付利益」に関係し、それゆえ契約不実現段階の問題であるというのであれば、それは契約責任で処理すべきである、という点にある。[19]この観点から考えた場合、問題となるのは、売主の瑕疵担保責任の場合には、とりわけ「信頼利益」と修補費用との関係であり、請負人の担保責任の場合には、とりわけ「履行利益」と建替え費用との関係である。こ

れらの問題を、「瑕疵損害」と「瑕疵結果損害」との対比で眺めた場合、「契約利益」に関わるものが「瑕疵損害」であるということになり、「瑕疵結果損害」は、わが国においては、拡大損害の問題とされ、債務不履行や不法行為においては、これまで、相当因果関係の問題として処理されてきたものでもある。[20]なお、不動産はその対象から除外されているものの、製造物責任として問題とされる損害の主要な対象は、この「瑕疵結果損害」の場合である。[21]

これらの点につき、仮に、前者において修補費用は「信頼利益」に含まれないとし、後者において建替え費用は「履行利益」に含まれないとしよう。そうすると、それらは、もやは「給付利益」とはいえないのではないか、という疑念が生じうる。もし、そうであるとすれば、少なくとも損害論のレベルでは、前者の場合の修補費用、後者の場合の建替え費用は、給付利益とは関係ないものとして、不法行為構成によってこれらの費用を賠償の範囲に含めることが可能となる、別の言い方をすれば、契約責任と不法行為責任との競合は問題とはならない可能性が生じる。

この文脈において、後者の建替え費用と関連性を有すると考えられる平成一四年九月二十四日判決が登場することになる。以上の論理からすれば、請負人が重大な瑕疵により民法第六三四条第二項にもとづき、「契約の履行責任に応じた」ものとして建替え費用相当額の賠償責任を負担する、というのであれば、少なくとも、平成一四年九月二十四日判決が出て以降においては、契約利益論のレベルにおいては、少なくとも、「仮託構成」としての不法行為構成に依拠した責任追及は脱落してもよいのではないか、とも考えられるのである。

(2) 瑕疵論

もっとも、より問題となるのは、瑕疵に関連した要件論である。そこで、この点に関し、筆者はかつて、次のように述べておいた。少し長くなるが、本判決の論理と比較のためにも、関連する個所を引用しておこう。[22]
「仮に、不法行為責任構成が可能であるとした場合、当該目的物の瑕疵、および、過失の具体的内実である行為義務違反との関係をどのように考えるか、が問題となる。／その前提として、留意しておくべき点は、本章で取り上げた大多数において問題となっていた、土地および建物の瑕疵は、それが人の生命、身体、健康あるいは他の財産への侵害の危険を内包した性質を有している、ということである。この点は、たとえば、建物の瑕疵の判断基準として、建築基準法上の規定が援用される場合に端的に現れる。建築基準法が『建築物の敷地、構造、設備及び用途に関する最低の基準を定めて、国民の生命、健康及び財産の保護を図』ることをも目的としたものである（第一条）ことから、これに照らして瑕疵が認められる場合には、その建築物における『瑕疵』概念には、すでに、物の『品質、性能』という内実を超えて『安全性』という要素が当然に入り込んでいる、といい得る。すなわち、ここでの、『瑕疵』概念が製造物責任法にいう『欠陥』概念の内実を取り込んだものとなっているのである。そうであれば、ここでは、瑕疵概念は主として『品質・性能』そのものが問題とされる場合と、『欠陥概念』を含む性質のものとに分けられ、後者の場合においては、その違法性や責任（過失）も、より容易に肯定され得るのではないかという推測が可能となる。／この点で問題となるのが、特に、建築物の瑕疵の質に関連して過失（客観的行為義務）をいかなるものとして設定するのか、である。換言すれば、ここでは欠陥概念の内実を含む瑕疵の存在は、すでにそのことにより過失が肯定される前提となり得るのか、が問題となる。本章でとりあげた裁判例の多くは、瑕疵を発生させないような、予見義務（事前の調査義務）、それを前提とした行為義務（結果回避義務）を肯定することにより、過失を認定し、不法行為責任を肯定する、という構成をとっている。ここでは、その前提として、『侵害行為』としていかなるものを想定しているのか、ということがそもそも問題となるところ、売主においては、瑕疵ある建築物を売却したこと（流通においたこと）、請負人においては、瑕疵ある建築物を建築したこと、をもって侵害行為としている、といい得るのか。」と。

ここでは、まず、仮に不法行為構成により「建替え費用」を請求したとしても、先に検討した契約利益論と抵触しないという問題意識にもとづき、瑕疵の内実を類型化することにより、契約利益論が前提とする瑕疵は、通常の品質・性能を意味するものであり、それを超え、完全性利益との関係での安全性にまで及ぶ「瑕疵」については、もはや契約利益論の拘束を受けないことを主張しようとしている。この点を、より明確に示すために、製造物責任法における「欠陥」概念を援用しているのである。もっとも、製造物責任法が不動産を対象としていないことは当然のこととして措き、民法の不法行為責任である以上、「瑕疵」（以上に検討したように、ここでの内実は製造物責任法が予定する「欠陥」）の存在自体により責任が肯定されるものではなく、故意または過失行為を必要とする。そこで、つぎに、請負人のいかなる行為をもって、不法行為上の過失（行為）と評価しうるのか、ということを問題としていた。

4　論点(4)——峻別論を克服する論理の陥穽

しかし、以上のような、「峻別論を克服するための論理」には、現時点から振り返ると、吟味の不充分さないし欠落が存在している。いうまでもなく、それは、「損害」論の側面である。つまり、一方では、建物の瑕疵との関係での過失（行為）論においては、正当にも、それを「欠陥」概念に引きつけつつ、「土地および建物の瑕疵は、それが人の生命、身体、健康あるいは他の財産への侵害の危険を内包した性質を有している」として、単なる合意内容、品質を超えた「安全性」を指摘しつつ、他方では、損害論において、当該瑕疵ある建物自体の建替え費用をもって履行利益賠償の範囲外であるという前提のみから、不法行為上の「損害」と考えている点に存する。

つまり、この段階では、「被侵害利益（法益）」・「損害」に対する分析が不足していたといわざるをえない。それは、既に述べたような、建替え費用相当額賠償が、平成一四年九月二十四日判決により「契約の履行責任に応じた」ものと認められれば「仮託」としての不法行為構成は不要となる、とすることを念頭においていた（ないし展望していた）ことからも明らかである。このような発想自体が、より本質的に言うならば、人の生命、身体、財産（完全性利益）に対する安全性にかかわる瑕疵ある建物自体を「被侵害利益」ないしそれを回復するための建替え費用をもって「損害」と評価することを、前提としたものとなっているからである。

以上の論理からすれば、「基本的な安全性を損なう瑕疵」が問題となる建物における不法行為責任の成立可能性については、「被侵害利益」論、「損害」論の検討が、さらになされねばならないことになる。

5　論点(5)――上告受理申立て理由との関係での本判決の論理再考

そこで、この点に着目し、改めて本判決の論理を吟味してみる必要がある。判旨は、上告受理申立て理由第二の2に対して答えているものである。その要点は、次のようなものであった。「建築行為における不法行為の成立を『建物が社会公共的にみて許容しがたいような危険な建物になっている』場合に限定するのは、不法行為の成立する範囲を不当に制限するものであ」り、「建築行為における不法行為の成立は『建物が建築基準法令の個体性規定や仕様規定に違反し、社会的にみて許容しがたい建物であるか否か』を判断基準にすべきである」というものである。

ここでの要点からすれば、ここでも、不法行為成立論における主眼は、「瑕疵」（「過失」）論である。被侵害利益論・損害論は、むしろその存在が当然に前提にされているもののようである。[23]それゆえ、上告受理申立て理由の第二の2に対して答えている判旨もまた、この点に関してのみ答えている、とみるのが素直である。

そこで、判旨はこの点を踏まえて、不法行為の成立要件をより一般的に定立し、しかも、被侵害利益については、「それにより居住者等の生命、身体又は財産が侵害された場合」、とし、損害については、「これによって生じた損害」というのである。ここにおける「生命、身体」は明らかに「完全性利益」に関するものである。この点は、「バルコニーの手すりの瑕疵であっても、これにより居住者等が通常の使用をしている際に転落するという、生命又は身体を危険にさらすようなものもあり得る」、という記述からも明らかである。「財産」のみが、当該瑕疵ある建物自体を含むという論理を読み込むことが、この段階で何らかの論理を媒介にしないで果たして可能であろうか。それは、いかにも苦しい。

そうだとすれば、生命、身体と同じく、ここでの「財産」もまた、瑕疵ある建物以外の財産、ということにならざるをえないであろう。むしろこの場合に、「生命、身体、財産」のうち、なにゆえに財産のみが、瑕疵から生じた損害に、瑕疵のある当の建物が入るのかの説明もつかないであろう。この点は、さらに、被害者として、隣人、通行人等を含む広範な「居住者等」が想定されていることからも明らかである。判旨の論理からすれば、瑕疵ある建物の譲受人（買主）も、「居住者等」の一類型にすぎない、ということにならざるをえない。[24]

6　論点(6)――民法第七一七条の土地工作物責任と関連づけた議論

以上からすれば、本判決は、不法行為の成立要件のうち、建物の瑕疵に関する部分における要件論に関してのみその意義を明確にした、すなわち、「強度の違法性論」を否定し、より一般的な要件を定立したといえるであろう。

この点に関連して、本判決を、民法第七一七条の工作物責任と関連づける注目すべき見解がある。[25] 本判決は、「民法七一七条を意識し」「建物の安全性の確保」を明確にした点を評価するものであり、その点は筆者もまったく同感である。もっとも、論者も自覚していることであろうが、民法第七一七条による工作物責任をもってしても、ここで問題とした、瑕疵ある建物自体を被侵害利益とし、そのための修補費用をもって買主が損害賠償責任を負うことを基礎づけることは、残念ながらできない。むしろ、本件のような場合を民法第七一七条の土地工作物責任と関連づける場合には、被侵害利益（法益）、損害論のレベルでは、かえって、現行民法体系上、たとえ民法第七〇九条の不法行為責任構成によったとしても、建物の基本的な安全性を損なう瑕疵のある建物自体を被侵害法益とし、瑕疵を除去するための修補費用をもって損害とすることができないことを炙り出すことになるであろう。

というのも、土地工作物責任は、現行法上はあくまで、「土地の工作物の設置または保存に瑕疵があることによって他人に損害を生じた」場合に、工作物の占有者ないし所有者が「被害者に対してその損害を賠償する責任」であり（民法第七一七条一項）、ここでは、他人の生命、身体、財産などの完全性利益が侵害された場合が前提とされているからである。つまり、この場合、瑕疵ある土地工作物は、いわば危険源であり、人の行為による一般的不法行為責任とは異なり、物についての不法行為を認めるもので、瑕疵ある工作物は危険源であるものの、これ自体を被侵害利益とは前提していないのである。

確かに、工作物責任の規定には、所有者、占有者が賠償した場合には、瑕疵等に原因を与えた者（まさに本件のような施工者）に対して求償権が認められている（民法第七一七条第三項）。また、この規定の前提として、多数説は、施工者のように原因を与えた者の不法行為責任（民法第七〇九条にもとづく）を認め、[26] 被害者は、所有者、占有者以外にも、この者に対して不法行為責任を追及することができ、両者は、これらの者の責任は不真正連帯の関係にあるとされている。[27] しかし、この場合も、あくまで、設置または保存に瑕疵ある工作物から、完全性利益に対する侵害があり、その結果、侵害が発生したことが前提となっているのである。

まさに、現行法上は、瑕疵のある工作物が存在していること自体に対して不法行為法上の救済を求めることは予定されていないと言わざるをえないのである。

三　小括――本判決の意義と射程

以上の分析をもとにして、改めて本判決の意義を整理し、その射程を明確にしておこう。

1　本判決の意義は次の点にあろう。第一の意義は、これまで、瑕疵ある建物の施工者等の不法行為責任が肯定されうるか、仮に肯定されうるとして、それはいかなる要件のもとで肯定されうるのかについて、学説や下級審の裁判例において不統一であった、その点を統一した点にある。第二の意義は、その場合、施工者等の不法行為責任が認められることを確認したこと、および、その場合の要件として、一方で、「強度の違法性」論を排除し、他方で、施工者等に「建物のとしての安全性配慮義務」を設定したこと、この義務違反により建物の「基本的な安全性を損なう瑕疵」が存在すること、それ（瑕疵）によって完全性利益が侵害されたこと、これによって損害が生じた場合に不法行為が成立することを明確にした点にある。

このような整理からすれば、本判決の重要な意義は、建物の有する属性および社会的性格からして、設計・施工者等に「建物の安全性への配慮義務」があることを明確にした点にある。しかも、このような義務違反から法益侵害がありそれによって損害が発生した場合に不法行為責任を認めるものではなく、義務違反と法益侵害の間に「建物の安全性を損なう瑕疵」の存在が前提にされている点に特色がある、といえるであろう。つまり、「安全性配慮義務」違反（過失）→法益侵害→損害の発生、ではなく、「安全性配慮義務」違反→瑕疵の存在→法益侵害→損害の発生、という図式がとられている。この図式は、一見すると、「瑕疵」から法益侵害が発生し、その結果、損害が発生したものであるもののようにみえ、製造物責任を認めるもののようである。しかし、あくまでも義務違反により法益侵害があり、損害を発生させるという一般不法行為の定式を前提とすると、「安全性配慮義務」と法益侵害との間に「瑕疵」の存在を介在させることにより、「建物の安全性を損なう瑕疵」が存在する場合には、「安全性配慮義務」違反（過失）が推定されるということになるであろう[28]。この点も重要な意義である。

2　これに対し、以上の指摘からも推察されるところであるが、被侵害利益のなかに（建物の基本的な安全性を損なう）瑕疵がある建物自体が含まれるか、したがってまた、瑕疵修補費用が「損害」であるのか、について、本判決は直接に言及するものではないと考えられる。むしろ、「瑕疵」によって侵害された「生命、身体又は財産」という、本判決の定式化からすれば、問題となっている「瑕疵」ある建物自体は、原則として被侵害利益としての「財産」には含まれないことになる。換言すれば、瑕疵ある物（建物）の所有権を獲得させる行為は当該建物の所有権侵害ではない、ということになる。

第三節　課題——瑕疵ある建物自体の所有権侵害

1　前述のように、平成一九年七月六日判決が明確にした不法行為の成立要件は、これを契約法の観点から見れば、瑕疵ある建物自体の法益侵害性を原則として否定し、それゆえにまた、修補費用を損害として認めないとするならば、修補費用問題は、依然として契約法における給付利益の問題と関連しているものとして議論されねばならないことになる。[29] もっとも、その場合の出発点は、平成一九年判決では追求されなかった、売主に対する契約責任について問題となる点（修補費用賠償問題をはじめとして）を明確化し、その点の理論的基礎を構築する必要がある（問題とされるべき法律問題は決して少なくない）。

2　なお、平成一九年七月六日判決が定式化した不法行為の成立要件からすれば、平成一四年九月二十四日判決のように、注文者が請負人に建替え費用相当額の賠償を民法第六三四条により請求しうるとした場合であっても、このような建物により完全性利益が侵害されたようなケースにおいては、なお不法行為責任を問題としうることになる。その意味で、この類型においても、契約責任以外に平成一九年七月六日判決が定式化した不法行為責任が役割を演じる場合がありうるであろう。[30]

3　さて、平成一九年七月六日判決を前提とし、かつ、平成一九年七月六日判決のような事案において、不法行為を根拠として瑕疵修補費用を損害賠償として請求することを基礎づける場合の問題は、いまや、瑕疵ある建物自体を取得せしめたことをもって所有権侵害といえるか、ということになる。この問題は、すでにわが国おいても先学の重要な業績が存在する。[31] そこにおいて論者が最終的に到達された地点は、「契約期待不充足に拠って債務者に対する瑕疵修補請求権を債権者に取得させるであろう契約法に対して、不法行為法上は、危険防御目的に従った規範目的の展開の帰結として、社会生活上義務の侵犯と評価される具体的な商品危険に関し、この危殆化を逃れ難く受ける者が、その除去を供給者に請求する――危険除去の方法如何は合目的性と必要性に鑑みて被請求者たる商品供給者に委ねられるのが原則である――権利を与えられる」というものであった。[32] この指摘は、平成一九七月六日年判決を民法第七一七条の工作物責任と類比した先の見解[33]の示唆の源である論者の次の問題意識、すなわち、「購入した建物、造成地などの欠陥により近隣の者が被害を蒙ったような場合に、建築業者や造成業者は過失がなければ責任を負わないのに、消費者である建物や造成地の所有者等は無過失であっても賠償責任を負うことになり」、「わが国における欠陥建物による被害の賠償は、ユーザー無過失責任として実現されるという奇妙な結果が、製造物責任法制以降にも残ることとなった」という指摘(34)と相通ずるものがあるように思われる。

瑕疵ある建物の取得者が、建物の所有権自体の侵害を理由とし、瑕疵修補費用を損害として不法行為責任を追及しうるか、という問題については、少なくともこれらの到達点、問題意識を念頭に今後さらに探究されねばならない。1で指摘した契約法上の課題に加え、またそれと関連させつつこの点をも筆者の課題とし、本稿を閉じる。

（1）もっとも、その後、Xらは売買契約の際に融資を受けた銀行への返済が困難となり、平成一四年六月に、本件土地および建物に設定されていた抵当権が実行され、競売により第三者に売却された。
（2）大分地判平成一五年二月二四日民集六一巻五号一六九九頁の参考判例。
（3）福岡高判平成一六年一二月一六日民集六一巻五号一六九九頁の参考判例、金融・商事判例一二八〇号二〇頁（二七頁）。
（4）原田剛『請負における瑕疵担保責任〔補訂版〕』（成文堂、二〇〇九年）三〇〇頁～三〇四頁（表）、三〇八頁～三〇九頁、三一七頁～三一九頁の整理を参考にしている。
（5）東京地判昭和四六年一二月九日金融・商事判例三〇〇号五頁、東京高判昭和五〇年六月三〇日判例タイムズ三三〇号二八七頁（前者の控訴審）、横浜地判昭和六〇年二月二七日判例タイムズ五五四号二三八頁、東京地判平成二年二月二七日判時一三六五号七九頁、大阪地判平成三年六月二八日判例時報一四〇〇号九五頁、神戸地判平成九年八月二六日『消費者のための欠陥住宅裁判例〔第1集〕』四〇頁、神戸地判平成九年九月八日判例時報一六五二号一一四頁、大阪地判平成一〇年七月二九日金融・商事判例一〇五二号四〇頁、大阪地判平成一〇年一二月一八日『消費者のための欠陥住宅裁判例〔第1集〕』八四頁、大阪地判平成一二年九月二七日判例タイムズ一〇五三号一三八頁、京都地判平成一二年一〇月一六日。
（6）大阪地判平成一〇年七月二九日金融・商事判例一〇五二号四〇頁、大阪地判平成一〇年一二月一八日『消費者のための欠陥住宅裁判例〔第1集〕』八四頁、大阪地判平成一二年九月二七日判例タイムズ一〇五三号一三八頁、京都地判平成一二年一〇月一六日。
（7）本件建物（マンション）は建築主が請負人（建築業者）から、建物が完成したとして引き渡しを受けた時（平成三年三月二日）から約二ヶ月半過ぎ（同年五月二三日）に売買契約を締結し、同日引き渡しを受けたものであり、「転売」の形態をとっているものの、実質的には「新築住宅」の売買である。にもかかわらず、原告はなにゆえに売主（建築主）に対しする責任追及をしないで、建築業者に対する責任追及をしたのか。この間の事情につき、幸田雅弘「欠陥住宅訴訟──施工業者の責任を認める」法学セミナー六三八号一八頁によると、本件建物（マンション）は、「建築途中から、『建築中物件』として売りに出され」、売買契約は上記のようにマンションの完成した約二ヶ月半に行なわれたものの、原告らは、「完成前から建築現場の進行状況の説明を受けるなど、建築会社から『施主』扱いを受けていた」という。それゆえ、「本来ならば売買契約に基づいて瑕疵担保責任を負う『売り主』を被告とするのが通常であるが、こうした経緯から、契約関係になかった建築業者と設計事務所らを直接、被告として訴えたという特殊な事情がある」と指摘している。もっとも、推測の域を出ないが、第一審判決によれば、売主の担保責任追及との関係では除斥期間の問題が関係していないでもない、とも考えられる。

(8)　この部分は、その他の上告受理申立て理由が上告受理の決定おいて排除されたため、上告棄却されている。

(9)　このような論理は、すでに、前掲の、東京高判昭和五〇年六月三〇日判例タイムズ三三〇号二八七頁、神戸地判平成九年九月八日判例時報一六五二号一一四頁、大阪地判平成一二年九月二七日判例タイムズ一〇五三号一三八頁において採用されていたものである。この点については、原田・前掲書三一七頁〜三一八頁を参照されたい。

(10)　後藤勇『請負に関する実務上の諸問題』（判例タイムズ社、一九九四年）一〇八頁。ここでは、弁護士費用の賠償を認めたことに疑問を呈するという文脈の中で述べられているが、そこでの論理が一般化され、「請負人が瑕疵ある建物を建築した場合でも、注文者の権利を積極的に侵害する意思で瑕疵ある建物を建築した場合等、特段の事情がない限り、請負人は、不法行為責任を負うものではないと解すべき」である、とされている。

(11)　前掲・東京地判昭和四六年一二月九日金融・商事判例三〇〇号五頁。もっとも、この判決は、控訴審（東京高判昭和五〇年六月三〇日判タ三三〇号二八七頁）で、覆されている。なお、原田・前掲書二三三頁〜二三七頁に事案の簡単な紹介をしている。

(12)　原田・前掲書三〇七頁〜三三一頁。

(13)　原田・前掲書三一六頁〜三一七頁、三二一頁〜三二二頁。東京高判昭和六一年二月二七日東高時報三七巻一〜三号九頁（原田・前掲書二四一頁で紹介）。

(14)　この点を、筆者は、原田・前掲書三二六頁〜三二八頁において、売買の場合と請負の場合とに区別し、「不法行為責任構成を問題とする前提的法状態」として、言及しておいた。もっとも、そこでの指摘は、両者において（特に売買の場合）、建替え費用相当額賠償の可能性という文脈において述べている。また、そこでは、両者に共通する場合として、瑕疵担保責任の除斥期間の経過による不法行為責任の追及の必要性についても触れているが、本稿ではこの点には触れない。

(15)　星野英一「瑕疵担保の研究──日本」『民法論集第三巻』（有斐閣、一九七二年）所収一七一頁（二二六頁〜二二九頁）。

(16) 原田・前掲書三一三頁。栗田哲男『現代民法研究（3）』（信山社、一九九八年）三四四頁（三四七頁、三五〇頁・注(12)）。
(17) 原田・前掲書二二五頁（三二七頁）。
(18) もっとも、民法第六三四条の「修補」に建替えを含むと考える理論的根拠として、履行請求権を援用する場合、住宅品質確保促進法の特例も同様に考えられるのかという点が、理論的には解明されねばならない。
(19) 北川善太郎『消費者法のシステム』（岩波書店、一九八〇年）一六〇頁。原田・前掲二二七頁。
(20) 我妻栄『新訂債権総論』（岩波書店、一九六四年）一五六頁。
(21) 原田・前掲書二二六頁、二三〇頁（注（4））。
(22) 原田・前掲書三二八頁～三二九頁。
(23) 上告受理申立て理由は、確かに、建物の安全性の低下により、建物の価値低下をもたらし、それが社会的許容範囲を超えている場合に所有権侵害がある、として、所有権侵害を理由とした被侵害利益論・損害論を展開している。しかし、その主眼は、あくまでも本文に記した瑕疵論（過失論）にあるといいうる。
(24) この点で、本判決が、瑕疵修補費用相当額の損害が既に発生していることを前提とする判例時報一九八四号三四頁、判例タイムズ一二五二号一二〇頁、金融・商事判例一二八〇号二〇頁にある無署名の解説（すべて同一内容）およびこれに賛同している思われる若干の判例評釈とは、本判決の評価について立場を異にする。これに関し、明確に明言するものではないが、本判決の判旨が、完全性利益を前提にしているのではないか、の懸念を表明しつつ評釈する平野裕之・民商法雑誌一三七巻四・五号四三八頁（四五二頁）がある。
(25) 花立文子・私法判例リマークス三七号（二〇〇八年）四八頁（五一頁）。なお、鎌野邦樹・NBL八七五号（二〇〇八年）四頁（一五頁）は、「買主以外の第三者に対する不法行為責任」に関連して、第七一七条の土地工作物責任に言及する。
(26) 前田達明『民法Ⅵ2（不法行為法）』（青林書院新社、一九八〇年）一六六頁、四宮和夫『不法行為』（青林書院、一九八五年）七四七頁。
(27) 幾代通＝徳本伸一『不法行為法』（筑摩書房、一九九三年）一七二頁、吉村良一『不法行為法［第3版］』（有斐閣、二〇〇五年）二一七頁。
(28) この点で参考になるのが、いわゆる「ナショナルテレビ発火事件」に関する、大阪地判平成六年三月二九日判時一四九三号二九頁である。同判決は、「製造物責任について特別の立法がなされていない以上、現行不法行為法の原則に従い、利用者は、製造者の故意または過失を立証しなければならないが、製品に欠陥のあることが立証された場合には、製造者に過失のあったことが推認されると解すべきである。けだし、製品が不相当に危険と評価される場合には、そのような危険を生じさせた何らかの具体的な機械的、物理的、化学的原因（欠陥原因）が存在するはずであるが、一般に流通する製品の場合、利用する時点で製品に欠陥が認められれば、流通に置かれた時点で既に欠陥原因が存在した蓋然性が高いというべきであるし、さらに、製造者が安全性確保義務を履行し、適切に設計、製造等を行う限り、欠陥原因の存する製品が流通に置かれるということは通常考えられないから、欠陥原因のある製品が流通に置かれた場合、設計、製造の過程で何らかの注意義務違反があったと推認するのが相当だからである」という。

(29)　平成一九年七月六日判決の事案において、瑕疵修補費用が契約利益に関連することから不法行為責任による追及について疑念を提起するものとして、平野裕之・民商法雑誌一三七巻四・五号（二〇〇七年）四三八頁（四五〇頁、四五一頁注（8）、四五二頁）。筆者も賛同するものである。

(30)　もっとも、損害論の問題としては、拡大損害の問題、瑕疵結果損害の問題領域ともなるであろう。

(31)　下村正明「商品の瑕疵をめぐる責任規範の交錯関係について――西ドイツにおける理論状況に基づく一考察――（一）（二・完）」阪大法学一三九号八九頁（一九八五年）、同一四〇号（一九八六年）八一頁。

(32)　下村正明「商品の瑕疵をめぐる責任規範の交錯関係について――西ドイツにおける理論状況に基づく一考察――（二・完）」阪大法学一四〇号（一九八六年）八一頁（一二二頁）。

(33)　花立文子・私法判例リマークス三七号（二〇〇八年）四八頁（五一頁）。

(34)　加藤雅信編著『製造物責任法総覧』（商事法務研究会、一九九四年）一九頁、同「製造物責任法の特色」山田卓生編集代表・加藤雅信編集『新・現代損害賠償法講座第三巻製造物責任・専門家責任』（日本評論社、一九九七年）一頁（一四頁）、同『新民法大系V（第二版補訂）』（有斐閣、二〇〇五年）三五三頁。もっとも、本文の引用においても明らかなように、ここでも建物の瑕疵自体の「損害性」を問題としているものではない。

（法と政治五九巻三号（二〇〇八年）より抜粋）

第二章　設計・監理を請け負った一級建築士の責任

第一節　裁判例の紹介

一　判決のポイント

建物の設計・監理を請け負った設計事務所の代表取締役であった元一級建築士は、本件建物の設計者および工事監理者として、本件建物の安全性が確保されているか否かを、その設計から施工の各段階において適切に確認する義務がある。

〔事　案〕

本件は、耐震偽装事件による損害賠償請求事件の一つであり、訴外株式会社Aが計画し分譲した東京都墨田区所在のマンション甲（以下「本件建物」という。）の区分所有権を購入したXら五一名が、本件建物は、その構造計算をした元一級建築士Y_1が構造計算書を偽装したため、その耐震強度が建築基準法および関係法令の定めるところを充たしておらず、建物としての基本的な安全性を欠き、建て替えざるをえなくなり、損害を被った、と主張して、

Y_1に対しては、民法第七〇九条による不法行為にもとづき、本件建物の設計・監理を請け負った訴外株式会社B建築都市設計事務所の代表取締役であった元一級建築士Y_2に対しては、構造計算書等の内容が建築関係法令等に適合しているか否かの確認を怠ったとして民法第七〇九条による不法行為または旧商法第二六六条の三第一項にもとづき、本件建物につき建築確認事務の監督権限を有する建築主事が所属していたY_3（墨田区）に対しては、本件建物の建築確認をした指定確認検査機関である株式会社Cの確認検査員がY_3の公務員に該当し、構造計算書等の確認検査を怠ったとして国家賠償法第一条第一項にもとづき、それぞれXらに対して損害賠償義務があり、Yらの各不法行為は民法第七一九条による共同不法行為であるとして、損害賠償を連帯して支払うよう求めた事案である。

第一審判決（東京地判平二三・三・三〇判タ一三六五号一五〇頁）は、本件構造計算書等を偽装したY_1に対し、Xらが被った損害の支払いを命じた。しかし、Y_2およびY_3については、本件構造計算書の偽装を疑わせる明らかな徴表があったとはいえず、Y_2およびCの確認検査員には注意義務違反はないなどとして、Xらの各請求を棄却した。そこで、Xらのうち、これを不服とする一七名が控訴した。

二　判旨

Y_1につき、Xらの一名を除き、原判決の損害額を認容し、Y_3に対する請求につき、理由がないとして棄却。

判断の中心は、Y_2であり、詳細に論じた後、最終的に以下のような要約により、一審の判断を変更し、不法行為責任を肯定した。「Y_2には、本件建物の設計者及び工事監理者として、本件建物の安全性が確保されているか否かを、その設計から施工の各段階において適切に確認する義務があったというべきところ、同人はその義務を怠った過失があるというべきであり、また、同人がその義務を果たしていれば、遅くとも本件建物が完成する前には、Y_1

による本件構造計算書の偽装を発見することが困難ではなかった客観的状況が上記のとおり存在したのであるから、Y_2は、本件建物の区分所有権の購入者であり、利用者であるXらに対し、上記Y_1による本件構造計算書の偽装によってXらに生じた有形無形の損害について、Y_1と連帯して損害賠償責任（不真正連帯債務）を免れない」。本判決は、上告・上告受理申立てがなされている。

第二節　評論

一　先例・学説

1　瑕疵ある建築物に対しては、注文者（建築主）または注文者からの譲受人（買主）が、請負人（施工者）または売主に対して責任追及をする場合が、これまで問題とされてきた[1]。これらのうち、近時、問題とされているのは、瑕疵ある建築物を建築主から買った買主が、契約関係にない施工者に対して不法行為責任を追及する場合であり[2]、さらに、請負人が倒産したなどで責任追及の実効性がないことなどから、確認申請のために名義貸しをした一級建築士に対して不法行為責任を追及する場合である[3]。

ところが、耐震偽装事件を契機として、これらの責任主体に加え、建築確認制度を担う地方自治体に対して国賠法第一条の責任追及の可否が問題とされるに至っている。この点に関するこれまでの下級審裁判所における判断は、これを肯定するものも存在するが[4]、否定するものが多数である[5]。かかる状況下で、本判決後、注（5）に挙げた⑩の上告審において、最高裁判決が出されるに至っている[6]。

そこでは、「建築主事が職務上通常払うべき注意をもって申請書類の記載を確認していればその記載から当該計画の建築基準関係規定への不適合を発見することができたにもかかわらずその注意を怠って漫然とその不適合を看過した結果当該計画につき建築確認を行ったと認められる場合に、国家賠償法一条一項の適用上違法となる」とした。

このような実務の法状態にあって、本件は、瑕疵ある分譲マンションの買主が、本件構造計算書を偽装した元一級建築士に加え、確認検査員が自治体の公務員に該当することを前提として、[7] 自治体に対して国家賠償を請求し、さらに、マンションの設計・監理を請け負った建築事務所の一級建築士に対して損害賠償請求をした事案である。ただし、本判決では、マンションの設計・監理を請け負った一級建築士の不法行為責任が中心となっている。それゆえ、以下の評論においては、〝設計・監理〟を請け負った一級建築士の責任論が中心となる。もっとも、平成二五年判決は、平成一五年判決、平成一九年判決を踏まえ、建築士の設計に係る建築物の計画にもとづき建築される建築物の安全性の確保の担い手である建築士と建築主事との関係につき、その枠組みを明らかにしており、[8] この枠組みは、現時点では、設計・監理を請け負った一級建築士の責任を論ずる場合にも前提とされねばならない判例法理である。以下、建築士の法的義務（行為義務）を中心に整理することにしよう。

2　最高裁の判例法理

(1)　平成二五年判決は、まず、建築士法の規定を詳細に検討した後、平成一五年判決を援用し、「これらの規定の趣旨は、建築物の新築等をする場合におけるその設計及び工事監理に係る業務を、その規模、構造等に応じて、これを適切に行い得る専門的技術を有し、かつ、法令等の定める建築物の基準に適合した設計をし、その設計図書のとおりに工事が実施されるように工事監理を行うべき旨の法的責務が課せられている建築士に独占的に行わせることにより、建築される建築物を建築基準関係規定に適合させ、その基準を守らせることとしたものであって、建築物を建築し、又は購入しようとする者に対し、建築基準関係規定に適合し、安全性等が確保された建築物を提供することを主要な目的の一つとする」と述べる。つぎに、建築基準法における建築主による建築確認規定（第六条）に言及し、「これは、建築基準関係規定に違反する建築物の出現を未然に防止することを目的とする」とし[9]、建築主の確認の申請に対する応答期限が設けられた趣旨を、「建築の自由との調和を図ろうとしたもの」であることを確認する。そして、建築主事の法的義務との関係で、「建築士は建築士法に基づき当該計画が上記基準に適合するように設計を行うべき義務及びその業務を誠実に行い建築物の質の向上に努めるべき義務を負う」としたのち、この「ことからすると、当該計画に基づき建築される建築物の安全性は、第一次的には建築士のこれらの義務に従った業務の遂行によって確保されるべきものであ」るとする。[10]

(2)　平成一五年判決は、建築士法の上記趣旨に続けて、「建築物を建築し、又は購入しようとする者に対して建築基準関係規定に適合し、安全性等が確保された建築物を提供すること等のために、建築士には建築物の設計及び工事監理等の専門家としての特別の地位が与えられている」とし、ここから、「建築士は、その業務を行うに当たり、新築等の建築物を購入しようとする者に対する関係において、建築士法及び法の上記各規定による規制の潜脱を容易にする行為等、その規制の実効性を失わせるような行為をしてはならない法的義務がある」と述べる。

(3)　平成一九年判決は、「建物の建築に携わる設計者、施工者及び工事監理者（以下、併せて「設計・施工者等」という。）は、建物の建築に当たり、契約関係にない居住者等に対する関係でも、当該建物に建物としての基本的な安全性が欠けることがないように配慮すべき注意義務を負」うとする。

3　下級審裁判例――行為義務の内容

(1)　さて、責任を否定した本件第一審判決は、「Y_2は、本件建物の設計図書中に本件構造計算書の偽装を疑わせる明らかな徴表があり」「通常の技能及び知識を有する建築士であれば当該偽装を発見することができたといえる場合には、本件構造計算書の偽装を発見するべき注意義務を負っていた」とし、「Y_2がなすべき構造計算書の確認範囲」は、「設計全体との整合性、構造計算の前提としての入力データが意匠等他の設計内容を踏まえた正当なものであること及びそれを踏まえた構造計算の結果に問題がないことを確認することをもって足り」るとし、「被告Y_2において確認すべき範囲において本件構造計算書の偽装を疑わせる明らかな徴表があったとはいえ」（傍点は引用者）ないとして、Y_2の注意義務違反を否定した。

(2)　これに対し、静岡地判平成二四年一二月七日判時二一七三号六二頁（静岡地判平成二四年という。）は、上記の平成一九年判決を援用しつつも、「この理は、施主と契約関係にある設計・施工者等にも妥当するのみならず、施主と契約関係にある設計・施工者等の履行補助者ないし履行代行者たる地位にある設計・施工者等にも妥当する」としたうえで、「戊田設計所属の一級建築士である」「被告乙山は、本件建物の担当取締役として本件建物に係る業務を統括し、被告丙川は、本件建物の意匠設計のチーフとして本件建物の設計業務を中心となって担当したが」、「被告丁原から提出された構造計算書の最終頁が欠落していることに気付かないまま、被告静岡市に対してそのまま提出して本件申請をし」、「その後も被告静岡市から是正指示があった際も被告丁原に直接対応させ、是正が正しくされたかどうか確認しようともしていない」とし、両者は「本件建物に建物としての基本的な安全性が欠けることがないように配慮すべき注意義務に違反した」とした。

二　評論

1　前述の如く、近時、建築主の建築計画にもとづき建築された建築物が、建築主（注文者）・買主を含め、人の生命・身体・財産に対する安全性を欠く場合に、これに関与した施工者（請負人）のみならず、建築確認申請のために必要な建築士、建築設計をする建築士、建築確認をする建築主事（または確認検査員）、施工者の建築を監理する建築士、の不法行為責任が肯定される基本的枠組みが、上記諸最高裁判決によって示された。建築主の建築の自由を根底に置きつつ、安全な建築物の建築に関与する全ての者に対する法的責任（不法行為責任）が明確化されたといってよい。

平成一五年判決では建築士の、平成二五年判決では建築主事の、平成一九年判決では施工者の責任が争点となった。もっとも、平成一九年判決は、安全な建築物の建築に関与する者のうち、施工者と設計・監理を行なう建築士の責任を、「建物としての基本的な安全性が欠けることのないように配慮する注意義務」として過失内容を定式化した。平成二五年判決は、「建築士は建築士法に基づき当該計画が上記基準に適合するように設計を行うべき義務及びその業務を誠実に行い建築物の質の向上に努めるべき義務を負う」とし、建築確認制度との関係ではあるが、「建築物の安全性は、第一次的には建築士のこれらの義務に従った業務の遂行によって確保されるべきもの」とした。平成一五年判決を、この定式化から遡行すれば、名義貸しの一級建築士（当時）の過失は、「建築士法及び法の上記各規定による規制の潜脱を容易にする行為等、その規制の実効性を失わせる行為をしてはならない法的義務」であり、その具体的内容は、名義貸しの一級建築士には、「自己が工事監理を行わないことが明確になった段階で、建築基準関係規定に違反した建築工事が行われないようにするため、本件建物の建築工事が着手されるまでに、B株式会社に工事監理者の変更の届出をさせる等の適切な措置を執るべき法的義務がある」、にもかかわらず、Aは「何らの適切な措置も執らずに放置し、これにより、B株式会社が上記各規定による規制を潜脱することを容易にし、規制の実効性を失わせた」として、過失による違法行為を肯定した。ここでは、建築物の安全性に関係する法令の直接の違反自体ではなく、いわば先行行為にもとづく作為義務違反によりその「規制の実効性を失わせた」ことを法令違反と同視しているといいうる。この意味で、建築される建築物の安全性に対する建築士の法的義務は、「建築基準法上の基準に適合する設計を行う義務およびその業務を誠実に行い建築物の質の向上に努める義務」であり、平成一五年判決がいう「規制の実効性を失わせる行為をしてはならない法的義務」は、この定式化に包摂されるといえよう。

ところが、平成一九年判決は、直接問題となった責任主体が〝施工者（請負人）〟であることもあり、とりわけ、「安全性」に配慮する「注意義務」を判断する基準が、建築基準法令をその根底に置いているとはいえ、他の二判決と比較して不明確である。

2　いずれにしろ、判例法理の定式化は具体的事案における建築士の過失の具体化をなお必要としている。

(1)　この点、一級建築士の法的責任が問題となる場合においても、彼の置かれている状況は一様ではないことは、既に指摘されている（瀬川信久「シンポジウム／報告　日本における建築者の責任」北法四八巻五号（一九九八年）一七七頁（一八三頁）、高橋寿一「建築士の責任」川井健＝塩崎勤編『新・裁判実務体系〔専門家責任訴訟法〕』（青林書院、二〇〇四年）一三九頁（一四二頁））。本件の一級建築士（当時）は、建物の設計・監理を請け負った設計事務所の代表取締役であり、静岡地判平成二四年では、建物の設計業務の「委託」を受けた設計事務所の取締役と従業員であった。もっとも、上記最高裁の判例法理では、建築士の職務行為の形態は考慮の外にあるように思われる。〝専門家としての建築士〟を、法的にも、より一般的に位置づけようとするものであろう。

(2)　本判決での行為義務違反は、別の一級建築士（当時）により偽装された構造計算書により耐震強度が建築基準法および関係法令に違反していたことにより建物の安全性が欠如していたことについて、構造計算書が偽装されていることを、いわば〝看破しなかった〟点にある。本件第一審判決は、この点につき、「設計全体との整合性等の確認に際し偽装を疑わせる明らかな徴表がない限り」「構造計算の過程に立ち入ってまでの確認は必要なく」、「確認すべき範囲において本件構造計算書の偽装を疑わせる明らかな徴表があったとはいえ」ないとして過失を否定した。これに対し、静岡地判平成二四年は、「被告丁原から提出された構造計算書の最終頁が欠落していることに気付かないまま、被告静岡市に対してそのまま提出して本件申請をし」、「その後も被告静岡市から是正指示があった際も被告丁原に直接対応させ、是正が正しくされたかどうか確認しようともしていない」、「意匠設計を専門とする建築士であっても二次設計が保有水平耐力が法令に定められた基準を満たすか否かを確認するためのものであり、最終頁にその結論があること（判定表のＯＫ又はＮＧの表示）は承知しておくべきことであり、最終頁にある結論部分を形式的にチェックすることもなく建築確認申請をすることは」「注意義務に違反する」として過失を肯定した。これらの判断は、建築士の行為義務違反の前提として、ともに設計ないし建築確認申請段階での行為義務を問題とし、その際、〝偽装を疑わせる明らかな徴表〟といい、〝最終頁の結論の形式的チェック〟といい、具体的な法令違反を念頭において、外形上容易に確認し得る状況を前提としている点で共通している。しかも、静岡地判平成二四年は、平成一九年判決を前提にしつつ、このような枠組みで判断している。これらの点が、本判決の評価にとって重要である

(3)　これに対し、本判決は、本件一級建築士（当時）が、設計者のみならず工事監理者でもあった点に着目し、

「本件建物の安全性が確保されているか否かを、その設計から施工の各段階において適切に確認する義務があった」とし、「その義務を怠った過失がある」とし、「また、同人がその義務を果たしていれば、遅くとも本件建物が完成する前には、Y_1による本件構造計算書の偽装を発見することが困難ではなかった客観的状況が」「存在した」として、一級建築士の責任を肯定した。本判決の最も注目すべき点は、この点に存する。しかし、問題は、〝工事監理〟を援用することにより、果たして、建築士が構造計算書の偽装を〝看破する〟、すなわち〝看過しない〟法的義務を設定しうるのか、ということである。というのも、建築士の行う「工事監理」とは、「その者の責任において、工事を設計図書と照合し、それが設計図書のとおりに実施されているかいないかを確認することをいう」（建築士法第二条第七項、建築基準法第二条第一一号）のであり、ここからすれば、工事監理の段階においても、依然として、建築確認を経た「設計図書」自体の、法令との不適合を不断に確認する行為義務を無条件で課すことは、法令の予定するところではないからである。この問題は、建築物の安全性に対する建築士の行為義務を、その確保を目的としている建築基準法を初めとした法令に、主として求めることで基礎づけるのか、より一般的に「建物の安全性」という抽象命題によって基礎づけるのか、にも関連している。この点を上記判例法理に接合すれば、平成一五年判決と平成二五年判決は前者に属し、平成一九年判決（およびこれを受けた平成二三年判決）は後者に属する（事実、本判決は、平成一九年判決を援用している）。この意味で、改めて、建築士の行為義務の法的根拠に関して、〝施工者の責任〟が問題となった平成一九年判決と他の二判決との関係が明確にされねばならない。例えば、建築士の過失も法令違反を起点とするもその本質は規範的判断であること、工事監理者としての建築士に照準を合わせるとしても、本件の建築士は設計者でもあったことから監理段階で取得した情報をなお考慮しうる立場にあったこと、それ故に、本件では監理段階でもなお設計図書の誤り（構造計算書の偽装）を看破する法的義務が（例外的にせよ）存在し得ると評価しうるのか。本件の上告審では、これらの点に関する明確な判断が求められる。

（1）　原田剛『請負における瑕疵担保責任〔補訂版〕』（成文堂、二〇〇九年）二二五頁以下（「建築物の瑕疵に対する救済の法状態」）参照。

（2）　最判平成一九年七月六日民集六一巻五号一七六九頁（以下、平成一九年判決という。花立文子「建物の設計者、工事監理者または施工者と不法行為責任」リマークス三七号（二〇〇八年）四八頁）、最判平成二三年七月二一日判時二一二九号三六頁（以下、平成二三年判決という。坂本武憲「建物としての基本的な安全性を損なう瑕疵（最判平成一九年七月六日）の意義」リマークス四五号（二〇一二年）三八頁）。

（3）　最判平成一五年一一月一四日民集五七巻一〇号一五六一頁（以下、平成一五年判決という。下村信江「建築士法等による規制の実効性を失わせた建築士の行為と不法行為」リマークス三〇号（二〇〇五年）五四頁。原審判決につき、高橋弘「建築確認申請書の工事監理者として署名したが実際には監理を引き受けなかった一級建築士の責任」リマークス二四号（二〇〇二年）五五頁。

（4）　①名古屋地判平成二一年二月二四日判時二〇四二号三三頁、②横浜地判平成二四年一月三一日判時二一四六号九一頁、③静岡地判平成二四年一二月七日判時二一七三号六二頁）。

（5）　④奈良地判平成二〇年一〇月二九日判時二〇三二号一一六頁（ただし、ここではもっぱら指定確認検査機関に対する責任追及のみがなされこれが否定された事案。松本克美「元建築士の耐震強度偽装によるホテル築造と保証会社・指定建築確認機関・紹介会社の責任」リマークス四〇号（二〇一〇年）六二頁）、⑤前橋地判平成二一年四月一五日判時二〇四〇号九二頁、⑥その控訴審である東京高判平成二三年二月二三日判タ一三五六号一五六頁、⑦福岡地小倉支判平成二一年六月二三日判タ一三二七号八五頁、⑧東京地判平成二一年七月三一日判時二〇六五号八二頁、⑨京都地判平成二一年一〇月三〇日判時二〇八〇号五四頁、⑩その控訴審である大阪高判平成二二年七月三〇日LEX/DB 25501014、⑪京都地判平成二二年一〇月二八日LEX/DB 25442896、⑫①の控訴審である名古屋高判平成二二年一〇月二九日判時二一〇二号二四頁、⑬東京地判平成二三年一月二六日判タ一三五八号一四八頁、⑭東京地判平成二三年三月三〇日判タ一三六五号一五〇頁、（本件の第一審判決）、⑮東京地判平成二三年五月二五日判タ一三九二号一六九頁、⑯横浜地判平成二四年一月三一日判時二一四六号九一頁（ただし、建築確認を行った指定確認検査機関自体への損害賠償請求を認めた点に特徴がある。）、⑰本判決、⑱名古屋地判平成二五年一月二二年判時二一八〇号七六頁）（これらの一部（④⑤⑦⑧⑨⑪）については、その論拠の整理を含めて、松尾弘「耐震強度を偽装した建築確認申請について建築主事、コンサルタント等が建築主に対して負うべき注意義務」リマークス四四号（二〇一二年）五四頁

（五六頁）（⑫の評論）参照）。

（6）　最判平成二五年三月二六日裁時一五七六号八〇頁。以下、平成二五年判決という。

（7）　建築基準法第六条の二第一項、最決平成一七年六月二四日判時一九〇四号六九頁参照。

（8）　枠組みの必要性については、既に、小粥太郎「半田市のビジネスホテル耐震強度偽装損害賠償請求事件第一審判決」判評六一七号（二〇一〇年）二二頁（二五頁）が指摘していた。

（9）　最判昭和五九年一〇月二六日民集三八巻一〇号一一六九頁を援用。

（10）　最判昭和六〇年七月一六日民集三九巻五号九八九頁を援用。

（私法判例リマークス（二〇一四年））

第三部　請負における履行上の問題

第一章　仕事完成前の注文者の解除

第一節　はじめに

一　請負人は、注文者との間で合意した仕事を完成する義務を負い、完成した仕事が有形物の場合には、さらに仕事を注文者に引き渡す義務を負う（民法第六三二条）。このように、請負契約においては、請負人の仕事完成義務が先履行義務として措定されている(1)。それゆえ、仕事完成前においても、請負人の仕事完成義務に関して債務不履行が生じうることとなる。典型的・類型的には、請負人が、仕事に着手しない場合、仕事を途中で中止した場合、請負人が契約内容通りに仕事をしないことが判明した場合などが、挙げられる(2)。

この点で、仕事完成後において、とりわけ仕事の目的物に瑕疵が存在する場合の問題処理に関して、請負契約と売買契約とを同様に処理しようとする傾向にあるとしても、仕事完成前における請負人の仕事完成義務に関する、注文者と請負人との関係は、売買契約には類型的に予定されていない、請負契約に独自の問題領域である。もっとも、請負人は、完成した仕事の結果に対して責任を負うものであり、先履行義務である仕事完成義務をどのようにして遂行するかについては、もっぱら請負人の裁量に任されていて、注文者は、仕事をどのように完成するか、ということについて指図することはできない、というのが請負契約の理念型である。

それゆえ、このような枠組においては、請負契約によって達成しようとする債権者としての注文者の利益は、原則として、仕事の結果に対して請負人が責任を負うことを前提に、仕事完成後における瑕疵担保責任（民法第六三四条〜第六四〇条）において確保されている、といえなくもない。しかし、たとえば建築請負に代表されるように、仕事の完成までに一定の期間を要し、かつその報酬額が多額であるような場合、注文者としては、請負人の仕事完成までの間、請負人の専門性とも相俟って、容易に指図ができないとしても、前述のような明白な不履行の場合を措き、まったく請負人を信頼して、いわば何も手出しができないということを、法的にもリジッドに前提とすることは、却って、契約によって達成しようとする注文者の利益を損なう結果となる場合が存在することも否定できない。その最も極限的な場合が、注文者が、専門知識、技術ないしは資産などに関し、請負人に疑念を抱き、彼に対する信頼を失い、請負契約を解消したいと考える場合である。もっとも、請負人に対する注文者の疑念が、規範的観点からして正当でない場合があることも否定できない。そこで、このような場合における注文者と請負人との間の利益調整はいかにあるべきか、という問題が浮上する。本稿は、このような問題意識のもとに、仕事完成前に注文者が請負人の仕事完成義務に対して不安ないし疑問を抱き、契約を解除する場合における両者の法律関係をどのように構築すべきか、を探究しようとするものである。以下、若干の敷衍をしておこう。

二　請負人の仕事完成前に注文者が請負契約を解除しうる場合として、民法典は二つの場合を予定している。それらは、請負人の仕事の内容や方法が当事者の合意と異なっているなど、請負人の不完全履行を理由とする場合（民法第四一五条、同第五四一条、同第五四三条）[3][4]、および、注文者の任意解除権（民法第六四一条）、である。[5]不完全履行による解除は、請負人の債務不履行を理由とするものであるから、解除が認められた場合、注文者はさらに損害賠償の請求をもなしうることとなる（民法第五四五条第三項参照）。これに対し、任意解除権の行使による解除は、請負人の債務不履行を必要とするものではなく、[6]何ら特別の理由を必要とすることなく契約を解除しうるものの、[7]

解除した注文者は、請負人に対して損害を賠償しなければならない。それゆえ、これら二つの解除は、その効果に着目すると、不完全履行を理由とする解除の場合には注文者側に損害賠償請求権があるのに対し、注文者の任意解除権による場合には請負人側に損害賠償請求権がある点において、両者は、決定的に異なり、対極にある。この問題は、後の裁判例における検討において明らかなように、注文者が請負人の債務不履行を理由として契約の解除を主張したものの、請負人側から、注文者の解除は任意解除権の行使である旨主張される場合に、最も先鋭化する。

すなわち、これらの解除は、その要件および法律効果において、注文者あるいは請負人に一方的なものとなっていて、前述のように、注文者の解除がいずれによるものであるのか、によって、とりわけその効果に大きな違いが生じることになる。この点をどのように考えるべきなのだろうか。より具体的には、注文者は、以上二つの解除原因以外にさらに第三の場合として解除をなしうる場合があるとすることは可能なのか。もし可能であるとしてその場合の解除の効果として、とりわけ請負人の損害賠償請求権（注文者の損害賠償義務）が縮減ないし脱落することはありうるのか。この点の解釈論的基礎を探究しようとするのが、本章の問題意識であり、課題である。[8]

三　以下では、まず、課題をより実務に即して現実化するために、本章の問題意識に即して適切と考えられる最近の下級審の裁判例を紹介し、その法的構成の特徴を整理する（第二節）。その後に、まず、信頼関係破壊の法理に関する議論を概観し、請負契約の場合の妥当性について検討する（第三節）。つぎに、民法第六四一条の注文者の任意解除権規定についての判例・学説の蓄積を、本稿に関連する範囲で整理し、その「流用」（転用）可能性について検討する（第四節）。以上の検討を踏まえ、解釈試論上の課題を整理し、新たな課題と方法を提示する予定である（第五節）。

(1)　民法第六三三条本文は、報酬の支払いと仕事の目的物の引渡しとが同時履行の関係に立つことを規定することにより、請負人の仕事完成義務の先履行義務性を示している。もっとも、この規定は任意規定である。とりわけ建築請負においては、多くの場合に、本条が特約により排除され、前払いとなっている点は、注意を要する。たとえば、契約時、着工時、上棟時、引渡時にそれぞれ分割して支払う、といった具合である。これは、民法制定当初から、(弱い)請負人の資力を、注文者の報酬前払いによって補うことを目的としたものであった。このような、一〇〇年以上前からの「慣行」は、しかし、請負人と注文者の力量が逆転している類型においても、現在まで脈々と承継されており、資力のある(強い)請負人(施工業者)と、資力のない(弱い)一般の消費者たる注文者(施工主)との間における(個人住宅の)建築請負においても、このような報酬の「分割的前払い」の特約がなされている点は、本稿とは直接関係しないものの、一考に値する。そうでなくても、種々の場面で念頭においておくべき法律状態である。事実、報酬前払いというかかる問題は、周知のように、完成建物の所有権の帰属、という彼の問題にも、大きな影響を与えてきたことは、周知のところである。

(2)　我妻栄『債権各論　中巻二(民法講義V3)』(岩波書店、一九六二年)六一四頁〜六一五頁。

(3)　我妻・前掲書六一五頁は、「注文者は、仕事の途中で、請負人が契約の内容(例えば設計図)通りに仕事をしないことを発見したときは、そのときに変更を請求し得ることはいうまでもない。請負人が正当な理由なしにこれに従わないときは、その点で債務不履行を生ずる。」と述べている。

(4)　たとえば、請負人が仕事を未完成に放置した場合において、期限到来前に、履行不能を理由として民法第五四三条により注文者の解除を認めた大判大正一五年一一月二五日民集五巻一一号七六三頁。また、東京地判平成四年一一月三〇日判夕八二五号一七〇頁は、「請負契約においては、注文主は、目的物完成前であっても、目的物に重大な瑕疵があり、請負人が期日までに約定どおりの目的物を完成させることが不可能であることが明らかであって、もはや契約関係を継続させることが注文主にとって酷であって相当でないような場合には、民法五四三条の規定に基づき、請負契約を解除できると解すべきである」とする。

(5)　商法第五八二条にも、運送人の処分権に関して、類似の規定が存在する。「①荷送人又ハ貨物引換証ノ所持人ハ運送人ニ対シ運送ノ中止、運送品ノ返還其他ノ処分ヲ請求スルコトヲ得此場合ニ於テハ運送人ハ既ニ為シタル運送ノ割合ニ応スル運送費、立替金及ヒ其処分ニ由リテ生シタル費用ノ弁済ヲ請求スルコトヲ得　②前項ニ定メタル荷送人ノ権利ハ運送品カ到達地ニ達シタル後荷受人カ其引渡ヲ請求シタルトキハ消滅ス」。民法第六四一条(「損害」の「賠償」)と異なり、運送人の請求権の内容が明示されている。もっとも、その内容(額)が少ない、といわれている。運送人(請負人)の仕事(運送)が大量的・画一的に行なわれることを理由としている、という(我妻・前掲書六五〇頁。東京高判昭和六〇年五月二八日判時一一五八号二〇〇頁もこの理を援用する。)。

（6）大判大正七年二月二〇日民録二四輯三四九頁。
（7）我妻・前掲書六五〇頁、幾代通・広中俊雄編集代表『新版　注釈民法（16）』（有斐閣、一九九二年）一七一頁〔打田畯一・生熊長幸〕、栗田哲男『現代民法研究（1）請負契約』（信山社、一九九七年）一六六頁。大判大正七年二月二〇日民録二四輯三四九頁。
（8）もっとも、本稿では、紙幅の関係もあり、外国法（特にドイツ法）を参照するなど、比較法的検討をなしえず、正確には、解釈論的基礎を提示するための予備的作業の域を出ないことをお断りしておかねばならない。この点については、別稿を用意している。

第二節　最近の下級審の裁判例

一　東京高判平成一一年六月一六日判例タイムズ一〇二九号二一九頁（①）

1　注文者Xが、土木建築の設計および請負を業とする株式会社Yとの間で、自宅建物を新築する工事請負契約（以下、本件契約という。）を締結し、契約金として一〇三万円を支払った後、X（の側（妻を含む））が、本件契約に際し、YがX宅に挨拶に行く旨の書面を交付していながら、一向に挨拶に来なかったことに不満を募らせたことを理由に、右請負契約は合意解除されたとして、契約金一〇三万円の支払いを求めた。これに対し、Yは、Xは、みずからの判断で一方的に解除したとして、工事請負契約約款第一一条第一項（「工事に着手するまでに甲（X）が必要によって、契約を解除した場合には乙（Y）は契約金を返還しない。」）により、受領した契約金一〇三万円の返還義務を負わないと主張した。

原審（静岡地判平成一〇年一〇月一六日判例集未登載）が、右請負契約の合意解除を認めてXの請求を認容したので、Yが控訴し、Xは、合意解除に加えて債務不履行解除を援用した。

2　控訴審は、原審の合意解除を否定し、債務不履行解除の一般的可能性を肯定しつつも、本件においては、Yの行為が付随的義務に違反し、ひいては解除原因となるものではない、として、一審判決を取り消した。

判旨は、(1)建物を建築するという目的を達成するため、工事着工前の必要不可欠な打合せをする義務を、付随義務と位置づけ、これについて正当な理由なく打ち合わせに応じないことにより信頼関係が破壊された場合には、請負契約の解除をなしうる、としつつも、(2)本件においては、工事内容について必要な打合せをする事情は存在せず、X側が求めたものは、Y側の非礼を謝罪させるためであった、として、付随義務の不履行の存在を否定し、債務不履行としての解除原因とはならないとした。(3)その結果、Xの解除は、Xの事情による解除（約款第一二条第一項による解除）である、と結論づけた。

二　名古屋地判平成一八年九月一五日判例タイムズ一二四三号一四五頁（②⑨）

1　Xと（原告：注文者）Y（被告：請負人）との間で、一階を賃貸店舗物件、二階および三階を共同住宅とする建物（本件建物）の設計および施工をし、請負代金として一億三九二三万円を支払う（契約時に三七八万円を、着工時・上棟時・引渡時にそれぞれ四五一五万円を支払う。）旨の請負契約が締結され、本件建物の建築工事が開始された。ところが、Xは、(1)本件請負契約締結時、設計図面および仕様書は交付されず、契約書添付の概要書および図面のほか、事業計画書が交付されただけであったこと、(2)Xは、本件請負契約前から、Y代表者Bに対し、駐車場を広く造り、室数を多くしたいので、できるだけ高層の建物にしたい旨強く希望していたところ、本来、本件土地には二〇メートルの高さの建物が建築可能であり、六階ないし七階の建物も建てることができたにもかかわらず、

Y代表者Bは、一〇メートルが建築可能な高さで、三階までしか建てられないと言い、本件請負契約の建物概要が決定されたこと、(3)Yは、Xに無断で、オール電化式マンションとする計画からガス給湯器付きに変更したり、基礎の工法を地盤改良のエスミコラム工法から杭工法のセメントミルク工法へ変更するなど、一方的に設計内容を変更したこと、(4)Yは、自ら建築したビルを借り上げ、同ビルの一部に入居し、同所を登記薄上の本店所在地として いたところ、地主兼ビル所有者に対する賃料を長期間滞納し、訴えの提起を受けて和解したが、その和解条項も守らず、強制執行の申立てをされ、同ビルから退去していたにもかかわらず、Xに対しては引き続きYの本店事務所が同ビルにあるかのように取り繕ってごまかすなどしたこと、を理由とし、Yに対し、債務不履行により信頼関係が破壊されたとして、債務不履行にもとづく解除などを理由として、既に支払っていた請負代金（三四九七万五九五〇円）およびこれに対する利息の支払いを求めて訴えを提起した。これに対し、Yは、解除原因を争うとともに、Xの解除は、約款第三一条第一項（「原告（X）は、必要によって、書面をもって工事を中止しまたはこの契約を解除することができる。」）にもとづく解除であり、この規定によりYに生じた損害の賠償を求めて反訴を提起した。認容。反訴棄却。

2(1)　注文者（債権者）の利益　判旨は、まず、注文者の利益すなわち契約目的を、「X（注文者）の希望に沿った建物を建築する」こととする。

(2)　請負人の付随的債務の設定とこれに対する違反　そこから、本件請負人に以下のような付随的債務を認定し、かつ、そのすべてについて違反するとした。①説明義務・協議義務　「本件建物に関する法令上の制限を正確に把握し、これをXに説明」する義務（説明義務）、および、「仮に、規制内容の把握の誤りなどから当初のXに対する説明に不備があった場合、これを直ちに訂正の上、設計変更の必要などを協議すべき義務」（協議義務）があり、Yはこれに違反した。②設計図書等の交付義務　次に、「設計図書は、工事内容を確定する資料であるし、見積書（内訳書）および工程表は、工事内容の変更による請負代金の増加量の算定や工事の出来高の算定の基礎資料となる。また、これらの資料は、施主において工事の進捗状況を把握する客観的な指標として請負人による適正な債務の履行を担保するものであり、施主・請負人間に良好な信頼関係を築いていく上で重要な意義を有する」ことなどを理由として、付随的債務として、設計図書、見積書および工程表の交付義務があり、Yはこれに違反した。③設計内容変更の説明義務、同意を得る義務　さらに、請負人が、施主に無断で設計内容を変更することは許されないのは当然であることなどを理由として、付随的債務として、設計内容を変更する必要が生じたならば、施主であるXに対し、施工前に変更の内容および理由を十分説明の上、その同意を得る義務があり、Yはこれに違反した。

(3)　信頼関係破壊による解除の有効性　以上のようなYの「付随的債務の不履行は、Xに対する著しい背信行為で、これによりXY間の信頼関係は破壊され、Xの意向に沿った建物を建築するという契約目的達成自体にも重大な影響を与えている」とし、「Xは、かかる付随的債務の不履行による信頼関係の破壊を原因として本件請負契約を解除することができる」とする。

(4)　解除の範囲　未履行部分の一部解除という判例法理[10]を前掲としつつも、本件では、建物の既工事部分の給付に関し、注文者が利益を有するとはいえない、として、解除の効果は本件請負契約の全部に及ぶ、とした。

三　東京地判平成一六年三月一〇日判例タイムズ一二一一号一二九頁（③）[11]

1　X（原告。国民健康保険組合）と、Y（被告）は、平成九年五月一日付けで、第二次電算システム（以下「本件電算システム」という。）を構築するシステム開発業務委託契約（以下「本件電算システム開発契約」という。）を締結した。その内容は、(1)委託期間を契約締結日から平成一一年三月三一日まで、(2)「成果物」を「開発システムのソフトウェア・プロダクト（システム本体）一式」、(3)納入期限を平成一〇年一二月三一日、(4)委託料を二億五二〇〇万円とし、Xは、Yから平成一〇年三月に請求書を受領した後、翌四月までに一億五七五〇万円を支払い、残金九四五〇万円については、成果物の検査終了後に支払う、というものであった。これに対し、Xは、Yが債務の本旨に従った履行をせず、納入期限までに第二次電算システムを完成させなかったばかりか、不当に追加費用の負担や構築するシステム機能の削減を要求してきたなどとして、Yに対し、上記業務委託契約の債務不履行解除を原因とする原状回復請求権にもとづき、支払済みの委託料二億五二〇〇万円（消費税込み）およびこれに対する商事法定利率年六分の割合による利息の支払を求めるとともに、債務不履行による損害賠償請求権にもとづき、損害金合計三億四九二一万一五七円およびそのうち別表二の損害額明細欄記載の一ないし一二一の各損害金について商事法定利率年六分の割合による遅延損害金の支払を訴求した。

他方、Yは、「第二次電算システム」が納入期限までに完成しなかったのは、Xが意思決定を遅延するなどして協力義務に違反したことが原因であったなどとして、Xの請求を争うとともに、反訴として、Xに対し、主位的には協力義務違反等を理由とする債務不履行による損害賠償請求権にもとづき、予備的には民法第六四一条所定の請負契約の解除における報酬および損害賠償請求権または同法第六四八条第三項および同法第六五一条第二項所定の準委任契約の解除における報酬および損害賠償請求権にもとづき、四億六五四六万一五〇〇円およびこれに対する商事法定利率年六分の割合による遅延損害金の支払を請求した。

2
(1)　本件電算システム開発契約の法的性質

判旨は、この点について、事務の遂行を目的とする準委任契約ではなく、本件電算システム開発という仕事の完成を目的とする請負契約である、とする。

(2)　**請負人の債務**

そのうえで、請負人は、本件電算システム開発契約の契約書および本件電算システム提案書に従って、これらに記載されたシステムを構築し、段階的稼働の合意により変更された納入期限までに、本件電算システムを完成させるべき債務、および、適切なプロジェクトマネージメントを行なうべき義務（プロジェクトマネージメント義務）負っていたが、前者については履行を完了せず、後者についても不適切な点があったとした。

(3)　**注文者の協力義務**

もっとも、本件電算システム開発契約は、いわゆるオーダーメイドのシステム開発契約であることから、請負人のみではシステムを完成させることはできないのであって、注文者が開発過程において、内部の意見調整を的確に行なって見解を統一した上、どのような機能を要望するのかを明確に請負人に伝え、請負人とともに、要望する機能について検討して、最終的に機能を決定し、さらに、画面や帳票を決定し、成果物の検収をするなどの役割を分担することが必要である、とし、このような注文者の役割分担から、本件電算システムの開発は、XとYの共同作業の側面を有する、とし、契約書第四条第一項および第五条において、協議義務および協力義務が明記されていることを指摘する。そこから、判旨は、Xには、「本件電算システムの開発過程において、資料等の提供その他本件電算システム開発のために必要な協力をYから求められた場合、これに応じて必要な協力を行うべき契約上の義務（協力義務）」があるとする。

もっとも、「Xは、Yから解決を求められた懸案事項を目標期限までに解決しないなど、適時適切な意思決定を行わなかった点において、適切な協力を行わなかったところがある」としつつ、「Xの機能の追加や変更の要求に関する」「協力義務違反」「については、Xが結果として本件基本設計書において想定されていた開発内容の追加、変更等をもたらす要求をした事実は認められるものの、そのことがXの協力義務違反を構成するということはでき」ないとし、「また、Xの過剰な要求に関する」「協力義務違反」についても、Xが本件電算システム開発契約等の委託料に照らし過剰な要求をしたとは認められ」ない、として、Xの協力義務違反を否定する。

(4)　**履行不能と双方の帰責性**

この点につき、「納入期限までに完成に至らなかったのは、」「XとY双方の不完全な履行、健保法改正その他に関する開発内容の追加、変更等が相まって生じた結果であり、当事者双方とも、少なくとも開発作業の担当者のレベルにおいては、逐次遅れが積み重なりつつあるが、懸案事項の解決が完了しない以上やむを得ないとの共通の認識の下に、作業が進行していた」として、両当事者の帰責性を否定する。

(5)　**注文者の解除の有効性（性質）**

判旨は、Xの解除は、Yの債務不履行を理由としては認められないものの、民法第六四一条の解除として有効であるとする。①Xの本件解除には、本件電算システムの開発を取りやめてYとの契約関係を終了させる旨の意思の表明が含まれていること、②Yは、反訴事件において、Xの解除の主張を民法第六四一条の解除として援用する旨主張していて、XはYの同援用を積極的に争わなかったものと認められること、③本件解除により契約関係が終了しているとするものであり、債務不履行が認められなければ、現在でも契約関係が存続しているとするものとは解されないこと、を理由とする。

(6)　**損害および過失相殺**

①損害　「民法六四一条に基づく損害賠償は、契約が解除されずに履行されていた場合と同様の利益を請負人に確保させる趣旨のものであ」り、「本件電算システム開発契約等が遂行されていても、Yは、Xと追加契約を締結するなどしない限り、委託料を合計した三億四六五〇万円」を超えないとして、Yに生じた損害を、三億四六五〇万円と認定した。

②過失相殺　民法第四一八条の趣旨から、同条を民法第六四一条による注文者の解除の場合にも類推適用して、Yに六割の過失相殺を認める。

「Xは、懸案事項の解決を遅延し、開発作業の遅れの一因を作ったものであるが、Yも、開発作業の遅れの一因を作るなど、システム開発受託者として行うべき役割を怠った点があり、それらの内容、程度等前記認定の一切の事情を斟酌すれば、Yに生じた損害について、六割の過失相殺（類推適用）をするのが相当である」とした。

四　東京高判平成一八年一二月二六日判例タイムズ一二八五号一六五頁（④）

1　平成一五年五月二三日、Y（注文者）とX（請負人）との間で、四階建て鉄骨アパート兼自宅の建築工事の請負契約（以下、本件請負契約という。）を、一億一四二八万六〇〇〇円、着工予定同年七月一日、建物引渡予定平成一六年一月末日の内容で締結した（以下、本件請負契約という。）。また、本件請負契約には、解除特約（「Yは、Yの事由によって工事の中止を請求し、又は契約を解除することができる。ただし、この場合、Yは、Xの被る一切の損害を賠償しなくてはならず、かつ、既に支払った金員の返還を求めることができない。」）が付されていた。なお、本件請負契約の締結に際しては、Yは、A工務店（有限会社）の代表者Bに本件請負契約について以前から相談しており、Bも本件請負契約締結の際立ち会った。ところが、本件請負契約締結直後、BからYに対し、広告に記載されている場所にXの商業登記がされておらず、帝国データバンクやインターネットで調べてもXが出ていないことなどから責任を持てないから降りる、との話があった。このため、Yは不安になり、C（行政書士）に対し、Xの建設業法上の許可取得の有無等についての調査を依頼した。その調査の結果、同年五月二七日、XからYへ渡された名刺に記載されている一般建設業の許可は、同年二月四日の経過により期間が満了し、抹消されていることが判明した。これを知って、Yは頭が真っ白になるように感じ、Xに騙されたと思った。

同年五月二七日、YからXに電話があり、Xの代表取締役Dが夕方Y宅に赴くと、YとCからDに対し、Xは一般建設業の許可がない旨の指摘があった。このため、Dは、Xの事務所から急遽ファックスで一般建設業の許可を示す文書を送らせてYに見せたところ、更にCから、許可番号が従前チラシや名刺に記載されていたものとは違う旨の指摘がなされた。Dは、Xが一般建設業の許可の更新手続を忘れたため許可が失効し、新たに許可を得たため免許番号が変わったというさきさつを説明し、その後、DとYが話合いをおこなったものの、Yから、本件請負契約を解除する意向が示された。DはYに対し、解除する場合には、本件請負契約の約定によりXが被った損害を支払ってもらうこととなることを告げたが、Yの意向は変わらなかった。その後、YからXに対し、ファックスで解除の通知書（「二〇〇三年五月二三日（金）の契約を本日をもって契約解除いたします。建築法達成の為。」）が送られた。なお、平成一七年二月二五日になって、Xは特定建設業の許可を得た。そこで、Xは、Yの解除はYの事由によるものであり、理由がないとし、Yが解除したことにより、請負代金の一割に当たる得べかりし利益の一〇〇〇万円、設計代四四一万円、構造計算代五二万五〇〇〇円等合計一五七九万二六〇〇円の損害を被ったとして訴えを提起した。

2　第一審判決（東京地判平成一八年六月二七日判タ一二八五号一七一頁）

Yの解除につき、XY間で、Xが一般建設業または特定建設業の許可を有していることや具体的なXの財務状況について、本件請負契約における重要な要素とされていたとはいえないことから、本件請負契約に関しては、Xが、「付随義務」として、特定建設業の許可を得ていなければならない義務や財産的基礎が十分なものでなければならない義務を負っていたものとはいえず、さらに、Xの一般建設業許可の失効および再取得の経緯に照らせば、本件請負契約締結に至る経緯において、一時的にその許可の効力が失効していたことをもって、信義則上Xに債務不履行があったと評価することもできないことを理由として、Yの解除を、Yの事由による解除であるとし、Yは、本件請負契約および民法第六四一条にもとづき、本件解除によってXに生じた損害を賠償する責任を負う、とした。そして、Xに生じた得べかりし利益については、構造設計料、設計代等の四九七万二一八一円を、損害額として認めた。

3　第二審判決

(1)　Yの解除の性質

履行遅滞、履行不能、不完全履行などの債務不履行がなくても、契約関係の存続を強いるのが契約上の信義則に照らし酷である場合や正義に反することとなる場合には、信義則違反を理由とする無催告解除が認められる、とし、本件請負契約の締結は、Xにとって建設業法違反の行為であったとはいえる、としつつも、契約関係の存続を強いるのが契約上の信義則に照らし酷であるとか、正義に反することとなるとまではいえない、として、信義則違反を理由とする解除を否定する。そのうえで、Yの解除はYの事由による解除であり、Yは、本件請負契約および民法第六四一条にもとづき、本件解除によってXに生じた損害を賠償する責任を負う、する。

(2) 損害

この点につき、地質調査費、積算代、木材代、エアコン取り外し代、構造設計料として合計九一万三五〇〇円、人件費として二一万五〇〇〇円、設計代として三七五万四六八一円を認め、以上の合計として四八八万三一八一円を損害額として認定した。

(3) 過失相殺

Yの本件の解除の主張は、Yが損害賠償義務を負う場合の過失相殺の主張を含む、とし、その際の考慮事由として、①高額の工事代金の工事を、それまで関係のなかったXに発注したYにとって、広告に記載された住所地にXの商業登記の本店がないことなどの判明した事実から、Xの法人としての実在性、建設業者としての適格性に大きな疑いを抱き、騙されたと考えることに、一般社会人の感覚として無理からぬ面があること、②Yが疑念を抱く根拠となったこれらの事実はいずれもXに原因があること、③Xは、本件請負契約締結当時、特定建設業の許可を受けていなかったことにより、建設業法第三条第一項第二号、第一六条、同法施行令第二条ただし書きに違反するものであること、を挙げ、Xの損害について二割の過失相殺を認めた。

五　小括

1　裁判例の枠組

(1) 信頼関係破壊法理

裁判例から明らかなように、そこでの注文者の解除は、請負人の債務（付随的債務を含む）不履行を理由とするもの（①②③）、信義則違反を理由とするもの（④）に分かれる。

債務不履行を理由とするもののうち、付随的債務（義務）の不履行により信頼関係破壊の法理によって処理するのは、①②（解除を認めたのは②）であり、期限までに仕事が完成しなかったことを理由とするのは、③である。付随的債務として問題となったものは、建物建築の着工前の充分な意見交換義務（①）、説明・協議義務、設計図書等の交付義務、設計内容変更の場合の説明義務、同意を得る義務（②）であり、④の信義則違反において考慮される事由として問題となったものは、特定建設業の許可を受けていないこと、請負人の財産的基礎の充分性である。

(2) 受け皿としての注文者の任意解除権（民法第六四一条）

ところが、請負人の債務不履行による解除が認められない場合であっても、注文者がした解除自体は認める、という帰結が導かれている。①（約款による場合であるが、実質的に同視できる）④の場合のみならず、仕事が完成に至らなかったことについて両当事者に帰責事由がない③の場合でも同じ処理がなされている。ここで「流用」されているのが、民法第六四一条が規定する注文者の任意解除権である。

(3) 注文者・請負人間の利益状態の転回

もっとも、その結果、他方で、解除した注文者の側が、請負人に対して損害賠償をしなければならないという逆の利益状態が生じることになる。これは、既に、本稿の冒頭において指摘しておいた点であり、このような処理により、注文者と請負人との間に鋭い緊張関係が生ずることになる。裁判例において、注文者の債務不履行解除に対して、請負人側が注文者の解除をして民法第六四一条にもとづく解除であるとの主張（反訴提起）をなさしめていることが、端的にこの点の事情を物語っている。

(4)　過失相殺規定（民法第四一八条）の類推適用

そこで、この場合の利益状態を調整するために援用されたのが、過失相殺規定の類推適用ということになる（③④）。

(5)　まとめ　以上から、裁判例の枠組を一括するならば、それは、①注文者による解除が、信頼関係破壊法理ないし信義則違反により認められる場合には、これにより注文者は、原状回復と損害賠償の請求をなしうることになるのに対し、②そうでない場合には、民法第六四一条による注文者の任意解除権により解除自体は認められるものの、その場合の両者の利益状態の最終的な調整は、過失相殺規定（民法第四一八条）の類推適用によりなされる、ということになる。

2　検討課題の析出

(1)　信頼関係破壊法理の妥当性

以上の整理から、仕事の完成前において、注文者から請負人の履行過程に債務不履行があるとして契約の解除を解除する場合の重要な法的構成の一つは、信頼関係破壊の法理の援用であることが判明する。しかも、裁判例における特徴は、請負人に付随的債務を設定し、その違反が、信頼関係が破壊される重要な要因となっている。そこで、まず、付随債務が信頼関係破壊と結びつくという構成について、とりわけこれまでの判例法理との関係で、改めて検討しておく必要がある。つぎに、考えなければならないのは、そもそも、請負契約の場合、何故に信頼関係破壊法理が妥当しうるのか、ということである。

(2) 注文者の任意解除権の流用＋過失相殺を類推する構成の妥当性

裁判例においては、請負人の請負不履行、とりわけ信頼関係破壊の法理が妥当しない場合でも、請負契約の終了（解除）を否定するのではなく、これを注文者の任意解除権（民法第六四一条）を流用することにより、解除を肯定するという法的構成を採用している。そこにおいては、当事者間に契約関係の維持・存続を認めるのは妥当でないという価値判断が働いていると考えられうる。しかし、かかる構成による解除の維持は、他方で、解除の効果として、当事者間の法律関係（利益状態）が転回し正反対の帰結をもたらす。そこで、その点を是正するために、民法第四一八条が類推適用という仕方で転用される。このような法的処理が、最終的に妥当な結果であると考えうる場合、これは、法規範ないし契約規範の観点から、どのように評価されるべきか。この点は、とりわけ民法第六四一条の注文者の任意解除権の流用をいかに評価すべきか、について、同条の本来の規範内容に立ち返って吟味する必要がある。

(9)　判例解説として、多々良周作「設計及び施工を請け負う建物建築請負契約において請負人の付随的債務の不履行による信頼関係の破壊を原因とする注文者の契約解除が認められた事例」別冊判例タイムズ二二号六四頁（平成一九年度主要民事判例解説）がある。

(10)　最判昭和五六年二月一七日判時九九六号六一頁は、「建物その他土地の工作物の工事請負契約につき、工事全体が未完成の間に注文者が請負人の債務不履行を理由に右契約を解除する場合において、工事内容が可分であり、しかも当事者が既施工部分の給付に関し利益を有するときは、特段の事情のない限り、既施工部分については契約を解除することができず、ただ未施工部分について契約の一部解除をすることができるにすぎないものと解するのが相当である」とする。なお、本判決が引用する大判昭和七年四月三〇日民集一一巻八号七八〇頁は、民法第六四一条による解除の場合であり、同条にいう「仕事ノ完成トハ必スシモ全部工事完成ニ限ラス凡ソ其ノ給付カ可分ニシテ当事者カ其ノ給付ニ付キ利益ヲ有スルトキハ既ニ完成シタル部分ニ付テハ解除シ得ヘカラス只未完成ノ部分ニ付キ所謂契約ノ一部解除ヲ為シ得ルニ止マルモノト解スヘキナリ」としていた。末弘嚴太郎（法学協会雑誌五二巻六号一三九頁）は、この問題を、「商品の逐次供給契約に一部の履行ありたる後残部につき債務不履行を生じたる場合に買主之を理由として契約全部の解除を為し得べきか又は不履行となりたる残部につきてのみ解除を為し得るに過ぎざるかの問題」として位置づけ、「既ニ履行ヲ終ハリタル部分ノミニテハ契約ヲ為シタル目的ヲ達スルコトヲ得サル等特別ナル事情ノ存セサル限リ」契約全部を解除し得ないとする大判大正一四年二月一九日民集四巻二号六四頁を援用し、この判決の趣旨は、「民法第六四一条による請負契約の解除に付いても之を認むべきが当然であつて、請負工事の一部分が既に竣成し当事者間に於ても之を残部と分離して独立的価値を認めている以上、其竣成部分に付いては仮令損害賠償を条件とするも最早解除を認むべきではない」とする。

(11)　本件は争点が多岐にわたっているが、本稿に関連する限りで事案および判決要旨を紹介する。なお、原告には、本件で紹介するXのほかに、Xの母体である労働組合もいるが、こちらについては省略する。本判決に関する評釈として、生田敏康「電算システム開発契約における注文者の協力義務と請負人のプロジェクトマネージメント義務」福岡大学法学論叢五二巻四号四七一頁がある。

第三節　請負契約と信頼関係破壊法理

一　付随的債務の不履行の場合における契約解除の可能性

1　はじめに

既に析出したように、裁判例において特徴的なことは、信頼関係破壊法理が妥当する前提として、請負人の付随的債務の存在とその違反が前提とされていることである。それゆえ、信頼関係破壊法理の妥当性を具体的に検討する前提として、付随的債務に関するこれまでの議論を整理しておく必要がある。

2　判例法理―要素たる債務と付随的債務

(1)民法第五四一条は、「当事者の一方がその債務を履行しない場合」に解除を認めている。通常、契約当事者は一つの契約から複数の債務を負担する。しかし、損害賠償請求の場合と異なり、解除の場合は、どのような債務不履行であっても解除が許されるとは解されていない。債権者が契約を解除しうるためには、その不履行にかかる債務が要素たる債務（「契約の要素をなす債務」）でなければならない、とされてきた。そして、この文脈において、付随的債務の不履行の場合には原則として解除できない、と解されている。[12]

このような一般的理解（枠組）につき、まず学説が主張し、[13]その後、大審院判例は、「法律カ債務ノ不履行ニ困ル契約ノ解除ヲ認ムルハ契約ノ要素ヲ為ス債務ノ履行ナク契約ヲ為シタル目的ヲ達スルコト能ハサル場合ヲ救済センカ為」であり、「附随的ノ義務ヲ怠リタル場合ノ如キハ特別ノ約定ナキ限リ之ヲ解除シ得サルモノト謂ハサルヘカラス」といい、[14]最高裁判例も、「法律が債務の不履行による契約の解除を認める趣意は、契約の要素をなす債務の履行がないために、該契約をなした目的を達することができない場合を救済するためであり、当事者が契約をなした主たる目的の達成に必須的でない附随的義務の履行を怠つたに過ぎないような場合には、特段の事情の存しない限り、相手方は当該契約を解除することができないものと解するのが相当である」とし、判例法理として確立し、学説もこれを支持している。[15]

(2)　問題は、要素たる債務と附随的債務の区別の基準である。この点につき、双務契約においては対価的関係に立つ債務か否かによるとの一般的基準が示され、[16]その後、対価関係の内容を、より具体化して同様の基準を説く、とされている。そこでは、契約をした目的を達成するために必要不可欠なもの（あるいは必須の義務）、その不履行があれば契約をした目的が達成されないほど重要な債務であり、双務契約においては互いに対価的意味を有している債務であるなど、である。[18] そして、具体的場合において、いずれであるかは、諸般の事情を考慮し、当事者意思の合理的解釈によって判断すべきことになるとされている。[21]

この点に関連すると考えられるのは、最判昭和四三年二月二三日民集二二巻二号二八一頁（以下、昭和四三年判決という。）である。同判決は、土地の売買契約において、所有権移転登記手続は代金完済と同時にし、代金完済までは買主は右土地上に建物等を築造しない旨の付随的約款がつけられている場合であり、右約款は、本来契約締結の目的に必要不可欠のものではないが、売主にとっては、代金の完全な支払の確保のために重要な意義をもち、買主もこの趣旨のもとにこの点につき合意したものであることから、「右特別の約款の不履行は契約締結の目的の達成に重大な影響を与えるものであるから、このような約款の債務は売買契約の要素たる債務にはいり、これが不履行を理由として売主は売買契約を解除することができると解するのが相当である。」とする。本判決についての調査官解説によれば、[22]「右特別の約款は外見上は売買契約の付随的な約款とされているものであることは明らかであるから、右特別の約款の債務は売買契約締結の目的に必要不可欠のものでない（代金の支払義務と目的物件の所有権移転および引渡義務を本来的要素たる債務とみたものであろう）が、本件売買における具体的な事情に勘案してみれば、右特別の約款を合意したのは、売主にとっては代金の完全な支払を確保するため重要な意義があるためであり、買主もこの趣旨を了承して右の合意がされたものであるから、売主としては右特別の約款の意義が履行されなかったならば、本件売買契約を締結しなかったであろう。したがって、右特別の約款の義務は契約締結の目的の達成に必要不可欠なものではないが、客観的にも、その義務の不履行は契約締結の目的の達成に重大な影響を与えるものであるから、このような約款の債務は売買契約の要素たる債務に準じ、あるいは売買契約の要素たる債務と同視して、これが不履行を理由として、売主は売買契約を解除することができると解するのが相当であるとして、被上告人のした右特別の約款に定める義務の不履行を理由とする契約解除を有効と判断したものである。」ここでは、外見上は付随的債務とされている場合であっても、諸般の事情を考慮した合理的意思解釈により、要素たる債務（に準ずるあるいは同視すること）となりうることが示されているといえよう。[23]

(3)　なお、以上の枠組を前提とする場合において付随的債務の不履行のときにも、先の大審院判決は、付随的債務の場合でも「特約」があれば解除しうることを示唆し、最高裁判決も、「特段の事情」がある場合の解除の可能性を示唆している。

3　判例法理――付随的義務と信頼関係破壊法理との結合

(1)　ところが、判例は、以上のような、「要素たる債務」と「付随的債務」とに区別するという基本的枠組を前提とする一方で、付随的債務について、「特約」や「特段の事情」を問題とすることなく、その不履行の場合に解除を認めている。その一は、既にみた昭和四三年判決のように、外見上は付随的債務とされている場合であっても解釈によって要素たる債務となる、とする場合であり、その二は、最判昭和五〇年二月二〇日民集二九巻二号九九頁（以下、昭和五〇年判決という。）である。昭和五〇年判決は、建物賃貸借契約において特約により賃借人に課せられた付随的義務[24]の不履行が賃貸人に対する信頼関係を破壊するとして無催告の解除を許容したものである。すなわち、「賃借人の右特約違反が解除理由となるのは、それが賃料債務のような賃借人固有の債務の債務不履行となるからではなく、特約に違反することによつて賃貸借契約の基礎となる賃貸人、賃借人間の信頼関係が破壊されるからであると考えられる。そうすると、賃貸人が右特約違反を理由に賃貸借契約を解除できるのは、賃借人が特約に違反し、そのため、右信頼関係が破壊されるにいたつたときに限ると解すべきであ」るとした。[25]

(2)　賃貸借契約において展開されてきた信頼関係破壊法理は、一般に、賃借人の単なる債務不履行による解除を限定（厳格化）するものとして理解されている。これ自体は、確かに正当である。というのも、信頼関係破壊法理が重要な役割を果たしている賃貸借契約においては、信頼関係破壊法理は、周知のように、賃借人の賃料不払い、無断転貸、用法違反等の単なる債務不履行による賃借人の解除を否定しているからである(26)。

しかし、要素たる債務でない（すなわち賃借人の固有の義務・中核的義務でない）付随的債務の場合であっても(27)、それにより信頼関係が破壊された場合には解除されうるとする論理を、要素たる債務・付随的債務との枠組で考えた場合には、実質的には、債務不履行による解除を限定するとは必ずしも言えないのではないか。換言すれば、付随的債務の場合であっても、信頼関係が破壊された場合には、要素たる債務の不履行と等価である、と判断しているともいいうるであろう。その意味では、付随的債務の不履行に信頼関係破壊法理が結合されることにより、債務者の債務不履行による債権者の解除は、より緩和されたものになるともいいうるのではあるまいか(28)。

二　請負契約と信頼関係破壊法理

1　問題の所在――昭和五〇年判決の法理の援用

以上の整理を前提として、あらためて本稿において紹介した裁判例が採用している法的構成を位置づけるならば、それは、付随的債務の不履行が信頼関係を破壊する場合に解除を認める昭和五〇年判決を前提としているといいうるであろう。しかし、そのための最も重要な前提は、そこで問題となっている請負契約の類型が、賃貸借のように、信頼関係破壊法理が妥当する類型であることである。そこで、請負契約に信頼関係破壊法理が妥当するのか、という点を検討しておく必要がある。

2 「信頼関係」の意味の多義的性格

もっとも、請負契約に信頼関係破壊法理が妥当しうることを検討する前提として、「信頼関係」なる術語について一言しておかなければならない。「信頼関係」という術語は、これまで、当事者の字義通りの信頼関係あるいは継続的契約関係であることを実質的な基礎とし、委任、賃貸借など多方面にわたり重要な役割を果たしていることは、周知のところである。しかし、その具体的内実は、きわめて多義的であり、その機能も同一ではない（むしろ正反対になることすらある）。したがって、その内実を曖昧にしたまま、その要件的側面を安易に拡張することにより、極めて強い法律効果（債務不履行解除を制限したり（賃貸借）、解除を認めたり、損害賠償を不要としたり（委任）等）を導くことになることの問題性、より本質的には、契約の拘束力を弱めること（委任の場合）等の帰結が導かれることに対して、注意が喚起されている点[29]が、看過されてはならない[30]。

3 信頼関係破壊法理の妥当性の基礎

それでは、請負契約類型においても信頼関係破壊法理が妥当しうる場合が存在するのか。既に紹介した裁判例においては、建築請負契約において問題となっていた。この点をひとまず念頭において、以下、考察を進めていくこととする。

請負契約は、双務有償契約であり、請負人の仕事の完成債務とこれに対する注文者の報酬債務とが対価関係に立つものであり（民法第六三二条）、法律的には、恰も、売買（民法第五五五条）と同じように、一回限りの給付交換を予定して規律されている。しかしながら、請負契約のなかでも、建築請負などに典型的にみられるように、請負人の仕事の完成までに一定の期間を必要とするのみならず、その期間中、原則として請負人の裁量と責任のもとで仕事の完成がなされなければならない類型においては、請負人の専門的知識と能力およびこれらに対する注文者の信頼が決定的に重要な意義を有する。そして、この点に、請負契約と売買契約との間の決定的な違いがある。というのも、売買契約の場合も、目的物を給付するために売主（債務者）の努力を必要とするけれども、調達のみを目的とする売主には売買目的物の状態についての努力（行為）は問題とならないのに対し、請負人は物を自身で（あるいは履行補助者により）完成させる、すなわち製作するからである。[31]

そこで、この点において、一回的な給付交換を標準的な類型とする請負契約においても、いわゆる「継続的契約（債権）関係[32]」において基礎とされる「信頼関係」の問題が浮上するのである。[33] この問題は、別の側面からいえば、仕事の完成までに一定の期間が必要とされる場合（請負人の仕事完成までの履行過程）において、この期間の経過を考慮するならば、事物の本質上、この期間中に、注文者をして請負契約を終了せしめる事情が発生しうることを意味する。このような事情には、注文者がもはや仕事を必要としなくなったという場合（民法第六四一条）に加えて、当事者間の信頼関係の基礎に障害が生ずる場合が存在し、これがさらに、債務不履行と評価されるに足る質を備えたものであることを意味する。

このように、請負契約においても、当事者の信頼関係が重要な意義を有する場合を想定しうるのであれば、そのような場合において問題となる信頼関係が破壊される事態に立ち至ったとき、契約当事者（とりわけ注文者）は、その時点で請負契約の維持を期待できないものとして終了させうる、と考えられるのである。

4　信頼関係が破壊されたとされる事由——請負契約に独自の問題

既に検討したように、昭和五〇年判決は、付随的債務の不履行を前提とした信頼関係破壊を要件としている。それゆえ、昭和五〇年判決の法理を前提とすれば、請負契約の場合においても、請負人の付随的債務の不履行が前提とされるのは当然である。しかし、請負契約の場合には、付随的債務の不履行が前提とされなければならない事情がもう一つある。というのも、ここにいう「信頼関係」の破壊は、後に、注文者の任意解除権において検討するように、任意解除の場合の合理性を担保する要件という観点から、実際に注文者が解除する必要がある場合の一つとして、「請負人に債務不履行はないが、信頼関係が失われるなどの理由で、その請負人による仕事の完成を望まない場合」としても挙げられているからである。[34] 換言すれば、「信頼関係」が破壊されたといい、失われたといっても、そのことにより、債務不履行となる場合とそうでない場合が観念されているのである。この観点からしても、ここにおける信頼関係の破壊は、請負人の債務不履行として評価されうる質を有するものでなければならないということになる。

5　裁判例の評価

以上を前提として、裁判例を評価するなら、本稿で取り上げた裁判例の①②は、昭和五〇年判決の法理を前提とするものであるといえよう。この点を踏まえて、ここでは、信頼関係破壊法理により注文者の解除を認めた②について改めて若干の考察をしておくことにしよう。

②は、「このようなYの付随的債務の不履行は、Xに対する著しい背信行為で、これによりXY間の信頼関係は破壊され、Xの意向に沿った建物を建築するという契約目的達成自体にも重大な影響を与えている。そうとすれば、Xは、かかる付随的債務の不履行による信頼関係の破壊を原因として本件請負契約を解除することができる」としている。この結論部分のみからすれば、先に述べたように、本判決は、信頼関係破壊法理の流れに位置づけら

れるもののようである。(35)

さて、多々良解説は、「本件契約は、収益を得ることを目的とする建物を建築するというものであったところ、Xは収益性を見込んで高層建物の建築を希望していたのに、Yの行政規制上の調査不足に基づく誤った説明によって、これを断念して契約に至ったという経緯からすると、①の不履行は、契約の有効性に影響しうるものとして他の付随的債務の不履行に比べて重視された事情かもしれない。②の不履行については、判文上、これによる契約目的物に対する具体的な影響（安全性への影響、報酬額の変更等）は問題とされていないものの、③の不履行とともに、背信的な不履行の態様が認定されていることからすると、主に信頼関係破壊という側面で評価された事情といえよう」とされている。とりわけ、①③の付随的債務の違反があれば、Xの契約目的（債権者利益）は達成されず、完成された建物は合意内容と異なるものとなって瑕疵を帯び、注文者に著しい損害を与えるものであることは明白であろう。それゆえ、Yのこれらの付随的債務の違反は、XとYとの間の信頼関係を破壊するに至ったと評価できるであろう。この意味において、多々良解説の評価に筆者も賛同するものである。(36)

(12)　山中康雄「履行遅滞による解除」『総合判例叢書民法（10）』（有斐閣、一九五八年）三五頁以下、浜田稔「付随的債務の不履行と解除」契約法大系刊行委員会編『契約法大系Ⅰ』所収（有斐閣、一九六二年）三〇七頁、同「判解―買主の登記手続の懈怠」『不動産取引判例百選［増補版］』、阿部浩二「いわゆる付随的義務の不履行契約の解除」中川善之助＝兼子一監修・遠藤浩編『不動産法大系Ⅰ売買［改訂版］』（青林書院新社、一九七五年）四二二頁、小野剛「付随的債務の不履行と契約の解除」判例タイムズ四九四号一七頁、森田宏樹「いわゆる付随的義務の不履行と契約の解除」『不動産取引判例百選［第三版］』（有斐閣、二〇〇九年）五六頁。それゆえ、ここにいう付随義務は、損害賠償の要件を念頭において展開されてきた債務構造論にいう「付随義務」とは異なり、その場合の「付随義務」は、「給付義務」との対比で用いられていることは、周知のところであり、混同すべきではない（民法（債権法）改正検討委員会編『詳解・債権法改正の基本方針Ⅱ――契約および債権一般（1）』（商事法務、二〇〇九年）三〇一頁、森田・前掲解説。なお、石坂音四郎「判例批評　講契約の解除」京都法学会雑誌九巻七号一一一頁（一一一三頁）および末弘嚴太郎『債権各論』（有斐閣、一九一八年）二四二頁は、それぞれ「従たる義務」「従たる債務」とされている。

(13) 石坂・前掲批評、末弘・前掲書、鳩山秀夫『増訂日本債権法各論（上巻）』（岩波書店、一九二四年）二〇九頁、末弘嚴太郎・田中耕太郎責任編集『法律学辞典第一巻』（岩波書店、一九二四年）一八七頁（一八八頁）（「解除」の項目［末川博執筆］。なお、ここでは、「派生的又は附従的の債務」とされている。）、田島順・柚木薫・川上太郎・三木正雄・伊達秋雄・近藤栄吉『註釈日本民法［債権編・契約総則］』（巌松堂、一九三七年）四一〇頁等。

(14) 大判昭和一三年九月三〇日民集一七巻一七七五頁。なお、大判明治四四年一一月一四日民録一七輯七〇八頁は、不動産売買における売主の登記義務につき、「其所有権移転ノ義務ニ附随シテ負ハシメタルモノナレハ売買ヨリ生シタル債権ナリト謂フヘク随テ登記義務ノ不履行ハ民法第五百四十一条ニ「該当スルコトモ亦論ヲ俟タス」という。

(15) 内田力蔵「解除の解釈と衡平。契約解釈と信義則――附随的債務の不履行に因る解除は許されない――不動産売買代金の利子及び公課の一部の不払いは附随的債務の違反である」民事法判例研究会編『判例民事法昭和一三年度』（有斐閣、一九三九年）所収四二七頁、於保不二雄「いわゆる附随的義務の不履行と契約の解除」民商法雑誌四六巻五号一一二頁『民法著作集Ⅲ判例研究』（新青出版、二〇〇六年）所収三一六頁、村上淳一「いわゆる附随的債務の不履行と契約の解除」法学協会雑誌八〇巻六号八六九頁等。

(16) 末弘・前掲書二四二頁、鳩山・前掲書二〇九頁等。

(17) 山中・前掲書三三頁、柚木馨『債権各論（契約総論）』（青林書院、一九五六年）二四二頁等。

(18) 末川博『契約法（上）』（岩波書店、一九七五年）一四八頁。

(19) 浜田・前掲「判解」は、「契約解除の制度は、当事者を契約の拘束から解き、契約なかりし状態に回復させるものであるから、債務不履行による解除が認められるためには、そのような不履行があれば、契約をなした目的を達成することができず、およそ最初から契約を締結しなかったであろうと考えられる場合でなければならない」とされる。

(20) 柚木・前掲書、浜田・前掲論文、小野・前掲論文。

(21) なお、於保・前掲「判批」は、判例法理の一般的・抽象的な立言に異議がないとしつつも、これでは具体的な基準は立て難い、として、次のように述べられている。「ことに、現在のところ、解除制度の本質は十分に明らかであるとはいえない状態であるので、この感が深い。」「双務契約の不履行による法定解除は例外的な取り扱いをうけている。そのために、解除は、双務契約における双務的牽連性からの解放・免脱というよりは、単なる不履行責任の一態様なり一変形であるかのごとき考え方が強く残っている。」「解除の本質が確定しない限り、右のような一般的・抽象的基準では、具体的・個別的な判定は極めて困難となり、かえって過誤を犯さしめることになりはしないかと危惧される。」

(22) 最高裁判所判例解説民事篇昭和四三年度（上）四六頁（五三頁）［鈴木重信］。

(23)　内田・前掲四三一頁参照。これに関連する大判大正七年二月一七日新聞一三八八号二九頁は、「原判示ノ如ク其所謂附随約款ノ存スルハ上告人カ自家ノ写真ノ発展ヲ欲シタルカ為ナリトセンカ是レ畢竟上告人カ約定ノ期間中他ノ同業者ノ競争ヲ防キ被上告人ヲシテ専ラ上告人ノ写真ヲ使用セシメ以テ自家ノ写真発展ノ目的ヲ達センカ為メニ其約款ヲ契約中ニ加ヘタルモノニ外ナラサレハ其約款ニヨル被上告人ノ義務ノ不履行ハ之カ為メニ上告人カ原判示ノ如ク其主トスル報酬金取得ノ目的ヲ達スルノ妨ト為ラストスルモ其従トスル所ナルニセヨ右契約ヲ以テ達セント欲シタル自家ノ写真発展ノ目的ハ遂ニ之ヲ達スルコト能ハサルニ至ルヘク従テ其義務不履行ノ故ヲ以テ右契約ヲ解除スルコトヲ得」るとするのも、同趣旨であると考えられる。

(24)　本件では、多数の店舗賃借人によって共同してショッピングセンターを運営維持のために特約上でかされた義務を付随的義務としている。これは、広い意味における用法上の義務でありうるけれど、「賃料債務のような賃借人の固有の債務」、あるいは、「賃借人の負う中核的義務たる賃料債務・保管義務・用法遵守義務」と区別されうるという意味で呼ばれているものとみてよいであろうといわれる（広中俊雄「建物賃貸借契約において特約により賃借人に課せられた附随的義務の不履行が賃貸人に対する信頼関係を破壊するとして無催告の解除が許容された事例［判例批評］」民商法雑誌七三巻五号八五頁（九四頁）。

(25)　「これを本件についてみるに、」「上告人はショッピングセンター内で、他の賃借人に迷惑をかける商売方法をとつて他の賃借人と争い、そのため、賃貸人である被上告人が他の賃借人から苦情を言われて困却し、被上告人代表者がそのことにつき上告人に注意しても、上告人はかえつて右代表者に対して、暴言を吐き、あるいは他の者とともに暴行を加える有様であつて、それは、共同店舗賃借人に要請される最少限度のルールや商業道徳を無視するものであり、シヨツピングセンターの正常な運営を阻害し、賃貸人に著しい損害を加えるにいたるものである。したがつて、上告人の右のような行為は単に前記特約に違反するのみではなく、そのため本件賃貸借契約についての被上告人と上告人との間の信頼関係は破壊されるにいたつたといわなければならない。」と判断した。

(26)　最判昭和二七年四月二五日民集六巻四号四五一頁（用法違反）、最判昭和二八年九月二五日民集七巻九号九七九頁（無断転貸）、最判昭和三五年六月二八日民集一四巻八号一五四七頁［賃料不払］、最判昭和三六年七月二一日民集一五巻七号一九三九頁［無断増築］、最判昭和四一年四月二一日民集二〇巻四号七二〇頁［増改築禁止特約］等。

(27)　このほかに、賃貸借契約にもとづいて信義則上当事者に要求される義務に反する行為について解除を認めたものとして、最判昭和四七年一一月一六日民集二六巻九号一六〇三頁が重要である。

(28)　ただ、問題を以上のように見てくると、ことの本質は、契約の解除を、債権者の契約目的（契約利益）の達成という観点からその許否を判断すべきであるということに、帰着するであろう。このような観点から、債権法改正においては、「契約の重大な不履行」という判断基準が採用されているといえるであろう（前掲・民法（債権法）改正検討委員会編『詳解・債権法改正の基本方針Ⅴ——各種の契約（2）』三〇一頁）。

(29) 中田裕康『継続的取引の研究』(有斐閣、二〇〇〇年)二〇二頁。

(30) 本稿においても、すでにみたように、解除の許否自体に加えて、その損害賠償義務が契約当事者のどちらに生じるか、ということが、当事者間の重要な法律関係の問題となっている。その意味で、この指摘が直接に妥当する場合である。

(31) Wolfgang Voit, Die außerordentliche Kündigung des Werkvertrages durch den Besteller, BauR 2002, 1776.

(32) いわゆる「継続的契約関係」ないし「継続的債権関係」概念は、多義的であり不明確である。そこで、たとえば、内田貴『民法Ⅱ〔第3版〕』(東京大学出版会、二〇一一年)二〇頁は、一回の履行で契約関係が終了する売買のような契約を単発契約といい、賃貸借、雇用、消費者借、寄託等のように、契約の存続期間を観念でき、その間、履行が繰り返される契約を継続的契約(継続的債権関係)といい、新聞、ガス、電気等、種類で定められた物を一定の期間、一定の代金で供給する契約を継続的供給契約と呼び、継続的供給契約は、売買の一種であるが、性質は継続的契約である、とする(なお、同一〇八頁では、継続的契約の例として、賃貸借、雇用のほかに、委任、請負が挙げられている)。奥田昌道『債権総論〔増補版〕』(悠々社、一九九二年)三三頁~三四頁は、給付を、一時的(一回的)給付(家屋の引渡し)、回帰的(反復的)給付(新聞・牛乳の配達)、継続的給付(土地の賃貸借、電気・ガス・水道の供給)に区別し、雇用契約・労働契約は、回帰的であるとともに、一定期間継続的に給付がなされる(一日八時間)点で、継続的給付である、とされ、さらに、回帰的給付や継続的給付は、当事者間に継続的関係が生ずる結果、信義則や事情変更の原則が支配する程度が強くなるとこと、殊に、継続的給付については、継続的契約関係(継続的債権関係)として、一回的給付の関係とは異なる扱いが要請されることが、指摘されている。以上の説明に加え、これらの区別の実益は、債務不履行、解除の遡及効の場合にあり(前田達明『口述債権総論〔第三版〕』(成文堂、一九九三年)二一頁)、告知の適用がある(非遡及効)ことこそ継続的債権関係の標識であると解されている(来栖三郎『契約法』(有斐閣、一九七四年)三六五頁)。

また、民法(債権法)改正検討委員会編『詳解・債権法改正の基本方針Ⅴ——各種の契約(2)』(商事法務、二〇一〇年)四〇三頁~四〇六頁においても、「継続的契約」概念について、この概念が、「多様な問題に関連して用いられる概念であり、すべての問題を通じて統一的な定義をすることは困難である」ことから、提案では、「主として、その終了時の規律という角度から定義を試みる」とし、【3・2・16・12】(継続的契約の定義)において、「継続的契約とは、契約の性質上、当事者の一方または双方の給付がある期間にわたって継続して行われるべき契約をいう。ただし、総量の定まった給付を当事者の合意により分割して履行する契約(以下『分割履行契約』という。)は、含まれない」と定義する。そして、ここにいう「契約の性質上」とは、「民法に規定された各種の典型契約の単位で継続的契約に当たるかどうかを区分するのではなく、当該契約の性質(現民法五四二条・五五九条参照)によって判定するという趣旨である。典型契約の中には、給付が継続して行われることが、その契約の本質的要素である場合があり、これが継続的契約に含まれることは当然である(賃貸借契約、雇用契約など)。これに対し、典型契約の中には、給付が単発で行われるべき契約と、ある期間継続して行われるべき契約のいずれもが含まれることもある（役務提供契約、委任契約など）。後者にあっては、契約当事者の具体的意思によって継続的契約とすることも可能であるが、多くの場合は、当事者の具体的意思が表明されているか否かにかかわらず、類型的に判断されることが多いだろう。『契約の性質』は、このような類型も含むという趣旨である。他方、単発の契約が、将来のある時点で履行されるというだけでは、履行期がかなり先であったとしても、それは継続的契約とはいえない」（四〇四頁。傍点は、筆者）とし、適用事例として、「役務提供契約、請負契約、委任契約は、債務の内容によっては、継続的契約となることもある。たとえば、月極めの清掃契約、会計事務処理契約、代理店契約は、継続的契約であり、クリーニング店とのドライ・クリーニング契約、結婚式で司会をする契約は、継続的契約ではない」（四〇六頁）と述べる。

以上の理解を前提とするならば、「継続的契約（債権）関係」概念においては、最低限長期間継続するかもしくは繰り返しなされる同種の給付であることを内容としている。これに対し、仕事の完成に一定の期間を必要とする請負契約においては、請負人の債務内容（給付）は、仕事の完成であり、仕事が有形物である場合、完成された仕事を注文者に引き渡すものであるから、その部分に着目すれば「一回的給付」である。しかし、このような仕事の完成という請負人の債務は、いわば、無から徐々に完成に向かって形成されていくものであり、給付行為の具体的内容としての製作過程自体に一定の継続した期間を必要とし、それゆえ、その製作過程についても、債務不履行が生じうることからすれば、この意味で、注文者と請負人との間には継続的関係が生じることになるであろう。

(33)　Voit, a. a. O., 1776.

(34)　（栗田哲男『請負（民法コンメンタール（ぎょうせい））第一四巻』（ぎょうせい、一九八九年）七一三〜七一四頁）。前掲東京地判平成四年一一月三〇日判タ八二五号一七〇頁も、注文者の、民法第五四三条の規定にもとづく解除を否定し、民法第六四一条の解除を肯定する実質的根拠を、以下のように説明している。「……右事実によれば、本件解除の意思表示がなされたのは昭和五八年一〇月二五日であるが、実質的には原告が工事の中止命令を出した同年六月二四日ころに、既に原告、被告間の信頼関係は完全に破壊されていたことが認められる。また、右中止命令を出したころ倉本が被告に対して述べていたクレームは、エレベーターホールと廊下との段差等二、三の事項にすぎなかったこと」「を考慮すると、その主たる理由は、原告が、もともと被告に対し不信感を抱いていた上に、被告が原告の要求どおりの工事をしていないとして不満を募らせた点にあると考えられる。そして、その後四か月間話合いがなされたが、結局折り合いが付かず、原告による解除の意思表示に至った経緯に鑑みると、原告が本件解除の意思表示をしたのは、表向きは債務不履行を理由とするものであるが、実質的には、被告に対する不信感が解消できず、もはや被告による本件工事の継続を断念して原、被告間の契約関係を解消したいとの理由によるものであったということができるから、原告の本件解除の意思表示は、民法第六四一条の規定による解除の意思表示をも含む趣旨でなされたものと解するのが相当である。」（傍点は引用者が付す。）

(35)　しかし、その前半部分では、信頼関係の破壊とともに、「Xの意向に沿った建物を建築するという契約目的達成自体にも重大な影響を与えている」としている。この点を強調し、これを正当であると考えることができるのであれば（筆者はそのように考える。とりわけ、①③の付随的債務を考慮すれば、注文者の意向に沿った建物を建築するという契約目的（債権者利益）の達成であるところの要素たる債務に準じないしこれと同視しうると考えられるからである）、昭和四三年判決の法理によっても充分に処理できたものと考えられる。

(36)　もっとも、このように複数の付随的債務の違反を考慮して信頼関係破壊を認定しなければならない要因の一つは、賃料滞納とか、書面による承諾のない借地上の建物の譲渡の如く、一義的明確性が欠けていることによると考えられるかもしれない（広中・前掲九二頁参照）。

第四節　任意解除権の流用

一　債務不履行と任意解除権との関係——いわゆる「流用」の許否

本章の冒頭で示唆したように、ここでの問題は、請負人の債務不履行を理由とした注文者の契約解除に対して、請負人の側から主張される、注文者の任意解除権（民法第六四一条）の主張が発端となっている。この問題は、これまで、注文者が請負人の債務不履行を理由として民法第五四一条によって契約を解除したが、債務不履行がないとされて解除の効力が否定された場合、この解除の意思表示をもって注文者の任意解除権の行使として解除が有効であるとすることはできるか、という問いとして論じられてきた。

この点につき、大審院の判例は、無効に帰した解除の意思表示をもって民法第六四一条による解除の効力が生じたものとすることはできない、として、否定している。(37)学説も、通説的見解は、民法第六四一条による注文者の解除権は、注文者の利益を考慮した特殊なものであるので、解除に際してその旨を明らかにする義務があること、債務不履行なしとして解除の意思表示としては無効であることを信じて仕事を継続する請負人の不利益になることを考慮して、判例に賛成している。(38)

もっとも、下級審の裁判例においては、本稿で紹介した裁判例以外において、早くから、債務不履行解除が認められない場合に任意解除権を認めて処理する傾向にあった。(39) 他方、委任の場合には、判例(40)も学説も、債務不履行解除が無効な場合でも民法第六五一条による解除として有効であることを認めている。委任が当事者の信頼関係を基礎とすることを前提に、相手方の態度に疑念を抱いて解除した以上、債務不履行がない場合であっても委任関係を終了させるのが当事者の通常の意思に適する、というのである。(41)

請負契約においても信頼関係破壊法理が妥当する類型があり、しかも、債務不履行に該当するか否かにかかわらず注文者・請負人間の信頼関係破壊が問題となる場面においては、少なくとも、注文者としては、委任の場合と同じように、請負契約の維持をこれ以上期待できないものとして、請負契約を終了させる趣旨を含むと解することも充分考えられる。それゆえ、仕事完成前に注文者が請負人の債務不履行を理由として解除してきた場合において、その主張が認められなかったとき、さらに、民法第六四一条の任意解除権の行使があったものとして処理することも認めうるとするのが相当であろう。(42)

二　民法第六四一条の流用＋過失相殺規定の類推適用

しかしながら、注文者の任意解除権の本来の立法趣旨は、注文者にとって不要となった仕事を完成させる必要はないという請負契約の特殊性にもとづくものである。もっとも、民法第六四一条は、契約の拘束力（契約は守らなければならない）に対する重大な例外であるから、まったくのフリーハンドではなく、解除に合理性を必要とし、①注文者にとって完成を必要としなくなった場合のみならず、②仕事は必要であるが、経済的理由から仕事の完成を望まない場合、③請負人に債務不履行はないが、信頼関係が失われるなどの理由から、その請負人による仕事の完成を望まない場合、が通常であるとされている[43]。

そうすると、これらの解除事由のうち、確かに①②は、もっぱら注文者側の事由によるものであるけれど、③の場合は、たとえその信頼関係の喪失が債務不履行と評価されない場合であるとしても、この場合の解除を、すべて注文者側の事由として処理し、民法第六四一条の規定をそのまま適用するのは、常に注文者に損害賠償義務を認めることになり、公平（衡平）ではない。しかも、個々の付随的債務の不履行があるけれども、それにより信頼関係が破壊されたとして解除が認められなかったことによる「流用」を認める場合には、なお一層不公平な結果を生じるであろう。既にみたように、以前の裁判例と異なり、最近の裁判例が、民法第六四一条の流用と同時に同第四一八条を類推適用しているのも、このような考慮にもとづき、当事者の利益状態を公平に処理しようとするものであることは明らかであろう。

（37）　大判明治四四年一月二五日民録一七輯五頁、大阪高判昭和五五年八月八日判タ四二九号二三三頁。なお、大判大正一五年一一月二五日民集五巻七六三頁。

（38）　鳩山秀夫『増訂日本債権法各論下』（岩波書店、一九三四年）六〇三頁、末川博『債権各論第2節』（岩波書店、一九四一年）二九二頁、我妻・前掲書六五〇頁〜六五一頁、広中俊雄『債権各論講義第六版』（有斐閣、一九九四年）二七五頁、星野英一『民法概論Ⅳ（契約）』（良書普及会、一九八六）二七〇頁。

（39）　このような処理は、下級審においては、既にかなり以前から採用されている。①福岡地判昭和三六年八月三一日下級民集一二巻八号二一六六頁は、「催告並びに契約解除の意思表示の当時原告に履行遅滞の責があつたものとは認め難く、したがって、原告の債務不履行を理由とする右契約解除はその努力《ママ》（効力？）を生じたものではないといわなければならない。しかしながら、請負契約にあつては民法六四一条により、請負工事未完成の間は注文者は何時でも損害を賠償して（但し解除と同時に損害賠償の提供を要するものではないと解される）契約を解除することができるのである。そこで訴外組合の前記契約解除は原告の債務不履行による解除としては無効であつても、右民法所定の解除として有効であると認めるのが相当である。すなわち右両者の解除は、その効果において多少の相違はあるけれども、訴外組合の真意は、いずれにせよ原告との請負契約の存続を欲せず、右契約関係を断絶することを主眼としたものと認められるから、この場合いわゆる無効行為の転換の法理を適用するに支障はないと解されるのである」という。

②広島地判昭和四四年七月一一日判時五七六号七五頁は、「本件工事の注文者たる被告が請負人たる原告が未だ本件工事を完成していない昭和三五年一〇月末頃本件請負契約を解除したものというべきであり、しかも右被告の解除は請負人たる原告の竣工遅延等の債務不履行を原因とする解除によるものではないと認めるのが相当である。したがって、本件請負契約が原告の債務不履行によって解除された旨の被告の主張は採用することができない。しかるところ、被告の前項認定の契約解除は民法第六四一条によるものと解されるので、同条の規定上被告において原告が解除により被った損害を賠償する義務のあることが明らかである」という。

③東京高判昭和四七年五月二三日判時六八一号五〇頁（倉田卓次裁判官）は、「……原告の被告に対する本件契約上の債務は金銭債務であって履行不能ということはありえないことから、右のような催告を伴わない解除は効力を生ずるに由ない。他方、本訴における原告の解除は、定期行為における期限徒過に基づく被告債務の履行不能を理由とするものであって、催告に関しては右とは別論であるが、原告からの第一回代金の支払についての認定が先に第三節で判示したとおりである以上、双務契約上の地位を保有する被告の債務の不履行を被告の責に帰すべきものと言うことはできないから、原告の解除の意思表示も、右の意味では効力を生じないものと言うべきである。／然しながら、民法第六四一条により、注文者は仕事未完成の間は請負人の損害―既に支出した費用と仕事を完成した場合の得べかりし利益の喪失―を賠償して契約の解除をなすことを得るのであるから、原告の意思表示に右の解除の効果を認めえないか否かを検討する余地があろう。判例や学説はこれを否定しているが、当裁判所は、本件の場合にはこれを肯定しうると考えるものである。／思うに、債務不履行に基づく民法第五四一条の解除は、損害賠償請求を伴うのを通常とするのに反し、前記条文による注文者の解除は、逆に相手方の損害賠償請求を当然に伴うものであって、両者は著るしく制度上の本旨と効用を異にするから、一般に両者間の相互流用が認められると解すべきものではあるまい。然しながら本件被告の請求は、注文者すなわち原告の本訴における解除の主張の後に、反訴請求としてなされ、その内容は、『既に支出した費用と仕事を完成した場合の得べかりし利益の喪失』とを損害として主張し、その賠償を求めるにあったのである。このような場合には、反訴において被告が独自に主張した契約解除原因の成否とは別に、本訴における原告の解

除の主張を民法第六四一条の解除がなされたものとして援用する旨黙示的主張があったと解することができ、本件原告は、その後の経過を含む弁論の全趣旨により、被告の右援用を争わなかったものと認められるのであるから、前記一般論と異なり、原告の解除に同条の解除としての効力を認めるべきである。そして、これを前提とする被告の損害賠償も、同条によるものとして、成否を判断せらるべきである」という。

④京都地判昭和五八年一〇月六日判時一一〇八号二九頁は、「被告が工事に着工後完成する前に原告が履行遅滞を理由に契約を解除したことはいずれも当事者間に争いがない。また、原告主張の履行遅滞が存しなかったことは前項に判断したところである。してみると、被告主張のとおり、原告の解除の意思表示は民法六四一条による解除とみるべきであり、原告は被告に生じた損害を賠償する義務がある」とする。

⑤東京高判昭和五九年一一月六日判字一一三八号八五頁は、「民法六四一条は、請負契約について、注文者に何時でもその契約を解除することができる権利を与えているが、そうであるからといって、注文者が請負人に債務不履行があったとして民法第五四一条、五四三条に基づいてなした解除の意思表示がその債務不履行責任が成立しないとの理由で効力を生じない場合において、無効行為の転換などの法理を適用して、当然に民法六四一条による解除の効果を認めるときは、自らの債務不履行責任がないことを確信して仕事の継続をした請負人を不当に害する結果となり、相当とは言えない。それゆえ右契約解除の意思表示が民法六四一条による解除の効果を生じたとする第一審原告の主張は採用し得ない。」として判例・通説の立場に立ちつつも、「次に、右解除に民法六四一条による解除の意思表示が含まれていたかどうかについて判断する。」として、以下のように述べ、民法第六四一条による解除を認めている。「第一審原告は右解除（注—履行遅滞を理由とする）の意思表示に先立って、第一審被告が工事内容の変更に応じないのであれば工事の再開を了承することができないとか、あるいは右変更に応じないのであれば、他の業者に請負わせたいとの意思を第一審被告に対し再三にわたって表明し、第一審被告も第一審原告との協議が成立しないかぎり、建物を完成しても第一審原告がこれを受領しないことを認識しており、互いに話合いのつかぬまま五年以上にわたって工事が中断されていたのであり、このような事情に照らせば、第一審原告の右解除の意思表示には、もはや第一審被告には仕事の完成をさせず、第一審被告による工事の再開を断念して両者の契約関係を清算したいとの意思の表明も含まれていると解すべきであり、そうとすれば第一審原告主張のとおり予備的に民法六四一条による解除の意思表示がなされたと認めるのが相当である」と。

⑥前掲東京地判平成四年一一月三〇日判タ八二五号一七〇頁は、「請負契約においては、注文主は、目的物完成前であっても、目的物に重大な瑕疵があり、請負人が期日までに約定どおりの目的物を完成させることが不可能であることが明らかであって、もはや契約関係を継続させることが注文主にとって酷であって相当でないような場合には、民法第五四三条の規定に基づき、請負契約を解除できると解すべきであるが、本件で認められる不良箇所は、」「いずれも修補あるいはやり直しの可能な

瑕疵であるか、あるいは解除を認めなければならないほど重大な瑕疵であるとは認められないものであって、契約関係を継続させることが注文主にとって酷であって相当でない場合であるとは到底いえない。したがって、原告の本件解除の意思表示は、民法第五四三条の規定に基づく解除としてはその効力を認めることはできない。／しかしながら、民法六四一条の規定によれば、注文者は建物完成前であれば何時でも自由に請負契約を解除できるとされているから、本件解除の意思表示が同条に基づく解除の意思表示の趣旨をも含むものと解することができる場合には、同条に基づく解除としてその効力を認めるべきである」という。

(40)　大判大正三年六月四日民録二〇輯五五一頁。
(41)　我妻・前掲書六八九頁。
(42)　末弘嚴太郎『債権各論（全）』（有斐閣、一九一八年）七一八頁（注六一）は、民法第六四一条による解除は、同第五四一条による解除とは別物であるけれど、「本来ハ解除ノ為メ特殊ノ要件ヲ要求セザル故ニ§五四一ニ依リテ為シタル解除ガ無効ナル場合ニ於テモ之ヲ本条ニ依リテ有効ナリト主張スルヲ得。蓋注文者ハ結局契約ノ解除ヲ欲スルモノナレバナリ」と解している。
(43)　栗田・前掲書七一三頁。もっとも、これに関しては、何らの理由づけも必要ない、とする見解を通説といってよいかもしれない（幾代＝広中（打田・生態）前掲書一七〇頁）。

第五節　結びに代えて

本章では、請負契約において、仕事完成後に主として問題となる瑕疵担保責任ではなく、仕事完成前において注文者が請負契約を解除する場合につき、最近の裁判例を念頭に置きつつ、とりわけ信頼関係破壊法理と注文者の任意解除権（民法第六四一条）の流用の問題に照準を合わせて、若干の整理を試みた。とりわけ、注文者によって主張されるこれらの解除手段においては、いずれの場合も、注文者は請負契約の維持を期待できないものとして、その解消を望んでいる点で共通性を有するものの、信頼関係破壊法理が妥当する債務不履行解除と任意解除権とでは、解除後の効果、とりわけ損害賠償請求の方向性が転回する点に決定的な違いがあり、このための考慮が、重要な課題となることが判明した。下級審の裁判例は、この考慮を、民法第四一八条（過失相殺規定）の類推適用の援用により具体化していることも、明らかとなった。

もっとも、これらの整理から、新たな解釈論上の課題も浮上する。

まず、信頼関係破壊法理において問題となった付随的債務の内容を、請負契約の目的、とりわけ注文者の契約利益という観点から、裁判例の実態をも参考にしつつ、より構造的に明らかにすることが必要となる。

つぎに、仕事完成前における注文者と請負人との間における信頼関係の喪失の場面を公平に処理するために、ここでの責任の在り方をオール・オワ・ナッシングではなく、両者に公平な危険（責任）分配をすることが妥当であるとしても、これを民法第四一八条の類推という法的構成によりで処理することが果たして最善であるのか、は一個の問題である。とりわけ、民法第六四一条の適用においては、債務不履行とまではならない、注文者・請負人間の信頼関係の喪失の場合も含まれているとする、学説を考慮するならば、そもそも、民法第六四一条の規定自体についても、再考の余地があるように思われる。この点は、請負契約の類型のなかでも、本稿で問題とした建築請負（建設工事）契約や電算システム開発契約のように、継続的契約（債権）関係と類似の状態を観念でき、それゆえに、仕事完成前において信頼関係の破壊ないし喪失を問題としうる場合には、委任の場合の解約と類似する側面を有することにもなろう。このような場合には、より細分化した利益衡量を必要とするであろう。これらの点を視野に入れた、民法第六四一条における要件論・効果論を再検討する必要がある。

以上の点を筆者の課題として、本章をひとまず閉じる。

第二章　履行の遅延・費用の増加

第一節　〝請負契約における危険負担〟発生の背景

本章の表題の問題は、これまで、「例えば、ある請負人が一つの橋梁工事を請け負って、一定の代価で一定の期日までにそれを完成しなければならない義務を負担したところ、その工事の途中で、できかけた橋梁が、突然の洪水によって全部流失してしまった」[1]、あるいは、「A不動産会社はB建設会社にビル建設を注文した。B会社が建設に着手し四割くらいできあがったとき、大地震があって工作物は倒壊した。この損害額は一億円である。B会社は一億円を増加費用としてA会社に請求することができるか」[2]という設例として、想定されてきた。

さて、この問題は、民法学の分野においては、これまで、〝請負契約（ないし建設請負契約）における危険負担〟と呼ばれ、日本民法典が予定している〝危険負担〟には包摂しえない問題領域を含むものとして、とりわけ戦後からこんにちに至るまで、法の欠缺（Lücke）問題として、先学により意識的に論じられてきたものであり、にもかかわらず、未だ明解な解答を見いだしえず、難問として存在している、といってよい[3]。翻って、請負契約についての〝危険負担〟の問題の本格的な探究は、ドイツ民法を参照して自説を展開した岩田論文[4]を以ておそらく嚆矢とし、末弘[5]、鳩山[6]両博士の体系書による、この論文の批判的検討を媒介として、請負契約の〝危険負担〟の輪郭が明確にされた後、戦後、これらを承けた我妻博士の体系書において、(7)いわゆる〝請負契約における危険負担〟の体系的〝実体〟が明確にされた後、川島博士による、建設請負の〝実態〟を踏まえた一連の〝建設請負契約〟論(8)に依拠した、建設請負契約における危険負担論(9)により、解釈論上の実質的な問題の所在が与えられ、ここに、〝請負契約における危険負担〟という特別の問題領域が登場し、一九六〇年代から七〇年代にかけて展開されていった、といってよいであろう。

(1) 来栖三郎『契約法』（有斐閣、一九七四年）四七九頁。
(2) 水本浩『契約法』（有斐閣、一九九五年）三三一頁。
(3) 半田吉信「請負契約における危険負担」磯村哲先生還暦記念論文集『市民法学の形成と展開（上）』（有斐閣、一九七八年）所収二五九頁（二七五頁）は、「困難な問題領域」とされる。
(4) 岩田新「請負契約ニ於ケル危険ヲ論ス」法学志林一七巻八号一頁、同九号一一頁（一九一五年）。
(5) 末弘嚴太郎『債権各論』（有斐閣、一九一八年）七〇三頁。
(6) 鳩山秀夫『日本債権法各論（下）』（岩波書店、一九一九年）五八八頁。
(7) 我妻栄『債権各論中巻二（民法講義V3）』（岩波書店、一九六二年）六二〇頁〜六三一頁。
(8) 川島武宜「土建請負契約のいわゆる『片務契約的性質』の性質について」建設時報一巻一号（一九四九年）九頁（同『川島武宜著作集（1）』〔岩波書店、一九八二年〕二〇九頁〔「官庁土建請負契約の『片務契約』的性質」〕）、川島武宜＝渡辺洋三『土建請負契約論』（日本評論社、一九五〇年）。
(9) 代表的なものが、川島武宜「建設請負契約における危険負担」契約法大系刊行委員会編『契約法大系Ⅳ　雇傭・請負・委任』（有斐閣、一九六三年）所収一三六頁である。以下、ほぼ年代順に列挙しておこう。津曲藏之丞「請負契約における危険負担の問題（1）（2・完）」法学一六巻一号一頁、三号三〇頁（一九五二年）（もっとも、本論考は、〝正規の危険負担〔対価危険〕の問題を、ドイツ法〔およびスイス債務法〕を参照して検討するものである）、加藤一郎『民法教室債権編』（法令出版公社、一九五八年〔井上書房、一九六〇年〕）一二一頁、内山尚三「請負契約における危険負担の問題（1）〜（3）」法学志林五六巻三号（一九五九年）六二頁、同六〇巻三・四号（一九六三年）四九頁、同七六巻一号（一九七八年）七七頁（同『現代建設請負契約法〔再増補〕』〔一粒社、一九九九年〕〔以下「内山・前掲書」といい、当該頁で引用する〕所収七一頁〜一四八頁〔「請負契約における危険負担の問題」〕）、同「請負」谷口知平＝加藤一郎編『民法演習Ⅳ　債権各論』（有斐閣、一九五九年）

一四七頁、同「請負契約」遠藤浩ほか編『演習民法（債権）（演習法律学大系5）』（青林書院新社、一九七二年）三八一頁（三八五頁）（内山・前掲書所収六六頁）、同『民法総合判例研究（5）請負』（一粒社、一九七八年）九五頁〜一〇二頁、同「請負」谷口知平＝加藤一郎編『新版民法演習（4）債権各論』（有斐閣、一九八〇年）一〇〇頁、荒井八太郎『建設請負契約論』（勁草書房、一九六七年）二九七頁以下・四六〇頁・六〇五頁以下、右近健男「危険負担」法時四二巻九号（一九七〇年）二四頁、打田畯一「標準請負契約約款覚書」勝本正晃先生還暦記念『現代私法の諸問題（上）』（有斐閣、一九五九年）二八九頁、同「請負契約と危険負担」法教〔第二期〕五号（一九七四年）一二四頁、滝井繁男『逐条解説　工事請負契約約款』（酒井書店、一九七五年〔五訂新版、一九九八年〕）一三六頁（一八条〔不可抗力による損害〕の解説）、半田吉信「請負契約における危険負担――ローマ法、ドイツ普通法を中心として」民商七九巻六号（一九七九年）七九三頁等。なお、危険負担に関する比較法的研究を含む一連の労作として、小野秀誠『危険負担の研究』（日本評論社、一九九五年）、同『反対給付論の展開』（信山社、一九九六年）、同『危険負担（叢書民法総合判例研究）』（一粒社、一九九九年）がある。

第二節　〝請負契約における危険負担〟の法的問題の意味

一　それでは、〝請負契約における危険負担〟とは、そもそもいかなる法的問題を含むものなのか。すでにこれまで、内容の明確化がなされてきたものであり[10]、ここでは、本テーマの問題の所在の輪郭を民法に即して明確にしておく前提として[11]、まず、便宜上、〝危険負担〟の局面について次のような整理をしておきたい。

二　民法学における〝危険〟概念は、法的性質を有し、次の問題を伏在せしめている。すなわち、すでになされた給付部分が滅失・損傷した場合、〝新規に給付をし直す危険〟および〝対価を支払う危険〟を、誰が負担せねばならないか、という問題である。この観点からすれば、〝危険負担〟は、給付危険と対価危険の二つの局面を知ることとなる[12]。日本民法典は、周知のごとく、〝給付危険〟に関しては、例えばドイツ民法第二七五条のような、〝給付義務〟から債務者を解放するものとしての〝給付（履行）不能〟規定を知らず、債務者の帰責事由を前提とした債務不履行の一類型として規定するにすぎない（第四一五条後段・第五四三条）。これに対し、〝対価危険〟は、「契約」「総則」のうち、〝双務〟「契約の効力」として、「危険負担」が規律されている（第五三四条〜第五三六条）。日本民法学においては、〝危険負担〟概念は、双務契約における対価危険を意味するものなのである。

三　以上のことを前提とすると、表題の問題は、いかなる前提のもとに生じ、かついかなる法的輪郭を与えられることになるのか。

1　請負契約においては、仕事完成義務（債務）は、請負人の先履行義務として存在し（第六三二条参照）、しかも、この債務の履行の途中で、これまでになされた未完成の仕事部分が滅失・損傷しても、履行期が遅延する問題は措き[13]、通常、履行不能となることは極めて稀であり、請負人は改めて仕事を完成する義務を履行しうると考えられてきた。すなわち、請負人の仕事完成義務においては、〝履行不能〟を観念することが困難である、というのである[14]（〝給付危険〟は請負人負担）。これに対し、請負人の仕事完成義務が〝履行不能〟と評価される場合、請負人は仕事完成義務から解放され（給付危険は注文者負担）、注文者の対価たる報酬債務の存否、すなわち対価危険のみが問題となる。民法における〝危険負担〟とは、後者の対価危険の問題のみを意味しているのである。

2　すでに指摘したように、〝危険負担〟概念において、給付危険と対価危険の二局面を観念しうるとする上記〝便宜上〟の立場からすれば、周知のように、請負契約においては、これまでこの両局面が問題とされてきた。そして、日本民法学における〝危険負担〟概念が、双務契約における〝対価危険〟を意味する関係から、請負契約において問題となる両局面（とりわけ給付危険）の〝危険負担〟は、むしろ、請負契約に〝特殊〟な〝危険負担〟として観念され、通常、〝請負契約における〟危険負担の問題であるとされてきた[15]。そして、とりわけ、我妻・川島博士以降、その双方について言及もしくは探究されてきたこと[16]は、冒頭で示唆したとおりである。

というのも、請負人の債務は、その〝実体〟として、仕事完成義務であること、その義務が先履行義務として存在していることから、前者の仕事完成義務からは、新規製作（やり直し）が可能であることが帰結されえ（給付危険における債務者〔請負人〕主義）、後者の先履行義務からは、とりわけ仕事完成義務の履行不能の場合における対価たる報酬請求権の存在（ないし成立）が、より容易に否定されやすいものとして存在している（対価危険における債務者〔請負人〕主義〔五三六条参照〕）からである。加えて、この議論が想定していた典型である建設請負契約においては、そこでの〝実態〟が、請負人に不利であるという意味での〝片務性〟等が存在しているとの指摘[17]が、この議論を、さらに〝悩ましい〟ものにした、といえよう。すなわち、前者の〝実体〟的側面では、両局面における〝危険負担〟のいずれの場合も、その論理的帰結として、請負人に酷な結果（法律効果）を生ぜしめることとなり、それゆえ、殊に〝実態〟的側面たる建設請負契約を念頭におきつつ、ある時期までこの点を意識しこれを回避するための解釈論、および、実務上の解決（立法的解決〔建設業法[18]〕、これを承けた〔〝公共工事〟あるいは〝民間工事〟における〕工事請負契約約款[19]における是正）も志向されてきたことは、周知のところである。もっとも、以上のような〝実態〟は、これまでの議論の前提が、主として〝公共工事〟を前提とするものであったことから、その後、〝民間工事〟には、必ずしも妥当しないことが指摘されるに至り、近時（一九八〇年代以降）は、むしろこちらの観点も優勢である[20]。

こうして、本章の表題の問題の考察は、請負契約規範の〝実体〟と建設請負契約の〝実態〟の双方を考慮して解釈論が展開されてきたのである。このことは、周知のこととはいえ、今後を展望する場合、銘記しておくべきである。

(10) その嚆矢は、川島・前掲注(9)一三七頁。これを承けて、荒井・前掲注(9)四六〇頁・六〇五頁以下、山本重三＝五十嵐健之「建築請負契約と危険負担」中川善之助＝兼子一監修、遠藤浩＝珍田竜哉編『不動産法大系(5)建築・鑑定・管理』(青林書院新社、一九七〇年)所収一七三頁、内山・前掲書一二八頁、半田・前掲注(3)二六七頁等。例えば、荒井・前掲注(9)四六〇頁、六〇五頁によれば、「工事の請負に関するクレームにおいて民法上のいわゆる履行不能の問題は皆無といってよい。けだし、建設工事においてなんらかの事由によって履行が不能となることはほとんどなく、単に工事遅延を生じ、あるいは工事費の増加を生ずるに止まる。したがってまた、民法上の危険負担の問題」「も生ずることはない。請負業者のいわゆる危険負担と称するものは、請負業者(債務者)の責に帰すべき事由にもとづかない増加工事費」「を注文者、請負業者のいずれが負担するかの問題を称するのであり、」「履行可能を前提とするのであって、」「厳密な意味において民法上の危険負担ではない。すなわち請負業者のいわゆる危険負担は」「履行可能な工事について契約金額の増額を請求するものであり、工事自体は履行可能なることに注意しなければならない」。

(11) 太田知行「建築請負契約における危険負担」遠藤浩ほか監修『現代契約法大系(7)サービス・労務供給契約』(有斐閣、一九八四年)三五八頁も、「問題の範囲」を確定することから始めている。

(12) 債権総論レベルにおいて、危険負担の二つの局面、すなわち給付危険と対価危険を一対のものとして叙述する体系書として、奥田昌道『債権総論〔増補版〕』(悠々社、一九九二年)一四四頁、前田達明『口述債権総論〔第三版〕』(成文堂、一九九三年)三七頁、中田裕康『債権総論〔第三版〕』(岩波書店、二〇一三年)三七頁。

(13) 我妻・前掲注(7)六二二頁は、仕事完成債務を免れない反面、「そのために仕事の完成が遅延しても遅滞の責任を負わないだけと解すべきこと、請負の性質から当然であろう」とされている。

(14) 荒井・前掲注(9)四六〇頁、六〇五頁。

(15) 例えば、来栖・前掲注(1)四七八頁。また、鈴木禄弥『債権法講義〔三訂版〕』(創文社、一九九五年)六三〇頁は、〝給付危険〟(標題の問題のごとく〝費用増加〟)の問題につき、「本来は危険負担の問題ではないが、事故による出費をどちらが終局的に負担するかの問題なので、俗に『請負における危険負担の問題』として扱われている」とし、森島昭夫「危険負担(4・完)」法教一三一号(一九九一年)八〇頁(八一頁)は、「厳格な意味では危険負担の問題ではない」とする。また、この点をより明確に意識して記述されている最近の教科書(体系書)として、近江幸治『民法講義Ⅴ　契約法〔第三版〕』(成文堂、二〇〇六年)二五〇頁、加藤雅信『新民法大系Ⅳ　契約法』(有斐閣、二〇〇七年)四〇〇頁〜四〇三頁、平野裕之『民法総合5　契約法〔第三版〕』(信山社、二〇〇七年)五七一頁等。

(16) 半田吉信「危険負担」星野英一編集代表『民法講座(5)　契約』(有斐閣、一九八五年)所収、七五頁(八七頁)。体系書・教科書レベルで、二局面を明示して叙述するものとして、潮見佳男『基本講義債権各論Ⅰ〔第二版〕』(新世社、二〇〇九

年）二二五頁〜二二七頁、山本敬三『民法講義Ⅳ―1　契約』（有斐閣、二〇〇五年）六六六頁〜六七三頁（六六六頁、六六九頁）。

(17) 川島・前掲注（8）九頁以下、川島＝渡辺・前掲注（8）。

(18) 建設業法（昭和二四年法律第一〇〇号）第一九条第一項第六号参照。

(19) 公共工事標準請負契約約款第二九条および民間（旧四会）連合協定工事請負契約約款第二一条、さらに、民間建設工事標準請負契約約款（甲）第二一条および同約款（乙）第一四条（平成二二年七月二六日中央建設業審議会決定〔全部改正〕）が、これに該当する。なお、約款（甲）は、民間の比較的大きな工事を発注する者と建設業者との請負契約についての、約款（乙）は、個人住宅建築等の民間小規模工事の請負契約についての標準約款である。

(20) 内山・前掲書一四六頁、半田・前掲注（16）一〇六頁、水本・前掲注（2）三二四頁等。

第三節　表題の法的意味

一　さて、以上のような便宜上の〝危険負担〟の二つの局面にもとづく整理を前提とした場合、表題に示されている本稿の課題は、①まず、二つの〝危険負担〟概念のうちの〝給付危険〟の問題領域に属し、②つぎに、表題の問題を考察する前提には、請負人の債務は履行不能とはならず、当該請負人自身が改めて仕事完成義務を負う（給付危険は請負人負担）、との前提に立った場合に生ずる問題である、といいうる。そうすると、この問題設定における帰結は、仕事完成前における〝給付危険〟は、仕事完成義務を負っている請負人が負担することになるであろう。その結果、これまでの給付部分の滅失・損傷に伴って生じた増加費用は請負人が負担する、ということになる。しかし、それで果たして妥当なのか。これが、表題の直接の問いであり、現時点において改めて問うならば、今後、この法的問題の解決をいかに展望しうるかを考察するのが、表題の意味の深層であるだろう。

二　これを検討するために、以下では、冒頭に示した先学による設例からも示唆されるように、有形的な仕事がその完成前に当事者双方の責めに帰することができない事由（天災地変などの不可抗力等）によって滅失・損傷したものの、履行不能と評価されず請負人が改めて新規製作の義務を負う場合を主として検討することとする（なお、以下、断りのない限り、「仕事」とは、「有形的な仕事」を、「履行不能」に言及する場合は、当事者双方の責めに帰することができない事由によるときを指示するものとする）。また、仕事としては、建設請負契約を典型として念頭においている。

また、学説等を顧慮する場合には、原則として、履行不能とならない場合の〝給付危険〟について論じているものに限定することを、お断りしておきたい。

第四節　わが国の学説

以下、まず、代表的な見解を挙げておくこととする。

一　1　我妻説（一九六二年）[21]の要点は以下のごとくである。この場合、「請負の性質から」、①請負人はなお仕事完成債務を免れず、②報酬増額請求権も取得しない、③ただし、そのために仕事の完成が遅延しても履行遅滞の責任を負わない。④もっとも、その結果が請負人に酷なことがありうるから、損失負担について特約をしておくことが望ましく、⑤特約がない場合でも、「請負人の負担が著しく重く、これを強いることが信義則に反するときは、事情変更の原則により、相当の報酬増額を請求するか、または新たに製作する債務を免れることを至当とする」とする。

2　この我妻説と同じ立場に立つのが、広中説である。(22) 広中説は、(仕事完成前の履行不能の場合をも含め)、このような見解における請負人の〝過酷さ〟は、「請負人が負担すべき不慮の損失は損害保険制度によってカヴァーされうるのであり」、「保険制度をぬきにして当事者間で損失の公平分担を図る特約をすることは非現実的である」とする。

二　1　我妻説を承けた(23)川島説(一九六三年)(24)は、〝民間請負契約〟において、〝危険負担〟の処理につき明示の約定がない場合につき、「契約の趣旨と取引慣行にしたがって判断するほかない」とする。具体的には、「建築工事については、一般には危険予測の可能性の程度が高いこと、民間工事においては契約自由の原則が支配」することから、「請負価格は今日の経済的需要によって決せられるべきであり、したがって原則として不可抗力による危険は請負金額中に算入されているものと認むべきこと、おそらく最も可能性の高い不可抗力としての火災については保険の制度があり、今日の請負契約としては、工事完成の義務をおう請負人は火災保険を附すべきであり、その保険の費用は請負代金に含まるべきであること、を考えると、原則として」「危険負担は請負人にあると解してよい」とする。これに対し、「土木工事については、問題は異な」る。すなわち、「今日の土木工事においては、特にわが国の気象条件や地震が多いという地質条件の下では、不可抗力損害の危険は、きわめて多くの未知要因に左右され、これを予測することが困難で、このすべてを見込んで積算することは事実上困難であるのみならず、そのような現状のもとでは請負金額を著しく高価ならしめる」。そこで、「平均危険負担額乃至保険料」を含めた「定額請負」が可能でない現状では、商慣習法(商一条)を適用することであり、その具体的内容は、「取引慣行」であり、それは、「見積りの際に考慮された危険の範囲をこえる危険が実現したことによって生じた損害は注文者」が負担すべき、とする。

2　太田説（一九八四年）[25]は、川島説を承け、イギリス法を参照し、「契約の解釈ないし慣行」にもとづく解決として、定額請負の場合は、「明示の特約のない限り、原則的には、建設業者は、既済工事部分の滅失・毀損のリスクを負担する」のに対し、「工事の出来形を検査し、一定の承認を得た後に、その出来形に対応する報酬を逐次支払う、といった約定が認められる場合には、その出来形の検査、承認が完了した後は、その部分の債務は完了しており」（「可分契約と考える」）「その後にその部分が滅失、毀損した場合には、注文者がその復旧費用を負担すべき」とする。

三　来栖説（一九七四年）[26]は、まず、冒頭に挙げた設例に続けて、「このような場合には、」「請負人の債務が履行不能になるわけではなく、」「請負人の当然はじめから仕事をやり直さなければならない」、すなわち、「依然として仕事完成の義務を負っている」。「だから、普通、請負契約における危険負担とは、仕事の完成引渡までの間に不可抗力によって工事に生じた損害を、請負人と注文者のいずれが負担するかという問題である。もし請負人とすれば、はじめから仕事をやりなおすために余計にいった費用を自分で負担しなければならず、もし注文者とすればその余計にいった費用を請負人に支払わなければならないのである（ただ、危険を負担した当事者は、常に、引き続き契約を履行する義務を負うのであろうか。場合によっては危険を負担した当事者に契約解除権があたえられることもありうるのではないかの疑問がある）」とした後、「それでは右のような建設請負契約における危険は誰が負担すべきであろうか。民法上は請負人の負担である。それは諸外国でも同じのようである。ただ、約款上では、多く、別段の規定がなされているのである」として、以下、約款の検討を行なう。[27]

四　末川説（一九七五年）[28]は、「仕事着手後における事情変更」の問題とされ、「特約があれば格別、そうでなければ、一般には、」「請負人はさらに仕事を完成しなければならぬ」とする。

五　石田説（一九八二年）[29]は、「請負人の仕事完成義務は消滅しない。そして、民法第五三六条第一項の趣旨により請負人の報酬増額請求権も認められない」とする。

六　星野説（一九八六年〔合本新訂〕）[30]は、「請負人の仕事完成の義務は、請負契約の性質上（民法六三二条）、消滅せず、報酬増額請求権もない、と解されている。しかし、必ずしもわが国の請負人の実態に合わないので、契約により一定の範囲で注文者が請負人の蒙った損害を負担する、としているものが多い（四会一八条二項、公共二五条三項・四項）」とする。

七　水本説（一九九五年）[31]は、「リスクは当事者の社会的地位に応じて配分するのが妥当である。その点では、公共工事と民間工事に分けて処理することが考えられる」とし、公共工事については、「注文者にリスクを負担させ」、民間工事については、「資力類型に応じて配分すればよい」との「利益衡量」を示し、このような「利益衡量に適合するような法的理論構成」として、「公共工事においては注文者負担、民間工事においては資力に応じた配分的負担ということにな」り、「当事者間においては、そのような負担方法が客観的合理的配分として黙示に合意されていた」として、「黙示の付随的合意」論を「試論として提示」する。

八　鈴木説（一九九五年）[32]は、「乙〔注：請負人〕の債務はなお履行可能であるから、かれはこれを履行する義務を負い、かくて仕事を完成してはじめて、請負代金支払いが請求されうる。途中での洋服の滅失の結果、乙が予定外の多くの費用を出捐したとしても、約定請負代金の増額を求めることはできない」とし、これは「一見、請負人乙にきわめて酷であるが、乙は、かかる不利な結果の発生を保険制度の利用によって回避しうる」とする。

九　笠井説（一九九六年〔初出〕）[33]は、「請負目的物が何らかの危険によって滅失・損傷したが、なお再履行が可能であるため不能に至らない場合について」、民法第五三六条第二項「の趣旨ないし法意を推し及ぼして、請負人・注文者間における危険領域を基準にしたリスク分配をはかることが試みられるべき」ことを提唱し、「増加費用等の負担に関しても、請負目的物の滅失・損傷を招いた危険原因の分析による」とする。[34]

一〇　内田説（一九九七年〔初版〕）[35]は、この場合、「契約上の債務に変化はないのが原則であるが、それでは滅失によるコストの増加分を全て請負人が負担することになるので、公平上、何らかの形で報酬を増額し、コストの分担を認めるべきである。そのための法理としては、現在のところ事情変更の原則しかないが、場合によって信義則上の協力義務を注文者に認め、一定の範囲でコストの分担を命ずることができると考えるべき」とし、さらに三版では、「なお、標準約款ではそのような義務を注文者に認めるものが少なくない」とする。

一一　近江説（一九九八年〔初版〕）[36]は、「再履行のための増加費用」については、「基本的には、危険負担的処理が妥当である。しかし、物理的に再履行が可能であるといっても、常に従前の仕事完成義務が存続していると解することは不当である。例えば、請負工事中に建物が崩壊し、仕事を続行するには新築と同様の費用がかかるなどの場合である。このような当初の契約規範を貫徹すると当事者の一方に著しい不利益を生じさせる場合には、事情変更の原則により、契約の拘束力は消滅すると解するのが妥当である（我妻・中（2）六二二頁）」とする。

一二　大村説（二〇〇三年〔初出〕）[37]は、「たとえば、作業の途中、請負人の責めに帰すべからざる理由によって目的物が滅失してしまっても、請負人は義務を免れない。再び仕事を完成させることが可能である以上、完成義務は消滅しない」、「ただし、約款による修正がはかられている（民間連合約款二一条）」とする。

一三　潮見説（二〇〇五年〔初出〕）は、注文者の履行請求権の存在を前提とし、「もっとも、この場合でも、契約時に基礎としていた事情が著しく変更したときは、信義則に基づき、契約内容についての再交渉請求権（再交渉義務）や報酬増額請求権が認められる余地があ」る、とし、事情変更の原則の要件が充足される場合に生ずる効果として、請負人に再交渉請求権（注文者にとっては再交渉義務）や報酬増額請求権を認める。[38]

一四　加藤（雅）説（二〇〇七年）[39]は、この場合、「請負人は仕事をやり直さなければならず、報酬の増額は原則として認められない。ただ、契約成立の状況から、黙示の清算合意等が認められないのか、慎重に認定する必要がある」とする。

（21）我妻・前掲注（7）六二三頁。
（22）広中説（広中俊雄『債権各論講義〔第六版〕』（有斐閣、一九九四年）二六八頁）によれば、「仕事完成前に物の滅失・毀損が生じた場合、請負人は、その義務が履行不能とならないかぎり、なお仕事を完成すべき義務を負う。このことは、滅失・毀損が請負人の責に帰すべき事由によろうとも、注文者の責に帰すべき事由によろうと」、「いずれの当事者の責にも帰すべからざる事由によろうと、同じである（もっとも、最後の場合、請負人が事情変更の原則によって報酬増額請求権または解除権を取得することはありえよう）」。
（23）太田・前掲注（11）三七五頁は、川島説は、「我妻博士の」「見解を念頭におき、これに対して、疑問を提出されたものである」とする。
（24）川島・前掲注（9）一五九頁～一六〇頁。
（25）太田・前掲注（11）三七七頁。
（26）来栖・前掲注（1）四七九頁。
（27）来栖・前掲注（1）は、本文に続き、四八一頁～四八三頁にかけて、わが国の約款を分析し、川島説および内山説等に依拠して、建設業者が建設工事を引き受ける仕方として、請負と委任があり、それらを「定額請負」と「実費精算方式」に類型化して、分析する。この部分を来栖説と捉えることも可能である。
（28）末川博『契約法（下）各論』（岩波書店、一九七五年）一七八頁。
（29）石田穣『民法Ⅴ　契約法』（青林書院新社、一九八二年）三三一頁。
（30）星野英一『民法概論Ⅳ〔合本新版〕』（良書普及会、一九八六年）二六三頁。
（31）水本・前掲注（2）三二四頁～三二五頁。
（32）鈴木・前掲注（15）六三〇頁～六三一頁。
（33）笠井修『建設請負契約のリスクと帰責』（日本評論社、二〇〇九年）一〇三頁。

(34) 平野・前掲注（15）五七二頁は、笠井説を支持する。
(35) 内田貴『民法Ⅱ　債権各論〔第三版〕』（東京大学出版会、二〇一一年）二八一頁。
(36) 近江・前掲注（15）二五二頁。
(37) 大村敦志『基本民法Ⅱ　債権各論〔第二版〕』（有斐閣、二〇〇五年）一三二頁。
(38) 潮見・前掲注（16）七頁、二二六頁。
(39) 加藤（雅）・前掲注（15）四〇三頁。

第五節　学説の整理と若干の分析・検討

一　以上の代表的な学説について、若干の整理をしておこう。

1　これらの学説は、履行不能とならず履行可能であることから、請負人は依然として仕事完成（新規製作）義務を負う（給付危険を負担する）ことを、原則として前提とする。もっとも、我妻説および近江説は、この義務が例外的に脱落する場合があるとする（後述）。

2　つぎに、1の原則的場合において、費用の問題に触れないのは末川説（大村説は、約款を指示する）、請負人の報酬増額請求権も認めないのが石田説である（星野説は、「解されている」とし、約款を指示する）。その他の説は、何らかの法理により、増加費用に対する請負人の負担（実質的には給付危険）を軽減することを認めようとする点で共通する。

3　石田説に近いのが、保険制度による回避を主張する鈴木説である。なお、保険制度による回避（カバー）を主張するのは、後述の広中説も同様である。保険制度を援用する鈴木説、広中説は、民間工事の場合に火災保険の援用により、「危険負担は請負人にある」とする川島説に遡りうるであろうか。(40)

4　これらに対し、まず、事情変更の原則を適用することによって、請負人の給付危険の内容を変更しようとするのが、我妻説、広中説、内田説、近江説、潮見説である（内田説は、場合により「信義則上の協力義務」を援用する）。もっとも、内田説を除き、その場合の効果の詳細をみるなら、〝報酬増額請求〟に加え（もしくは択一的に）、我妻説と近江説は、それぞれ、「新たに製作する債務を免れること」、「契約の拘束力の消滅」を、広中説は、「解除権」を、潮見説は、「再交渉請求権（義務）」を主張する点で、異なる。

5　つぎに、（取引慣行を含め）契約（合意）解釈を志向するのが、川島説、太田説、水本説、加藤（雅）説であろう。そのうち、特に、〝土木工事〟類型において、〝取引慣行〟を重視するのが川島説であり、〝定額請負〟が可能でない現状では、「見積りの際に考慮された危険の範囲」を危険（損害）分配の基準とする。そこで、〝定額請負〟の場合は、原則として請負人負担となろう（太田説）。水本説は、〝公共工事は注文者負担〟、〝民間工事は請負人負担〟とする法的根拠として、「黙示の付随的合意」を援用する。加藤（雅）説は、「契約成立の状況から」、「慎重」な「黙示の清算合意」の「認定」を主張する。

6　最後に、民法第五三六条第二項の趣旨ないし法意を根拠とし、「危険原因の分析」により「リスク分配」を主張する笠井説（および平野説）では、増加費用等の負担も、この基準により行なうことになろう。

二　以下、若干の分析と検討を行なっておきたい。

1　給付危険を請負人が負担するという原則が、「請負の本質」（我妻説等）、債権総論（総則）の一般原則のいずれから導かれるにしろ、諸学説が前提とするように、特約により修正することができることには、問題ない。

2　特約が存在しない場合は、契約解釈の問題となり、〝黙示の付随的合意〟ないしは〝黙示の清算合意〟の認定がなされることになろう。その際の一般的考慮事由として、工事請負の類型が考慮されることになろう。例えば、公共工事か民間工事か、民間工事であるとして、注文者（発注者）が「比較的大きな工事を発注する者」か、「個人住宅等の民間小規模工事」であるのか、定額請負か実費清算方式か等、である。(41)

3　特約もなく、〝黙示の合意〟も認定できない場合において、給付危険請負人負担原則を修正するには、民法上の規定（規範）ないし原則に、その法的根拠を求めざるをえない。その場合、できるだけ具体的な規定にその根拠を求めることができれば、より適切である。〝民法第五三六条第二項の趣旨ないし法意〟を根拠とする笠井説はこの方向を志向するものである。もっとも、民法第五三六条第二項は対価危険に関する規定であり、これを給付危険の場合に応用しうるか、天災地変等の不可抗力の場合における請負契約の給付危険の分配を〝危険原因の分析〟により充分になしうるか、については、なお探究の余地があるように思われる。

4　この点とも関連するが、我妻説・近江説が、請負人の仕事完成義務が例外的に排除される場合があるとする点である。かかる主張が、事情変更の原則の効果として援用されている点の当否は措き、〝給付危険〟レベルにおける法律効果論として、注目すべき指摘であると考える。この点、例えば、ドイツ民法を参考にすれば、給付義務の排除についての同法第二七五条第二項が、同様の局面を一般的に規定し、さらに、請負契約における〝追完〟の場合に、同法第二七五条第二項の適用を妨げることなく、これを拒絶することができる場合を規定している（第六三五条第三項）。翻って、日本民法においても、第六三四条第一項ただし書にドイツ民法第六三五条第三項と類似の規定が存在することから、現行の解釈論としても考慮に値すると考えられる。もっとも、ドイツでは、類推適用の肯否について争いがある。(42)

三　以下、若干の検討を行ない、課題を立てておきたい。

1　まず、以上の分析を前提とする場合、契約締結後に生じた重大な〝危険〟についての契約当事者の危険分配のあり方につき、①これを当初の契約（規範）（その解釈・補充的契約解釈を含めた意味でのそれ。以下、同様）によって行なうことを原則とし、②そのような契約規範によっては〝危険〟負担の基準を見いだしえない場合に、法規範による場合を例外とするが（補充的契約解釈と任意規定は区別している）、③さらに、既存の法規範によっては妥当な危険分配を実現できない場合に依拠する法源が、ここでは事情変更の原則である、ということになる。もっとも、ここで注意すべきは、①の場合でも、そこに危険分配の基準を見いだしえない事態が存在し、その場合には、②、さらには③を援用することとなるであろう。

2　この点に関し注目されるのが、学説が、契約規範（あるいは法規範）を修正するものとして援用している各種の〝工事請負契約約款〟の存在である。これらの約款は、実務上の重要性はいうまでもないが、理論的な位置づけは、未だ必ずしも明確でないように思われる。例えば、当事者が約款に依拠しなかった場合、各種の約款は、補充的契約解釈のための考慮事由となるのか。契約規範、約款、法規範（任意規定）、これらの関係につき、〝工事請負契約〟約款についても、その作成主体、成立の経緯（沿革）、約款の目的等からして、その他通常の〝約款〟と同様の議論をなしうるのか否か。これらについては、A.I.A.約款、A.G.C.約款（アメリカ）、R.I.B.A.約款、I.C.E.約款（イギリス）、VOB／B（ドイツ）などを今後も引き続き参照しつつ、更なる探究を必要とするように思われる。

3　最後に、請負人の増加費用請求権について一言しておこう。請負人の増加費用請求権の存在には注文者の履行請求権の存続が前提とされている。そこで、この請求権の有様を動的に観察する場合、①増加費用請求権が再履行時に発生するとすれば、②この時点で、履行請求権の存続を認めつつ増加費用請求権を認めることとなり、③このことは、理論的には、報酬（契約）内容の一部改訂を認めることになろう。もっとも、その先には、④注文者が請負人の増加費用請求に応じないことも想定されえ、そのとき、両者の法律関係を理論的にいかに構築するのかという課題が設定されうるであろう。

(40) なお、この点につき、内山・前掲書一三五頁は、「米国や英国では建設工事においては保険制度が完備しており、保険によって危険負担の問題が解決されているが、わが国においては、公共工事標準請負契約約款も四会〔注：民間〕連合協定約款も現在では、主として火災保険のみ附保を請負人の義務とし、その他の附保可能な危険については、その附保は義務としておらず、附保したときに単に通知するにとどめている。この現実を考える時、将来はともかく現在損害賠償制度でカバーすべきであると簡単にはいえないのではないかといわれる」と批判する。

(41) なお、すでに指摘した各種の約款も参照。

(42) 類推適用を肯定するのは、Palandt/Sprau, Kommentar zum Bürgerlichen Gesetzbuch, 60. Aufl., 2010, § 645 Rn 2; Staudinger/Peters・Jacoby, Kommentar zum Bürgerlichen Gesetzbuch, § 644 Rn 8. であり、類推適用を否定するのは、Bamberger・Roth/Voit, Kommentar zum Bürgerlichen Gesetzbuch, 2. Aufl., § 644 Rn 7. である。

（ジュリスト一四三四号（二〇一一年））

事項索引

さ　行

た 行

や　行

ら　行

欧　文

著者紹介

原田　剛（はらだ　つよし）

1956年　岡山県に生まれる
1979年　大阪市立大学法学部卒業
1992年　京都大学大学院法学研究科民刑事法専攻修士課程入学
1997年　京都大学大学院法学研究科民刑事法専攻博士後期課程指導認定退学
1997年　京都大学法学部助手
1998年　奈良産業大学法学部専任講師
2000年　奈良産業大学法学部助教授
2006年　成城大学法学部教授
2007年　関西学院大学法学部教授
　　　　京都大学博士（法学）
2015年　中央大学法学部教授（現職）

〔主要著書〕
請負における瑕疵担保責任〔補訂版〕（2009年（初版2006年）、成文堂）
共同不法行為法論（共著、2012年、成文堂）

売買・請負における履行・追完義務

2017年11月10日　初　版第1刷発行

著　者　原　田　　剛
発行者　阿　部　成　一

〒162-0041　東京都新宿区早稲田鶴巻町514番地
発行所　株式会社　成　文　堂
電話 03(3203)9201　FAX 03(3203)9206
http://www.seibundoh.co.jp

製版・印刷　シナノ印刷　　製本　佐抜製本
☆乱丁本・落丁本はおとりかえいたします☆　検印省略

ISBN978-4-7923-2707-1　C3032　検印省略

定価（本体8,000円＋税）